U0733361

《新民事诉讼法适用指导丛书》

编 委 会

新民事诉讼法适用指导丛书

总主编 | 姜建初

新民事诉讼法
适用疑难问题新释新解

汤维建/主编

中国检察出版社

《新民事诉讼法适用疑难问题新释新解》

主　编　汤维建（中国人民大学法学院教授、
博士研究生导师）

撰稿人（按姓氏笔画排序）

宁静波　齐天宇　吴如巧　李先伟
李秀霞　杨　奕　杨子强　杨炎辉
陈　浩　胡晓霞　徐全兵　黄忠顺
韩　香　颜　君

序　言

姜建初[*]

2012年8月31日，第十一届全国人大常委会第二十八次会议通过了全国人民代表大会常务委员会《关于修改〈中华人民共和国民事诉讼法〉的决定》，这是《民事诉讼法》自2007年之后的又一次重大修订。这次修改完善了检察制度，强化了法律监督，为民事检察的发展打下了坚实基础。首先是明确了检察监督的范围，具体规定了检察机关对于民事生效判决、裁定、调解、审判人员违法行为和民事执行活动的法律监督；其次是增加了检察监督的方式，检察机关不但可以依法提出抗诉，还可以依法提出检察建议；再次是强化了监督手段，检察机关为了履行法律监督职责，除了进行审查外，还可以调查核实有关情况；等等。全国检察机关要认真学习、准确理解、全面贯彻新《民事诉讼法》，忠实履行法律监督职责，保证新《民事诉讼法》的统一正确实施。

这次《民事诉讼法》修改的内容很多，不但为检察工作的发展提供了机遇，也对民事检察工作提出了新的要求。根据新《民事诉讼法》的规定，民事检察监督的方式将由单一的以抗诉为中心的监督转变为对诉讼程序、诉讼结果、执行活动的全面监督，这要求我们必须相应地转变执法理念、工作机制和办案模式，要求我们完善工作机制和提高办案效率，才能在保证办案质量的前提下按期结案。这次《民事诉讼法》对于民事诉讼制度的许多修改内容，都是检察监督的新领域，这需要检察人员具有丰富的法律专业知识和实践经验，对检察人员的执法办案能力也提出了更高要求。因此，对于民事检察工作发展而言，这次《民事诉讼法》修改既是重大的

---

* 最高人民检察院副检察长。

机遇，也是严竣的挑战。

我们要以学习贯彻新《民事诉讼法》为契机，进一步深化对民事检察职能的认识，正确定位，切实解决好民事检察干什么、怎么干的问题。为此，首先要准确把握民事检察的监督范围和对象，明确民事检察在性质上是对公权力的监督，明确监督对象是人民法院确有错误的生效裁判、调解以及在审判、执行活动中已经发生的违法情形，而不是任何一方当事人的诉讼活动；对于当事人的违法诉讼活动，检察机关可以通过监督人民法院的审判活动进行间接监督。其次要准确地把握民事检察的监督方式和手段。检察机关要依照法律规定正确使用检察建议，认真调查核实案件事实，综合运用不同的监督方式，促进各种监督措施的有效衔接，增强监督的针对性和有效性。最后要准确把握民事检察的作用和效力，检察机关既不能代行审判权、执行权，也不能代行对违法人员的处分权。要处理好检察监督与当事人自力救济、审判自身救济的关系，把重点放在通过法院自我纠错程序未能解决和法院存在严重错误的问题上，不能把监督数量多少作为评价工作成效的唯一标准，应促进监督数量、质量、效率、效果的有机统一。

为了方便广大检察人员全面深入地学习贯彻新《民事诉讼法》，最高人民检察院组织编写了《新民事诉讼法适用指导丛书》。这套丛书的内容可以基本满足广大检察人员学习掌握新《民事诉讼法》的需要，并可以通过广大检察人员的民事检察实践活动推动民事检察工作的发展。

2012 年 12 月 21 日

目　　录

第一章　民事诉讼基本原则的完善

一、民事诉讼法基本原则作了哪些修改？

2012 年通过的新《民事诉讼法》在许多方面作了修改，其中亮点之一为民事诉讼基本原则的修改和完善，包括对诚实信用原则的确立以及对检察监督原则的强化。

在民事诉讼实践中，针对恶意诉讼、虚假诉讼、故意拖延诉讼、虚假陈述、作伪证等违反民事诉讼诚实信用的行为，通过在《民事诉讼法》中明确规定诚实信用原则，可以起到制止和防止上述行为发生的功效，进而提升诉讼公正和效率。新《民事诉讼法》对诚实信用原则的明确规定，体现在第 13 条第 1 款，“民事诉讼应当遵循诚实信用原则”，在许多具体条款上也做出了制度化安排。主要体现在以下几个方面：第一，禁止恶意诉讼。新《民事诉讼法》第 112 条规定：“当事人之间恶意串通，企图通过诉讼、调解等方式侵害他人合法权益的，人民法院应当驳回其请求，并根据情节轻重予以罚款、拘留，构成犯罪的，依法追究刑事责任。”即当事人相互之间如果恶意串通，企图通过诉讼、调解等方式损害他人合法权益，人民法院应当驳回其诉讼请求，并且要视情节之轻重，对其课加罚款、拘留等妨碍民事诉讼的强制措施；构成犯罪的，如虚构事实、伪造证据骗取人民法院生效裁判的，甚至被实际执行的，则要移送其他司法机关作为刑事案件予以追究相应的刑事责任。第二，新《民事诉讼法》第 113 条规定：“被执行人与他人恶意串通，通过诉讼、仲裁、调解等方式逃避履行法律文书确定的义务的，人民法院应当根据情节轻重予以罚款、拘留；构成犯罪的，依法追究刑事责任。”该条主要是对恶意逃债行为的规制，进入强制执行程序的前后，债务人或者被执行人可能会与他人恶意串通，通过虚假诉讼或虚假调解（还可能包括虚假支付令、虚假司法确认、虚假仲裁、虚假公证书等形式）转移财产，逃避履行法律文书所确定的义务，也同样要受到相应的处置和制裁。事实上，除上述具体规定外，在新《民事诉讼法》中反映诚实信用原则的诉讼条款还有许多。可以说，诚实信用原则真正贯彻了整部法律始终，是中国民事诉讼法进入新时期后必然产生的具有时代色彩的诉讼伦理原则，是善意诉讼、真实诉讼、协同诉讼、有道德地进行诉讼的法律化要求。

新《民事诉讼法》还对检察监督原则进行了强化，对其内涵及外延做出了新的诠释。实践中，检察建议等已经大大发挥威力的新的检察监督方式，修法前在法律上一直没有明文规定，成为阻碍民事检察监督发展的原因，此次新《民事诉讼法》充分吸收了检察改革成果，多方面强化检察机关对民事诉讼的法律监督。新《民事诉讼法》第14条将检察监督的基本原则修改为“人民检察院有权对民事诉讼实行法律监督”。这意味着，今后检察机关能够名正言顺地对民事调解、民事执行活动进行监督，符合权力配置初衷，体现出权力必须受监督的规律，切合我国司法实践的现实需要。新《民事诉讼法》第14条将原来的“民事审判活动”修改为“民事诉讼”，并增加第235条“人民检察院有权对民事执行活动实行法律监督”的规定，结束了长期以来理论和实践中关于“民事执行活动是否属于检察监督范围”的争议，为检察机关监督人民法院的民事执行活动提供了法律依据，有利于民事执行权的规范运行。民事诉讼和执行检察监督制度的完善，对于我国检察权的发展具有重要意义。

二、怎样理解诚实信用原则的概念与内涵？

民事诉讼中的诚实信用原则是指法院、当事人以及其他诉讼参与人在审理民事案件和进行民事诉讼时必须公正、诚实、善意。民事诉讼法中关于诚实信用原则的认识始于民事实体法中同一概念，诉讼中的诚实信用原则是以法律形式吸收和适用道德规范，使道德规范法律化，在诉讼中对当事人、法院和其他诉讼参与人实行法律和道德手段双重调节的体现。民事诉讼中的诚实信用原则从适用主体上看，一般包含两个方面的含义：其一，当事人依据诚实信用原则行使诉讼权利，履行诉讼义务，即当事人应当诚实、善意；其二，在法律无明文规定时，法官依据诚实信用原则行使审判权，自由裁量当事人之间的具体权利义务关系。

关于民事诉讼中诚实信用原则的内涵，通常做如下理解：一是行为意义上的诚实信用，指当事人或其他诉讼参与人在诉讼过程中实施诉讼行为时（包括行使诉讼权利或履行诉讼义务时所为的行为），以及法官为履行国家审判权在实施审判行为时，必须在主观上诚实善意；二是实质意义上的诚实信用，指法院、当事人及其他诉讼参与人在诉讼过程中，必须维持当事人双方的利益平衡以及当事人利益与社会利益的平衡，即维持实质上的公平与衡平。民事诉讼中的诚实信用原则借助法官的自由裁量权在民事诉讼中运行，还意味着对法官有关诉讼事项的自由裁量权的确认。

三、诚实信用原则的主要价值有哪些?

从民事诉讼法的独立价值来看，诚实信用原则是实现民事诉讼法内在价值的需要。民事诉讼自身的独立价值包括程序公正和程序效益价值等方面。程序公正的前提是对当事人意志和人格的尊重与对法官权威的确认，这就要求在诉讼程序中，一方面，要充分保障当事人的辩论权和处分权的实现，体现其主体地位；另一方面，要承认法官的主动性和创造性，保持其权威。诚实信用原则保障这两个前提的实现。因为诚实信用原则要求当事人以诚实善意之心行使诉讼权利，履行诉讼义务，尊重当事人的意思自由，同时，诚实信用原则的实质在于赋予法官以自由裁量权，承认法官的主动性和创造性。对于程序效益价值，诚实信用原则要求诉讼主体诚实地进行诉讼行为，减少不诚实可能引起的诉讼反复，减少诉讼成本，并且由此得出的判决公正性很强，令人信服，当事人愿意遵守和执行，防止诉讼被反复提起，损害判决的既判力。由此保证了程序经济效益和社会效益的实现。

此外，诚实信用原则也是法官及仲裁员处理民事案件过程中应该遵守的重要原则。诚实信用原则作为弹性规则和强制性、补充性规则，赋予了法官对诚实信用原则适用的能动性，其要求法官及仲裁员处理民事案件时，应以追求实质正义为价值目标，以事实为依据，保护各方当事人的权利，平衡当事人的利益。具体而言如下：第一，适用诚实信用原则使公法和私法能够相互弥补。民事诉讼法是国家以审判权的方式介入民事纠纷，使得民事纠纷的解决完全变成由国家进行审判的公法关系。可见，为私法所采用的诚实信用原则对公法的补充作用是显而易见的。第二，扩大法官的审判裁量权。在私法领域导入道德规范，是为了弥补法律功能的不足。作为指导性原则，诚实信用原则自然为法官扩大裁量权，应付新类型案件和层出不穷的法律问题提供了扩权运作的手段。第三，确保判决效力的需要。诚实信用原则在程序中，将直接约束当事人行使诉讼权利的时间、方式以及内容。

四、民事实体法与民事诉讼法中的诚实信用原则有何区别?

诚实信用原则在民事活动中有着比较广泛的体现，传统研究主要集中在民事实体法方面。但是，随着民事活动的日益复杂，加之诚实信用原则自身带有一定的模糊性和不确定性，其在程序法中的研究也逐渐受到了重视。与民事实体法中的诚实信用原则约束民事主体在民事活动中的民事行为不同，诉讼法概念的诚实信用原则约束的是民事诉讼法律关系主体在诉讼过程中的诉讼行为。但是，诚实信用原则无论是在民事实体法还是民事诉讼法中，其本质和功能都是为了维护某种秩序，这种秩序或体现为一定的利益平衡，或体现为一定的道德基础可供依赖。可以说，诚实信用原则是一种社会理想，是自然法的化身，是法律化了的道德准则。从外延来看，诚实信用原则具有不确定性，可补救具体规定的漏洞；就内涵而言，诚实信用原则是以模糊的公平要求为内容的规则。诚实信用原则与司法活动的关系，即由其内涵的模糊性和外延的不确定性产生。诚实信用原则是对司法者自由裁量权的确认，意味着法官创造性的司法活动，允许法官在法无明文规定时可依据公平的要求进行裁判。

制定法的相对落后以及法律适用的机械性，难以适应日益纷乱且处于不断变化中的社会经济关系，作为道德规范的诚实信用被确立为民事实体法的原则后，对实体法的机能起到了很大的弥补作用。随着社会发展，程序法与实体法的趋同不断加强，程序法也逐渐开始借助诚实信用来弥补其本身的不足，因此，在本次《民事诉讼法》修改中最终导入诚实信用原则就成为必然。

五、当事人违反诚实信用原则的表现有哪些？

就当事人而言，诚实信用原则的表现主要有以下几种：

第一，禁止翻悔及矛盾举动，即禁反言。一方当事人在诉讼过程中的某种行为使对方当事人有充分的理由相信会出现某种法律状态，并基于此种信任而决定其态度。此种情况下，该方当事人后来就不应采取矛盾的举动而辜负对方当事人的信赖并损害其利益，否则，便是违反诚实信用原则。

第二，诉讼上的权能丧失。一方当事人长期不行使某项诉讼权能，使对方当事人认为他已经没有行使其权能的意思时，为保护对方当事人的信赖利益，依据诚实信用原则，不再允许当事人行使该项权能。

第三，禁止滥用诉讼权利。其是指当事人违背权利设置目的，借行使诉讼权利的形式来达到非法目的。如借申请回避、提出管辖权异议等权利的行使，达到拖延诉讼的目的。权利滥用实际上是对另一方当事人或国家利益的损害，依据诚实信用原则理当禁止。

第四，不得以不正当的手段形成有利于自己的诉讼状态。其是指以不正当之手段使有利于自己的诉讼法规得以适用或故意妨碍对方当事人进行正常的诉讼活动。依据诚实信用原则，对方当事人对此有权提出异议，法院也可以根据诚实信用原则否定当事人已实施的恶意诉讼行为。

第五，禁止虚假陈述。其是指当事人在诉讼过程中违背真实义务，对案件事实所做的虚假陈述行为，其目的是为法院正确判断案件事实设置障碍，从而对案件的公正审判产生消极影响。依据诚实信用原则要求，诉讼中，当事人的一切谎言和伪证均不允许，否则将产生一定的不利后果。

对当事人违反诚实信用原则的这些列举性描述并不全面和系统，并且在不同的国家以及同一国家的不同历史时期，也存在着不同的认识，故诚实信用原则在民事诉讼中对当事人的限制要根据我国的司法实践需要而有选择地适用。

六、当事人滥用诉权的含义是什么？构成要件有哪些？

滥用诉权是指行为人向法院起诉，通过民事诉讼的方式达到非法目的或者追求不正当结果的行为。首先，滥用诉权在本质上违背了诉权存在的本旨或者超越了法律许可利用诉权的界限。其滥用主要来源于两个层面：第一个层面是当事人利用诉讼程序的动机不纯，起诉乃至进行民事诉讼的最终目的，实际上并非指向民事纠纷的解决以及实体权利的保护；第二个层面是当事人行使诉权的本意虽无不当，但其行为在客观上超越了诉权行使的界限，从而在整体上被归结为一种超越界限的行使。当然，对来源于两个不同层面的诉权滥用显然不能等量齐观，前者属于更加严重的滥用，是对诉权发挥正常机能的最主要威胁。其次，行为人包括与争议的民事实体权利义务关系有直接利害关系的人，或者具备诉讼担当资格的人。那些实质上不属于适格当事人，甚至连争议的实体权利义务关系也不客观存在的人，只要以某种实体权利纠纷为依据向法院主张救济请求，也属于滥用诉权的主体范围。同时，根据诉权为实体法律关系发生争议的双方主体所享有的特性，诉权在民事纠纷的主体之间具有同等的被滥用可能。最后，滥用诉权必须在客观上表现为向法院提起民事诉讼，进而利用诉讼程序的具体行为。滥用诉权应当在外在形式上符合行使诉权的一般条件，包括提交起诉状和依法缴纳案件受理费等。

七、当事人滥用诉讼权利的表现有哪些？

当事人滥用诉讼权利的表现形式与诉讼权利行使的形式是一个问题的两个方面，可根据当事人诉讼权利行使的形式来探讨滥用诉讼权利的表现形式，具体而言如下：

第一，起诉权。起诉是行使诉权的最直接、最主要的方式，对起诉权的滥用从根本上否定了诉讼程序存在的正当性基础。当事人滥用诉权提起民事诉讼，大致可以分为两种类型：一是非善意地提起无理由之诉，二是非善意地提起有理由之诉。以之为基础，滥用起诉权的表现形式又可分为欺诈性诉讼、骚扰性诉讼、盲目性诉讼、多余性诉讼、重复性诉讼以及琐碎性诉讼等。

第二，反诉权。反诉实际上是一个独立的诉，是针对原告提出的攻击性主张。反诉一旦在法定期间内提起，法院应当对其进行审查，这就给本诉被告提供一个短暂拖延审理的机会。更为重要的是，虽然反诉不同于抗辩或者反驳，但由于反诉的实体辩论往往是与本诉合并进行的，反诉一旦通过审查，就可能在实质上影响到本诉的实体审理，因此，反诉权的滥用也应当纳入滥用诉权的表现形式当中。

第三，滥用管辖异议权。管辖异议权，是指当事人认为受诉法院或受诉法院向其移送案件的法院对案件无管辖权时，向受诉法院或受移送案件的法院提出不服管辖的意见或主张的权利。滥用管辖异议权的原因主要有两个方面：其一，上诉成本低廉。对于就管辖裁定提起上诉的案件，当事人不需要缴纳任何费用，仅在二审法院维持原审裁定，驳回管辖异议的上诉时方收取70元的诉讼费；其二，上诉流程较长。由于上诉程序具有一定流程，从当事人提出管辖异议申请到一审法院裁定驳回异议，再到当事人提起上诉，最后到二审法院驳回裁定退回卷宗，这期间可能长达数月。当事人只需要付出低廉的成本便可达到拖延时间的目的，从而使案件延迟几个月甚至更长时间。上述因素导致司法实务中，越来越多的当事人滥用管辖异议权。

第四，诉讼权利。所谓滥用民事诉讼权利，是指当事人基于故意或重大过失，在缺乏合理的根据情况下，行使法律所赋予的各项诉讼权利，损害对方当事人利益的行为。从广义上讲，此处的诉讼权利也应包括上述提到的起诉权、反诉权等由当事人在诉讼中享有的各项权利，即包括滥用起诉权，滥用反诉权，滥用申请财产保全、申请先予执行、申请回避及申请强制执行权，滥用上诉权，滥用申诉权等。在司法实务中，还有一些滥用其他诉讼权利的行为，也能给善意当事人、人民法院带来不利影响，故也应予以重视，比如当事人滥用诉讼保障权，当事人滥用申请调查取证、鉴定、评估等权利。

八、当事人的真实义务包含哪些内容？

当事人的真实义务是民事诉讼中贯彻诚实信用原则最基本的体现，在民事诉讼中确立当事人的真实义务，不仅有利于发现案件真相，定分止争，还符合实现诉讼公正和效率的要求。当事人真实义务具体包括如下内容：

1. 完全陈述、真实陈述。当事人对自己所陈述的事实，应保证为真实且完整，这有利于事实真相的发现和诉讼目的的实现。

2. 一方当事人对他方陈述的事实，无正当理由必须回答。民事诉讼中法官对事实的认定很大程度上依赖于双方当事人的陈述和辩论，诉讼中如果一方当事人对他方的陈述不做回答，法官并不能直接将其认定为默认对方当事人的陈述，从而很难查清案件实情，会影响法官判案。因此，真实义务要求当事人不得在无正当理由时以消极沉默来拒绝回答。

3. 特定情形必须出庭。民事诉讼有别于刑事诉讼，除法律规定必须出庭的被告外，当事人可以不出庭。然而有些案件必须在当事人或其法定代理人出庭陈述，接受询问时，才能查明案件事实。如果一方当事人向人民法院申请，而法院也认为有必要并签发了当事人必须出庭的通知书，则该当事人必须出庭。

4. 及时陈述申明义务。当事人需要及时提出对事实的主张及支持其主张的主要事实理由，即在法律规定的期限或人民法院依法指定的期限内，对自己在法庭调查程序中，将要提出的证据向人民法院和对方当事人申明。

5. 具体陈述义务。此处需要说明的是，陈述不利事实的义务也有其界限。发现真实固然有利于实现公正，维护社会利益，但在有些情况下，发现真实的方法会与通过诉讼所要实现的终极目标相冲突。因此，法律在追求对真实的发现过程中也注意尊重各种价值的平衡，当事人的拒绝陈述权在这方面就具有积极意义。法律在规定当事人的如实陈述义务的同时，也规定了当事人陈述的例外。一般情况下，当事人不必提起使自己蒙上耻辱的事实或者惹出刑事追诉危险的事实，同样不必引证可能帮助对方当事人提起反诉或者胜诉的事实。对他方的提问，下列情形可以拒绝回答：（1）与本案无关的；（2）回答后有导致本人、配偶、本人或配偶的三代以内直系血亲有受到刑事追究的可能性的；（3）回答后将使自己窘困难堪的；（4）属于自己知悉的国家秘密、他人商业秘密、第三人隐私，未经国家有关机关、他人、第三人同意的。

九、什么是举证突袭？什么是举证妨碍？禁反言的含义有哪些？

依据 2007 年《民事诉讼法》第 126 条、最高人民法院《关于适用〈民事诉讼法〉若干问题的意见》（1992 年 7 月）第 156 条，各方当事人除可以随意变更诉讼请求外，可以在事实方面任意地提出新的答辩主张并可以任意提交证据材料，这种情形下，为了保障对方的诉讼权利，就要不断休庭，以给双方当事人以重新答辩、重新举证的时间，此种规则，无法有效地制约当事人恶意拖延诉讼的行为，而且给当事人的“举证突袭”提供机会，甚至造成当事人故意在一审不提交证据而在二审提交的后果。因此，最高人民法院《关于民事诉讼证据的若干规定》（2001 年 12 月）对超过举证期限提交证据的法律后果作了严格规定，第 34 条第 1 款、第 2 款规定：“当事人应当在举证期限内向人民法院提交证据材料，当事人在举证期限内不提交的，视为放弃举证权利。对于当事人逾期提交的证据材料，人民法院审理时不组织质证。但对方当事人同意质证的除外。”其第 47 条规定：“证据应当在法庭上出示，由当事人质证。未经质证的证据，不能作为认定案件事实的依据。”法院未组织质证的证据，就是未经质证的证据，是不能作为认定事实的依据，且超期提交的证据失权，法律后果极其严重。

举证妨碍又称证明妨碍、证明受阻，是指不负举证责任的当事人，故意或过失以作为或不作为的方式，使负有举证责任的当事人不可能提出证据，使待证事实无证据可资证明，形成待证事实存否不明的状态，故而在事实认定上，就负有举证责任的当事人的事实主张，作出对该人有利的调整。最高人民法院《关于民事经济审判方式改革问题的若干规定》（1998 年 6 月）第 30 条规定："有证据证明持有证据的一方当事人无正当理由拒不提供，如果对方当事人主张该证据的内容不利于证据持有人，可以推定该主张成立。"这是司法解释第一次对"妨碍举证的推定"作出规定。最高人民法院《关于民事诉讼证据的若干规定》第 75 条规定："有证据证明一方当事人持有证据无正当理由拒不提供，如果对方当事人主张该证据的内容不利于证据的持有人，可以推定该主张成立。"这一规定的实质就是：根据已被证明的一方当事人有证据拒不向对方当事人和法庭出示的事实，推定其持有的证据能够证明对方当事人的主张。

禁反言原则滥觞于衡平法理念，是英美衡平法院给予当事人的衡平救济之一。意在防止一方当事人用前后矛盾的言词或行为损害对方当事人的信赖利益，是诚实信用原则在民事诉讼领域的具体体现。确立禁反言原则的意义在于：防止当事人滥用处分权，维护诉讼程序安定；确立科学的推定原则，有利于发现案件事实；制约职权主义的泛滥，防止案件久拖不决。禁反言原则，杜绝了当事人反复提出相互矛盾言词的现象，也因此避免了法院以查明案件事实为借口，不断重复诉讼程序，从而导致案件久拖不决。规定禁反言原则能显著提高审判效率，减轻当事人的讼累。综上所述，禁反言原则源自诚信理念，其功能既有利于制约辩论主义的膨胀，又有利于制约职权主义的泛滥；既有利于程序正义的实现，又有利于实体正义的实现，是诚实信用原则内涵的、贯彻公正与效率两大诉讼主题的犀利武器。

十、法官行为违反诚实信用原则的表现有哪些？

诚实信用原则对法院而言，主要是要求法院审理和裁判民事案件时应当公正合理。主要表现为：

第一，禁止滥用自由裁量权。法官在对实体问题和程序问题自由裁量时应当忠实地行使裁量权，也就是不得滥用司法裁量权。法官在民事诉讼中当然是以事实为根据，以法律为准绳，严格依照法律作出裁判，但法律不可能将所有的情形都毫无遗漏地予以规定，每一个案件的实际情况千差万别，具体如何适用法律的规定需要由法官根据具体情形加以自由裁量，以求司法的公正合理。这就要求法官在行使裁量权时以诚实善意的心态来对待，如滥用自由裁量权则违背诚实信用原则，将成为当事人上诉的理由。

第二，禁止实施突袭性裁判。法院应当充分尊重当事人的程序权，为当事人提供陈述主张和事实的机会，不得实施突袭性裁判。突袭性裁判具体包括三种状态：（1）认定事实的突袭，指在言词辩论终结前，未使当事人有机会认识、预测法院发现真实的心证活动，从而使当事人就事实发现方面未尽充分攻击、防御和陈述意见。（2）促进诉讼的突袭，指由于未适时使当事人预测法院裁判的内容或判断过程，致使当事人未及时提出有利资料或意见，从而在程序上造成劳动、时间、费用等不必要的支出或不该有的节省等情况。（3）法律适用的突袭，指由于发现真实突袭和促进诉讼突袭所产生的，法官就法律问题所进行的突袭性判断。

十一、怎样理解禁止突袭裁判的概念与内涵？

突袭裁判是指法院在未能使当事人充分利用程序法所提供的攻击和防御机会的情形下作出的裁判。法官在审理案件的过程中，应尊重法律赋予当事人的充分攻击和防御机会，以防止裁判给当事人造成突袭，这是程序公正不可或缺的内容。突袭性裁判的发生，足以剥夺当事人对裁判结果预测的可能性，彻底防止突袭性裁判乃是诉讼法上的基本要求，应为运用诉讼指挥权的根本方针。

突袭裁判包括发现真实的突袭、促进诉讼的突袭以及与两者相重叠的法律适用的突袭。（1）发现真实的突袭，是指未使当事人在言词辩论终结前充分认识、预测法院有关发现真实的心证活动，致使当事人就发现真实未予充分攻击及防御或陈述意见，它的内容包括对认定事实的突袭和推理过程的突袭：认定事实的突袭，指未使当事人在言词辩论终结前充分认识预测法院所要认定的事实或该事实的具体内容，致使当事人在未能就不利于己的事实进行充分攻击或防御的情况下受到法院裁判；推理过程的突袭，指未在言词辩论终结前，使当事人充分预测法院就某事实是否存在的判断过程，使其在未能适时提出充分之资料或陈述必要意见的情况下受到法院裁判。（2）促进诉讼的突袭，是指未适时使当事人预测法院裁判内容或判断过程，致使当事人在未及时提出有利资料或意见，从而在程序上造成不必要支出或不该有的节省等情况下受到法院裁判。（3）法官就法律问题所作的判断也可造成法律适用的突袭。

十二、诚实信用原则的主体及违反该原则的法律后果有哪些？

诚实信用原则的适用基础在于，民事诉讼程序中当事人之间和当事人与法院之间存在诉讼法律关系。在这些关系中，诚实信用原则的适用范围是相当广泛的，可以说，诚实信用原则适用于民事诉讼法律关系的各个主体。就当事人而言，首先，要求当事人履行附随义务，例如对事实等的说明义务；其次，阻止滥用权利的作用；最后，要求当事人在民事诉讼中，不能实施矛盾的诉讼行为。若当事人懈怠履行义务，法院基于法律安定性的要求，可以对当事人课以一定的责任。另外，判断是否适用诚实信用原则，其权限应属于法院。

违反诚实信用原则的法律后果，大致可分为实体上的效果和诉讼法的效果。具体而言：第一，法院违反诚实信用原则时，既要承担诉讼法上的效果，主要为诉讼程序的重新进行或判决的纠正，但主要的还是承担实体法的效果：一是依国家赔偿法所生之费用的赔偿义务；二是法官法所产生的个人法律责任。这种法律效果的产生是由法官的双重身份所决定的，一方面，他是诉讼主体，应履行诉讼义务，另一方面，他又是国家司法权力的执行者，应履行司法职责。第二，当事人违反诚实信用原则时，应以诉讼法上的效果为主要形式，实体法的效果为其例外。诉讼法上的效果主要以不利益表现出来，如驳回其请求、视其通过不正当方法形成的有利诉讼状态未发生、判其承担延滞诉讼之费用等。第三，证人、鉴定人等违反诚实信用原则时，因其与诉讼无利害关系，诉讼法上的效果无从产生，故只能令其承担实体法上的法律责任。

十三、人民检察院进行法律监督应否遵循诚实信用原则?

人民检察院进行法律监督应当遵循诚实信用的原则，这是检察官客观义务的应有之义。在我国，随着检察体制改革的进行，对检察权的性质、检察官在诉讼中的角色的探讨更加深入。关于检察权在国家权力结构中的地位，存在着检察权是法律监督权、检察权是行政权、检察权具有司法权和行政权的双重属性等不同学说。对检察官在诉讼中的角色，则有检察官是与被告人平等的当事人、检察官是与法官平等的司法官、检察官是法官之上的法官、检察官是法官之前的法官等主张。无论我们如何界定检察权的性质和检察官在诉讼中的角色，有一点是不容置疑的，那就是：检察官在诉讼中负有客观义务。在我国的检察体制改革进程中，尤其应当强调检察官的客观义务。在我国强调检察官的客观义务，有其法律根据。《检察官法》第2条规定了“检察官是依法行使国家检察权的检察人员”。第8条规定：“检察官应当履行下列义务：（一）严格遵守宪法和法律；（二）履行职责必须以事实为根据，以法律为准绳，秉公执法，不得徇私枉法；（三）维护国家利益、公共利益，维护自然人、法人和其他组织的合法权益；（四）清正廉明，忠于职守，遵守纪律，恪守职业道德；（五）保守国家秘密和检察工作秘密；（六）接受法律监督和人民群众监督。”

检察官客观义务最重要的理论根据，就是民事诉讼追求公正的根本目的。此处的公正包括程序公正和结果公正。程序公正要求当事人之间达到平衡，实现平等武装，要求公平对抗，不进行举证突袭。结果公正要求尽量发现案件的实体真实，还原案件的本来面目。无论是从程序公正还是从结果公正看，人民检察院在进行法律监督的过程中，只有遵守客观义务，不违背诚实信用原则的基本要求，才能真正实现民事诉讼追求公正、正义的根本目的。此外，检察机关应当在遵守诚实信用原则的基础上，努力提高自身素质，通过制度建设不断改进和加强检察监督工作，维护法律的正确、统一实施，维护司法公正。

十四、强化民事诉讼中的检察监督原则有何意义？

依据新《民事诉讼法》第235条的规定，“人民检察院有权对民事执行活动实行法律监督”，该条文为人民检察院监督人民法院的民事执行活动提供了法律依据，有利于民事执行权的规范运行。民事诉讼和执行检察监督制度的完善，对于我国检察权理论的发展也具有重要意义。第14条规定的“人民检察院有权对民事诉讼实行法律监督”，是对检察监督范围的拓展，有助于发挥检察机关对民事诉讼进行全面监督的实效性，包括提起、参与民事诉讼的权力，以及监督民事执行的权力，以使检察监督对民事审判执行的监督权真正落到实处。具体到执行环节，有专家提出，对民事执行权进行法律监督，涉及诉讼基本制度和权力配置问题，应谨慎对待。一要妥善处理加强执行检察监督与解决执行难的关系；二要正确处理检察监督和执行的距离，正确处理检法关系；三要分析研究对执行领域的职务犯罪和对执行本身检察监督的关系；四要厘清监督的重点，民事检察监督应重点对危害国家利益、公共利益的行为进行监督等。

2007年《民事诉讼法》规定了人民检察院有权对民事审判活动实行法律监督，但没有明确规定对民事执行活动和人民法院的调解活动能否实行检察监督。通过扩大人民检察院的监督范围，将民事执行活动纳入法律监督的范畴，符合任何权力都必须接受监督的要求。检察机关对民事诉讼实行法律监督，可以加大对当事人诉权的保护，加大对审判权、执行权的制约，防止审判权、执行权的不当行使。同时，也可以排除外在的干预审判独立的诸多因素，有助于保障法院独立审判。强化司法权的监督制约是司法改革的主要价值取向，长期以来，执行权疏于监督制约而致存在诸多症结，健全执行监督制约机制是执行改革的必然趋势。

第二章 民事管辖制度的完善

一、民事管辖制度的完善主要涉及哪些方面的内容？

民事管辖制度的完善是此次《民事诉讼法》修改的重点内容之一。本次修改的主要原因，是我国现行的管辖制度中的某些方面已经不能适应民事诉讼发展的需要。比如，在协议管辖的案件适用范围方面，“双轨制”模式饱受诟病，其范围的狭窄影响了协议管辖制度功能的发挥。再如，公司设立、确认股东资格、分配利润、解散纠纷等诉讼管辖法院规定的缺失，导致了实践中该类案件管辖的混乱，法院之间争抢诉讼或者推诿诉讼的现象时有发生。此外，管辖权下放性转移问题一直是理论界和实务界讨论的热点，现行法律对管辖权下放性转移毫无条件限制的规定已经成为某些法院规避级别管辖的手段，使得该项制度严重偏离了其制度价值和设置初衷。这些亟待修改的内容，对于完善我国的管辖制度，使其适应社会的发展和需要，更有力地保护当事人的程序权利和实体权利有着重要的意义。总体来看，此次民事管辖制度的完善主要涉及以下几个方面：

（一）扩大了协议管辖的范围

全国人民代表大会常务委员会《关于修改〈中华人民共和国民事诉讼法〉的决定》将现行《民事诉讼法》第25条改为第34条，并对其内容进行了修改。新《民事诉讼法》第34条规定：“合同或者其他财产权益纠纷的当事人可以书面协议选择被告住所地、合同履行地、合同签订地、原告住所地、标的物所在地等与争议有实际联系的地点的人民法院管辖，但不得违反本法对级别管辖和专属管辖的规定。”从条文中可以看出，此次修改：

1. 扩大了协议管辖案件的范围，将“其他财产权益纠纷”也纳入进来。根据2007年《民事诉讼法》第25条的规定，在国内民事诉讼中，协议管辖只适用于合同纠纷案件，在其他财产纠纷案件中则不能适用。这一规定不仅剥夺了国内民事案件当事人在除合同纠纷之外的其他案件中的管辖协议权，也使得协议管辖的功能无法及于其他类型的财产纠纷案件，限制了该制度功能的全面发挥。然而，在与之遥相呼应的涉外民事诉讼管辖部分，2007年《民事诉讼法》第242条却规定，涉外合同或者涉外财产权益纠纷的当事人，可以用书面协议选择与争议有实际联系的地点的法院管辖。立法中这种“双轨制”的处置办法使国内案件当事人与涉外案件当事人，在民事诉讼权利享有的总量上出现了不平等，国内案件当事人显然受到了“歧视性待遇”。有鉴于此，新《民事诉讼法》将协议管辖的案件范围扩大到合同之外的其他财产权益纠纷，将国内案件与涉外案件的协议管辖统一起来，改变了原法中协议管辖规定“内外有别”的状况，有利于协议管辖立法目的的充分实现。

2. 扩大了协议管辖可选择法院的范围，新增加了“与争议有实际联系的地点的人民法院”。2007年《民事诉讼法》规定，当事人协议选择的管辖法院范围仅限于法律中所明确列举的5类，即被告住所地、合同履行地、合同签订地、原告住所地、标的物所在地的人民法院，除此之外，当事人不能任意约定管辖法院。而随着可以协议管辖的案件范围的扩大，财产权益纠纷案件的当事人也可以通过书面协议来选择管辖法院，因此现行法中从“合同本位”出发来规定的可选择法院范围，一是范围过于狭窄，二是在其他财产权益纠纷中并不具有可操作性，在新《民事诉讼法》中增加“与争议有实际联系的地点的人民法院”作为协议管辖的可选择法院，使实践中的协议管辖更为灵活，实为必要之举。

（二）明确了公司案件的管辖法院

对于因公司设立、确认股东资格、分配利润、解散等提起的诉讼的管辖地之确定，新《民事诉讼法》遵循了“原告就被告”的一般原则。新《民事诉讼法》第26条规定：“因公司设立、确认股东资格、分配利润、解散等纠纷提起的诉讼，由公司住所地人民法院管辖。”公司以其主要办事机构所在地为住所。之所以如此规定，是由于在实践中该类纠纷所涉及的人数往往较多，且散居各地，如果参照破产法上的有关规定，则不利于法院查明事实，也不便于公司及其他股东参加诉讼；相比较之下，公司的住所地则较为固定，为避免因过多的管辖权争议而影响诉讼效率，方便法院审理案件，从大局考虑选择了由公司住所地法院作为管辖法院。

（三）新增加了应诉管辖的规定

应诉管辖即默示协议管辖。在默示协议管辖问题上，我国2007年《民事诉讼法》对国内民事诉讼与涉外民事诉讼的规定并不统一，第243条规定：“涉外民事诉讼的被告对人民法院管辖不提出异议，并应诉答辩的，视为承认该人民法院为有管辖权的法院。”由此确立了涉外民事诉讼中的默示协议管辖；但对国内民事案件的默示协议管辖，2007年《民事诉讼法》却并没有作出明确的规定。然而，在实践中，一些法院受理了原本没有管辖权的案件，由于法院自己并未发现或者虽已发现但出于地方保护等种种考虑，没有将案件移送给有管辖权的法院，在提交答辩状期间，当事人没有提出管辖权异议并进行了应诉答辩，但是在案件审理过程中或者被告在提起反诉之后，甚至案件进入二审程序之后，因发现受理案件的法院没有管辖权而导致以前进行的程序都归于无效，造成了诉讼效率的低下和诉讼资源的浪费，徒增了当事人的讼累，严重违反了民事诉讼程序的安定性原则。国内民事诉讼案件默示协议管辖规定的缺失所带来的这些现实问题，迫切地要求《民事诉讼法》在修改时能给出一个明确的答案。有鉴于此，在充分调研并听取各方意见后，新《民事诉讼法》将2007年《民事诉讼法》第38条改为第127条，并增加一款作为第2款，承认了国内民事案件的默示协议管辖。新《民事诉讼法》第126条规定："人民法院受理案件后，当事人对管辖权有异议的，应当在提交答辩状期间提出。人民法院对当事人提出的异议，应当审查。异议成立的，裁定驳回。当事人未提出管辖异议，并应诉答辩的，视为受诉人民法院有管辖权，但违反级别管辖和专属管辖规定的除外。"可见，默示协议管辖的适用还应该符合我国2007年《民事诉讼法》关于级别管辖的规定，且不违反我国法律就不动产纠纷诉讼、港口作业纠纷诉讼以及因继承遗产提起的诉讼所确定的管辖法院的规定。

（四）完善了管辖权转移的有关规定

2007年《民事诉讼法》第39条第1款规定："上级人民法院有权审理下级人民法院管辖的第一审民事案件，也可以把本院管辖的第一审民事案件交下级人民法院审理。"由于法条中对管辖权下放性转移未设置任何约束性条件，导致了司法实践中通过下放性转移改变二审法院的现象时有发生。这一方面弱化了程序保障，损害了诉讼当事人的程序利益甚至实体利益；另一方面也使得管辖权下放性转移这一制度性安排很容易被某些法院利用，成为其规避级别管辖的有效途径，同时也为地方保护主义提供了滋生的"温床"。为解决这一问题，新《民事诉讼法》将2007年《民事诉讼法》第39条改为第38条，并将其修改为："上级人民法院有权审理下级人民法院管辖的第一审民事案件；确有必要将本院管辖的第一审民事案件交下级人民法院审理的，应当报请其上级人民法院批准。下级人民法院对它所管辖的第一审民事案件，认为需要由上级人民法院审理的，可以报请上级人民法院审理。"对管辖权下放性转移的限制性规定，规范了法院之间指定管辖的程序，从立法上保障了当事人的合法权益，有利于防止和遏制司法地方保护主义，确保诉讼公正的实现。

二、协议管辖的适用范围是什么?

(一) 协议管辖适用案件的范围

根据新《民事诉讼法》第 34 条的规定，在适用案件类型上，协议管辖仅适用于合同纠纷或者其他财产权益纠纷这两种类型的案件。除此之外，对于因其他关系提起的民事诉讼，不适用协议管辖的规定。所谓合同案件，是指平等主体的公民、法人和其他组织之间因履行各类合同而产生的纠纷，如买卖合同、借款合同、赠与合同、租赁合同、融资合同等一般民商事合同纠纷；所谓其他财产权益纠纷，是指物权、债权等涉及财产或者可以用货币衡量且能够转移的权益，因对其占有、使用、收益和处分所产生的纠纷，一般为侵权纠纷中的损害赔偿部分。比较典型和常见的其他财产权益纠纷主要有：

1. 不当得利纠纷。受益人因没有合法依据或者事后丧失合法依据而造成了他人利益受损，如售货时多收货款、拾得遗失物据为己有等，受益人与受损人之间因此而产生不当得利返还的债权债务关系，即发生不当得利之债。对于不当得利纠纷案件，双方当事人可以协议选择与不当得利有实际联系的地点的法院来管辖，比如原告住所地、被告住所地、不当得利行为发生地等。

2. 人身损害赔偿纠纷。受害人因生命权、健康权、身体权等受到不法侵害，要求侵权人以财产的方式进行赔偿而产生的纠纷，双方当事人可以约定选择原告住所地、被告住所地或者侵权行为地等法院管辖。

3. 财产损害赔偿纠纷。受害人因自己的财产所有权、他物权、债权等受到非法侵害，要求侵害人予以赔偿而产生的损害赔偿纠纷，在侵权行为发生前后，双方当事人可以自愿协议选择侵权行为发生地、侵权行为结果地等的人民法院管辖。

4. 无因管理纠纷。管理人因没有法定或约定的义务，为避免他人利益受到损失，自愿管理他人事务或为他人提供服务，事后要求受益人偿还因管理事务所支出的费用而产生无因管理之债。对于因无因管理而产生的纠纷，双方当事人可以在纠纷发生后自愿协议管辖。

需要说明的是，尽管新《民事诉讼法》已经在 2007 年《民事诉讼法》的基础上扩大了协议管辖案件的适用范围，但是在这一问题上，当前学界的观点并不一致。有学者认为，协议管辖案件的适用范围还可以扩展到部分人身权利纠纷。其理由在于：(1) 当前发达的科学技术和信息通讯，已经完全可以克服过去司法审判中所无法解决的困难。(2) 随着我国市场经济的发展，大量农村人口长期外出务工，传统意义上以“住所地”来确定管辖联结点的规定会造成当事人诉讼的不方便，增加其讼累，也不利于将来确定裁判的执行。

(3) 现代社会"从身份到契约"的转变导致亲属法中心产生了从身份到财产的转移，亲属间的财产纠纷日益增多，很多人身权利纠纷案件中双方争议的最主要焦点是财产问题，因此不能再一味地、过分地强调人身权利纠纷案件中包含的人身属性，而应该重视其中只关涉的私益财产纠纷。(4) 从世界范围来看，很多国家的《民事诉讼法》中都有关于某些人身权利纠纷适用协议管辖的规定。例如法国《民事诉讼法》便规定，在离婚案件中，允许双方当事人协议选择管辖的法院。

(二) 协议管辖可选择法院的范围

根据新《民事诉讼法》第 34 条的规定，当事人可以协议选择的法院包括被告住所地、合同履行地、合同签订地、原告住所地、标的物所在地等与争议有实际联系的地点的人民法院管辖。新法中之所以将"与争议有实际联系的地点"作为确定协议管辖法院的联结点，是考虑到了行使管辖权的法院与该民事案件中的某个因素之间的联系。通常而言，二者之间的关系越密切，确定管辖时所应遵循的各项原则就越能得到贯彻，管辖的意义也就越能得到实现。这些联系包括但不限于法院辖区与当事人的住所地之间的联系，法院辖区案件的性质、影响范围、诉讼标的额与不同性质或功能法院之间的联系，法院辖区与民事法律关系及法律事实发生地之间的关系，法院辖区与案件争议财产所在地之间的关系等。这样的规定，既保证了当事人的程序选择权，确保了当事人的诉讼便利，又方便了法院对案件进行审判和对生效裁判的执行，有利于保证案件的公正审判等。协议管辖所选择的法院必须是明确的、唯一的，当事人选择管辖的协议不明确或者选择两个以上有管辖权的人民法院的，选择管辖的协议无效，依照《民事诉讼法》的有关规定确定管辖。

三、协议管辖的效力和适用限制是什么?

(一) 协议管辖的效力

前已述及，当事人之间签订的管辖协议具有诉讼契约的性质，当事人之间协议管辖的行为属于与效性行为，其生效与否由法院根据法律规定予以审查，对于符合生效要件的管辖协议则产生诉讼法上的效力。

1. 对当事人的效力。管辖协议是双方当事人在自愿基础上的真实意思表示，双方当事人都必须受管辖协议的约束；在纠纷发生之后，应按照协议向双方约定的管辖法院提起诉讼，而不得违法管辖协议，另行选择管辖法院起诉；被告一方当事人有应诉的义务。

2. 对法院的效力。被当事人合法有效的管辖协议所确定的法院，据此获得案件的管辖权。一旦一方当事人向该法院提起诉讼，法院有权受理案件并对案件进行审理，而不得以任何理由拒绝管辖或者将案件移送其他法院管辖。

3. 对其他法院的效力。协议管辖是一种排他性的管辖权，在当事人通过管辖协议确定了管辖法院以后，其他依据法律享有管辖权的法院因此丧失管辖权，即使其中一方违反管辖协议向约定法院以外的其他享有管辖权的法院提起诉讼，该法院也不能受理。

（二）协议管辖的适用限制

1. 协议管辖不能损害公共利益、公序良俗。协议管辖是当事人意思自治在民事诉讼领域的反映，是当事人自由处分诉讼权利的体现，从本质上来看，当事人之间签订的书面管辖协议具有民事诉讼契约的性质。根据私法自治理论，对于仅仅涉及私益的案件，法院应充分尊重当事人的自由处分权，不得进行干预；但是“公共福利是最高的法律”，“私人协议不得有损于公共利益”，维护本国社会的公共利益和公序良俗是各国通例，因此，当事人之间的管辖协议必须是双方真实意思的表示，并不得违反法律、不得损害社会公共利益、国家利益或者其他第三人的利益。

2. 协议管辖不得违反法律关于级别管辖和专属管辖的规定。级别管辖是我国根据案件的性质、案件的繁简程度、案件的影响范围相结合的“三结合标准”，划分的上下级人民法院之间受理第一审民事案件的分工和权限；专属管辖是法律规定的某些类型的案件必须由特定的人民法院进行管辖，其他法院无权管辖，具体包括因不动产纠纷提起的诉讼由不动产所在地的人民法院管辖、因港口作业发生纠纷提起的诉讼由港口所在地人民法院管辖、因继承遗产纠纷提起的诉讼由被继承人死亡时住所地或者主要遗产所在地人民法院管辖三种。级别管辖和专属管辖均属于强行性规范，当事人不得违反。对于级别管辖，只能以管辖权转移的方式进行调整，而且下放性转移要获得上级法院的批准。

3. 协议管辖要注意体现对弱者的保护。在实践中，协议管辖制度容易被在经济上占优势地位的当事人所利用，谋求方便自己诉讼的管辖法院而不利于对方当事人。例如在某些大型企业的格式化合同中，往往会直接规定在发生纠纷时的管辖法院，消费者在签署合同时被迫“就范”，承认合同提供方所选择的法院的管辖权。对此，有学者指出，我国应借鉴德国《民事诉讼法》和我国台湾地区“民事诉讼法”的规定，应该允许当事人以强势商人滥用协议管辖制度为由，请求受诉法院确认管辖协议无效或者提出管辖权异议。

四、应诉管辖的概念与内容是什么？适用应诉管辖的条件有哪些？

应诉管辖即默示协议管辖，又称推定管辖，是指双方当事人争议发生之前或在争议发生之后，没有达成约定管辖法院的书面协议，在一方当事人向法院提起诉讼并被受理后，另一方当事人在法定期限内没有提出管辖权异议，且进行了应诉答辩，则推定其承认受诉人民法院对案件有管辖权。

默示协议管辖制度最初发端于罗马法，乌尔比安在《论告示》第三编中指出："那些明知不处于某一审判员司法管辖权之下并同意接受其审判的人，被视为表示了许可。"适用应诉管辖的条件主要包括：(1）当事人之间没有书面管辖协议。此为适用应诉管辖的首要条件。如果当事人之间有单独的管辖协议或者合同中具有管辖协议条款，则不适用应诉管辖的规定。(2）原告向没有管辖权的法院提起了诉讼。在明示协议管辖的情况下，当事人是在法律规定的有管辖权的法院中选择一个法院，被选择的受诉法院本就依法享有管辖权；但在默示协议管辖的情况下，受诉法院则是没有管辖权的一审法院，其因当事人的应诉而获得了管辖权。(3）被告通过实际诉讼行为形成"合意"的证明，即在答辩期内未提出答辩权异议且应诉答辩。这是适用默示协议管辖最重要的条件。根据我国现行《民事诉讼法》规定，人民法院在受理案件以后，应当以通知的形式向被告发送应诉通知书，并应当在立案后5日内将起诉状发送给被告；原告以口头方式起诉的，人民法院也应用书面方式将原告口述内容告知被告。被告在收到人民法院送达的原告起诉状以后，应当积极进行应诉，在法定期限内（自起诉状收到之日起15日）向法院提交答辩状。至于答辩的方式，既可以是书面答辩状，也可以是在庭审过程中进行口头答辩。(4）没有违反《民事诉讼法》关于级别管辖和专属管辖的规定。首先，应诉管辖不得违反级别管辖的规定。《民事诉讼法》中有关级别管辖的规定属于强行性规定，当事人不能协议选择排除适用，由此也有效地避免了双方当事人恶意串通协议选择对自身有利的管辖法院以逃避级别管辖的情形。其次，应诉管辖也不得违反专属管辖的规定。对于专属管辖的案件只能依法向有管辖权的特定法院提起诉讼，当事人没有协议管辖的权利，当事人之间达成的默示管辖协议无效。

五、管辖权转移制度有哪些修改？管辖权下放性转移的条件有哪些？

新《民事诉讼法》在管辖权转移制度方面的修改，主要体现在管辖权下放性转移的条件设置上。管辖权转移分为"上调性转移"和"下放性转移"两种。上调性转移具体包括两种情况：一种是上级人民法院认为下级人民法院管辖的一审案件应当由自己审理时，有权决定对下级人民法院的案件进行提审；另一种是下级人民法院认为自己管辖的一审案件需要由上级人民法院审理时，可以报请上级人民法院审理。管辖权的上调性转移有利于减轻下级人民法院在审理某些特殊案件时所遭受的压力，排除地方保护主义的干扰，保证当事人得到公正的裁判，它的设置是合理的、必要的。管辖权下放性转移是上级人民法院将其管辖的一审民事案件交由下级人民法院审理。

对于管辖权下放性转移的合理性问题，理论界和学术界有不同的观点。第一种观点为废除说。该学说认为，管辖权下放性转移一方面与确定级别管辖的原则相矛盾，它的存在使本就很模糊的级别管辖标准变得更加含混不清、难以把握；另一方面，它会弱化对当事人的程序保障和损害当事人的利益，因此应该予以废除。[①] 第二种观点为限制说。该学说认为，司法实践中确实存在着管辖权下放性转移的必要，我们所需要做的是对其进行限制而不是直接废除。

新《民事诉讼法》采纳了第二种观点，其在第 38 条规定，上级人民法院认为确有必要将本院管辖的第一审民事案件交由下级人民法院审理的，应当报请其上级人民法院批准。由此设定了管辖权下放性转移需要具备的两个条件：（1）确有必要，例如有管辖权的法院因客观原因无法审理该案件或者不进行下放性转移将会给当事人的程序权利或者实体权利造成重大损害；（2）程序上需报请其上级人民法院批准。这一限制性规定，规范了法院之间关于转移案件管辖权的法定程序，完善了上下级法院之间案件交办的有关规定，可有效解决上级法院将案件交下级法院审理的随意性，有效防止实践中反映较多的地方保护问题，从审级制度上保障了案件当事人的合法权益。

六、对违反规定任意进行管辖权转移的行为应怎么办？

管辖权转移制度是民事诉讼法为了方便当事人诉讼或者有利于对案件进行审判而对级别管辖所做的临时变通和个别调整，它的设置缓解了级别管辖制度自身所包含的硬直性和绝对化倾向，增加了级别管辖的灵活性，使其更恰当地体现出自身的辩证特性和利益平衡。因此，管辖权转移制度的恰当运用，必将使当事人的管辖利益得到更周到的保护。然而，司法实践中管辖权转移制度的高度职权化运作，为某些法院违反规定任意进行管辖权的转移提供了便利，使该制度成了规避级别管辖、损害当事人合法权益的途径之一。为此，最高人民法院于 2009 年 7 月 20 日通过了《关于审理民事级别管辖异议案件若干问题的规定》的规定，对法院的管辖权上调性转移行为实施了程序性控制，完善了管辖权下放性转移的程序规范，明确了当事人针对管辖权转移的相应救济权。

---

① 李浩：《管辖权下放性转移若干问题研究——兼论我国民诉法第 39 条之修改》，载《法学评论》1998 年第 1 期；《民事诉讼级别管辖存在的问题及其改进》，载《现代法学》1996 年第 4 期。

根据《关于审理民事级别管辖异议案件若干问题的规定》的规定，(1) 上级人民法院自行决定或者同意下级人民法院的报请，决定审理原本由下级人民法院管辖的案件时，应当就此作出裁定。对于该裁定，当事人可以提起上诉。如果当事人没有对下级人民法院将案件移送上级人民法院管辖的裁定提出上诉，但受移送的上级人民法院认为确有错误的，也可以依职权裁定撤销。此规定确保了当事人对管辖权转移过程的请求裁判权和上诉权。(2) 上级法院认为确有必要并报请其上级人民法院批准后，将本院管辖的第一审民事案件交下级人民法院审理的，也应当以裁定为之。对于该裁定不服的，当事人有权提起上诉，作出管辖权转移行为的人民法院的上级人民法院应对该诉讼进行审理并作出裁定。(3) 对于应由上级人民法院管辖的第一审民事案件，下级人民法院不得报请上级人民法院交其审理。换言之，管辖权下放性转移的裁定只能由上级人民法院主动作出，对案件没有级别管辖权的下级法院，不得采用先受理后报请的策略获得案件的级别管辖权。上述有关规定，将管辖权转移的整个过程置于当事人的监督和参与之下，制约了法院任意进行管辖权转移的行为，加强了上级人民法院对下级人民法院在级别管辖权确定过程中的监督权和控制权。

七、对于管辖错误的案件应如何救济?

对当事人在其管辖权利受到侵害时予以救济，维护当事人在管辖制度中享有的合法权益，设置管辖权救济制度，是民事诉讼法必须要做的功课。根据新《民事诉讼法》的规定，对于管辖错误的案件，可以采取的救济措施有:

1. 当事人提出管辖权异议。管辖权异议，是指法院在受理案件以后，案件当事人认为受诉法院对该案件无管辖权，在提交答辩状期间，向受诉法院提出的不服该法院管辖、请求移送给有管辖权的法院的意见或者主张。当事人提出管辖权异议，必须符合以下条件:(1) 提出管辖权异议的主体必须为本案当事人。对于受诉法院就其受理的案件无管辖权或者被移送的法院对其被移送的案件无管辖权的，本案原告和被告均可以提出异议。(2) 当事人只能对第一审案件的管辖权提出异议，包括一审案件的地域管辖权和级别管辖权。二审案件的管辖权根据审级制度确定，当事人无权提出异议。(3) 提出管辖权异议的时间必须是在提交答辩状期间。无正当理由超出该期限的，不得再提出管辖权异议。(4) 除简易程序中可以口头提出异议外，管辖权异议应以书面形式提出。根据我国《民事诉讼法》及司法解释的相关规定，法院收到管辖权异议后，应当对当事人提出的异议进行审查并应在 15 日内作出异议是否成立的书面裁定:异议成立的，裁定将案件移送有管辖权的法院;异议不成立的，裁定驳回。当事人对该裁定不服的，可以在收到该裁定之日起10日内提起上诉，第二审人民法院应当依法审理并作出裁定。

2. 法院依职权移送管辖。移送管辖，是法院在受理案件后，发现自己对案件并无管辖权，因而依法将案件移送给有管辖权的法院审理的制度，通常发生在同级人民法院之间，只偶尔发生在上下级法院之间。移送管辖是对管辖错误的纠正，其实质是案件的移送而非管辖权的变更。法院进行移送管辖，需要具备以下条件：（1）被移送的案件是法院已经受理的案件。法院在受理案件之前发现自己没有管辖权的，不予受理，并应告知当事人向有管辖权的法院起诉；（2）受诉法院对本案无管辖权，包括无地域管辖权和无级别管辖权。若受诉法院本身对案件有管辖权，除其他有管辖权的法院先行立案的情况外，则不能进行移送；需要变更管辖的，应采取指定管辖或者管辖权转移的方式；（3）被移送的人民法院依法享有该案的管辖权，即被移送的案件自始系属于被移送的法院。

根据我国《民事诉讼法》的规定，在以下三种情况下，人民法院不得对案件进行移送：（1）被移送人民法院认为本院对移送的案件无管辖权，则只能报请上级人民法院指定管辖，而不得再自行将案件移送其他人民法院。（2）根据管辖恒定原则，有管辖权的人民法院受理案件后，其管辖权不因确定管辖的因素在诉讼过程中发生变化而受影响，法院不得以当事人住所地、经常居住地的变更以及起诉后行政区域的变更为由将案件移送。（3）两个以上的人民法院均依法享有对案件的管辖权时，应当由先立案的人民法院实际行使管辖权，先立案的人民法院不得将案件移送至另一有管辖权的人民法院管辖。

3. 上级人民法院依职权指定管辖。指定管辖是指上级人民法院依法以裁定的方式指定其辖区内的下级人民法院对某一具体案件行使管辖权。根据《民事诉讼法》的规定，需上级人民法院指定管辖的情形主要有：（1）被移送人民法院认为本院对被移送的案件无管辖权的，报请上级人民法院指定管辖；（2）有管辖权的人民法院因正当原因不能或者无法审判的，由上级人民法院指定管辖。导致法院不能或者无法审判的正当原因包括：事实上的原因（如有管辖权的法院所在地发生战争或者严重的自然灾害）和法律上的原因（如有管辖权的法院的全体审判人员均需回避）；（3）法院之间因管辖权发生争议，协商不成的，应报请共同的上级人民法院指定管辖。法院之间因管辖权发生的争议包括积极争议（争抢管辖）和消极争议（推诿管辖）。

需要说明的是，2007年《民事诉讼法》将“违反法律规定，管辖错误的”作为了当事人申请再审的事由之一，而实际上，关于管辖错误是否可以通过申请再审的方式来获得救济的问题，理论界有不同的观点。支持者认为，管辖错误作为再审事由有其制度价值，这一规定弘扬了程序正义的独立价值，表明了立法者通过管辖制度的恰当设定，破解地方保护主义的努力，体现了对当事人诉权的充分保障，有助于反溯性地制约和调控审判权的公正行使和在实践层面解决管辖乱象等。反对者则认为，对于管辖错误，我国现行立法中设定的管辖权异议制度和上诉制度已经提供了足够的救济途径，无须另行通过再审程序来救济了。而且，从理论上讲，管辖确定错误并不会对案件的审判公正性和案件结果产生实质影响，如果允许当事人就管辖错误提起再审，将导致诉讼成本提高，已经进行的诉讼程序都可能因为并不影响实质公正的形式错误而无效。此外，管辖是否错误涉及对事实的定性和法律的解释问题，如果不对其做实质审理则无法确定管辖是否存在错误，这与再审事由“外在性、形式性的标准”相矛盾。根据新《民事诉讼法》第200条的规定，管辖错误不再作为当事人申请再审的事由，即申请再审已不能再作为管辖错误的救济途径之一。

第三章　公益诉讼制度的创设

一、《民事诉讼法》是如何规定公益诉讼制度的？

近年来，环境污染和食品安全事故不断发生，社会各界也多次提出在民事诉讼法中增加公益诉讼制度的立法建议，希望通过司法程序，公开、公正地维护社会公共利益。立法机关回应了这种社会诉求，在新《民事诉讼法》中创设了公益诉讼制度，其第55条规定："对污染环境、侵害众多消费者合法权益等损害社会公共利益的行为，法律规定的机关和有关组织可以向人民法院提起诉讼。"

公益诉讼制度起源于古罗马。在古罗马的程式诉讼中，就有私益诉讼和公益诉讼之分，前者是保护个人权利的诉讼，仅特定利害关系人才可提起；后者是保护社会公共利益的诉讼，以保护社会公共利益为目的，市民无论是否与案件具有利害关系，均可作为原告起诉。公益诉讼制度被赋予现代意义，始于20世纪西方社会由自由资本主义向垄断资本主义过渡时期。科技进步和生产规模的扩大，导致社会利益发生变化，原先传统的某些民事行为不再单纯影响当事人自己，而且影响社会公共利益，与此相伴的很多纠纷都涉及大量利害关系者的公共政策问题。这类纠纷具有传统诉讼方式难以容纳的新要素，传统的诉讼机制需要做相应的调整。一般认为，美国是现代公益诉讼制度的创始国。美国国会于1890年通过的《谢尔曼反托拉斯法案》规定，对于违反该法案的公司，司法部门、联邦政府、团体和个人都可以提起诉讼，检察官依司法部长的指示，可提起民事诉讼。后来，美国相继在反垄断、环保、消费领域侵权、证券侵权等诸多领域建立了公益诉讼制度。在英国诉讼制度中，有一种用公法名义保护私权之诉的程序，即检察总长可以代表公众提起诉讼，阻止不正当行为，以保护公众权利。经检察总长同意，某些组织也可为公共利益而提起环境公害群体诉讼。法国《民事诉讼法》和《法院组织法》都规定了检察机关可以为维护公共秩序而提起公益诉讼。德国法律规定了团体诉讼的制度，将具有共同利益的众多法律主体提起诉讼的权利通过诉讼信托的方式，使那些具有公益性质的社会团体可以提起符合其章程或设立目的的诉讼，这也是实质上的公益诉讼。

在《民事诉讼法》修改以前，我国法律上并没有规定公益诉讼制度。但是审判实践中已经出现了大量的公益诉讼案件，主要涉及环境污染的侵权案件、消费领域的侵权案件、国有资产流失案件、证券侵权案件、公共场所收费的案件、涉及土地开发影响社会公益的案件等。审判实践的丰富经验有力地推动了立法的进步。全国人民代表大会常务委员会《关于修改〈中华人民共和国民事诉讼法〉的决定》第9条规定："增加一条，作为第五十五条：'对污染环境、侵害众多消费者合法权益等损害社会公共利益的行为，法律规定的机关和有关组织可以向人民法院提起诉讼。'"这标志着我国公益诉讼制度的正式建立。

根据我国《民事诉讼法》的规定，公益诉讼是指特定主体根据法律的授权就侵犯社会公共利益的行为向法院提起的现代型诉讼。其具有以下主要特征：

一是以维护社会公共利益为目的。传统民事诉讼中，诉讼标的是当事人之间争议的民事法律关系，诉讼的目的在于解决当事人之间的纠纷，维护当事人个人的合法权益。公益诉讼则超越了传统的私人纠纷领域，涉及环境、众多消费者合法权益等领域，提起诉讼的目的是维护社会公共利益。衡量一个诉讼是否为公益诉讼，曾有"效果说"与"目的说"之争。"效果说"认为，只要诉讼的结果在客观上维护了社会公共利益，就应被看作公益诉讼；① 而"目的说"认为，只有原告主观上是为了社会公共利益而提起的诉讼才是公益诉讼。② 我们认为，"效果说"容易导致公益诉讼的泛化，应从起诉的目的来界定公益诉讼。

二是起诉的主体具有特定性。我国新《民事诉讼法》将提起公益诉讼的主体规定为"法律规定的机关和有关组织"。传统民事诉讼中，原告必须对争议事实具有诉的利益，有直接的利害关系，否则法院不予以受理。而在公益诉讼中，并不强制要求起诉主体与所诉行为有直接的利害关系，只要法律规定的机关和有关组织认为行为人的行为侵犯了环境、众多消费者合法权益等社会公共利益，就有权向法院提起诉讼。

三是原告的处分权受到限制。传统民事诉讼采辩论主义和当事人主义，基于意思自治，当事人可自由地处分自己的实体权利和诉讼权利。在公益诉讼中，原告是为了保护社会公共利益，通过诉讼信托和国家干预理论而具有诉的利益，获得向法院提起诉讼的权利。一般情况下，公益诉讼的当事人没有对社

① 肖建华、柯阳友：《论公益诉讼之诉的利益》，载《河北学刊》2011年第2期。

② 李志强：《关于公益诉讼制度的几点思考》，载《北方论丛》2008年第3期。

会公共利益进行处分的权利。所以，公益诉讼在程序制度方面具有区别于普通私益诉讼的特征，在私益诉讼中适用的辩论主义和处分原则，在公益诉讼中受到限制，而采取一定的职权探知主义和职权进行主义。① 原告放弃、变更诉讼请求、撤诉等需要经过法院的同意。

四是判决的效力具有扩张性。传统民事诉讼中，判决的效力仅及于诉讼的两造，一般情况下不能扩张及没有参加诉讼的第三方。而在公益诉讼中，判决的效力不仅适用于诉讼中的当事人，而且还适用于没有参加到诉讼中的其他人。

二、公益诉讼制度的价值有哪些？

建立公益诉讼制度，是社会主义法治发展的需要，是保障当事人基本诉讼权利的需要，有利于彰显社会主义民主和法治，有利于保护包括当事人在内的社会成员的合法权益。我们认为，公益诉讼制度的价值主要体现在以下几个方面：

一是健全纠纷解决机制。公益诉讼制度是一种特殊的、非传统性的现代型诉讼制度。在传统的民事诉讼模式中，原告起诉只能以与自己有法律上的直接利害关系为限。在社会公共利益遭受侵害的情况下，与违法行为有直接利害关系的人可能因为损失的利益不大，或者出于其他考虑而不愿意或不敢提起诉讼。而实践中发生的不少侵害社会公共利益的案件，不存在直接的利害关系人，这种情况下，依据传统的民事诉讼制度，无法通过提起诉讼来维护公共利益，导致侵害公共利益的违法行为不能得到相应的制裁，进而导致了对侵害社会公益行为的放任。② 公益诉讼制度的建立，弥补了传统民事诉讼模式在解决这类问题方面的不足，丰富了新形势下诉讼机制的内涵，健全了纠纷的解决机制。

二是维护社会主义市场经济秩序。市场经济是以追求个体利益最大化为目标的经济机制。随着市场经济的深入发展，市场竞争日趋激烈。但我国市场经济体制还存在一些不足，市场发育不尽完善，公平竞争的市场秩序未完全建立，使得我国市场经济秩序异常复杂，既充满活力，又充斥着大量非理性甚至违法的竞争行为。一些市场主体为追求利益最大化，往往无视甚至突破法律的规定，违背公认的商业道德，不遵守竞争规则，以致侵犯消费者和其他经营者合法权益的事件屡有发生。这类事件涉及面广，影响恶劣，如果不进入诉讼，

① 邵明：《析法院职权探知主义》，载《政法论坛》2009 年第 6 期。

② 颜运秋：《公益诉讼诉权的宪政解释》，载《河北法学》2007 年第 5 期。

将使这种破坏市场经济秩序的行为无法得到制裁。建立公益诉讼制度，通过放宽起诉人的条件，将这类破坏市场经济秩序的行为纳入诉讼程序，从而通过司法审判维护市场经济秩序的有序发展。

三是全面保护合法正当权利。保护合法正当的权利是民事诉讼的基本功能。公益诉讼制度弥补了传统民事诉讼制度在保护弱者合法权利和便利利用诉讼权利两个方面的不足。法律是公平、正义和善良的事业，应当充分体现平等精神，保障社会大众拥有平等的利用法律而获得救济的机会。① 但社会现实是弱者的合法正当权益往往被忽视，甚至被剥夺。如果法律不能发挥应有的作用，那么法律制度的基础就会失去平衡，导致整个社会秩序的混乱与崩溃。公益诉讼制度的建立，突出反映了法律对社会弱势阶层利益的关注，通过强调对社会弱势群体利益的保护，制止来自社会强势群体的歧视、压迫及政府、行政机关的违法行为。② 对于便利利用诉讼权利方面，当公民认为自己的合法权益受到侵犯时，即享有宪法赋予的要求司法机关予以保护和救济的权利。对于现代社会发生的大量集团性侵害事件，如果恪守传统民事诉讼理论，公民司法保护请求权的行使是受到限制的，这些纠纷难以进入诉讼程序而获得救济。公益诉讼制度的建立，突破了传统当事人适格的要件，在诉讼程序内很好地解决了这些现代型纠纷，实现了宪法赋予公民的基本权利。

四是推动形成社会公共政策。公益诉讼主要针对污染环境、侵害消费者合法权益等直接关系社会公共利益的案件进行诉讼。通过个案裁判的正义，不仅使受到侵害的社会公共利益得到救济，而且为今后类似相关纠纷的正当合理解决提供重要的依据。公益诉讼裁判的正义性，满足了不特定多数人对正义的追求，其内容具有广泛的可接受性，可以作为已获得公认的社会价值而对权力机关、行政机关造成某种社会压力，促使其发动立法权、行政权以形成有利于公众的社会公共政策。③ 在这一过程中，法院不仅通过公益诉讼挽回当事人所遭受的物质利益损失，而且通过诉讼中的确定性、形成性判决来影响，甚至是改变社会的公共政策。

三、如何界定公共利益?

提起公益诉讼的目的是维护社会公共利益。因此，社会公共利益的界定对

---

① 江必新：《论公益诉讼的价值及其建构》，载《人民法院报》2009年10月29日第5版。

② 江伟、苏文卿：《公益诉讼社会功能论》，载《政法学刊》2009年第1期。

③ 邵明：《民事诉讼法学》，中国人民大学出版社2007年版，第32～38页。

公益诉讼制度建设具有重要的意义。如果不能对社会公共利益进行明确的界定，就可能导致司法实践中，或者因为过分地保护公共利益而造成公益诉讼权利被滥用，或者因为对公共利益保护不足而最终损害私人权利的保障。但由于公共利益牵涉不特定的多数人，牵涉正义、私权与公权的限度等因素，使其超越了事实的问题而包含了价值判断的因素。① 因此，公共利益实际上是一个事实与价值混合的问题。正如罗素所言："这两部分未能充分划清楚，自来是大量混乱想法的一个根源。"② 由此导致的后果是，难以从概念的角度对公共利益进行精确的界定。

首先，从法律规定来看，我国法律文本中出现了大量的公共利益条款，但却缺乏应有的具体界定。如《宪法》第 10 条、《民法通则》第 7 条、《物权法》第 42 条、《土地管理法》第 2 条等法律条文的规定中都出现了公共利益一词，③ 但并没有具体的解释。《信托法》和《国有土地上房屋征收与补偿条例》对公共利益作了列举加概括式的规定，但两者基于不同的价值取向，规定的内容相差甚远。如《信托法》第 60 条规定："为了下列公共利益目的之一而设立的信托，属于公益信托：（一）救济贫困；（二）救济灾民；（三）扶助残疾人；（四）发展教育、科技、文化、体育事业；（五）发展医疗卫生事业；（六）发展环境保护事业，维护生态环境；（七）发展其他社会公益事业。"而《国有土地上房屋征收与补偿条例》（2011 年）第 8 条规定："为了保障国家安全、促进国民经济和社会发展等公共利益的需要，有下列情形之一，确需征收房屋的，由市、县级人民政府作出房屋征收决定：（一）国防和外交的需要；（二）由政府组织实施的能源、交通、水利等基础设施建设的需要；（三）由政府组织实施的科技、教育、文化、卫生、体育、环境和资源保护、防灾减灾、文物保护、社会福利、市政公用等公共事业的需要；（四）由政府组织实施的保障性安居工程建设的需要；（五）由政府依照城乡规划法有关规

---

① 肖顺武：《公共利益研究》，西南政法大学博士学位论文，载 http：//epub. cnki. net/kns/brief/default_ result. aspx。

② ［英］罗素：《西方哲学史》，何兆武、李约瑟译，商务印书馆 1981 年版，第 395 页。

③ 我国《宪法》第 10 条规定："国家为了公共利益的需要，可以依照法律规定对土地实行征收或者征用并给予补偿。"《民法通则》第 7 条规定："民事活动应当尊重社会公德，不得损害社会公共利益，破坏国家经济计划，扰乱社会经济秩序。"《物权法》第 42 条规定："为了公共利益的需要，依照法律规定的权限和程序可以征收集体所有的土地和单位、个人的房屋及其他不动产。"《土地管理法》第 2 条规定："国家为了公共利益的需要，可以依法对土地实行征收或者征用并给予补偿。"

定组织实施的对危房集中、基础设施落后等地段进行旧城区改建的需要；（六）法律、行政法规规定的其他公共利益的需要。"

其次，从学术界的研究现状看，对于公共利益内涵的界定也是仁者见仁，智者见智。[①] 当前，比较有影响的观点有四种：一是从主体角度出发，认为公共利益是不特定多数人的利益；二是从整体角度出发，认为公共利益是一种抽象的公共秩序；三是从私人利益角度出发，认为公共利益是私人利益的一般化；四是从程序角度出发，认为通过正当法律程序即可形成被广泛接受的公共利益。

我们认为，从某种程度上讲，对公共利益进行概念上的界定仅具有工具性价值，更主要的目的是如何保障公共利益的实现过程符合法治社会的基本要求。立法机关在有关法律规则中已经对公共利益进行了一定程度的类型化，但公共利益的类型是无法穷尽列举的。要保障公共利益既不被滥用，又受到合理保护，可考虑，一方面，明确公共利益的重要特征并进一步类型化；另一方面，通过立法机关和司法机关在具体案件中依据法律认可的表决程序和规则进一步类型化。

基于满足一般人能接受且具有可操作性的出发点，我们将公共利益界定为，由不特定多数主体享有的，具有基本性、整体性和发展性的重大利益。把握公共利益的内涵应注意以下几个方面：

其一，公共利益的主体是不特定的多数人。公共利益首先是一种多数人的利益，但又不同于一般的多数人利益，其享有主体是具有开放性的。

其二，公共利益具有基本性。公共利益是有关国家、社会共同体及其成员生存和发展的基本利益，比如公共安全、公共秩序、自然环境和公民的生命、健康、自由等。

其三，公共利益具有整体性。公共利益是一种整体性利益，其可以分享，但不可以分割。而且，公共利益具有层次性，不仅有涉及全国范围的存在形式，也有某个地区的存在形式。

其四，公共利益具有发展性。公共利益始终与社会价值取向联系在一起，

---

① 肖顺武博士详细考察了中外学术界对于公共利益的研究情况。关于我国的情况，其梳理归纳了十种观点，包括特殊利益论、非商业利益论、最大多数人的最大利益论、公共需求论、价值论、整体利益论、社会活动根据论、统治阶级利益论、非正直的整体利益论、综合利益论等；关于国外的研究情况，其也归纳了限制权利的依据、经济利益、共同利益、行政政策目标、价值、工具性利益、自动公益论、少数人利益、民主终点论、无法认识论等十种观点。参见肖顺武：《公共利益研究》，西南政法大学博士学位论文，载 http：//epub. cnki. net/kns/brief/default_ result. aspx。

也会随着不同社会价值观的改变而变动。

其五，公共利益具有重大性。其涉及不特定多数人，涉及公共政策变动，涉及公权与私权的限度，代表的利益都是重大利益。

理解公共利益的内涵，要注意把握公共利益与国家利益、个人利益的区分。

一是公共利益与国家利益。虽然有时公共利益和国家利益存在交叉，但两者之间还是存在本质区别的。首先是两者的利益内容不同。在马克思的国家学说中，国家和社会在外延上是相互排斥而不是相互包含的。国家利益包括国际政治范畴中的国家利益和国内政治范畴中的政府利益或政府代表的全国性利益。国家利益不是全社会的共同利益，而是掌握国家政权的统治阶级的利益。其次两者的主体不同。政治国家与公民社会是一个二元对称的平行结构。社会公共利益的主体是社会公民和由公民组成的社会团体，而国家利益的直接主体是政府。虽然公共利益与国家利益之间存在区别，但从我国国情出发，基于对国家利益的特殊保护，从广义上将国家利益纳入社会公共利益的范畴，也是恰当的。

二是公共利益与个人利益。公共利益与个人利益虽然在主体上有明确的区分，但并不是截然相反的两个概念，而是一般和特殊的关系。[①] 公共利益由个人利益组成，没有个人利益也就不存在公共利益。公共利益并非凌驾于个人利益之上，而是与个人利益同等重要，之所以要对公共利益进行特殊保护，原因就是公共利益比私人利益更容易被忽视。虽然公共利益具有公共性、整体性、不确定性，难以给出范围明确的界定，但可以肯定的是，如果公共利益受到侵害，在现在或将来可能会影响一定范围内每个人的个人利益。

四、哪些案件属于公益诉讼的范围?

新《民事诉讼法》将公益诉讼的案件范围限定于“污染环境、侵害众多消费者合法权益等损害社会公共利益的行为”。基于对公共利益的分析，结合当前的社会现状，我们认为可将下列案件列为提起公益诉讼的重点：

一是污染环境、破坏自然资源的公害案件。充裕的自然资源、优良的人文环境和健康的自然生态是人类生存的条件，也是全人类的共同财富。因此，在高效利用资源、减少环境污染、注重发展质量效益的基础上，努力建设资源节约型、环境友好型社会已成为全社会的共识。当前社会生活中，一些地方政府为了追求政绩和经济利益，忽视甚至纵容资源浪费、环境污染的现象；一些企

① 张千帆：《公共利益的困境与出路》，载《中国法学》2005 年第 5 期。

业为追求经济效益最大化，不按规定排放废弃物，严重污染环境，破坏生态平衡。这些案件严重侵害了当地人民群众的生命健康，侵害了他们的生产生活条件，甚至引发了灾难性的后果，对社会公共利益造成极大的损害。对此，在污染环境、破坏自然资源的公害案件发生后，或有现实而具体的危险时，有关法律规定的机关和组织可以提起公益诉讼。

二是侵害众多消费者合法权益的案件。消费者权利是指消费者为进行生活消费，安全和公平地获得基本的衣食住行、医疗、教育等权利，实质是以生存权为主的基本人权。消费行为与民众日常生活息息相关，其重要性不言而喻。在现代市场条件下，商品的生产者、经营者在经济实力、商品信息的获取等方面都占有绝对优势地位。而且，商品的生产者、经营者所提供的商品或者服务大都是批量化生产的，民众对某一产品或服务的消费总是以一个群体的形式出现，这样的方式导致消费者在权益受到损害后，也往往以一个群体的形式来维权。将侵害消费者合法权益的案件纳入公益诉讼的范围，有利于规范商品生产者、经营者的生产经营行为，促进市场经济秩序有序发展。

三是不正当竞争和行业垄断等破坏社会主义市场经济秩序案件。市场经济条件下，市场是配置资源的基础，竞争是市场机制有效运转的前提。① 当前我国正处于完善社会主义市场经济体制的关键时期，必须打破市场垄断、行业垄断和地区封锁，促进商品和各生产要素在全国范围内自由流动和充分竞争。破坏社会主义市场经济秩序的案件，大多表现为违反反不正当竞争法、反垄断法和反倾销法禁止行为的案件。包括政府部门或企业事业单位垄断经营的电业、邮政、电信、铁路等公用企业滥用其占有的市场优势地位，强制他人购买指定商品，或不合理搭售，甚至强迫交易，排挤公平竞争；行业大企业为谋取高额利润而相互串通操纵市场价格，损害其他经营者或消费者权益的行为，以及地方政府的地区封锁行为等。对这些行为提起公益诉讼，对于打破垄断、保护竞争和提高效率将起到积极作用。

四是侵害弱势群体合法权益的案件。弱势群体，是指社会成员中在心理、生理，以及经济状况和文化素质方面低于社会一般成员的个人和部分成员，包括孤寡老人、残疾人、妇女儿童、农民工等。他们由于心理生理条件、经济状况、家庭状况或文化水平上的不足，在社会现实生活中不仅易于受到侵害，而且缺乏自我保护的能力，往往不敢或无力起诉，甚至根本不知道怎么提起诉

① 江必新：《论公益诉讼的价值及其建构》，载《人民法院报》2009 年 10 月 29 日第 5 版。

讼，使违法行为不能受到法律的追究。对侵害弱势群体合法权益的案件提起公益诉讼，体现了国家和社会对弱势群体的特殊关照，有利于在更大范围、更广层面上伸张正义，在维护公益的旗帜下保护弱势成员的合法正当权益，彰显社会的文明与公正。

五是国有资产流失案件。国有资产是一个国家得以存在，国家机器得以运转的重要物质基础。尤其在公有制占主体的中国，国有资产更是在政治、经济和社会生活中占有举足轻重的地位。当前，我国正处于社会转型期，由于相应的法律制度不健全，国有资产被侵吞、毁损或灭失的情况大量存在。而且，由于许多国有资产流失是内外勾结、恶意串通所造成的，受托经营国有资产的有关主体在管理过程中，不仅存在疏于管理的不作为问题，有时甚至直接组织、插手各种违规操作，其往往不具有提起诉讼的积极性。如果这类侵权案件无法进入诉讼过程，违法侵权行为就无法得到及时有效的制止和制裁，国有资产就无法得到有效的司法保护。对国有资产流失案件提起公益诉讼，可以弥补因法律制度不健全而导致的法律漏洞，进一步加大国有资产的保护力度。

五、提起公益诉讼的主体有哪些?

新《民事诉讼法》将提起公益诉讼的主体限定于“法律规定的机关和有关组织”。在《民事诉讼法》修正案审议过程中，各方面都赞成规定公益诉讼制度，但对如何规定提起公益诉讼的主体有不同意见。《民事诉讼法》修正案草案规定为“有关机关、社会团体”，修正案草案二次审议稿修改为“法律规定的机关和有关社会团体”。第三次审议稿变成了新《民事诉讼法》所规定的“法律规定的机关和有关组织”。之所以作这样的规定，全国人民代表大会法律委员会的解释是：这样规定，既可使公益诉讼在我国适度开展，有利于社会进步，同时也能保障公益诉讼有序进行。目前，有的环境保护领域的法律已规定了提出这类诉讼的机关。比如海洋环境保护法规定，海洋环境监督管理部门代表国家对破坏海洋环境给国家造成重大损失的责任者提出损害赔偿要求。同时，消费者权益保护法的修改已经列入了立法工作计划，对哪些消费者保护团体能够作为公益诉讼的主体可以在该法修改中统筹考虑。考虑到对“有关社会团体”的范围有不同的认识，将其修改为“有关组织”，至于哪些组织适宜提起公益诉讼，可以在制定相关法律时作出进一步明确规定，还可以在司法实践中逐步探索。

根据新《民事诉讼法》的规定，提起公益诉讼的主体包括以下两个方面：

一是法律规定的机关，主要是有关单行法规明确授权的行政机关。如我国《海洋环境保护法》第90条第2款规定："对破坏海洋生态、海洋水产资源、海洋保护区，给国家造成重大损失的，由依照本法规定行使海洋环境监督管理权的部门代表国家对责任者提出损害赔偿要求。"授予有关行政机关对公益诉讼的民事诉权，主要原因有两个方面：一是行政机关具有专业优势，对于侵害社会公共利益的违法行为具有较强的证明能力。二是可以弥补行政执法的不足。行政机关是相关行政事务的管理者，法律授予的行政执法权具有一定的局限性，有些情况无法满足实现行政目标、保障公益的需要。赋予其提起公益诉讼的民事诉权，有利于使受到侵害的公共利益得到补偿。

二是有关组织，主要是公益性组织。这类组织一般拥有专业的人才，有较强的技术基础和雄厚的资金，且有一定的社会影响力，在组织利益或者组织成员利益受到或者可能受到损害时有权提起公益诉讼，组织成员甚至组织以外的成员可以引用法院裁判对侵权人主张权利。民政部《社会组织登记管理机关行政处罚程序规定》第2条规定："本规定所称社会组织，是指在各级民政部门登记管理机关登记的社会团体、基金会和民办非企业单位。"据统计，截至2011年，在民政部门登记的社会组织共46万多个，其中包括，25万多个社会团体，3000多个基金会和20万个民办非企业单位。有关法律法规和规章对有关组织可以提起公益诉讼作了明确规定。如《工会法》第20条和《劳动合同法》第56条规定工会可以作为集体合同的当事人，"企业违反集体合同，侵犯职工劳动权益的，工会可以依法要求企业承担责任；因履行集体合同发生争议，经协商解决不成的，工会可以向劳动争议仲裁机构提请仲裁，仲裁机构不予受理或者对仲裁裁决不服的，可以向人民法院提起诉讼。"《物业管理条例》也赋予业主委员会为维护业主公共利益而提起诉讼的资格。

理解新《民事诉讼法》关于提起公益诉讼的主体，要注意以下两个问题：

一是法律规定的机关是否包括检察机关。虽然新中国法制史上曾有立法先例，如1954年第一届全国人民代表大会第一次会议通过的《人民检察院组织法》第4条规定，检察机关"对于有关国家和人民利益的重要民事案件有权提起诉讼或者参加诉讼"。但现行法律对检察机关是否可以提起公益诉讼没有明确规定。目前，理论界和实务界的共识是，检察机关作为诉讼活动中国家和社会公共利益的代表，针对公民、法人的民事违法行为，对涉及公益保护的民事案件提起诉讼，符合检察机关法律监督机关的宪法定位。① 长期以来，检察机关积极探索，开展了大量的提起公益诉讼、督促起诉的实践活动，取得了较好的法律效果和社会效果，积累了宝贵的经验。据统计，自 1991 年《民事诉讼法》实施至 2010 年，全国检察机关直接提起民事诉讼 153 件，督促起诉 29175 件。

在西方法治发达国家，检察机关是行政机关，是政府利益的代表，普遍被赋予提起公益诉讼的权力。如法国新《民事诉讼法》第 421 条规定："检察院得作为主当事人进行诉讼，或者作为从当事人参加诉讼，于法律规定情形，检察院代表社会。"第 422 条规定："在法律有特别规定之情形下，检察院依职权进行诉讼。"第 423 条规定："除法律有特别规定之情形外，在事实妨害公共秩序时，检察院为维护公共秩序，进行诉讼。"② 德国、日本民事诉讼法也有类似的规定。如日本《人事诉讼程序法》第 20 条规定："当检察官提起诉讼时，将夫妻双方作为对方当事人。"第 21 条第 1 款规定："只限于检察官能提起的诉讼，可以提起诉的变更或合并或者反诉。"③ 美国《谢尔曼法》第 4 条规定："……各区的检察官，依据司法部长的指示，在其各自的区内提起衡平诉讼，以防止和限制违反本法行为……"

我们认为，相较于西方法治发达国家的检察机关，我国检察机关更有权提起公益诉讼。在我国，检察机关是宪法所确立的专门法律监督机关，维护国家利益和社会公共利益是其天职。检察机关提起公益诉讼，不仅具有法律地位的保障，具有提起公益诉讼的人、财、物等方面的优势，而且不用担心滥用诉权

---

① 理论界倡导检察机关可以作为提起公益诉讼主体的代表性论文有：汤维建：《论检察机关提起民事公益诉讼》，载《中国司法》2010 年第 1 期；张卫平：《公益诉讼：起诉主体应当开放》，载《中国社会科学报》2011 年 12 月 20 日第 10 版；李浩：《关于民事公诉的若干思考》，载《法学家》2006 年第 4 期；宋朝武：《论公益诉讼的十大基本问题》，载《中国政法大学学报》2010 年第 1 期；肖建华、唐玉富：《论公益诉讼的理论基础与程序建构》，载《河南省政法管理干部学院学报》2008 年第 1 期；肖建国：《民事公益诉讼的基本模式研究》，载《中国法学》2007 年第 5 期；等等。实务界的相关论文主要有：江必新：《论公益诉讼的价值及其建构》，载《人民法院报》2009 年 10 月 29 日第 5 版；邓思清：《我国公益诉讼的起诉主体研究》，载《西南政法大学学报》2008 年第 4 期；夏黎阳：《构建我国有限民事公益诉讼制度探讨》，载《人民检察》2009 年第 14 期；林贻影、滕忠：《民事诉讼监督方式之选择》，载《人民检察》2001 年第 3 期；等等。

② 罗结珍译：《法国新民事诉讼法典》，中国法制出版社 1999 年版，第 85 页。

③ 白绿铉译：《日本新民事诉讼法》，中国法制出版社 2000 年版，第 147 页。

或者造成诉讼地位的失衡等问题。[①] 但检察机关提起公益诉讼应保持谦抑态度。检察机关在提起公益诉讼时，关注的是社会大众的公共利益，注重整体的效果，有时会忽视单个主体的特殊利益诉求。而法律规定的机关和有关组织提起民事公益诉讼大都会从自身的利益诉求和成员的利益诉求出发来维护公益，既注重对私人利益的救济，也注重对公共利益的维护。因此，检察机关不应过度干预法律规定的机关和有关组织的诉讼权利。只有在对危害公共利益的违法行为无人起诉或者在得不到救济的情况下，检察机关才可提起公益诉讼。

二是公民个人是否有权提起公益诉讼。公民个人参与提起公益诉讼是各法治发达国家的普遍做法。理论界对此都持肯定态度。公民有权参与国家的政治，同时这也是对国家公权力的制约。当国家利益或社会公共利益受到侵害时，公民可以作为诉讼主体参与诉讼，行使公民的政治参与权。但公民个人参与诉讼有其局限性，如公民个人无法与强大的被告相抗衡，无法解决法院判决利益的归属问题，更重要的是，可能出现公民个人为谋取个人私利而滥用公益诉讼权利的问题。正是考虑到这些问题，立法机关在修改《民事诉讼法》时，并没有赋予公民个人提起公益诉讼的权利。

六、公益诉讼程序的特殊性体现在哪些方面？

公益诉讼以保护社会公共利益为目的，且诉讼过程中往往出现当事人实体权利与诉讼权利分离的状况，所以在构建公益诉讼制度时，必须建立区别于普通诉讼的特殊程序。

一是限制当事人处分权。传统民事诉讼中，当事人有权在法律规定的范围内处分自己的民事权利和诉讼权利。而公益诉讼中，实体权利与诉讼权利相分离，法律规定的机关和有关组织往往不是实体权利的拥有者和受益者。所以必须对当事人的处分权进行限制。一方面，考虑到公益诉讼案件的重大影响，对提起公益诉讼案件进行认真的审查，防止当事人滥用诉讼权利和恶意诉讼。另一方面，要对起诉人是否能够代表公共利益，其行使处分权是否会导致公共利益受到侵害进行审查，防止当事人处分了其不能处分的权利。

二是突出法院职权主义色彩。公益诉讼是以保护社会公共利益为目的的现

① 汤维建：《公益诉讼立法应当尽快提上议事日程》，载《人民政协报》2012 年 3 月 26 日第 4 版。

代型诉讼，具有客观诉讼的性质①，应突出法院职权主义色彩，采职权探知主义和职权进行主义。在开庭审理、调查取证、质证、认证以及作出裁判过程中更多强调法官的司法能动性，以弥补当事人取证能力等方面的不足，确保案件的实质正义。我们认为，在公益诉讼案件审理过程中，法院不应限于当事人主张的事实和提供的证据范围，应依职权主动调查事实和收集证据。对于当事人没有主张或已经撤回的决定实体法律效果的事实，法院应依职权收集并作为判决的依据；除对当事人提出的证据进行判断和采用外，还应依职权收集和采集当事人没有提出的证据；对于当事人之间没有争议的事实，也要调查其真伪。

三是采取特殊的举证责任分配规则。举证责任是指主张对自己有利事实的诉讼当事人应提出证据证明的责任，避免因待证事实处于真伪不明状态而承担不利的诉讼后果。公益诉讼举证责任的分配是否合理，直接影响到公益诉讼能否进行，能否达到维护公共利益的目的。在公益诉讼中，往往涉及特殊的侵权领域，许多具有较强技术性和专业性的证据一般都由被告所掌握，如果让原告对自己主张的事实承担举证责任往往是较为困难的。正如有的学者所言："让较少有条件获取信息的当事人提供信息，既不经济又不公平。"② 因此，鉴于公益诉讼案件所具有的特殊性，在举证责任的分配上应体现出区别于传统私益诉讼的特殊性。根据提起公益诉讼主体资格的不同，可分为两种情况：法律规定的机关提起的公益诉讼适用一般的举证责任分配规则，即"谁主张，谁举证"。法律规定的机关对自己起诉的事实，负有举证证明的责任，被起诉的被告不负举证责任。而有关组织提起的公益诉讼应采取举证责任倒置。在有关组织提起的诉讼中，与原告相比，被告一般都是社会强势群体成员，原告收集证据力量不够，举证责任倒置有利于保证诉讼的公平。但对于被告造成的民事权益被侵害的事实，原告需要承担举证责任。

四是采取特殊的诉讼费用机制。根据我国《诉讼费用交纳办法》的规定，诉讼费用包括：案件受理费，申请费，证人、鉴定人、翻译人员、理算人员等在人民法院指定日期出庭发生的交通费、住宿费、生活费和误工补贴。诉讼费

① 针对目前立法对公共利益保护和客观法律秩序维护的不足，近年来有学者呼吁在我国引入客观诉讼制度。客观诉讼与主观诉讼相对应，是大陆法系行政诉讼法学者对行政诉讼类型的学理划分方式。客观诉讼是一种以私权直接制约和监督公权的诉讼制度，其诉讼目的在于维护公共利益和客观法律秩序。参见林莉红：《公益诉讼的含义和范围》，载《法学研究》2006 年第 6 期；于安：《行政诉讼的公益诉讼和客观诉讼问题》，载《法学》2001 年第 5 期。

② ［美］迈克尔·D. 贝勒斯：《法律的原则——一个规范的分析》，张文显译，中国大百科全书出版社 1996 年版，第 67 页。

用由败诉方负担，但在提起诉讼时需要由原告先行支付。公益诉讼案件一般牵涉面较大，案情较为复杂，诉讼费用非常可观，有关组织往往难以承受。如果因诉讼费用问题而将原告拒于法院的大门之外，这无异于强迫有关组织放弃对社会公共利益的保护请求。而且，由于我国对当事人的权利救济主要采取补偿性赔偿原则，即以使当事人因该项侵权行为所造成的损失得到弥补为根本目的，这导致公益诉讼案件的受害人在诉讼中所得到的损失补偿及相应的利益回报往往相当少，有时甚至仅是道义上的表示。[①] 这种情况下，如果不对公益诉讼的诉讼费用交纳机制作特殊的安排，将影响对公益诉讼制度的利用。我们认为，可以考虑根据提起公益诉讼的主体不同，而设置不同的诉讼费用交纳机制。对于法律规定的机关提起的公益诉讼，诉讼费用由国库支付。对于有关组织提起的公益诉讼，可以考虑免收诉讼费用，或通过成立公益诉讼基金等方式解决。为激励对社会公共利益的保护，可以考虑对于原告胜诉的，根据其保护国有资产或社会公共利益的价值给予一定比例的奖励。

七、如何理解公益诉讼判决的既判力?

既判力是指确定判决在实体上对于当事人和法院所具有的强制性通用力，表现为判决确定后，当事人不得就判决确定的法律关系另行起诉，也不得在其他诉讼中就同一法律关系提出与本案诉讼相矛盾的主张，同时，法院亦不得作出与该判决所确定的内容相矛盾的判断。[②] 对当事人来说，既判力无论对实体权利还是对程序权利都有重大的影响。因此，传统诉讼理论认为，既判力的主观范围除法律另有规定外，原则上限于原、被告双方，除形成判决外，其效力仅及于诉讼当事人。而在公益诉讼中，判决除对直接参加诉讼的当事人产生效力外，还对权益受到损害但未参加诉讼的不特定的人产生效力。通过判决效力的扩张，使所有的、现实的和潜在的、公众的利益都得到保护。

---

① 张翠梅、蔡琦：《公益诉讼费用问题研究》，载《黑龙江省政法管理干部学院学报》2009 年第 6 期。

② 江伟主编：《民事诉讼法专论》，中国人民大学出版社 2005 年版，第 77 页。

第四章　民事证据制度的完善

一、民事证据制度的完善主要包含哪些内容？

鉴于我国传统证据制度已经难以适应当今民事诉讼的发展需要，证据制度成为本次《民事诉讼法》修改的重点，这次修改主要涉及以下内容：

第一，修改民事证据的种类。新《民事诉讼法》对 2007 年《民事诉讼法》第 63 条进行了修改，主要变化有三：(1) 新增“电子数据”作为第五类证据，由此，民事诉讼中法定证据的类型由七种上升为八种，即当事人的陈述、书证、物证、视听资料、电子数据、证人证言、鉴定意见、勘验笔录；(2) 调整法定证据的排列顺序，将“当事人的陈述”由原规定中的第五类证据调整为第一类证据，即由“证人证言”之后变为“书证”之前；(3) 修改部分证据种类的概念表述，将原法条中的“鉴定结论”修改为“鉴定意见”。

第二，强调及时举证，规范逾期举证。“打官司就是打证据”，证据作为正确还原案件事实的必备材料，其重要性不言而喻，但是，我国民事诉讼法法典却长期缺乏对及时举证的系统规定，亦由此，逾期举证和证据突袭现象大大影响了民事诉讼中程序正义的实现。“满足或符合正当性要求的诉讼程序，就是‘正当程序’(due process)。正当的诉讼程序之法制化，则是具有正当性的诉讼法。”① 因此，在本次修法的过程中，上述逾期举证及证据突袭问题得到了立法者的重视：首先，新《民事诉讼法》第 65 条第 1 款对证据及时提出主义进行了宣示：“当事人对自己提出的主张应当及时提供证据”；其次，第 65 条第 2 款又对当事人的逾期举证行为进行了分层细化和对应规范：(1) 当事人逾期提供证据的，人民法院应当责令其说明理由；(2) 当事人逾期提供证据但其所说明的理由合法成立的，该类证据可以顺利进入后续的证据认定程序；(3) 当事人逾期提供证据且当事人拒不说明理由抑或理由不成立的，人民法院根据不同情形可以不予采纳该证据，或者采纳该证据但予以训诫、罚款。

---

① 邵明：《宪法视野中的民事诉讼正当程序——兼论我国〈民事诉讼法〉的修改理念》，载《中国人民大学学报》2009 年第 6 期。

第三，明确人民法院接收当事人证据材料的具体程序。证据是民事诉讼的核心，为有效防止司法实践中个别承办法官故意或非故意地丢失当事人所递交的证据，防止当事人与法官之间就相关证据是否已提交法院发生争议，减少法院工作人员在接收和保管证据方面的随意性，新《民事诉讼法》第 66 条规定："人民法院收到当事人提交的证据材料，应当出具收据，写明证据名称、页数、份数、原件或者复印件以及收到时间等，并由经办人员签名或者盖章。"

第四，规范证人作证的具体形式。鉴于多媒体技术的不断发展，现代诉讼中的法院审理、庭审记录、证人作证等环节的变化十分巨大。因此，响应时代需要，本次修法除了继续坚持证人出庭作证的原则外，还针对特殊案情规范了其他种类的证人作证形式，新《民事诉讼法》第 73 条规定："经人民法院通知，证人应当出庭作证。有下列情形之一的，经人民法院许可，可以通过书面证言、视听传输技术或者视听资料等方式作证：（一）因健康原因不能出庭的；（二）因路途遥远，交通不便不能出庭的；（三）因自然灾害等不可抗力不能出庭的；（四）其他有正当理由不能出庭的。"

第五，明确鉴定人拒不出庭的法律后果。司法实践中，鉴定人的出庭率一直较低，尽管 2001 年 12 月 6 日通过的最高人民法院《关于民事诉讼证据的若干规定》（以下简称《证据规定》）设置了鉴定人出庭制度，但民事诉讼法中该项制度的缺位却造成了鉴定人低出庭率这一问题长期存在。对此，新《民事诉讼法》第 78 条规定："当事人对鉴定意见有异议或者人民法院认为鉴定人有必要出庭的，鉴定人应当出庭作证。经人民法院通知，鉴定人拒不出庭作证的，鉴定意见不得作为认定事实的根据；支付鉴定费用的当事人可以要求返还鉴定费用。"

第六，增加专家出庭参与诉讼的规定。目前，司法实践中，越来越多的民事案件在庭审过程中需要引入相关专家的专业意见才便于查明事实，医疗事故、环境污染、知识产权等专业性强的案件尤其如此。因此，新《民事诉讼法》第 79 条规定："当事人可以申请人民法院通知有专门知识的人出庭，就鉴定人作出的鉴定意见或者专业问题提出意见。"

第七，完善证据保全制度。新《民事诉讼法》增加了关于诉前证据保全的相关规定，其第 81 条规定："在证据可能灭失或者以后难以取得的情况下，当事人可以在诉讼过程中向人民法院申请保全证据，人民法院也可以主动采取保全措施。因情况紧急，在证据可能灭失或者以后难以取得的情况下，利害关系人可以在提起诉讼或者申请仲裁前向证据所在地、被申请人住所地或者对案件有管辖权的人民法院申请保全证据。证据保全的其他程序，参照适用本法第九章保全的有关规定。"

二、民事诉讼的证据种类有哪些？

根据我国民事诉讼法的传统理论，民事证据共有七种形式，即书证、物证、证人证言、当事人陈述、视听资料、鉴定结论和勘验笔录。

近年来，随着电子证据等新型证据的出现，我国民事证据的具体形式愈发丰富多彩。但是，长期以来，理论界和实务界对于电子证据是否应当作为一种独立证据却是观点迥异、争论不已。2012年3月14日，第十一届全国人民代表大会第五次会议通过决定对刑事诉讼法作出修改，修改后的《刑事诉讼法》新增电子数据为独立的证据种类，这对我国民事诉讼法证据种类领域的修法也产生了重要影响。

此外，针对另一种传统的证据种类——鉴定结论，理论界和实务界的论争也是此起彼伏，司法实践中，针对某些专业性较强的待证事实，法官往往缺乏相应的专业知识，因此，容易出现对鉴定结论的高度依赖而将其直接采纳为裁判依据，这一“以鉴代审”现象引来了学界的不少诟病；近年来，同一案件中存在多个互相矛盾的鉴定结论的现象频发，法官的判案受到严重阻碍，这些问题最终引发了社会大众对民事证据种类这一问题的高度关注。

由此，新《民事诉讼法》第63条作出调整，民事诉讼的证据种类由七种上升为八种，包括：（1）当事人的陈述；（2）书证；（3）物证；（4）视听资料；（5）电子数据；（6）证人证言；（7）鉴定意见；（8）勘验笔录。

三、电子证据的含义、特点是什么？哪些证据属于电子证据？

电子证据，也称电子数据，是指以电子物体作为存在媒体，依靠其介质、磁性物、光学设备、计算机内存或者类似设备进行生成、发送、接收、存储的能够证明待证事实的各种证据材料。随着电子技术特别是计算机技术、网络技术的快速发展，电子数据作为一种体积小、内容大、传播快、适用广的信息传播方式已经日益与民众的社会生活密切地联系在一起，因此，将电子证据纳入《民事诉讼法》作为一种独立的证据种类也就拥有了极大的现实需求，对此，新《民事诉讼法》第63条已有涉及：新增“电子数据”作为第五类民事证据。

相较其他传统的证据种类，电子证据具有精确性、科技性、无形性、复合性、易复制性和易受破坏性等诸多特点。第一，电子证据具有精确性。众所周知，电子证据的形成必须依赖先进的电子技术，因此，其客观性、完整性、准确性的天然属性最终成就了其高度的精确性。电子证据依托着电子科技才得以生成、传播、存储，从而有效避免了诉讼过程中传统证据的诸多弊端，例如书面证据中往往出现的笔误、言词证据中容易受到证人恶意主观因素的影响等。第二，电子证据具有科技性。电子证据被纳入民事诉讼法定证据的范围是科技进步、时代发展的结果，是高科技对民事诉讼发生重要影响的体现，电子证据作为以数字形式保存在电子存储介质中的数码信息，其信息量大却仅占用很小的物理存储空间，其高科技性使其生成、传输、保存和使用都变得异常便利，但在同时，其提取、固定、保全、鉴别、认证等过程也更加需要相关主体具备良好的科技知识和专业技术，更加需要借助相应技术设备才得完成。第三，电子证据具有无形性。从本质上说，电子证据实际上只是一堆按照电子编码技术处理而成的数据电文，多体现为由数字 0、1 组成的二进制代码序列，这些序列在计算机等电子设备内部形成一个无形的虚拟世界，仅凭人类感官难以直接感知。因此，必须通过不同的软件和硬件才能最终以文字、图片、音频、视频的形式将原本仅可由计算机等电子设备识别的相关信息展现在人类面前。第四，电子证据具有复合性。电子证据可以被存储于计算机硬盘、软盘、光盘、磁带、记忆棒等多种设备和介质之中，在计算机等电子设备内部均以较为统一的电磁形式存在和表现，但其在使用过程中却存在十分多样的外在输出方式，可以以文本、图形、图像、动画、音频、视频等多种方式进行输出，因此，电子证据在表现形式上几乎和所有的传统证据种类均有交集。第五，电子证据具有易复制性和易受破坏性。电子证据可以通过计算机等电子设备进行简单操作即可多次复制，当今，多媒体技术日新月异，电子证据在被复制或修改之后却仍可以方便地保留其原始存在样式，基于此，电子证据原件和复制件之间的辨别工作往往变得异常困难，而在上述频繁复制的过程中，电子证据的真实性、客观性、完整性又通常面临人为篡改、病毒破坏、操作差错、设备丢失等诸多风险。因此，电子证据虽具有精确性，但其易于复制、易于修改的特性也使其安全性大打折扣，高科技的违法者甚至可以在几乎不留痕迹的情况下完成对电子证据的伪造、篡改、截取、破坏，电子证据原件的证据价值亦因此而尤为凸显。

电子证据的具体类型十分多样、并不固定，而且会随着科技的进步将不断更新和增加。目前来说，电子邮件、网上交易、数据库、BBS 记录、网络聊天记录、电子公告牌记录、网站数据、博客、私信、微博、电子文档、电子签名、数字证书、手机短信、视频音频、电子数据交换（EDI）等电子数据均被广泛认为是电子证据的主要表现形式。

四、为什么要将电子证据作为单独的证据种类？

在本次《民事诉讼法》的修改过程中，针对是否应当将电子证据确立为单独的证据种类这一问题，曾出现过“视听资料说”、“书证说”、“物证说”、“混合证据说”以及“独立证据说”等多种理论的交锋。① 最终，“独立证据说”占据了主导地位，而其他学说则均无法完整涵盖电子证据的全部属性。

“视听资料说”认为电子证据是视听资料的一种，该说看到了电子证据与视听资料在形式层面存在共性，即电子证据通常必须借助计算机终端等设备才能以文字、数字、图形、符号等形式显现出来，而这一特点与“视听资料”须借助储存介质、制作设备、再现载体等才得生成和展现的特点非常相似。但是，严格说来，电子证据与视听资料在内涵和外延上均未完全重合：视听资料是通过人的听觉和视觉才得感知、通过声音和影像两种形式进行展现的证据种类；而电子证据则拥有更多的多媒体属性，具有声音、影像、文字、实物等多种表现形式，例如我们就很难将当事人通过 E－mail、EDI 等方式签订的电子合同划归为以连续声音或影像来证明案件事实的视听资料。

“书证说”认为电子证据应隶属书证。原因在于：电子证据与书证均是通过其思想内容来证明案件事实的证据材料。该说认为，随着科学技术的不断发展，各式书证已均可做到通过电子形式进行记录，因此，完全可以将电子证据理解为传统书证的电子版本，即电子证据属于书证。但是，我们认为，电子证据与书证之间仍存在诸多区别，举例说来：首先，从载体上看，书证中的文字、数字、图形、符号等均可以直接存在于可见载体之上，其内容可以被直观展示，但电子证据则必须以模拟和数字信号等形式存储于电子介质之上，其内容具有无形性，只能通过技术手段才得以显现；其次，从特性上看，书证不易被篡改、保真性好，但电子证据却极易被复制、更改、删除，具有易毁损性。显然，“书证说”难以完成对电子证据的科学界定。

“物证说”认为电子证据应属广义物证之列。狭义上，物证仅为以其存放地点、外部特征、内在属性等证明案件事实的物品或痕迹。但广义上，物证的范围却可涵盖一切实物证据。因此，该说认为：电子证据完全可以被划归广义的物证。对于这一点，考虑到“数字证据是由能借助特定工具和技术加以收集并分析的各种磁性物质和电脉冲物质形成的”以及“许多法庭都承认可将这种无形物作为证据扣押”，美国学者奥恩·凯西也在其所著的《数字证据和计算机犯罪》一书中认为：尽管数字证据不像其他形式的物证（如指印、DNA、兵器、计算机组件等）那样有形，但它仍然属于物证。我们认为，电子证据这种电子介质上的无形信息虽能够以其被储存的位置、方式、载体等外观形象来证明案件事实，但是，考虑到我国诉讼法理论中的物证多为实物的历

① 王谢春：《音像证据若干问题探讨》，载《法学家》1997 年第 6 期。

史传统，仍不宜将电子证据简单地冠之以“广义”而划入物证的范畴。

“混合证据说”认为电子证据具有复合性，其表现形式十分多样，因此，应当根据案情将其与传统的证据种类进行对应，电子证据是若干传统证据的组合，而非一种独立的新型证据。对此，有学者提出了“五分法”（物证、书证、视听资料、勘验检查笔录和鉴定证据），亦有学者提出了“七分法”（电子物证、电子书证、电子视听资料、电子证人证言、电子当事人陈述、关于电子证据的鉴定结论以及电子勘验笔录）。显然，“混合证据说”在不改变我国传统民事证据种类理论的前提下，巧妙地完成了电子证据的理论定性这一问题，但是，其实践操作性却不甚理想。而且，考虑到我国《刑事诉讼法》在修改后已将电子证据确立为独立证据种类的现实，“混合证据说”在民事诉讼法领域的存在价值也大打折扣。

因此，综合考虑国外电子证据的相关立法经验以及电子证据本身的特殊性，相较而言，“独立证据说”更加符合我国的具体国情以及时代需求。“独立证据说”认为：应当将电子证据作为一种独立的证据类型进行立法，任何一种传统证据均难以完全涵盖电子证据的全部外延。经过立法者的反复论证，新《民事诉讼法》第 63 条最终将“电子数据”纳入法典，由此，电子证据成为我国民事诉讼法的第五种法定证据。

五、如何进行电子证据的收集与保全？应注意哪些问题？

电子证据是存储于电子介质中的信息和资料，它只能在借助一定的技术手段被转换为人类可直接感知的具体形态后才可递交法庭作为证据进行展示和使用。因此，电子证据的收集和保全工作均与传统证据有所区别。

首先，关于电子证据的收集。第一，收集电子证据需遵循保护证据现场原则，证据收集人员应尽可能保护好证据现场以及计算机等存储介质中的原始数据，有条件的还可以聘请公证人员监督证据的整个收集过程以最大化保证证据材料的客观性。证据的客观性是“证据的最本质属性”①，对于记录、存储电子证据而初始形成的电子证据的载体、设备以及介质，应当尽可能提存原物并随同电子证据一并固定和采集。此外，考虑到电子证据的脆弱性，证据收集人员还需十分注重相关数据资料的备份工作，通常的备份措施包括书面打印、电子拷贝等。对此，《证据规定》第 22 条有明确规定：“调查人员调查收集计算机数据或者录音、录像等视听资料的，应当要求被调查人提供有关资料的原始载体。提供原始载体确有困难的，可以提供复制件。提供复制件的，调查人员

① 柴发邦：《民事诉讼法学》，北京大学出版社 2000 年版，第 153 页。

应当在调查笔录中说明其来源和制作经过。”第二，电子证据的收集需注重完整性。为还原案情的全部事实真相，对有关的正本文件及副本文件、非隐藏文件及隐藏文件、未删除文件及已删除文件均需尽力进行还原和数据恢复，而对于可能记录相关案情的计算机硬盘、移动磁介质、光盘、记忆芯片、电子音视频播放器、录音笔、录像机、手机、照相机、导航仪、3G 上网卡等存储介质亦需全面搜索、完整提取。第三，电子证据的收集需适时借助人民法院的司法权力。① 除依靠当事人自身力量即可收集的电子证据外，在特殊案件中，当事人收集证据还需借助中立第三方（网络服务提供商、电子数据交换机构）的技术和力量，此时，当事人收集证据的行为应以不侵犯他人商业秘密、个人隐私以及其他合法利益为限，当遇到中立第三方拒不提供相应证据材料等情形时，建议依法申请人民法院进行证据调查。

其次，关于电子证据的保全。目前，电子证据的保全主要包括两种类型：法院保全和公证保全。第一，法院保全。根据新《民事诉讼法》第 81 条的规定，在证据可能灭失或者以后难以取得的情况下，当事人可以在诉讼过程中向人民法院申请保全证据，人民法院也可以主动采取保全措施；此外，因情况紧急，在证据可能灭失或者以后难以取得的情况下，利害关系人可以在提起诉讼或者申请仲裁前向证据所在地、被申请人住所地或者对案件有管辖权的人民法院申请保全证据。相对于其他传统证据，电子证据具有脆弱性、易变更性、易毁损性，因此，通过法院进行诉前和诉中证据保全就显得更为必要。证据保全的其他具体程序，参照适用新《民事诉讼法》第九章保全的有关规定。对于法院来说，电子证据的保全是一个新课题，除了在硬件层面要注重选择科学的提取和备份程序、建立电子证据物质载体的保管制度外，还要在软件层面增强保全法官在保全电子证据方面的专业知识和业务能力，重视根据需要适时引入行业技术人员以辅助法官完成电子证据的保全工作。第二，公证保全。公证保全是指公证机关或公证人根据当事人的申请和法律的规定对法律行为或有法律意义的事实、文书、证据的真实性和合法性进行证明的有关活动。公证机构具有法定的独立第三方地位，能够最大限度地如实反映、客观记录整个证据保全过程，正基于此，《证据规定》第 9 条规定，除有相反证证据足以推翻外，已为有效公证文书所证明的事实属于免证事实。目前，全国各地的公证机构所受理的电子证据公证保全业务快速增长，各机构在电子截屏、软件提取、现场记录、邮件保存、实时打印、文件下载、存储打印、刻录光盘、数据封存等环节已普遍具备经验，此外，2012 年 1 月 7 日中国公证协会第六届常务理事会第

① 谢啸林：《论私录视听资料的排除与采信》，载《法学》1997 年第 2 期。

七次会议通过的《办理保全互联网电子证据公证的指导意见》对互联网电子证据公证的相关概念、主体、程序以及具体保全措施等均进行了详细规范，该意见对今后电子证据公证保全工作也极具指导意义。

六、如何对电子证据的真实性进行质证与认定？应注意哪些问题？

电子证据，是一种通过电子、光学或类似手段才能进行生成、存储或传递的数据信息，其复合性、无形性、易变更性、易毁损性等内在属性使当事人和承办法官在对其真实性进行质证和认证时颇具难度。因此，相比其他传统证据类型，相关主体需在电子证据的生成、传送、接收、收集、提取、存储、保管等具体环节、围绕是否存在影响证据真实性的人为因素、机械因素来完成对其真实与否的质证和认证。

首先，在电子证据的生成环节，相关主体要重点关注：电子证据的真实性是否被人为因素所干扰，电子证据为程序自动生成还是人工录入？电子证据的真实性是否被设备因素所影响，电子证据生成之时其所依赖的计算机等电子设备是否运行正常？

其次，电子证据的传送和接收环节。电子数据生成之后，在使用过程中，往往还需在同地或异地电子终端间进行传送和接收，而鉴于该类证据的脆弱性、易变更性、易毁损性，电子证据在传送和接收过程中所适用的技术手段是否科学，所借助的存储介质是否清洁、所通过的电子入口是否进行过加密处理均会对电子证据的真实性造成影响。因此，针对上述问题，也十分需要当事人、代理人在质证环节进行重点关注，需要承办法官在认证环节结合诉讼两造的具体举证和质证进行综合评价。

再次，电子证据的提取和收集环节。电子证据具有复合性和科技性，各项证据在表现形式、文件格式、保存位置、隐藏路径、存储方式、加密方法、软件版本等方面均存在着许多不同、对应着不同的技术要求，因此，在提取和收集电子证据过程中所发生的轻微瑕疵均有可能造成该项证据内容上的失实、缺失。由此，相比其他证据形式，为保证查明电子证据的真实性，当事人、代理人、法官在相应的质证和认证过程中更需关注电子证据被提取和收集时所发生的诸多细节问题。

最后，电子证据的保管和存储环节。电子证据具有无形性，在本质上属于由电子数据所组成的信息，因此，在被提取和固定之后的保管和存储环节也极易由于人为因素或客观因素而被篡改或破坏。所以，为查明其真实性，当事人、代理人、法院需重点围绕电子证据在保管和存储环节是否发生了除系统本身所形成的传输或存储信息的添加之外的内容上的改变而展开质证和认证。

七、鉴定意见与鉴定结论有什么区别？

现代汉语中，普遍说来，“结论”一词强调主体对人或事物的最终论断，其终局性、权威性、科学性特点明显；而“意见”一词则更偏重于主体对人或事物的个体判断，并不必然具有权威性、终局性和科学性。具体到民事诉讼法领域：在法典层面，自1982年《民事诉讼法》实施以来，“鉴定结论”就一直位列于我国法定七种民事证据之中；在实践层面，“鉴定结论”则普遍成为法官查明案情、分清是非的重要参考。但近年来，司法实务工作中“以鉴代审”、“一事多鉴”、“反复鉴定”的现象却在不断增多，当事人往往就鉴定结论的内容针锋相对并无休止地申请重新鉴定，以期通过多次鉴定、反复鉴定来获得对己方有利的鉴定结果；而法官面临这样的“多鉴不定”也往往无法认定案情，无奈之下，又再次选择寄希望于鉴定机构、被迫启动新的鉴定程序以求获得终局性权威论断，可以说，这一恶性循环与鉴定结论这种证据的原始定位不无关系。

我们认为，鉴定机构对某一案件事实的判断不应对法庭审判产生强制性影响，法官在认证和裁判过程中的主体地位不应受到任何动摇。鉴定人员虽通常是在专业领域内具有专门知识的具有高等教育程度的专业人士，他们的职责也仅限于帮助法官认识专门领域里的特定事实。① 鉴定机构所出具的评价和判断虽是经鉴定人员通过专业程序、依赖科学设备做出，具有较强的科学性，但是，该类判断也只反映了鉴定人员的个体认识和个人意见。在同一案件的诸多证据之中，鉴定机构的判断应与其他证据具有平等性，承办法官在综合认定所有证据后有权将其采信也有权予以否定。因此，长期以来，民事诉讼法法典中“鉴定结论”的表述方式在其科学性和准确性方面有所欠缺，显然，用“意见”代替“结论”要更加符合鉴定活动的本质。对此，第十届全国人民代表大会常务委员会第十四次会议于2005年2月28日所通过的《关于司法鉴定管理问题的决定》早有涉及，该决定明确指出：“司法鉴定是指在诉讼活动中鉴定人运用科学技术或者专门知识对诉讼涉及的专门性问题进行鉴别和判断并提供鉴定意见的活动。”因此，为尽早排除“鉴定结论”这一表述方式给民事诉讼所带来的诸多牵绊、始终贯彻证据平等原则，新《民事诉讼法》将原法典中的“鉴定结论”统一修改为“鉴定意见”。

---

① 刘艳娜、王继福：《论国际民事诉讼中专家证据的法律适用》，载《山东社会科学》2011年第10期。

八、当事人应及时提供证据的规定有哪些？

目前，司法实践中，恶意诉讼已经不是一个新鲜话题，当事人滥用诉讼权利，恶意拖延诉讼的现象大幅度增加。为达到拖延诉讼之目的，在证据和证明领域，当事人所通常使用的手段主要为逾期举证和证据突袭。所谓逾期举证，是指当事人超过法定的举证期限或者指定的举证期限而提供证据的诉讼行为。所谓证据突袭，是指当事人出于自身利益的考虑而在庭审过程中临时提交新证据，造成对方当事人措手不及，致使人民法院难以当庭宣判的诉讼行为。可见，广义而言，证据突袭是逾期举证的一种表现形式。但无须争议的是，无论是逾期举证还是证据突袭都对民事诉讼的顺利进行造成了严重妨碍，必须通过完善立法以确保当事人及时提供证据。

对此，《证据规定》第34条第1款、第2款对当事人及时提供证据的诉讼义务进行了明确："当事人应当在举证期限内向人民法院提交证据材料，当事人在举证期限内不提交的，视为放弃举证权利。对于当事人逾期提交的证据材料，人民法院审理时不组织质证。但对方当事人同意质证的除外。"而经历了本次修法，及时提供证据原则在法典当中亦得到了强化，新《民事诉讼法》中新增加一条作为第65条："当事人对自己提出的主张应当及时提供证据。人民法院根据当事人的主张和案件审理情况，确定当事人应当提供的证据及其期限。当事人在该期限内提供证据确有困难的，可以向人民法院申请延长期限，人民法院根据当事人的申请适当延长。当事人逾期提供证据的，人民法院应当责令其说明理由；拒不说明理由或者理由不成立的，人民法院根据不同情形可以不予采纳该证据，或者采纳该证据但予以训诫、罚款。"

九、为什么要规定证据及时提出主义？

证据及时提出主义，与证据随时提出主义相对，是指一种当事人对其提起诉讼所依据的证据应当在法律规定或法院指定的期限内及时向对方进行展示和披露的诉讼行为模式。证据及时提出主义能够有效防止证据突袭，是程序正义理念在诉讼秩序安定方面的本质需求。该制度要求当事人及时举证，如果逾期提出证据，除非该证据属于新的证据或符合其他法定情形，否则，逾期举证方将承担证据失权的后果，即逾期所提供的证据将因超期提供而丧失证据效力。与之相反，证据随时提出主义则容易导致证据突袭，当事人为夺取诉讼上的主动权而纷纷选择在开庭审理阶段才提供和出示证据以使对方遭到突然袭击，陷入被动境地，这不但影响了法官对案件事实的正确认定，同时也势必导致诉讼过程的严重拖延。因此，相较而言，证据及时提出主义，不仅能够保证法院裁判既判力的稳定，而且能够节约诉讼成本、保证诉讼效率，同时，还有效防止了当事人对诉讼权利的滥用。而且，程序正义由于包含了决定和规制实体正义的深层意蕴，程序正义甚至必须具有优越于实体正义的内在品格。① 所以，世界范围内，多数国家均在其民事诉讼法或证据法中对证据及时提出主义进行了明确规定。

在我国，修改前的《民事诉讼法》证据随时提出主义特色较浓，2007 年《民事诉讼法》第 64 条第 1 款仅原则性地规定："当事人对自己提出的主张，有责任提供证据"。此外，当事人在法庭上可以提出新的证据；当事人一旦有新的证据，足以推翻原判决、裁定的，可以申请再审。但是，对于何种证据属于"新的证据"这一关键问题，民事诉讼法却没有明确规范。《证据规定》施行之后，不仅对一审、二审、再审过程中的"新的证据"的具体范围进行了明确，而且还在其第 34 条率先设置了举证期限制度："当事人应当在举证期限内向人民法院提交证据材料，当事人在举证期限内不提交的，视为放弃举证权利。对于当事人逾期提交的证据材料，人民法院审理时不组织质证。但对方当事人同意质证的除外。当事人增加、变更诉讼请求或者提起反诉的，应当在举证期限届满前提出"。此外，《证据规定》还在其第 43 条第 1 款对逾期举证的法律后果进行了直接规范："当事人举证期限届满后提供的证据不是新的证据的，人民法院不予采纳"。至此，证据及时提出主义在民事诉讼法司法解释层面确立了立法地位，但是，证据及时提出主义在《民事诉讼法》这一调整民事诉讼的基本法中却仍显缺位。因此，借本次《民事诉讼法》全面修改的重要契机，证据及时提出主义终于被明确纳入了民事诉讼法，新《民事诉讼法》第 65 条规定："当事人对自己提出的主张应当及时提供证据。人民法院根据当事人的主张和案件审理情况，确定当事人应当提供的证据及其期限。当事人在该期限内提供证据确有困难的，可以向人民法院申请延长期限，人民法院根据当事人的申请适当延长。当事人逾期提供证据的，人民法院应当责令其说明理由；拒不说明理由或者理由不成立的，人民法院根据不同情形可以不予采纳该证据，或者采纳该证据但予以训诫、罚款。"

十、当事人无正当理由拖延提交证据的情况应如何处理？

程序正义理念要求：所有的定案证据均应通过合法手段收集，并在法律规定的期限内完成举证。严格的举证期限制度能够确保对立双方当事人均能够获得程序上的公平正义、享受到对等的程序保障，有效避免一方当事人向对方当

① 汤维建：《论民事诉讼法修改的指导理念》，载《法律科学》2007 年第 6 期。

事人的证据突袭，双方当事人就对方的主张和证据能够进行充分的准备以及辩论有效保证了后续诉讼过程在公平正义的前提下持续运行。因此，近年来，无论是在法学理论中还是司法实践中，与“客观真实”证明理念相对应的“证据随时提出主义”已逐渐被与“法律真实”证明理念相对应的“证据及时提出主义”所取代。其主要表现包括：

一方面，《证据规定》确立了证据失权制度，对当事人的逾期举证行为进行了规范。根据该司法解释，当事人的逾期举证如果存在正当原因、客观理由以及其他法定情形，则该证据大多可被划归《证据规定》第41条和第44条中“新的证据”的范畴。根据《证据规定》第43条第1款的规定，当事人举证期限届满后提供的证据不是新的证据的，人民法院不予采纳。换言之，“新的证据”则可以突破证据失权的限制，不受举证时限的约束。除此之外，对于当事人无正当理由拖延提交证据的情况，该司法解释规定：当事人应当在举证期限内向人民法院提交证据材料，当事人在举证期限内不提交的，视为放弃举证权利，除对方当事人同意质证这种例外情况外，人民法院在审理时将不组织质证。除此之外，有证据证明一方当事人持有证据无正当理由拒不提供，如果对方当事人主张该证据的内容不利于证据持有人，人民法院还可以推定该主张成立。

另一方面，经历了本次修法，民事诉讼法法典对当事人无正当理由拖延提交证据的情形又进行了更为细致和集中的规范。新《民事诉讼法》第65条第2款规定：“人民法院根据当事人的主张和案件审理情况，确定当事人应当提供的证据及其期限。当事人在该期限内提供证据确有困难的，可以向人民法院申请延长期限，人民法院根据当事人的申请适当延长。当事人逾期提供证据的，人民法院应当责令其说明理由；拒不说明理由或者理由不成立的，人民法院根据不同情形可以不予采纳该证据，或者采纳该证据但予以训诫、罚款。”也就是说，如果出现了当事人逾期举证的行为，人民法院首先有责令其说明理由的权力，若当事人拒不说明理由或者其理由不能够合法成立的，亦不能通过简单适用“一刀切”的证据失权来处理所有逾期提供的证据。根据不同案情，当事人无正当理由逾期提供的证据可能面临以下命运：第一，直接不被采纳；第二，可被采纳，但法院须对逾期举证方进行训诫、罚款。针对当事人的逾期举证，立法者之所以在“不予采纳”之外还设计了其他处理方式，其主要原因在于各个证据在案件中的证明作用是大小不一的，有关键证据，也有非关键证据，如果证据基于其正确还原案情的关键作用而无法被排除、最终将被采纳，但同时却又具备程序违法情形、属于当事人逾期提供且无正当理由的情形，则人民法院从公平正义的理念出发，为提高当事人的证据意识也应当专门针对当事人的这种违反诚信原则、妨碍民事诉讼的违法行为设置相应的强制措施，这也成为上述法条中“采纳该证据但予以训诫、罚款”部分的重要立法源起。

十一、法院收到当事人提交的证据材料应如何处理?

根据我国法律规定，当事人对自己的主张，有责任提供证据，“取证程序的改革是近年司法实践中一个关键性的变化，从毛泽东时代的主要由审判员调查取证一变而为今天主要由当事人提供证据的制度，对司法实践整体影响深远。”① 此外，诉讼法还要求：书证应当提交原件，物证应当提交原物；如需自己保存证据原件、原物或者提供原件、原物确有困难的，可以提供经人民法院核对无异的复印件或者复制品。因此，极有必要通过立法对法院收到当事人所提交的证据材料后的操作流程进行规制，因为许多情况下，当事人所提交的原始证据具有唯一性，丢失之后不仅引发争执、影响法院形象，更给当事人造成了难以弥补的损失。因此，为保护当事人的合法权益，强化法官妥善保管证据的责任意识，民事诉讼法及其司法解释应当重视对法院收到当事人所递交的证据材料后的操作流程的立法规范。

在本次修法之前，2007 年《民事诉讼法》对于该问题的规制较为原则，其第 64 条第 3 款仅规定：“人民法院应当按照法定程序，全面地、客观地审查核实证据”。而《证据规定》的规范则更为明确，其第 14 条规定：“当事人应当对其提交的证据材料逐一分类编号，对证据材料的来源、证明对象和内容作简要说明，签名盖章，注明提交日期，并依照对方当事人人数提出副本。人民法院收到当事人提交的证据材料，应当出具收据，注明证据的名称、份数和页数以及收到的时间，由经办人员签名或者盖章。”

本次修法之后，为深入完善当事人举证制度，法院如何接收当事人提交的证据材料这一程序问题得到了进一步重视，为此，新《民事诉讼法》专门新增一个条款，其第 66 条规定：“人民法院收到当事人提交的证据材料，应当出具收据，写明证据名称、页数、份数、原件或者复印件以及收到时间等，并由经办人员签名或者盖章。”

十二、证人出庭作证的义务是如何表现的?

证人证言是指知道案件真实情况的人，就所了解的案件事实向法院所做的

① 黄宗智、巫若枝：《取证程序的改革：离婚法的合理与不合理实践》，载《政法论坛》2008 年第 1 期。

陈述。证人证言是2007年《民事诉讼法》第63条规定的七种证据形式之一，在民事诉讼证据体系中具有重要地位。但是修改前的《民事诉讼法》对证人作证的问题规定得十分原则，只在第70条规定了证人出庭作证的义务和确定证人资格的原则。该条规定："凡是知道案件情况的单位和个人，都有义务出庭作证。有关单位的负责人应当支持证人作证。证人确有困难不能出庭的，经人民法院许可，可以提交书面证言。不能正确表达意志的人，不能作证。"由于缺乏具体的可操作性的规则，证人证言在实践中作用十分有限，证人出庭率低、证言反复、前后矛盾的情况突出。为此，《证据规定》以解决审判实践中的突出问题、促使当事人出庭作证为出发点，结合我国国情，以第53条至第58条6个条文对证人资格、证人的提出和费用、证人作证的程序和要求等方面作出了具体规定。对于证人出庭作证的义务，《证据规定》第55条规定："证人应当出庭作证，接受当事人的质询。证人在人民法院组织双方当事人交换证据时出席陈述证言的，可视为出庭作证。"新《民事诉讼法》第70条改为三条，作为第72条、第73条、第74条。第72条规定："凡是知道案件情况的单位和个人，都有义务出庭作证。有关单位的负责人应当支持证人作证。不能正确表达意思的人，不能作证。"与修改前的《民事诉讼法》规定的基本一致。第73条规定中，第1句"经人民法院依法通知，证人应当出庭作证"，强调了证人出庭作证的义务；第2句"有下列情形之一的，经人民法院许可，可以通过书面证言、视听传输技术或者视听资料等方式作证：（一）因健康原因不能出庭的；（二）因路途遥远，交通不便不能出庭的；（三）因自然灾害等不可抗力不能出庭的；（四）其他有正当理由不能出庭的"，系《证据规定》第56条的内容，但是有所修改，删除了"特殊岗位确实无法离开的"这一情形。第74条规定："证人因履行作证义务而支出的交通、住宿、就餐等必要费用以及误工损失，由败诉一方当事人负担。当事人申请证人作证的，由该当事人先行垫付；当事人没有申请，人民法院依法通知证人作证的，由人民法院先行垫付。"该条亦是对《证据规定》第54条第3款的内容作的细化。这样将原先司法解释的内容上升到法律，完善了证人出庭作证的权利和义务。

关于证人的诉讼义务主要有两项：（1）出庭义务。证人有义务按照法院的通知出庭。只有证人出庭，当事人才能就其陈述进行质询，法院才能在此基础上审查判断证人证言的真实性和证明力。因此许多国家的法律都规定了证人的出庭义务，并对无正当理由拒绝出庭给予相应处罚。我国《民事诉讼法》也规定了证人出庭的义务，并规定了不能出庭的例外，对于不能出庭的证人通过相应的手段作证。此外，《证据规定》还规定，当事人申请证人出庭作证的，应当在举证期限届满10日前提出，并经法院许可。法院准许申请时，应当在开庭审理前通知证人出庭作证，并告知其应当如实作证及作伪证的法律后果。但是我国法律对证人拒绝出庭作证并未规定实质性的处罚措施，导致当事人提供的大多数是书面的证人证言，这样的证言因无法质询而影响其效力。在本次《民事诉讼法》修改的过程中，有许多学者和委员提出：现行《民事诉讼法》只规定证人有出庭的义务，但对拒绝出庭作证的法律责任没有具体规定。同时，法律对证人权利保护范围的规定也不够完善，从而导致证人不愿出庭，即使出庭，由于受到当事人的诱导，加之法律制裁的规定不明，作伪证的现象也屡禁不止。为此，专家和委员们建议：一是增加强制证人出庭作证的规定，对证人没有正当的理由拒不出庭作证的，可以规定对他采取罚款、拘传等强制措施，强制其到庭。二是完善证人权利保障机制。对于证人的保护，不仅需要事中保护，更需要身份信息的保密、人身保护限制令等事后的保护。不仅包括证人本人的保护，还要对其家属进行保护。三是增加对证人作伪证的制裁规定。明确规定证人作虚假陈述的，法院可以对其处以罚款、拘留等措施，从而形成有效的威慑作用。这些建议没有体现在立法中，一方面是出于立法技术的考虑，更重要的则是因为社会环境和传统认知，人们对证人义务缺乏了解，也没有形成普遍的认同，目前的诉讼文化和配套制度都还不足以建立起立法上对证人的惩戒措施。但是新法强调了“经人民法院依法通知，证人应当出庭作证”，从立法上确立了证人出庭的强制义务性质，对证人出庭的情况将有很大改善。（2）作证义务。出庭作证的证人应当客观陈述其亲身感知的事实。《证据规定》第 57 条规定了证人作证的形式。除聋哑人外，证人应当以言词方式对其亲身感知的事实进行客观陈述。为保证证人陈述的客观性，证人出庭作证，不能宣读事先准备的书面证词，也不得对事实发表倾向性意见。第 58 条规定了询问证人的有关问题。为保证证人证言的客观性，证人不得旁听法庭审理，不得旁听人民法院和当事人对其他证人的询问。但在数个证人证言相互矛盾的情况下，人民法院为查明事实的需要，可要求证人当庭对质。

十三、证人不能出庭作证的理由有哪些?

关于证人不能出庭作证的理由，2007 年《民事诉讼法》第 70 条规定有“证人确有困难不能出庭的，经人民法院许可，可以提交书面证言”。由于该条规定得非常原则，证人确有困难不能出庭的情形不明确，长期以来，在审判实践中书面证言代替证人出庭作证的现象十分普遍，虽然人民法院对证人确有困难不能出庭的情形有审查的职责，但是法院很少进行审查认定。由于书面证言在制作主体、制作环境上难以保证真实性，实践中证人甚至是在当事人事先拟好的书面材料上签字，这种情况的存在，严重影响了证人作证的严肃性。

《证据规定》第56条通过对上述规定的解释，明确了证人确有困难不能出庭，可以以其他方式作证的情形。这样，法院在审查证人不出庭作证的理由时，就有了明确的依据可循，使得法院一方面要严格审查证人不出庭的理由，另一方面在一定情况下，也应当承认书面证言的效力。诉讼活动的复杂性使特殊情形下，采用书面证言成为必要。其他国家也一般在严格限制条件的情况下，承认书面证言。实践证明，司法解释对证人出庭义务的例外规定是科学合理的。新《民事诉讼法》将上述规定纳入，文字表述上作了一些修改，第73条规定，有下列情形之一的，可以不出庭作证：

1. 因健康原因不能出庭的。因健康原因不能出庭作证的，可以以其他方式作证，这是普遍做法。《证据规定》的表述是“年迈体弱或者行动不便无法出庭的”，这次修改统一规定为“健康原因”，表述更加科学和全面。

2. 因路途遥远，交通不便不能出庭的。路途遥远与交通不便是递进的，虽然路途遥远但交通便利的，不能作为证人可以不出庭的理由，只有在路途遥远且交通不便，证人出庭不合理或者不可行的情况下，方可不出庭。

3. 因自然灾害等不可抗力不能出庭的。不可抗力是证人自身无法避免、无法克服的自然现象和社会现象，比如地震、海啸、战争等导致无法出庭的，可以不出庭。

4. 其他有正当理由不能出庭的。这一项是兜底条款，在审判实践中，由审判人员根据具体情况自由裁量，比如被司法机关采取拘留等强制措施的人员、怀孕或分娩的妇女，可以不出庭作证。

需要说明的是，《证据规定》还有一项情形是“特殊岗位确实无法离开的”，当时的理由是为保证一些特殊岗位的人能够正常履行职务，可以不出庭作证，这些特殊岗位的人员主要是国家机构中居于高级别职位的官员，准许这些人员不必出庭主要是为了保证国家机构的正常运转。这里所说的特殊岗位既包括国家机构中的一些重要岗位，也包括具有公益性质的岗位；所谓确实无法离开，是指这些岗位的人员出庭作证，可能影响国家机构的正常运转或者对社会公益造成消极的影响。由此可见，这项规定既不利于实践认定，也给公务人员特殊的作证豁免特权，且留给法官的裁量权太大。因此，在新《民事诉讼法》就删除了此项事由，这类情形，如确有必要，可以通过兜底条款解决。

十四、不能出庭的证人应以哪些形式作证？

关于不能出庭的证人作证的其他形式，2007年《民事诉讼法》第70条规定，证人确有困难不能出庭的，经人民法院许可，可以提交书面证言。《民事诉讼法》只规定了书面证言一种形式。《证据规定》第56条第2款规定“前款情形，经人民法院许可，证人可以提交书面证言或者视听资料或者通过双向视听传输技术手段作证”。增加到三种形式。新《民事诉讼法》第 73 条规定，不能出庭的证人，经人民法院许可，可以通过书面证言、视听传输技术或者视听资料等方式作证。将司法解释的规定上升至法律。

具体来讲，不能出庭的证人可以通过三种方式作证：一是以书面形式作证。书面证言是证人出庭作证之外的最为简便、最为常见的方式，证人可以提交亲笔书写的书面证言，也可以由他人代为记录其证言。对于书面证言，首先需要审查其真实性。最高人民法院《第一审经济纠纷案件适用普通程序开庭审理的若干规定》第 25 条第 2 款规定：“证人确有困难不能出庭的，其所提交的书面证言应当当庭宣读。当事人自己调查取得的证人证言，由当事人宣读后提交法庭，对方当事人可以质询；人民法院调查取得的证人证言，由书记员宣读，双方当事人可以质询。”因此对于书面证言，并不是一概认定无效，其效力由法官根据双方质证情况认定。二是以视听资料的形式作证。视听资料与书面证言相比，具有很大的优越性，可以比较全面地反映证人作证的环境，较好地保证证言的真实性。三是以视听传输技术作证。视听传输技术手段是现代科技发展的产物，与书面证言和视听资料相比，具有即时性、互动性的优点，能够更为全面地反映证人作证的现场情况，并且能够进行质证和询问证人，更有利于法庭对证言进行认证。

十五、证人作证费用的承担如何分配?

证人出庭作证的，不可避免地会支出相关的费用，对此应当给予合理的补偿，这是证人的诉讼权利，也是促进证人出庭作证的措施之一。2007 年《民事诉讼法》没有规定证人作证的费用承担问题，由于证人属于当事人举证的范畴，司法实践中，都是由举证方向法院申请证人出庭作证，对于出庭的费用，法院不予判决，实践中往往都是主张方予以承担了。《证据规定》第 54 条第 3 款规定了“证人因出庭作证而支出的合理费用，由提供证人的一方当事人先行支付，由败诉一方当事人承担”，但该条规定在实践中并未得到很好的贯彻落实。新《民事诉讼法》第 74 条明确规定了证人作证的费用承担原则和具体的费用范围：“证人因履行作证义务而支出的交通、住宿、就餐等必要费用以及误工损失，由败诉一方当事人负担。当事人申请证人作证的，由该当事人先行垫付；当事人没有申请，人民法院依法通知证人作证的，由人民法院先行垫付。”需要注意的是，交通、住宿、就餐等费用应当限定在必要的范围内，误工损失系证人实际损失的工资和收入；在人民法院依职权调查收集证据、依职权传唤证人的情况下，有关费用由法院先行支付，最终由败诉一方当事人负担。如此规定，势必对证人作证的效果起到很大的作用，不出庭、随意出庭、做伪证、证言无效的现象必将大大减少。

十六、如何理解当事人申请鉴定的权利?

在诉讼法中对鉴定结果的提法，以往都是“鉴定结论”，在修正的刑事诉讼法和民事诉讼法中为“鉴定意见”，这是吸收了2005年全国人大常委会通过的《关于司法鉴定管理问题的决定》中的提法。鉴定意见是指鉴定人运用科学技术或专门知识对诉讼中涉及的专门性问题进行鉴定和判断后作出的结果。鉴定结果只是鉴定人个人的认识和判断，表达的也只是鉴定人的个人意见，只是证据中的一类，必须经过质证程序才能决定是否采信，而不是所谓的“科学证据”，所以用“鉴定意见”来表示更为恰当，更能显示这类证据的性质，有利于提高对该类证据属性的认识。这样我们就更容易理解新《民事诉讼法》赋予当事人启动鉴定程序的权利，说明鉴定意见只是当事人应当举证的证据之一，与其他证据具有平等的地位。新《民事诉讼法》第76条规定：“当事人可以就查明事实的专门性问题向人民法院申请鉴定。当事人申请鉴定的，由双方当事人协商确定具备资格的鉴定人；协商不成的，由人民法院指定。当事人未申请鉴定，人民法院对专门性问题认为需要鉴定的，应当委托具备资格的鉴定人进行鉴定。”而2007年《民事诉讼法》第72条第1款规定：“人民法院对专门性问题认为需要鉴定的，应当交由法定鉴定部门鉴定；没有法定鉴定部门的，由人民法院指定的鉴定部门鉴定。”并未规定当事人申请鉴定的权利，却给鉴定的概念和内涵留下了纷争，很多民事诉讼法著作中都强调鉴定是诉讼活动，或者是法院的司法证明活动。尤其是最高人民法院《关于适用〈中华人民共和国民事诉讼法〉若干问题的意见》第73条规定：“依照民事诉讼法第六十四条第二款规定，由人民法院负责调查收集的证据包括：(1)当事人及其诉讼代理人因客观原因不能自行收集的；(2)人民法院认为需要鉴定、勘验的……”所以，实践中很多人都认为鉴定是法院的司法行为，是法院主动调查证据的行为。但是现实的民事审判实践中，鉴定程序并不都是由法院主动引起的，多数情况下是由当事人的申请而启动的，因为进行审判方式改革、建立现代民事审判制度的本质要求，是要强化当事人的举证责任，弱化法院对当事人诉讼权利的干涉。因此，最高人民法院于2001年11月16日发布的《人民法院司法鉴定工作暂行规定》，将司法鉴定界定为：在诉讼过程中，为查明案件事实，人民法院依据职权，或者应当事人及其他诉讼参与人的申请，指派或委托具有专门知识人，对专门性问题进行检验、鉴别和评定的活动。这一概念的内涵实际上是对当事人启动鉴定程序的权利的明确承认，将实践经验上升为司法解释。《证据规定》第 25 条则较具体地对鉴定的启动、申请鉴定的期限、预交鉴定费用和提交鉴定资料对鉴定的影响等问题作出了规定。该条规定："当事人申请鉴定，应当在举证期限内提出。符合本规定第二十七条规定的情形，当事人申请重新鉴定的除外。对需要鉴定的事项负有举证责任的当事人，在人民法院指定的期限内无正当理由不提出鉴定申请或者不预交鉴定费用或者拒不提供相关材料致使对案件争议的事实无法通过鉴定结论予以认定的，应当对该事实承担举证不能的法律后果。"

在我国，虽然从诉讼权利的角度来说，申请鉴定是当事人的一项权利，但从举证责任的角度来说，申请鉴定又是当事人履行举证责任规定、证明自己诉讼主张的一项义务。一方当事人若是对自己提出的诉讼请求，以现有证据不足以证明其成立，但又不申请鉴定的，或者是申请鉴定后拒绝缴纳鉴定费用的，或者是对法院需要鉴定的事项负有举证责任的对方当事人拒不提供相关材料，致使对双方争议的事实无法通过鉴定结论予以认定的，人民法院应当根据举证责任的分配原则、"高度盖然性"的证明标准，对拒绝履行义务的当事人作出不利的判决，让其承担举证不能的法律后果。

新《民事诉讼法》第 76 条规定将司法解释规定的当事人申请鉴定的权利上升为法律，理解和适用该条规定，就是在实践中强调启动鉴定程序原则上以当事人申请为前提，对双方当事人均申请鉴定，或一方申请、另一方同意的，一般就启动鉴定程序；如果只有一方当事人申请鉴定，另一方当事人虽然不同意，但是没有足够的证据予以反驳的，法院也可以启动鉴定程序。否则人民法院不主动对当事人争议的问题启动鉴定程序。如果人民法院在案件审理过程中，对当事人有争议的事实，认为需要通过鉴定才能查明的，应当行使释明权，告知负有举证责任的当事人可以申请鉴定，并指定申请鉴定的期限。

此外，虽然当事人不申请鉴定，但法院根据案件的实际需要，比如为防止国家利益或社会公共利益受损害，也可对双方争议的问题，依职权直接委托鉴定。无论上述哪一种情况，启动鉴定程序的申请权由当事人享有，证明义务亦由当事人承担，启动鉴定和采纳鉴定意见的决定权属于法院。

十七、哪些问题属于鉴定人鉴定的对象？

修改前《民事诉讼法》对鉴定范围采用"专门性问题"一词进行原则性限定，对启动鉴定的标准界定为"人民法院认为需要鉴定"的主观性条件，即法院需要对鉴定的对象是否属于"专门性问题"进行认定。新法赋予当事人以鉴定申请权，但是亦限于"专门性问题"。何为"专门性问题"，无法律和司法解释规定，法律亦不便具体界定"专门性问题"的范围。司法部于

2000年颁布《司法鉴定执业分类规定》(试行),根据我国司法鉴定的专业设置情况、学科发展方向、技术手段、检验和鉴定内容,并参考国际惯例,确定面向社会服务的司法鉴定人职业(执业)资格和鉴定业务范围。这可作为鉴定人鉴定对象的依据。具体包括:法医病理鉴定、法医临床鉴定、法医精神病鉴定、法医物证鉴定、法医毒物鉴定、司法会计鉴定、文书鉴定、痕迹鉴定、微量物证鉴定、计算机鉴定、建筑工程鉴定、声像资料鉴定、知识产权鉴定等。

在诉讼的过程中,仍然需要建立一些判断是否需要鉴定的规则。一般认为,下列情况属于必须鉴定的事项。首先,待检事项是法律规定的“专门性问题”。其次,待检事项不能通过勘验、检查、辨别、咨询等手段或方法作出判断。最后,待检事项是法律、法规等规范性文件规定的鉴定事项。包括:第一,人身伤害、精神病以及死因、尸检等有关法医学方面的专门性问题;第二,毒品、毒物鉴定以及必须借助仪器设备进行的理化鉴定;第三,医疗技术事故、交通事故、火灾事故等依法应由法定部门实施的事故鉴定;第四,职工工伤与职业病致残程度鉴定;第五,现行规范性文件规定的必须借助特殊专门知识而实际上又能够进行鉴定的情形。这五类待检事项,法官不得自行根据经验判断,必须启动鉴定程序,委托法定的鉴定部门进行鉴定。

对于现行规范性文件没有规定必须鉴定的事项,法官根据自己的知识结构、生活常识和经验理性对当事人申请鉴定的事项是否属于“专门性问题”予以判断,决定是否启动鉴定。对认为不需要特别的专业知识,或通过其他证据调查手段能够做出判断的,不启动鉴定;对认为是“专门性问题”,或当事人双方存在争议且不能通过其他方式辨明的,可依法启动鉴定。比如文书真伪的事实、伪劣假冒商品的事实,一般需要鉴定。

对于法律问题以及依法应由当事人同意作为鉴定启动条件的,未经当事人同意的,不得启动鉴定。如测谎、对第三人的身体检查等。

十八、测谎是否属于鉴定事项?民事诉讼中如何运用测谎结论?

测谎技术简称CPS(Computerized Polygraph System),又叫做心理测试或心理测定,它是由鉴定人应用科学技术的相关原理,借助一定的仪器设备测量被测试者回答问题时的各项生理反应,然后通过计算机测谎软件系统的定量分析确定被测试者当时的心理状态,判断其回答某一具体涉案事实时是否说谎。测谎技术的主要载体是测谎仪,一种叫多参量心理测试仪,可以测量被测试人的心跳、血压、呼吸频率和深度、脑电波、声音、瞳孔、体温、皮肤电阻等方面的变化情况;一种叫声析测谎仪,可以测出并记录被测试者回答问题时由声带发出的次声波变化情况。

测谎是否属于鉴定事项，取决于测谎的科学基础是否满足鉴定的条件，即被鉴定对象是否具有特定性、稳定性和可反映性。测谎技术是以心理学、生理学、电子学等学科的研究成果为基础的。测谎原理的核心在于“心理刺激与生理反应的对应伴生关系”，即只要有某种心理刺激，就会有相应的生理反应出现。实验和经验都可以证明，人在故意提供谎言时会有一定的生理反应，并表现出一些生理征象和生理参数的变化。例如，呼吸速度异常，甚至出现屏气；心跳加快、血压升高；体温微升、面红耳赤、前额和手掌等部位的汗液排泄增加；胃收缩、唾液分泌减少、口舌干燥；瞳孔放大、目光异常；肌肉微颤、声音颤抖、手指颤抖、脸部肌肉抽搐等。在上述征象的变化中，有些是比较明显的，是旁人可以直接用肉眼观察到或者以其他方式感知到的；有些则比较隐蔽或细微，只能借助灵敏的电子仪器才能识别并记录下来。作为测谎的科学基础，这些生理征象和变化的价值取决于它们与说谎行为的伴生关系是否特定、稳定。换言之，这些“说谎特征”是否具有认定谎言所需要的特定性和稳定性。所谓“说谎特征”的特定性，就是说，只有说谎才有这些生理反应。所谓“说谎特征”的稳定性，就是说，只要说谎就有这些生理反应。就目前掌握的“说谎特征”来说，恐怕单独哪一种都很难满足认定谎言所需要的特定性，但是科学技术已经能够采取充足方法保证测谎所依据之特征的特定性；实践也证明了说谎特征具有稳定性；随着对测谎人员的素质、技能和经验的重视以及心理测试仪的完善，测谎结论的可靠性亦日益提高。这样，测谎能够成为鉴定的对象是毫无疑问的，而且必须是具有相应资质的人员才能实施鉴定。

但是测谎结论是否属于诉讼法规定的鉴定意见之一种，还存有争议。首先，尽管测谎技术在侦查机关的侦查活动中起到了一定的作用，但是在刑事诉讼领域，我国有明文规定将其排除在证据之外。最高人民检察院在 1999 年 9 月 10 日对四川省人民检察院作出的《关于 CPS 多道心理测试鉴定结论能否作为诉讼证据使用问题的批复》中明确指出，CPS 多道心理测试（俗称测谎）鉴定结论与刑事诉讼法规定的鉴定结论不同，不属于刑事诉讼法规定的证据种类，可以被用来帮助审查、判断证据，但不能作为证据使用。其次，全国人大常委会 2005 年公布的《关于司法鉴定管理问题的决定》，明确认可了法医类鉴定、物证类鉴定和声像资料鉴定三种司法鉴定意见，由此许多人认为司法鉴定不包括心理测试，测谎结论不属于鉴定意见，至少不属于诉讼法规定的鉴定意见之一种。

学界关于应否将测谎结论引入民事诉讼证据的争论从未停止。在技术层面上，否定者认为心理测试的准确性不足，因而不应运用到民事诉讼中；肯定者认为，其他证据也存在准确性的问题，况且心理测试会随着心理实验科学的发展而不断得到完善。在法律层面上，否定者认为心理测试结论不是法律规定的证据种类；肯定者认为法律没有将心理测试结论排除在证据之外，将其作为证据使用并无不妥。在伦理评价层面上，否定者认为心理测试有损人的尊严；肯定者认为，只要接受测试者自愿，心理测试就不损害当事人的尊严，相反，通过心理测试证明其清白，更能维护其尊严。测谎结论是测谎专业人员就被测人对案件关联性问题的心理状态这一专门性问题向司法机关提供的意见，完全符合鉴定意见的基本特征。测谎结论与司法实践中早已认可的精神病鉴定意见具有相同的性质。当然，测谎结论不是绝对可靠的，但是在审查被告人陈述和证人证言的问题上，测谎结论比法官主观的直觉认识和评断更为可靠。①

反映在审判实践中，一方面，司法实务工作者对测谎结论充满期待，许多法院如浙江、安徽、北京、上海等法院已在个案中使用了测谎技术，积累了不少使用测谎结论成功审结案件的实践案例。许多比较完善的心理测试机构也建立起来了，比如华东政法大学刑事司法学院心理测试室，从2007年起，已经接受政法机关委托为法庭审判提供司法心理测试服务的各类案件100余起，实测近200人次，均有明确测试结论。另一方面，虽然面对大量真伪不明的案件，大多数法院还是不愿使用测谎技术；少数案件中虽然进行了测谎程序，取得了明确或有倾向性的结论，甚至依据结论和自由心证作出了和测谎结论一致的判决，但法院也不敢在判决中认可测谎结论的证据效力，甚至不敢承认测谎结论在作出判决中的作用。

在法律没有明文禁止以及实践中已经取得一些成果的情况下，对测谎结论不能一概否认，而应规范使用，我们可以借鉴美国司法机关在测谎结论可采性问题上的基本态度：第一，测谎结论可以采纳为证据；第二，测谎必须是在被测人自愿的情况下进行的；第三，法院在采用测谎结论时必须谨慎，要在有限制的条件下采用。由此可以总结一些经验性的适用规则：一是在现有证据能够认定或推定案件事实的情况下，或者可以依据证明责任判决的情况下，尽量不使用心理测试的方法；二是须各方当事人完全自主、自愿选择心理测试；三是测试内容应由各方当事人协商一致；四是由各方当事人自主选择鉴定机构；五是各方当事人均同意将测试结论作为证据使用。在满足上述条件的情况下，测谎结论可以在民事诉讼中作为认定案件事实的证据。

---

① 何家弘：《测谎结论与证据的“有限采用规则”》，载《中国法学》2002年第2期。

十九、鉴定人应如何确定？

在鉴定主体的选择和指定方面，新法有两点修改：一是将鉴定部门改为鉴定人；二是将法院指定鉴定部门的做法改为由当事人协商确定鉴定人，协商不成由法院指定。2007年《民事诉讼法》第76条规定："人民法院对专门性问题认为需要鉴定的，应当交由法定鉴定部门鉴定；没有法定鉴定部门的，由人民法院指定的鉴定部门鉴定。"依据该条规定，有人认为鉴定主体只有一个，即鉴定机构，还有人认为结合第72条第2款、第3款的规定，鉴定主体包括鉴定部门和鉴定人。还有人认为，鉴定是由具有专业技术的人员作出的，鉴定人只有是自然人，才能落实回避原则、出庭接受质询、对鉴定结果负责，因此鉴定主体应当是鉴定人。这次修改确定了鉴定人的主体地位，与我国经济发展状态、鉴定体制改革以及审判方式和诉讼模式改革是相适应的。

针对修改前的《民事诉讼法》的规定，实务界有一种观点认为，我国排除当事人享有鉴定决定权，极大地损害了当事人的根本利益。在这种单一启动程序中，一是有权机关可能违背当事人的意愿行使鉴定决定权和委托权，从而增加当事人的诉讼成本；二是有权机关可能会对当事人的鉴定申请置之不顾，而错过收集鉴定标的物、适时进行鉴定的最佳时机。我国《民事诉讼法》有关法院直接决定鉴定事项并直接指定鉴定机构的规定是欠妥当的，造成了法院的裁判权与当事人的诉讼权利之间的错位。有的案件当事人申请重新鉴定，很多情况下是出于对鉴定人的不信任。还有的案件，法院在委托鉴定时没有告诉当事人鉴定机构和鉴定人员，鉴定意见作出以后，当事人又提出鉴定机构的资质和鉴定人员的回避问题。所以在总结经验的基础上，《证据规定》对鉴定人的选任作出相应调整，第26条规定："当事人申请鉴定经人民法院同意后，由双方当事人协商确定有鉴定资格的鉴定机构、鉴定人员，协商不成的，由人民法院指定。"本条规定以当事人协商确定鉴定机构、鉴定人员为原则，以在当事人协商不成的情况下，由法院指定为例外。

目前的普遍做法是，由当事人共同从鉴定人名册中确定鉴定机构，协商不成的，法院通过摇号确定。新《民事诉讼法》第76条对此明确规定了"当事人申请鉴定的，由双方当事人协商确定具备资格的鉴定人；协商不成的，由人民法院指定"。适用本条规定应当注意，虽然当事人有权选择鉴定人，但是决定委托鉴定仍是法院的职能，双方选择了鉴定人的，法院向双方当事人宣布并向鉴定机构出具委托鉴定函；双方选择意见不一致的，由法院指定，但法院不应当选择一方当事人选择过而对方当事人不同意的鉴定人。修改后，对于法院的鉴定人名册是否具体到鉴定人员，当事人是否应当选择具体的鉴定人员等，还需要司法解释的进一步规定。

二十、法院委托鉴定人进行鉴定的条件有哪些?

新《民事诉讼法》确定了以当事人申请鉴定为主、法院依职权鉴定为例外的原则，其第76条第2款规定，“当事人未申请鉴定，人民法院对专门性问题认为需要鉴定的，应当委托具备资格的鉴定人进行鉴定”。即只有在当事人未申请鉴定，且法院认为需要鉴定时，法院才会依职权委托鉴定。该条规定的精神与第64条第2款“当事人及其诉讼代理人因客观原因不能自行收集的证据，或者人民法院认为审理案件需要的证据，人民法院应当调查收集”的规定是一致的，与证据部分的规定前后呼应。至于哪些属于“需要鉴定”的，有待司法解释作出规定，目前的司法实践中，还鲜有法院主动启动鉴定程序的案例。

二十一、如何理解鉴定人出庭作证的义务?鉴定人出庭作证的条件有哪些?

新《民事诉讼法》第78条规定:“当事人对鉴定意见有异议或者人民法院认为鉴定人有必要出庭的，鉴定人应当出庭作证。经人民法院通知，鉴定人拒不出庭作证的，鉴定意见不得作为认定事实的根据;支付鉴定费用的当事人可以要求返还鉴定费用。”

鉴定人出庭作证，是现代庭审制度的基本要求，是保证司法公正的基本措施。只有鉴定人出庭，接受法官和当事人的质询，才能有效地对鉴定证据进行质证，从而使法庭能够审查鉴定人的资格、鉴定能力、鉴定方法、鉴定过程等，以便判断鉴定意见的客观性。修改前的诉讼法未明确规定鉴定人出庭义务，但从立法上的其他相关规定看，其出庭接受质询的义务是明确的。修改前《民事诉讼法》第66条规定证据应当在法庭上出示，并由当事人互相质证，第125条规定，当事人经法庭许可，可以向鉴定人发问。表明鉴定人出庭接受质询是顺理成章的。但在实践中，鉴定人出庭参加庭审的比例非常低。对此在理论上和司法实践操作中，有很大的分歧。这些分歧就源于现行司法鉴定体制和鉴定主体的诉讼地位以及鉴定人与证人、鉴定意见与证人证言的关系问题。有的法院认为，因为对鉴定机构存在事先审查和监督，鉴定人的资质、能力、信誉已经先行审查，当事人申请回避的权利已经行使，故鉴定人不出庭是可以的;有的法院认为，对鉴定还要进行事后监督，对鉴定意见进行质证和鉴定人进行询问。但多数做法是，鉴定意见由法官当庭宣读，当事人有异议时，或者由其提出重新鉴定，或者由法官决定补充鉴定，或者由鉴定人出具书面的说明，不但当事人很少要求鉴定人出庭，即使法院通知鉴定人出庭，鉴定人也以各种理由推脱。即使《证据规定》第 59 条规定："鉴定人应当出庭接受当事人的质询。鉴定人确因特殊原因无法出庭的，经人民法院准许，可以书面答复当事人的质询"，但也没有改变鉴定人不出庭的现状。

新《民事诉讼法》明确规定在两种情况下，鉴定人应当出庭作证：一是当事人对鉴定意见有异议；二是人民法院认为鉴定人有必要出庭的。如此规定，表明鉴定人出庭接受当事人的发问，解答鉴定过程中的相关技术性问题，是其法定义务；表明鉴定人具有证人的身份，鉴定意见是一种言词证据，鉴定人如果不出庭作证，鉴定意见只能被作为一种传闻证据看待，无法作为裁判基础。该条规定，必将大大改善鉴定人不出庭的状况，提高鉴定意见的科学性，促使法官和当事人更加客观理性地看待鉴定意见，从而增强鉴定意见的采信度，发挥其应有的认定事实的作用。

二十二、鉴定人拒不出庭作证的后果是什么？

有人认为，立法上对鉴定人拒绝出庭无任何制裁措施是其拒绝出庭的重要原因，因此建议规定无正当理由拒不出庭作证的承担相应的法律责任，如拘传、罚款、注销鉴定资格等。还有人认为，虽然鉴定意见属于言词证据，但是鉴定人与证人毕竟有所区别，因证人的不可替代性，许多国家在立法上通过采用拘传的措施强制证人到庭，但是鉴定人具有可替代性，其不到庭可以不采信其提供的意见、退回收取的鉴定费用等，至于注销鉴定资格不属于审判权涉及的范畴，并且通过上述手段能够影响鉴定人的执业和经济收入，因此无须再规定"注销鉴定资格"的后果。

这样，新《民事诉讼法》第 78 条规定："经人民法院通知，鉴定人拒不出庭作证的，鉴定意见不得作为认定事实的根据；支付鉴定费用的当事人可以要求返还鉴定费用。"鉴定人不出庭作证的后果有二：一是鉴定意见不予采信；二是已经支付的鉴定费用予以退回，未支付的不再支付。至于是否需要赔偿当事人因此所遭到的损失？立法未明定，这需要根据实际情形分别对待，也有待于立法进一步完善。

二十三、如何理解专家参与诉讼的制度？

新《民事诉讼法》第 79 条增加规定："当事人可以申请人民法院通知有专门知识的人出庭，就鉴定人作出的鉴定意见或者专业问题提出意见。"早在 2001 年的《证据规定》第 61 条第 1 款规定："当事人可以向人民法院申请由一至二名具有专门知识的人员出庭就案件的专门性问题进行说明。人民法院准许其申请的，有关费用由提出申请的当事人负担。"理论界将该司法解释所规定的“具有专门知识的人员”称为“专家辅助人”或“诉讼辅助人”，是指在科学、技术以及其他专业知识方面具有特殊的专门知识或经验的人员，根据当事人的请托并经法院准许，出庭辅助当事人对诉争的案件事实所涉及的专门性问题进行说明或发表专业意见和评论的人。本次修法亦称为“有专门知识的人”。但专家辅助人制度在审判实际中的运用近乎空白。从法官的角度看，由于立法上缺乏相关的配套规定，在审判过程中对专家辅助人制度的适用无所适从。首先，在专家辅助人的启动程序上，法官应当在什么情况下允许当事人选择使用专家辅助人，以及在何种范围内选择，没有法律依据；其次，对专家辅助人在法庭上的地位，是独立的诉讼参与人还是证人，法律没有给予明确界定；再次，法官对专家辅助人的作用认识不足，由于鉴定的决定权和委托权都在法院，易使法官信赖自己所选择的鉴定人做出的鉴定意见，而没有充分认识到作为鉴定意见的证据并不必然优于其他证据。同时，如果专家辅助人为一方当事人申请，法官本能的会对专家辅助人的意见产生怀疑。修正后的《民事诉讼法》增设了专家辅助人制度，与对鉴定意见的定位及增加鉴定人出庭作证的规定相互呼应，从立法上解决了专家辅助人出庭的困惑。

专家辅助人不同于一般证人。一般证人只能以自己耳闻目睹的事实作证；而专家辅助人必须具有相关的专业知识和经验，以其对专门性问题进行说明。一般证人因为了解案件事实，具有不可替代性，而专家辅助人以专业知识和技能作证，可以由其他具有同样专业知识和技能的人替代，具有替代性。一般证人只要能够辨别是非，正确表达意思即可，而专家辅助人除此之外还必须具有专门知识和技能。一般证人之间不能共同作证，而专家辅助人可以是 2 人或在 2 人以上，他们相互之间可以讨论，共同作证。

专家辅助人不同于鉴定人。鉴定人有了解案情和阅卷的权利，专家辅助人则不具有阅卷的权利。鉴定人如果与案件当事人有利害关系，或有其他法定情形，应当回避，而专家辅助人不存在回避的问题。鉴定人除具备相关知识和技能外，还有资格限制，即必须具有国家专门机构授予的资格证书，而专家辅助人除具有相关知识和技能外，无其他限制。鉴定人的费用由败诉的当事人负担，而专家辅助人由聘请他的当事人负担。鉴定人是受法院或当事人委托的，处于中立地位，而专家辅助人只能受一方当事人聘请，其中立性并不特别强调。专家辅助人可以对鉴定意见提出质疑、反问。

专家辅助人也不同于诉讼代理人。二者虽然都是受当事人请托，为了当事人诉讼上的利益而实施一定的诉讼行为，但专家辅助人的专门性知识是法律之外的专门性知识，诉讼代理人多数情况下掌握的是法律知识和事实经过。专家辅助人发表的意见具有专门性和相对的独立性，并不是当事人意志的体现，他要尊重科学和自然规律、经验法则等，而诉讼代理人在诉讼上的一切言行均代表了当事人的意志，后果由当事人承担。

专家辅助人在诉讼中发挥两个方面的作用：一是帮助当事人对鉴定人进行询问，对鉴定意见进行质证；二是就案件的专门性问题进行说明和对质。由于鉴定意见是作为支持某一方当事人的证据的，缺乏专业知识的当事人很难对鉴定意见进行质证，同样缺乏专业知识的法官也难以鉴别鉴定意见的真伪。法官在庭审中对鉴定意见的审查，大多数的质询仅停留于感性认识的层面，即仅停留在鉴定意见的合法性层面。对鉴定意见的关联性和客观性几乎少有，甚或无法质疑。此外，鉴定意见往往是一方当事人为支持自己的诉讼主张而申请鉴定机构作出的；对于相对方当事人来说，在证据能力上明显处于弱势。专家辅助人参加诉讼之后，可以增强当事人及法官质证、认定鉴定意见的能力，提供法庭质证的效率和质量，弥补鉴定人制度的不足。

二十四、哪些问题属于可以申请专家参与诉讼的范围？

依据新法规定，有两类问题可以申请专家参与诉讼，一是针对鉴定人作出的鉴定意见；二是针对专业问题。对于这两类问题当事人可以申请专家参加诉讼提供意见。专家必须是依赖科学知识、技术手段或特殊经验法则进行释明事实的人。对于鉴定人作出的鉴定意见，因为专业性很强，当事人和法官都无法作出充分的质证和认证，专家参与诉讼有助于提高鉴定意见的质证效果。而对于其他专业问题，比如医疗事故、环境污染和知识产权等案件，专业性强，为了查明事实，分清是非，维护当事人的合法权益，在庭审过程中需要专家提供专业意见。这也为新法规定的公益诉讼提供了有力的证明形式，以促进公益诉讼的发展。

2006 年北京市海淀区人民法院审理的一起电磁辐射超标案件，对于小区附近的两座广播塔是否电磁辐射超标这样一个非常专业的技术问题，该院使用了“专家辅助人制度”，由专家参与诉讼辅助法官对该事实进行认定。2009 年福建省厦门市中级人民法院出台了《关于知识产权审判专家辅助人制度的若干规定（试行）》，这是在全国首创的规范知识产权审判专家辅助人参加诉讼的程序、权利和义务的规则。2009 年最高人民法院《关于贯彻实施国家知识产权战略若干问题的意见》以及最高人民法院“优化自主创新司法环境”年度主题活动明确要求“各级法院要积极探索专利等技术性案件审判中的专业技术调查方式，通过人民陪审员、专家证人、专家咨询、技术鉴定等手段，认真解决专业技术事实认定问题”。最高人民法院还在 2008 年 3 月发布的《涉及家庭暴力婚姻案件审理指南》第 44 条规定了“专家辅助人”：人民法院可以依据当事人申请或者依职权聘请相关专家出庭，解释包括受虐配偶综合征在内的家庭暴力的特点和规律。专家辅助人在必要时接受审判人员、双方当事人的询问和质疑。专家辅助人的意见，可以作为裁判的重要参考。

二十五、哪些人可以申请诉前证据保全？如何理解“利害关系人”？

新《民事诉讼法》第 81 条规定：“在证据可能灭失或者以后难以取得的情况下，当事人可以在诉讼过程中向人民法院申请保全证据，人民法院也可以主动采取保全措施。因情况紧急，在证据可能灭失或者以后难以取得的情况下，利害关系人可以在提起诉讼或者申请仲裁前向证据所在地、被申请人住所地或者对案件有管辖权的人民法院申请保全证据。证据保全的其他程序，参照适用本法第九章保全的有关规定。”

本条为当事人申请证据保全、利害关系人申请证据保全及证据保全的程序等制度规定。其中诉讼过程中的证据保全制度在 2007 年《民事诉讼法》第 74 条有规定：“在证据可能灭失或者以后难以取得的情况下，诉讼参加人可以向人民法院申请保全证据，人民法院也可以主动采取保全措施”。旧法规定的是诉讼参加人可以在诉讼的过程中向人民法院申请证据保全，新法规定的申请人为当事人，不包括诉讼代理人。新《民事诉讼法》第 81 条第 2 款规定了诉前证据保全，这在旧法中是没有规定的，而在《证据规定》第 23 条中则对诉前证据保全规定有“法律、司法解释规定诉前保全证据的，依照其规定办理”。

诉前证据保全，是指利害关系人在起诉之前，有关权利义务争议的证据就面临着灭失或者以后难以取得的情形，为避免其合法权益受到难以弥补的损害，于起诉前申请人民法院对有关证据予以提取、保存或者封存的强制措施。

申请诉前财产保全的是利害关系人，即民事权利可能受到损害或与他人发生民事权益纠纷的人。我国《海事诉讼特别程序法》第 12 条规定了诉前证据保全制度。我国《商标法》和《著作权法》都规定商标注册人或者利害关系人、著作权人或者与著作权有关的权利人可以在起诉前向人民法院申请保全证据。利害关系人不仅包括认为自己的民事权益受到他人侵犯或者与他人发生争议的人，还包括对民事权利负有保护责任的人。在海事案件中，申请人为海事请求的当事人。在专利侵权案件中，申请人为专利权人或者利害关系人。在商标侵权案件中，申请人为商标注册人或者利害关系人。在著作权侵权案件中，申请人为著作权人或者与著作权有关的权利人。通俗地讲，利害关系人就是在随后的诉讼中能成为当事人的人。

二十六、诉前证据保全的条件有哪些？如何理解情况紧急？

诉前保全证据应当具备以下条件：第一，申请人是利害关系人，即民事权利可能受到损害或与他人发生民事权益纠纷；第二，在起诉前存在紧急情况，即存在与案件事实有关联的证据有可能灭失或者以后难以取得的情形；第三，申请保全的证据对相关的请求或者侵权行为具有证明作用；第四，被申请人是与请求保全的证据有关的人。

证据保全的审查标准只是“在证据可能灭失或者以后难以取得的情况下”，诉前证据保全的条件为“因情况紧急，在证据可能灭失或者以后难以取得的情况下”，比证据保全增加了“情况紧急”。首先，如何把握“证据可能灭失或者以后难以取得”的标准，司法实践中没有规范化和明确化，在判断可能性标准上持宽松的态度，很少有以不符合“证据可能灭失或者以后难以取得”为由而被驳回申请的实例。究其原因，是现代生活的多样化、科技发展的高速化以及知识产权纠纷等（证据保全多发生在海事纠纷与知识产权纠纷中）本身的复杂性和技术性特点，难以使该标准规范化和固定化，同时，由于知识产权证据较之一般民事证据更具有不稳定性和易毁性、易复制转移性的特点，其灭失或难以取得的可能性显然比一般民事纠纷要大得多。因此，“证据可能灭失或者以后难以取得”属于法官自由裁量的范围，但是当事人应作出“证据可能灭失或者以后难以取得”的具体说明，防止当事人滥用该程序，转移理应由其承担的举证责任，给被申请人造成损害。

就诉前证据保全而言，由于其是一种诉前临时措施，跟诉中证据保全相比并未经历任何是否符合立案条件的审查，被申请人也不可能进行有关答辩或做好相应的心理准备或理解，为了避免申请人滥用权利，逃避举证责任，借该制度打压竞争对手，故对该诉前证据保全应采取更为慎重的态度，但目前诉前证据保全的审查条件与诉中证据保全的审查条件并无二致，使得司法实践中出现许多当事人滥用该权利的倾向。因此，除上述标准外，还得结合是否已提供有关侵权的初步证据、关联性以及客观原因不能取得等因素来考虑启动该措施的必要性。正如《与贸易有关的知识产权协定》第 50 条第 3 款规定，司法机关有权要求申请人提供任何可合理获得的证据，以使司法机关有足够程度的确定性确信该申请人为权利持有人，且该申请人的权利正在受到侵犯或此种侵犯已迫近。因此在诉前证据保全中，对申请人提交的侵权证据的要求，应区别于诉中证据保全，不能只停留于立案要求的初步证据，而是得要求当事人提供必要证据证明自己权利的存在以及该权利遭受被申请人侵犯，只有在侵权可能性的初步判定成立的情况下，并在满足其他条件时，对该诉前证据保全申请才予准许。

二十七、如何正确适用诉前证据保全制度？

本次修法之前，证据保全在民事诉讼法典中仅有诉中证据保全一种，2007年《民事诉讼法》第74条规定："在证据可能灭失或者以后难以取得的情况下，诉讼参加人可以向人民法院申请保全证据，人民法院也可以主动采取保全措施。"此后，《证据规定》第23条第3款对诉前证据保全有所涉及，但其确立也十分有限："法律、司法解释规定诉前保全证据的，依照其规定办理"。因此，当时，诉前证据保全仅可适用于知识产权与海事纠纷等特别类型的民事案件，严格说来，将其适用于其他民事案件时尚欠缺成文法的支撑。因此，在此次《民事诉讼法》的修改中，诉前证据保全才格外引人注目。新《民事诉讼法》第81条第2款规定："因情况紧急，在证据可能灭失或者以后难以取得的情况下，利害关系人可以在提起诉讼或者申请仲裁前向证据所在地、被申请人住所地或者对案件有管辖权的人民法院申请保全证据。"此外，第81条第3款还规定："证据保全的其他程序，参照适用本法第九章保全的有关规定"。显然，此次修法既从宏观上宣示了我国诉前证据保全制度的确立，又从微观上指明了解决诉前证据保全之审查标准、裁判方式、审查范围等问题的正确方向。不过，考虑到诉前证据保全上述多元化的法律渊源，要想正确适用该机制还需在以下方面完成深入探讨：

首先，诉前证据保全的审查标准。利害关系人的诉前证据保全申请须在实质上和形式上符合法定条件，因此，人民法院的诉前证据保全的审查标准大致包括以下两个方面：第一，实质审查标准。根据法律规定，诉前证据保全申请必须符合"因情况紧急，在证据可能灭失或者以后难以取得的情况下"这一法定要件。其中，"证据可能灭失"是指证据材料从客观上可能彻底消灭，此后亦将不复存在，例如书证即将被销毁，证人生命垂危、物证即将腐败变质、电子数据即将被删除等；而"以后难以取得"则是指如果现在不对证据实施保全措施，那么日后的证据收集工作将有可能超出当事人或人民法院的能力范围，例如鉴定对象即将出境、在建工程的内部结构即将因后续施工而难以还原等。第二，形式审查标准。主要包括：（1）主体要件，诉前财产保全的申请主体应为利害关系人；（2）时间要件，诉前财产保全的申请需在提起诉讼或者申请仲裁前向人民法院提出；（3）管辖要件，当事人需向证据所在地、被申请人住所地或者对案件有管辖权的人民法院提出申请；（4）担保要件，《证据规定》第23条第2款、第3款规定了"当事人申请保全证据的，人民法院可以要求其提供相应的担保。法律、司法解释规定诉前保全证据的，依照其规定办理"。可见，鉴于当时民事诉讼法中尚未设置诉前证据保全机制，该司法解释仅对诉中财产保全的具体流程进行了明确，在担保问题上的规定是：人民法院可以要求当事人提供担保。至于诉前证据保全中的担保问题，当时，以《专利法》为代表的其他法律法规大多采取了与诉中财产保全相一致的立法态度，例如，《专利法》第67条第1款、第2款就规定：“为了制止专利侵权行为，在证据可能灭失或者以后难以取得的情况下，专利权人或者利害关系人可以在起诉前向人民法院申请保全证据。人民法院采取保全措施，可以责令申请人提供担保；申请人不提供担保的，驳回申请。”目前，民事诉讼法的全面修改刚刚完成，对于诉前证据保全中申请人如何提供担保的问题，有必要进行一次全新梳理。新《民事诉讼法》第81条第3款规定：“证据保全的其他程序，参照适用本法第九章保全的有关规定。”根据该法条的指引，我们在新《民事诉讼法》第九章中找到了对各类诉前保全具体流程进行集中式规范的第101条第1款：“利害关系人因情况紧急，不立即申请保全将会使其合法权益受到难以弥补的损害的，可以在提起诉讼或者申请仲裁前向被保全财产所在地、被申请人住所地或者对案件有管辖权的人民法院申请采取保全措施。申请人应当提供担保，不提供担保的，裁定驳回申请”。因此，综合上述法条，我们倾向认为，目前，诉前证据保全更应坚持“当事人应当提供担保”的原则，当事人拒不提供担保的，由人民法院裁定驳回其申请。

其次，诉前证据保全的裁判方式。人民法院接受利害关系人的诉前证据保全申请后，应当对是否存在保全的必要进行认定，审查利害关系人的申请是否符合实质要件和形式要件。人民法院审查后认为诉前证据保全申请符合各项法定条件的，应裁定采取保全措施；经审查认为不符合法定条件的，应裁定驳回申请。

最后，诉前证据保全的审查范围。人民法院诉前证据保全的范围应限于利害关系人的请求范围，不仅如此，人民法院还应当对拟保全的证据是否确实与案件有关联进行审查，审查的范围涉及该证据是否能够在将来的案件中作为证明当事人之间发生、变更、消灭民事关系的证据使用。诉前证据保全的申请有错误的，申请人应当赔偿被申请人因保全所遭受的损失。

第五章　民事送达制度的完善

一、完善民事送达制度的必要性有哪些体现?

送达，是指人民法院依照法定的程序和方式，将诉讼文书交给当事人和其他诉讼参与人的行为。需要注意的是，当事人或者其他诉讼参与人将有关诉讼材料交给人民法院的行为不能称为“送达”，而应称为“提交”或者“递交”。我国2007年《民事诉讼法》规定的送达方式包括直接送达、留置送达、委托送达、邮寄送达、转交送达以及公告送达等六种。新《民事诉讼法》对民事送达制度的修改主要涉及完善留置送达方式（第86条）、增设简便送达方式（第87条）、增加对被采取强制性教育措施的受送达人的转交送达（第90条）等三方面，在相当程度上对学界有关完善民事诉讼制度的呼吁进行了必要的立法回应。

在传统民事诉讼理论框架内，民事送达制度是构建民事诉讼机制正当性基础的根基。作为强制性纠纷解决机制，民事诉讼机制运行结果对当事人产生确定判决效力的正当性基础在于正当程序保障下的自我归责原则，即诉讼程序向当事人供给足够的程序正义，当事人基于自身原因未能充分行使相关程序权利、履行程序义务而导致其遭受不利益在解释论上可以解释为其自由选择的结果。然而，诉讼程序向当事人供给正当程序，或者说法院向当事人提供充分的攻击防御机会系以当事人知悉程序事项为前提，再完善的民事诉讼程序设置，离开科学民事诉讼制度的配合，都将无法奠定民事诉讼的正当性基础。因而，民事送达制度是确保当事人知情权并奠定民事诉讼正当性基础的根基，亦即“与程序的结果有利害关系或者可能因该结果而蒙受不利影响的人，都有权参加该程序并得到提出有利于自己的主张和证据以及反驳对方提出之主张和证据的机会”。①

基于保护当事人知情权与正当程序保障权的必要，在现有的若干种民事诉讼送达方式中，最为妥当的送达方式便是直接送达。与此同时，直接送达往往

① 廖永安：《在理想与现实之间：我国民事送达制度的改革与完善》，载《中国法学》2010年第4期。

也是送达成本最高且送达难度最大的方式。我国法院普遍面临着“案多人少”的境遇，原则性要求法院工作人员亲自登门送达诉讼文书已经很困难，而实践中普遍电话通知当事人上门领取诉讼文书的方式往往也只能对积极配合法院审判工作的当事人发挥作用，而对那些无视甚至逃避法院审判的当事人则难以适用。因而，直接送达以外的其他送达方式构成必要的有益补充。其中，委托送达与转交送达以受送达人在送达回证上签收的日期为送达日期，对受送达人保护较为充分，而留置送达、邮寄送达以及公告送达则含有推定送达的意味。相对而言，推定送达制度的设置显得更为重要，其既要保护受送达人程序知情权与正当程序保障权，也要防范当事人滥用前述两种权利而导致诉讼迟延与妨碍对方当事人民事权益获得及时有效救济。

在本次《民事诉讼法》修改之前以及修改的过程中，理论界与实务界在民事送达制度方面的研究热点集中在放宽留置送达以应对受送达人逃避诉讼、规范公告送达以保障受送达人诉讼知情权与正当程序保障权两个方面。事实上，这种修法思路与我国2007年《民事诉讼法》有关留置送达与公告送达的规定及其实践运行存在密切的联系。一方面，2007年《民事诉讼法》第79条规定法院适用留置送达应当邀请有关基层组织或者所在单位的代表到场并以见证人身份签章，如果有关代表拒绝到场或者拒不签章，留置送达制度将难以适用，这显然不利于留置送达制度对逃避法院审判者发挥应有的规范功能。新《民事诉讼法》第86条采取较为灵活的方式，将“把诉讼文书留在受送达人的住所，并采用拍照、录像等方式记录送达过程”作为替代见证人制度的方案，在相当程度上缓解留置送达制度适用的难度，彰显民事送达制度保障诉讼程序的功能。另一方面，公告送达属于典型的推定送达，基于我国相关规定的模糊性，公告送达在司法实践中通常难以确保受送达人知悉公告事项，甚至嬗变为某些不法人员滥用诉讼权利损害他人权益的手段，其典型就是社会上广泛关注的“被离婚”案件。① 学界普遍呼吁公告送达制度应当进行具体化、规范化，如要求原告提供被告下落不明的证据、基层组织或相关机关出具下落不明证明、要求法院在受送达人可能出现的地方张贴公告并在受送达人可能关注的媒介途径上刊登公告等。然而，令人遗憾的是，新《民事诉讼法》对此并未增设任何应对策略，其主要考量因素在于公告送达制度改革本身具有相当难度与不确定性，且从作为程序运行者的法院的角度出发，公告送达有助于其避免过于烦琐的送达程序的适用。但是，从程序利用者的角度考量，公告送达制度

---

① 参见刘鸿芸：《公告送达不规范并缺席判决：容易引发申诉》，载《检察日报》2012年9月18日第3版。

本身就建立在法律推定的基础上，为确保缺席判决的正当性基础，尽管不可能彻底排除受送达人无法经由公告送达而知悉相关程序性事项的可能性存在，但立法者与司法者仍应当尽最大努力提高公告内容被受送达人知悉的几率。因而，尽管本次《民事诉讼法》修改并未直接着手改革公告送达制度，但是这并不排除最高人民法院在新《民事诉讼法》颁行后通过制定司法解释的方式对其加以革新，这也正是学界所希望看到的。

概言之，民事送达制度是民事诉讼法律关系主体诉讼行为之间相互联系的纽带因而具有保障民事诉讼顺利进行的功能；是当事人行使民事诉讼权利与履行民事诉讼义务的重要前提因而构成诉讼知情权与正当程序保障权的基石；同时也是诉讼行为发生相应法律后果的必要条件因而奠定民事程序性制裁的正当性依据。然而，2007 年《民事诉讼法》有关民事送达制度的规定在相当程度上妨碍了送达制度应有功能的发挥，新《民事诉讼法》对其部分问题加以革新，对完善我国民事诉讼法具有重大意义。

二、留置送达制度有哪些新方式?

新《民事诉讼法》第 86 条规定：“受送达人或者他的同住成年家属拒绝接收诉讼文书的，送达人可以邀请有关基层组织或者所在单位的代表到场，说明情况，在送达回证上记明拒收事由和日期，由送达人、见证人签名或者盖章，把诉讼文书留在受送达人的住所；也可以把诉讼文书留在受送达人的住所，并采用拍照、录像等方式记录送达过程，即视为送达。”由此可见，新《民事诉讼法》在保留见证人制度的基础上，规定了与之并列的新型留置送达方式，即留置送达可以不适用见证人制度而采取拍照、录像等方式记录送达过程亦视为送达。

如前所述，留置送达制度的改革重点在于缓解“送达难”问题，着眼点在于便于作为程序运行者的法院行使司法权，并在客观上确保对方当事人声称的民事权益获得及时保护。在司法实践中，某些被告或者被执行人对法院的审判、执行行为采取极其不配合的态度，甚至玩起“猫抓老鼠”的游戏，导致相关诉讼文书无法及时向其送达，进而延误诉讼程序的续行。留置送达制度即是对此类问题的立法回应与司法对策。为了防止留置送达制度被法院滥用，2007 年《民事诉讼法》要求留置送达制度的适用以见证人签章为必备条件。诚然，留置送达属于典型的推定送达，立法者严格其适用条件确实有助于防止留置送达制度被滥用及受送达人程序知情权与程序保障权因此而有所减损。但是，基于人性的特点，人们普遍不愿充当证人，尤其是充当对与自己不存在利害关系者的不利证人，而受送达人所在基层单位或者其所在单位的代表往往与受送达人属于“熟人社会”中的一员，拒不见证或者不情愿见证留置送达的现象广泛存在，但我国《民事诉讼法》并未规定其拒不见证应当承担不利法律后果，从而导致留置送达制度适用难度很大。因而，完善留置送达制度成为本次《民事诉讼法》修改的重要议题之一。①

在立法论上，完善留置送达制度主要存在两种修改路径：其一为强化受送达人所在基层单位或者其所在单位的代表见证义务，对拒不履行见证义务的当事人采取强制措施；其二为废弃见证人制度，只要法院的送达行为符合留置送达制度的其他要件即视为送达。立法者在本次《民事诉讼法》修改中采取了较为折中的方案，规定送达人既可以通过邀请相关代表见证的方式进行留置送达，也可以通过拍照、录像等方式记录送达过程的方式完成留置送达。事实上，见证人制度的设置目的无非在于证明留置送达过程符合法律规范，而拍照、录像等现代证明手段在能够直观地固定留置送达过程，基于两者在制度功能方面起到相同的作用，但前者较后者更为费事，因而可以预见，在新《民事诉讼法》生效施行后，司法实务中的留置送达将以第二种方式为主。

需要说明的是，新《民事诉讼法》第86条中有关“拍照、录像等方式记录送达过程”的表述存在解释的必要。首先，这里的“等”存在“等内等”抑或“等外等”的不同解释空间，对此，本书认为，基于记录送达过程的方式并非局限于拍照、录像，且伴随着科技的发展，并不排除将来出现较拍照、录像更为直观、可靠的记录方式，因而，不应当将记录送达过程的方式局限于拍照与录像两种。其次，既然“拍照、录像等方式”并不排除其他记录送达过程方式的运用，送达人能否以笔录的方式记录送达过程并据此适用留置送达制度？对此，本书持否定态度，尽管笔录与拍照、录像均得由送达人单方制作，但相对于拍照、录像而言，笔录的客观性较低，在我国司法公信力较为薄弱的情形下，拍照、录像的证明效力较为容易为人们所接受。因而，“拍照、录像等方式记录送达过程”宜解释为留置送达应当采取拍照、录像等能够较为客观地记录送达过程的方式进行。再次，拍照、录像等方式在记录送达过程中应当力求全面、客观，送达人不应当有选择性地拍照、录像或者在拍照、录像结束后带回、隐匿甚至销毁相关诉讼文书。在司法实践中，一方当事人买通法院或者其工作人员而制造“缺席判决”的情形时有发生，新型留置送达方式操作起来较见证人制度容易得多，因而，新《民事诉讼法》在放宽留置送达适用条件的同时，也增加了留置送达被滥用的可能性，最高人民法院可以考

① 倪其亚、仲为君：《建议修改民事诉讼法中留置送达的规定》，载《江苏法制报》2010年10月12日第A07版。

虑通过司法解释的方式强化新型留置送达方式的要求。复次，当事人对新型留置送达方式存在异议的，尽管新《民事诉讼法》并没有直接提供救济，但是，根据第200条的规定，因不能归责于本人或者其诉讼代理人的事由未参加诉讼构成再审事由。在某种意义上讲，当事人有证据证明法院采取新型留置送达方式存在违法事由即构成"因不能归责于本人或者其诉讼代理人的事由，未参加诉讼"，因而，当事人可以通过申请再审的方式进行事后救济。在立法论上，基于相关诉讼文书的依法送达构成程序正义的基础，本书主张应当赋予当事人对违法送达进行及时救济的权利，即认为其程序知情权与正当程序保障权受到侵犯且有相关证据支持的当事人可以随时向受案法院提出审查留置送达合法性的申请，法院如认定其申请成立的，应当适度将诉讼程序恢复到足以保障当事人权益的阶段。比如说，应诉通知书适用新型留置送达制度，但受送达人有证据证明送达存在瑕疵（如录像有篡改迹象）的，法院一旦支持该当事人的申请，就应当重新计算答辩期限，除非当事人放弃该期限利益。最后，对于检察机关而言，根据新《民事诉讼法》第208条的规定，因不能归责于本人或者其诉讼代理人的事由未参加诉讼也构成检察机关抗诉事由，遵循前述分析原理，检察机关应当在今后强化对留置送达的司法监督，根据新《民事诉讼法》第209条第1款的规定，检察机关可以依据当事人的申请发出检察建议或者提出民事抗诉。

三、哪些诉讼文书可以适用简便送达方式？简便送达方式的适用需要具备什么条件？送达日期如何确定？

新《民事诉讼法》第87条规定："经受送达人同意，人民法院可以采用传真、电子邮件等能够确认其收悉的方式送达诉讼文书，但判决书、裁定书、调解书除外。采用前款方式送达的，以传真、电子邮件等到达受送达人特定系统的日期为送达日期。"据此，只有判决书、裁定书、调解书以外的其他诉讼文书才可以适用简便送达方式，适用以受送达人同意为前提，其送达日期以传真、电子邮件等到达受送达人特定系统的日期为准。

（一）如何厘清新《民事诉讼法》第87条与第159条的关系

新《民事诉讼法》159条的规定："基层人民法院和它派出的法庭审理简单的民事案件，可以用简便方式传唤当事人和证人、送达诉讼文书、审理案件，但应当保障当事人陈述意见的权利。"对照第87条与第159条的规定，我们可以看出，两者存在着以下的区别：（1）第87条的适用没有法院级别的限制，而第159条仅适用于基层法院及其派出法庭；（2）第87条的规定并没有强调案件简单，复杂案件也可适用该条规定，但第159条则明文规定仅适用于

"简单的民事案件"；(3) 第 87 条强调传真、电子邮件等送达方式的适用需要以受送达人同意为前提，而第 159 条规定的简便方式则可以由法院依职权适用；(4) 第 87 条的规定仅适用于判决书、裁定书、调解书以外的其他诉讼文书，而第 159 条并没有明确限定其所适用的诉讼文书种类范围。由此可见，新《民事诉讼法》第 87 条在适用主体范围上较第 159 条宽，但在适用文书范围方面则较第 159 条窄，且第 87 条的适用以受送达人的合意为前提。事实上，第 87 条是在第 159 条的基础上进一步拓展简便送达方式的适用空间，在经由受送达人同意而适用简便送达方式提高诉讼效率、方便法院行使司法权的同时，也不至于侵犯当事人的正当程序保障权，此种基于当事人同意的简便送达方式设置契合当代民事诉讼法发展的基本趋势，值得肯定。

(二) 如何理解"经受送达人同意"

新《民事诉讼法》所规定简便送达方式的采取应当"经受送达人同意"，但是，如何理解"经受送达人同意"尚存在不同的解释路径。一种观点认为，"经受送达人同意"必须是受送达人明确表示法院可以通过传真、电子邮件送达判决书、裁定书、调解书以外的诉讼文书；另一种观点认为，"经受送达人同意"可以作适度扩张解释，即只要受送达人对法院采取简便送达方式不及时提出异议就推定其同意法院采取简便送达方式。本书认为，基于新《民事诉讼法》第 87 条第 1 款将法院所能适用的简便送达方式限制在"能够确认其收悉的方式"范围内，法院根据本条规定送达的诉讼文书通常能够为受送达人所知悉，采取不反对即同意的解释方案在表面上也并非不妥。然而，需要注意的是，本条第 2 款规定采取简便方式送达的，以传真、电子邮件等到达受送达人特定系统的日期为送达日期。在当事人未表明是否同意简便送达的情形下，送达却将依据该款规定而发生法律效力，这在法理上存在着根本矛盾。因而，本书还是倾向于采取第一种解释路径。与此同时，要求受送达人明确表示同意法院通过传真、电子邮件送达判决书、裁定书、调解书以外的诉讼文书并不必然造成诉讼迟延，法院可以在诉答阶段通过标准表格的形式取得当事人的书面同意，此后的相关诉讼文书即可按照法律规定通过简便方式加以送达了。

(三) 适用简便送达方式需要符合哪些条件

新《民事诉讼法》第 87 条的出台，在很大程度上是对当代通讯技术快速发展的必要回应，但这并不等于说只要某种技术手段能够向受送达人发送信息即能够成为本条所规定的简便送达方式。立法者在条文中明确要求法院所采取的简便送达方式应当是"能够确认受送达人收悉的方式"，如本条所明示的"传真"、"电子邮件"等。之所以要求简便送达方式必须"能够确认受送达人收悉”，就是因为简便送达方式往往不存在书面送达回执证，一旦受送达人否认其收到相关司法文书，送达人员负有提供证据证明其已将该司法文书送达完毕的责任，为了防止证明环节过于复杂而导致简便送达方式不再简便，立法者要求简便送达必须采取能够确认受送达人收悉相关司法文书的方式进行。如此一来，受送达人是否收悉相关诉讼文书就显得一目了然，基本不存在争议的空间，基于邮局、网站等中立第三方数据已足以从表面上证明诉讼文书已由受送达人收悉，如欲主张其未收悉诉讼文书，受送达人负有证明其未收悉诉讼文书的责任。

此外，需要进一步讨论的问题是，“能够确认受送达人收悉”是否意味着“受送达人在事实上必须收悉”？从新《民事诉讼法》的行文表述上看，“能够确认受送达人收悉”强调的只是客观可能性，而并非要求受送达人现实收悉并阅读诉讼文书。基于简便送达方式的适用建立在当事人同意的基础上，在明知其可能在事实上并未及时阅读已经进入其系统范围的诉讼文书的情形下，当事人同意法院采取简便送达方式送达诉讼文书，即可以推定其自愿承担其未及时阅读诉讼文书的风险。因而，本书认为，“能够确认受送达人收悉”并非要求受送达人现实地收悉诉讼文书，而仅强调诉讼文书进入受送达人的控制范围。相应地，受送达人不能以其未能及时阅读诉讼文书为由主张救济。比如说，经由当事人同意，法院通过电子邮件的方式向其送达裁判文书以外的诉讼文书，在法院将诉讼文书发送到其电子邮箱期间，受送达人刚好出差在外，未及时查阅电子邮件，此时仍然应当视为其已知悉相关诉讼事项。然而，前述论述仅适用于正常情形，在基于不可归责于受送达人原因而导致受送达人在客观上无法收悉诉讼文书的情形下，前述规定似乎存在修正的必要性。详言之，当事人表示同意法院采取简便方式送达诉讼文书，但在法院通过简便方式将诉讼文书送入其控制范围时，由于发生不可抗力而导致当事人根本无法在事实上收悉诉讼文书的，立法者尚未对此加以特殊处理。对此，本书认为，基于不可抗力原因导致受送达人在事实上根本不存在知悉诉讼文书内容的情形下，应当给受送达人提供必要的救济途径。比如说，在汶川大地震期间，难以指望人们能够在事实上及时收悉通过电子邮件、传真方式送达的诉讼文书，这与刑法领域的“可期待性理论”具有相同的机理，推定当事人在该情形下及时收悉诉讼文书的正当性基础不复存在，不宜根据民事程序性制裁原理要求受送达人“自食其果”。

事实上，基于简便送达方式在某种程度上具有推定送达的意味，其正当性基础在于当事人同意基础上的自我归责原则。尽管如此，在具体适用简便送达方式时，本书认为法院仍然存在强化受送达人知悉送达事项可能性的必要。具体而言，本书认为，最高人民法院可以考虑制定司法解释或者其他形式的规范性司法文件，要求法院在采取简便送达方式的同时，通过电话方式将送达事项通知受送达人，这虽然在某种程度上加大了法院工作量，但在保障当事人与其他诉讼参与人的正当程序方面具有重要价值，也有助于奠定简便送达方式的正当性基础，并降低受送达人对简便送达加以争议的可能性。

（四）判决书、裁定书、调解书为何不能简便送达

判决书、裁定书、调解书属于民事诉讼程序运行结果，确定的判决书、裁定书、调解书对民事纠纷的解决具有重要意义和法律效力，而简便送达方式往往并不能向当事人提供判决书、裁定书、调解书等原件，进而导致其在羁束力、既判力、形成力、预决力的产生与证明方面存在较大的难度。特别是，判决书、裁定书、调解书还可能充当执行名义，而传真、电子邮件等简便送达方式均将导致当事人缺乏有效的执行根据。因而，新《民事诉讼法》将判决书、裁定书、调解书排除在第 87 条适用范围以外。但是，这并不等于说，所有的判决书、裁定书、调解书都不能采取简便方式送达，基层法院及其派出法庭审理简单案件中的诉讼文书送达并没有禁止采取简便方式送达判决书、裁定书、调解书，但这些简便方式应当以保证受送达人能够得到判决书、裁定书、调解书副本为前提，并且调解书通常还需要取得当事人签字才生效。

四、转交送达相关规定的表述有什么调整？其原因何在？

新《民事诉讼法》第 90 条规定："受送达人被监禁的，通过其所在监所转交。受送达人被采取强制性教育措施的，通过其所在强制性教育机构转交。"对比 2007 年《民事诉讼法》第 82 条的规定，我们可以看出，立法者在第 1 款删除"或者劳动改造单位"，而第 2 款则将"被劳动教养"、"劳动教养"的表述分别修改为"强制性教育措施"、"强制性教育机构"。

一方面，《中华人民共和国劳动改造条例》（1954 年 8 月 26 日中华人民共和国政务院第 222 次政务会议通过）第二章规定"劳动改造机关"，包括看守所、监狱、劳动改造管教队、少年犯管教所。该条例于 2001 年 10 月 6 日被《国务院关于废止 2000 年底以前发布的部分行政法规的决定》（2001 年 10 月 6 日发布）宣布失效，替代该条例的法律是《监狱法》、《看守所条例》，而根据后述两法的规定，有权执行监禁的单位包括监狱、未成年犯管教所、看守所，而监狱、未成年犯管教所、看守所均可以被"监所"所覆盖，而被监禁者并非必然参加劳动改造，据此，保留"监所"的修改方案较为妥当。

另一方面，起源于强制教育措施的"劳动教养"在我国嬗变为行政处罚措施，基于保障人权理念的逐步深入人心，未经正当程序保障即剥夺当事人自

由的行政处罚措施越来越受到批判，《立法法》更是明确“法律保留”原则，第8条明确规定“限制人身自由的强制措施和处罚”只能由“法律”设定，2006年《治安管理处罚法》回避劳动教养制度，但采取较为温和的“强制性教育措施”表述，2012年1月1日生效的《行政强制法》第10条也重申“限制公民人身自由的行政强制措施，只能由法律设定”，而《行政处罚法》所列举的七种法定行政处罚中并不存在“劳动教养”。据此，劳教作为行政机关实施的、长时间剥夺公民人身自由的行政性措施在事实上已经无法从行政处罚的角度寻求其正当性基础，其性质只能向强制性教育措施转变，新《民事诉讼法》及时更新理念，采取“强制性教育措施”的表述替代“劳动教养”的表述是值得肯定的。

本次《民事诉讼法》修改并未对军人的转交送达进行调整。在《民事诉讼法》修改之前及其期间，学界普遍认为，2007年《民事诉讼法》有关转交送达的规定过于原则，对代为转交的机关怠于履行转交义务是否需要承担不利法律后果并没有明文规定，进而主张规定转交机关代为送达的合理期限，以此促使转交机关及时将诉讼文书转交给受送达人，避免诉讼迟延的发生。① 然而，新《民事诉讼法》并未来得及对此加以完善。此外，相对于转交送达而言，公告送达制度更亟需改革，本次《民事诉讼法》修改尚未触及，因而，本次《民事诉讼法》修改在完善民事送达制度方面与学者的期待是有较大落差的。

五、民事送达制度的完善对民事检察监督工作有何意义？

对于民事检察监督工作而言，新《民事诉讼法》对民事送达制度的完善至少具有以下几个方面的意义。首先，民事送达相关规则的完善可供人民检察院向相关机关或者有关人员送达司法文书时参考。尽管新《民事诉讼法》供给的送达规则并不当然适用于检察院，但伴随着民事送达制度的完善，其科学性在不断提升，我国检察机关送达相关司法文书时，可以参照适用民事送达规则。比如说，当事人向人民检察院申请检察建议或者抗诉，经过审查决定提出或者不予提出检察建议或者抗诉的，人民检察院向申请人提供决定书的程序可以参照民事送达规则。其次，提醒检察机关注重对人民法院在适用民事送达规则方面的检察监督。司法文书的送达是确保当事人或者其他诉讼参与人知悉诉讼事项并被告知诉讼权利、义务的重要保障措施，一旦出现人民法院自行或者

① 廖永安：《在理想与现实之间：对我国民事送达制度改革的再思考》，载《中国法学》2010年第4期。

在一方当事人影响下滥用推定送达造成当事人或者其他诉讼参与人未参加诉讼的，人民检察院得根据诉讼程序的进度而采取有效的监督措施。如果诉讼程序尚在进行中，检察院应当采取检察建议的方式要求人民法院及时纠正错误；如果诉讼程序已经终结，人民检察院告知因瑕疵送达受损的当事人或者其他诉讼参与人，并在必要情况下发出检察建议或者提出抗诉。最后，强化检察机关正当程序保障意识。完善民事送达制度在本质上也就是强化人民法院在正当程序方面的供给能力。尽管本次修法的主导力量仍然在于法院系统，且修法理念重点放在便于法院行使审判权，但强化程序利用者的保护已经成为21世纪全球范围内民事诉讼法的基本发展趋势，本次《民事诉讼法》的修改也从多方面强化了当事人主体意识。同样具备司法机关性质的人民检察院，基于其法律监督者的职能，确保当事人诉讼权利得到贯彻落实是人民检察院的神圣职责。

第六章　调解与诉讼衔接机制的完善

一、如何理解调解优先原则?

调解优先是最高人民法院提出的司法政策，并非为我国《民事诉讼法》明确规定。最高人民法院2010年印发《关于进一步贯彻“调解优先、调判结合”工作原则的若干意见》的通知对调解优先原则作出了详细阐释。通知强调“调解优先、调判结合”工作原则是认真总结人民司法实践经验，深刻分析现阶段形势任务得出的科学结论，是人民司法优良传统的继承和发扬，是人民司法理论和审判制度的发展创新，对于充分发挥人民法院调解工作在化解社会矛盾、维护社会稳定、促进社会和谐中的积极作用，具有十分重要的指导意义。对调解优先原则，最高人民法院认为调解是高质量审判，调解是高效益审判，调解能力是高水平司法能力。调解有利于化解社会矛盾，实现案结事了，有利于修复当事人之间的关系，实现和谐。各级法院要深刻认识调解在有效化解矛盾纠纷、促进社会和谐稳定中所具有的独特优势和重要价值，切实转变重裁判、轻调解的观念，把调解作为处理案件的首要选择，自觉主动地运用调解方式处理矛盾纠纷，把调解贯穿于立案、审判和执行的各个环节，贯穿于一审、二审、执行、再审、申诉、信访的全过程，把调解主体从承办法官延伸到合议庭所有成员、庭领导和院领导，把调解、和解和协调案件范围从民事案件逐步扩展到行政案件、刑事自诉案件、轻微刑事案件、刑事附带民事案件、国家赔偿案件和执行案件，建立覆盖全部审判执行领域的立体调解机制。要带着对当事人的真挚感情，怀着为当事人解难题、办实事的愿望去做调解工作。要做到能调则调，不放过诉讼和诉讼前后各个阶段出现的调解可能性，尽可能把握一切调解结案的机会。此种观点是我国现有社会环境下对“诉讼爆炸”现状的应对，但并不是任何纠纷都适宜以调解方式解决。在纠纷解决中应用调解优先原则应当注意以下几点：

（一）调解优先应当以当事人自愿为前提

我国新《民事诉讼法》第93条规定：“人民法院审理民事案件，根据当事人自愿的原则，在事实清楚的基础上，分清是非，进行调解。”切实贯彻当事人自愿调解原则，要积极引导并为双方当事人达成调解协议提供条件、机会和必要的司法保障。除法律另有规定以外，要尊重当事人选择调解或者裁判方式解决纠纷的权利，尊重当事人决定调解开始时机、调解方式方法和调解协议内容的权利。要在各个诉讼环节，针对当事人的文化知识、诉讼能力的不同特点，用通俗易懂的语言，进行释法解疑，充分说明可能存在的诉讼风险，引导当事人在充分认识自身权利义务的基础上，平等自愿地解决纠纷。当事人不同意进行调解或发现调解已经没有可能时，法院不得强制调解，应当及时作出裁判，不能久调不决。当事人自愿一般有两种情形：一是当事人双方在诉讼开始时就自愿调解；二是当事人双方在诉讼开始时或者进行中本不愿进行调解，经过审判人员宣传法律，化解矛盾，使当事人双方心平气和，互相谅解，经过协商，自愿达成调解协议。后一种情形在实践中大量存在，它不同于勉强或者强迫当事人进行调解。审判人员对有可能调解的案件，应当积极做好当事人双方的工作，在事实清楚、分清是非的基础上，促使当事人互相谅解，达成调解协议。

（二）调解优先的调解并不仅仅指法院调解，还包括其他 ADR 方式促进纠纷解决

调解工作应当全面推进，调解优先原则不仅仅适用于法院调解过程中，还适用于其他纠纷解决方式中。在收到当事人起诉状或者口头起诉之后、正式立案之前，对于未经人民调解、行政调解、行业调解等非诉讼纠纷解决方式调处的案件，要积极引导当事人先行就近、就地选择非诉讼调解组织解决纠纷，力争将矛盾纠纷化解在诉前。在案件受理后、裁判作出前，经当事人同意，可以委托有利于案件调解解决的人民调解、行政调解、行业调解等有关组织或者人大代表、政协委员等主持调解，或者邀请有关单位或者技术专家、律师等协助人民法院进行调解。

（三）调解优先并不意味着一定要用调解方式解决纠纷，应当注意调判结合

在加强调解的同时，切实维护当事人合法权益，注意防止不当调解和片面追求调解率的倾向，不得以牺牲当事人合法权益为代价进行调解。对当事人虚假诉讼或者假借调解拖延诉讼的，应依法及时制止并作出裁判；对一方当事人提出的方案显失公平，勉强调解会纵容违法者、违约方，且使守法者、守约方的合法权益受损的，应依法及时裁判；对调解需要花费的时间精力、投入的成本与解决效果不成正比的，应依法及时裁判；对涉及国家利益或者社会公共利益的案件，具有法律适用指导意义的案件，或者对形成社会规则意识有积极意义的案件，应注意依法及时裁判结案，充分发挥裁判在明辨是非、规范行为、

惩恶扬善中的积极作用。

二、实践中哪些案件一般属于适宜调解的案件？

调解被称为中国传统法文化的重要资源，亦为中华法系的基本标志之一。历史上调解基本上是民间调解与官府调解并重，相辅相成，构成了一个相对严密的多元化纠纷解决机制。中国传统文化中的调解适用于熟人社会，在相邻亲里之间，通过说理说服等方式实现当事人自觉承认错误，妥协退让与自觉执行。我国社会主义现代化建设使得现今社会呈现出半熟人社会的形态，善于应用调解制度在这种社会变革中起到了润滑剂的作用。

最高人民法院《关于适用简易程序审理民事案件的若干规定》第 14 条规定的婚姻家庭纠纷和继承纠纷、劳务合同纠纷、交通事故和工伤事故引起的权利义务关系较为明确的损害赔偿纠纷、宅基地和相邻关系纠纷、合伙协议纠纷、诉讼标的额较小的纠纷，在开庭审理时应当先行调解。但是根据案件的性质和当事人的实际情况不能调解或者显然没有调解必要的除外。这些案件发生于熟人之间，有较多的感情和生活的联系，其关系中更多受当地道德习惯的约束，通过调解能够有效化解矛盾纠纷、促进社会和谐，定分止争，实现法律效果与社会效果的有机统一。

要下大力气做好以下民事案件的调解工作：事关民生和群体利益、需要政府和相关部门配合的案件；可能影响社会和谐稳定的群体性案件、集团诉讼案件、破产案件；民间债务、婚姻家庭继承等民事纠纷案件；案情复杂、难以形成证据优势的案件；当事人之间情绪严重对立的案件；相关法律法规没有规定或者规定不明确、适用法律有一定困难的案件；判决后难以执行的案件；社会普遍关注的敏感性案件；当事人情绪激烈、矛盾激化的再审案件、信访案件。这些案件涉及面广，涉及人群多，调解在处理这些案件中更加人性化和灵活。通过说服劝导有利于当事人冷静下来思考问题，解决问题，平息纠纷矛盾，实现社会和谐与稳定。

三、对于适宜调解的案件，法院一般如何处理？

对适宜调解的案件，在收到当事人起诉状或者口头起诉之后、正式立案之前，对于未经人民调解、行政调解、行业调解等非诉讼纠纷解决方式调处的案件，要积极引导当事人先行就近、就地选择非诉讼调解组织解决纠纷，力争将矛盾纠纷化解在诉前。当事人选择非诉讼调解的，应当暂缓立案；当事人不同意选择非诉讼调解的，或者经非诉讼调解未达成协议，坚持起诉的，经审查符合相关诉讼法规定的受理条件的，应当及时立案。对事实清楚、权利义务关系明确、争议不大的简单民事案件，在立案后应当及时调解；对可能影响社会和谐稳定的群体性案件、集团诉讼案件，敏感性强、社会广泛关注的案件，在立案后也要尽可能调解。对当事人拒绝调解的，无法及时与当事人及其委托代理人取得联系的，或者案情复杂、争议较大的案件，以及法律规定不得调解的案件，应当在立案后及时移送审理。对在调解过程中发现案件涉及国家利益、社会公共利益和第三人利益的，案件需要审计、评估、鉴定的，或者需要人民法院调查取证的，应当终结调解程序，及时移送审理。

关于先行调解，人民法院可以自行调解也可以委托其他组织机构进行调解。立案阶段的调解应当坚持以效率、快捷为原则，避免案件在立案阶段积压。适用简易程序的一审民事案件，立案阶段调解期限原则上不超过立案后10日；适用普通程序的一审民事案件，立案阶段调解期限原则上不超过20日，经双方当事人同意，可以再延长10日。延长的调解期间不计入审限。① 在案件移送审判业务庭、开庭审理之前，当事人同意调解的，要及时进行调解。要进一步加强庭前调解组织建设，有条件的人民法院可以探索建立专门的庭前调解组织。要进一步优化审判资源配置，有条件的人民法院可以探索试行法官助理等审判辅助人员开展庭前调解工作，提高调解工作效率，减轻审判人员的工作负担。在案件受理后、裁判作出前，经当事人同意，可以委托有利于案件调解解决的人民调解、行政调解、行业调解等有关组织或者人大代表、政协委员等主持调解，或者邀请有关单位或者技术专家、律师等协助人民法院进行调解。调解人可以由当事人共同选定，也可以经双方当事人同意，由人民法院指定。当事人可以协商确定民事案件委托调解的期限，一般不超过30日。经双方当事人同意，可以顺延调解期间，但最长不超过60日。延长的调解期间不计入审限。人民法院委托调解人调解，应当制作调解移交函，附送主要案件材料，并明确委托调解的注意事项和当事人的相关请求。

四、如何理解“当事人拒绝调解的除外”？法院违背当事人意愿强制调解应如何处理？

新《民事诉讼法》第122条规定：“当事人起诉到人民法院的民事纠纷，

① 最高人民法院《关于人民法院民事调解工作若干问题的规定》第6条规定：“在答辩期满前人民法院对案件进行调解，适用普通程序的案件在当事人同意调解之日起15天内，适用简易程序的案件在当事人同意调解之日起7天内未达成调解协议的，经各方当事人同意，可以继续调解。延长的调解期间不计入审限。”最高人民法院2010年印发《关于进一步贯彻“调解优先、调判结合”工作原则的若干意见》也明确规定了为促进调解在立案调解和委托调解过程中审限问题，规定了延长的调解期间不计入审限。

适宜调解的，先行调解，但当事人拒绝调解的除外。”这是对《民事诉讼法》第93条“人民法院审理民事案件，根据当事人自愿的原则，在事实清楚的基础上，分清是非，进行调解”，以及第96条“调解达成协议，必须双方自愿，不得强迫”两条关于当事人自愿接受调解原则在起诉阶段的深化规定。当事人对纠纷的解决方式有选择权，这是当事人诉权的应有之义，法院不得强制当事人以调解方式结案。当事人起诉到人民法院的民事案件，根据案件的性质内容适宜调解的，人民法院可以根据实际情况先行调解，但是调解并非解决适宜调解案件的必经程序，当事人拒绝调解时，人民法院不能先行调解，而应当及时将案件移送审判庭开庭审判。最高人民法院《关于适用简易程序审理民事案件的若干规定》中对适宜调解的案件，采用应当先行调解的方式予以解决，但是“根据案件的性质和当事人的实际情况不能调解或者显然没有调解必要的除外”，此条款虽较为明确地规定了不能采用先行调解方式解决纠纷的情形，但是对是否采用先行调解的裁量权则完全归属于法官，当事人没有程序选择权与自主权。此次《民事诉讼法》的修改，明确规定适宜调解的案件，当事人拒绝先行调解的，人民法院不应当先行调解，明确保障了当事人的程序权利，有利于实现当事人在民事诉讼中的主体地位，保障当事人的合法权益，同时节约时间成本与经济成本，促进案件的及时解决。

新《民事诉讼法》第96条规定调解达成协议，必须双方自愿，不得强迫。调解协议的内容不得违反法律规定。人民法院不得违背当事人意愿强制调解。调解过程中法官审判权的行使，应确保调解程序符合有关法律规定，不得违背当事人自愿去强迫调解，防止以判压调、以拖促调。审判人员对有可能调解的案件，应当积极做好当事人双方的工作，在事实清楚、分清是非的基础上，促使当事人互相谅解，达成调解协议。对于调解不成的，应当及时判决。法院违背当事人意愿强行调解，对先行调解以拖促调的，当事人可以向人民法院要求及时审理裁判；对调解过程中以压促调的，当事人可以不对调解书签收以阻碍调解书的成立与生效。根据我国法律的明文规定，在诉讼活动中当事人对调解书的形成违背强制性规定的救济，仅为不签收法律文书，对其他的救济方式的名称没有作明文规定，这是调解法律的灰色地带，在此灰色地带，仅通过法官的自觉遵守法律法规规定以及组织纪律原则是不够的，还应当赋予当事人一定的法律权利，以实现监督与制约。

新《民事诉讼法》第201条规定：“当事人对已经发生法律效力的调解书，提出证据证明调解违反自愿原则或者调解协议的内容违反法律的，可以申请再审。经人民法院审查属实的，应当再审。”最高人民法院《关于适用〈中华人民共和国民事诉讼法〉审判监督程序若干问题的解释》规定人民法院以调解方式审结的案件裁定再审后，经审理发现申请再审人提出的调解违反自愿原则的事由不成立，且调解协议的内容不违反法律强制性规定的，应当裁定驳回再审申请，并恢复原调解书的执行。新《民事诉讼法》第208条规定："最高人民检察院对各级人民法院已经发生法律效力的判决、裁定，上级人民检察院对下级人民法院已经发生法律效力的判决、裁定，发现有本法第二百条规定情形之一的，或者发现调解书损害国家利益、社会公共利益的，应当提出抗诉。地方各级人民检察院对同级人民法院已经发生法律效力的判决、裁定，发现有本法第二百条规定情形之一的，或者发现调解书损害国家利益、社会公共利益的，可以向同级人民法院提出检察建议，并报上级人民检察院备案；也可以提请上级人民检察院向同级人民法院提出抗诉。各级人民检察院对审判监督程序以外的其他审判程序中审判人员的违法行为，有权向同级人民法院提出检察建议。"

五、发现调解书损害国家利益、社会公共利益的情形，应当如何处理？

调解书损害国家利益、社会公共利益的情况，依据法律以及相关司法解释，应当具体问题具体对待。根据调解书性质的分类，可以分为人民调解协议损害国家利益、社会公共利益的情形，经司法确认的人民调解协议中发现损害国家利益、社会公共利益的情形，以及法院调解书损害国家利益、社会公共利益的情形。

（一）人民调解协议损害国家利益、社会公共利益的情形

人民调解协议从根本上说，属于民事合同，故而对人民调解协议违背国家利益、社会公共利益的处理，应当符合民事合同中合同内容违背国家利益、社会公共利益的情形。按照民事合同的相关理论以及法律规定，民事合同违背国家利益、社会公共利益的，属于无效合同。根据最高人民法院《关于审理涉及人民调解协议的民事案件的若干规定》的规定，人民调解协议如民事合同，具有有效、无效、可撤销的法定条件与情形。

最高人民法院《关于审理涉及人民调解协议的民事案件的若干规定》第4条规定："具备下列条件的，调解协议有效：（一）当事人具有完全民事行为能力；（二）意思表示真实；（三）不违反法律、行政法规的强制性规定或者社会公共利益。"第5条规定："有下列情形之一的，调解协议无效：（一）损害国家、集体或者第三人利益；（二）以合法形式掩盖非法目的；（三）损害社会公共利益；（四）违反法律、行政法规的强制性规定。人民调解委员会强迫调解的，调解协议无效。"第6条规定："下列调解协议，当事人一方有权

请求人民法院变更或者撤销：（一）因重大误解订立的；（二）在订立调解协议时显失公平的；一方以欺诈、胁迫的手段或者乘人之危，使对方在违背真实意思的情况下订立的调解协议，受损害方有权请求人民法院变更或者撤销。当事人请求变更的，人民法院不得撤销。”同时，第7条规定：“有下列情形之一的，撤销权消灭：（一）具有撤销权的当事人自知道或者应当知道撤销事由之日起一年内没有行使撤销权；（二）具有撤销权的当事人知道撤销事由后明确表示或者以自己的行为放弃撤销权。”

（二）司法确认程序中发现人民调解协议损害国家利益、社会公共利益的情形

当人民调解协议经当事人协商一致想人民法院要求进行司法确认的，人民法院需要在形式和实质两个方面对人民调解协议进行审查。最高人民法院《关于人民调解协议司法确认程序的若干规定》第7条规定：“具有下列情形之一的，人民法院不予确认调解协议效力：（一）违反法律、行政法规强制性规定的；（二）侵害国家利益、社会公共利益的；（三）侵害案外人合法权益的；（四）损害社会公序良俗的；（五）内容不明确，无法确认的；（六）其他不能进行司法确认的情形。”

可见司法确认程序中对调解协议的形式要求比人民调解更为严格，增加了不能损害公序良俗以及内容明确的要求。对损害国家利益、社会公共利益的情形采取不予确认的态度。

（三）法院调解中损害国家利益、社会公共利益的情形

法院调解书具有与法院判决相同的效力，即具有既判力，因而在法院调解协议的达成过程中具有更高的要求。最高人民法院《关于人民法院民事调解工作若干问题的规定》第12条规定：“调解协议具有下列情形之一的，人民法院不予确认：（一）侵害国家利益、社会公共利益的；（二）侵害案外人利益的；（三）违背当事人真实意思的；（四）违反法律、行政法规禁止性规定的。”

此中除要求人民法院调解不能侵害国家利益、社会公共利益外，与人民调解以及司法确认相比，增加了对当事人真实意思保障的内容。这主要是因为调解主体为人民法院时，在调解过程中对当事人自愿的心理状态有更加直面的了解，而在人民调解与司法确认中，法院只有通过事后了解当事人的真实意思，而不能在调解中予以监督。本条中，对侵害国家利益、社会公共利益等情形的法院调解，规定中的表述为“不予确认”，在实践中，未生效的法院调解可以较为有效地发现并阻止调解书的生效，而生效法院调解书被发现侵害国家利益

社会利益的，只能通过再审处理。

新《民事诉讼法》第208条规定："最高人民检察院对各级人民法院已经发生法律效力的判决、裁定，上级人民检察院对下级人民法院已经发生法律效力的判决、裁定，发现有本法第二百条规定情形之一的，或者发现调解书损害国家利益、社会公共利益的，应当提出抗诉。地方各级人民检察院对同级人民法院已经发生法律效力的判决、裁定，发现有本法第二百条规定情形之一的，或者发现调解书损害国家利益、社会公共利益的，可以向同级人民法院提出检察建议，并报上级人民检察院备案；也可以提请上级人民检察院向同级人民法院提出抗诉。各级人民检察院对审判监督程序以外的其他审判程序中审判人员的违法行为，有权向同级人民法院提出检察建议。"最高人民法院《关于适用〈中华人民共和国民事诉讼法〉审判监督程序若干问题的解释》规定，当事人未申请再审、人民检察院未抗诉的案件，人民法院发现原判决、裁定、调解协议有损害国家利益、社会公共利益等确有错误情形的，应当依照民事诉讼法的规定提起再审。此即，在法院调解书违背相关法律，损害国家利益、社会公共利益的情况下，当事人、人民法院以及人民检察院都有权依据法律规定对该调解进行再审。

六、如何理解司法确认制度的主要价值与功能？

司法确认制度是指对于涉及民事权利义务的纠纷，经行政机关、人民调解组织、商事调解组织、行业调解组织或者其他具有调解职能的组织调解达成的具有民事合同性质的协议，经调解组织和调解员签字盖章后，或双方当事人签署协议之后，如果双方认为有必要，共同到人民法院申请确认其法律效力的制度。司法确认程序是最高人民法院根据实际工作经验总结提出的，这一程序运行的具体效果良好，受到人民群众普遍欢迎。2011年1月1日《中华人民共和国人民调解法》施行。该法第33条规定，经人民调解委员会调解达成调解协议后，双方当事人认为有必要的，可以自调解协议生效之日起30日内共同向人民法院申请司法确认。该法的实施，标志着诉讼与非诉讼相衔接的矛盾纠纷解决机制改革进入了一个新的发展阶段。最高人民法院《关于进一步贯彻"调解优先、调判结合"工作原则的若干意见》对各类调解与诉讼的衔接机制、各类仲裁与诉讼的衔接机制进行了规范，扩大了赋予合同效力的调解协议的范围，允许当事人申请确认和执行调解协议。这些规定有利于鼓励行政调处、人民调解、商事调解、行业调解及其他各类调解的发展，有利于缓解有限的司法资源与日益增长的解决纠纷的需求之间的矛盾，有利于满足各种不同的纠纷解决需求，有利于丰富人民群众参与社会管理和公共服务的途径。

理论研究和实践经验都表明，调解协议缺乏法律强制力是诉讼外调解功能弱化的关键原因，是制约调解制度发展的瓶颈。因为调解协议缺乏法律效力，纠纷当事人可以随意反悔或者不履行协议，这不但削弱了当事人诉诸调解的意愿，也挫伤了调解员的工作积极性和动力，损害了诉讼外调解的社会公信力。在法治社会中，诸如调解等非诉讼纠纷解决机制能够发挥有效的作用，很大程度上是由于诉讼及其强制手段的有效存在。因此，探索一条通过司法程序强化人民调解协议的效力的路径就显得很有必要。可以说，如何通过相应的程序设置，实现司法程序和非诉调解程序的无缝对接，进而通过司法确认符合特定条件的调解协议的效力，赋予确认书以法律强制力，缓解“诉讼爆炸”与审判力量不足之间的紧张关系，成为这个时代对于司法智慧的考验和挑战。司法确认制度可以通过司法程序对人民调解协议的效力予以确认，赋予确认书具有执行力，从而加强人民调解协议的效力。这样的效果，一方面对促进民事纠纷当事人选择人民调解的方式解决纠纷具有积极的意义，进而减轻司法的负担；另一方面，对整个国家和社会有效地建立和完善多元化民事纠纷解决机制同样具有积极的意义。人民调解协议诉前司法确认机制的实施，强化了人民调解的确定性，矫正了人民调解的随意性，纠正了违法调解协议，实现了司法与非诉调解之间的有效衔接，促进了诉讼与非诉讼衔接机制的不断完善，诠释了司法工作服务党和国家工作大局的司法理念。

七、申请司法确认的主体有何要求？如何确定管辖法院？

新《民事诉讼法》第194条规定：“申请司法确认调解协议，由双方当事人依照人民调解法等法律，自调解协议生效之日起三十日内，共同向调解组织所在地基层人民法院提出。”最高人民法院《关于人民调解协议司法确认程序的若干规定》第2条规定：“当事人申请确认调解协议的，由主持调解的人民调解委员会所在地基层人民法院或者它派出的法庭管辖。人民法院在立案前委派人民调解委员会调解并达成调解协议，当事人申请司法确认的，由委派的人民法院管辖。”第3条规定：“当事人申请确认调解协议，应当向人民法院提交司法确认申请书、调解协议和身份证明、资格证明，以及与调解协议相关的财产权利证明等证明材料，并提供双方当事人的送达地址、电话号码等联系方式。委托他人代为申请的，必须向人民法院提交由委托人签名或者盖章的授权委托书。”第4条规定：“人民法院收到当事人司法确认申请，应当在三日内决定是否受理。人民法院决定受理的，应当编立‘调确字’案号，并及时向当事人送达受理通知书。双方当事人同时到法院申请司法确认的，人民法院可以当即受理并作出是否确认的决定。”

可见，根据新《民事诉讼法》，有权申请司法确认的主体是双方当事人，当事人以外的其他人员无权向法院请求司法确认。申请司法确认的，必须由双方当事人共同提出，任何一方当事人提出要求司法确认的，法院应当询问对方当事人的意见，在双方合意决定司法确认的基础上才可启动司法确认程序。有权受理双方当事人请求司法确认的法院为调解组织所在地基层人民法院。这属于专属管辖：从地域管辖上说，管辖法院是作出调解协议的调解组织所在地人民法院；从级别上说，管辖法院是调解组织所在地基层人民法院，中级人民法院不受理司法确认案件。调解协议司法确认由调解组织所在地基层人民法院专属管辖，是为了能够有效地保障人民调解协议的实现，促进纠纷的彻底解决。人民调解委员会主要调解民间纠纷，多为婚姻家庭、继承纠纷，相邻关系纠纷，以及简单的民事合同、侵权责任纠纷，而且人民调解委员会与纠纷当事人之间联系密切，与当事人通常就在同一个村或者同一个街道。因此，就人民调解协议的司法确认管辖而言，没有必要规定若干个选择项供当事人选择。直接规定由调解委员会所在地的基层人民法院或其派出法庭管辖人民调解协议司法确认案件，不仅方便当事人申请确认，也方便人民法院开展必要的审查工作。

八、人民法院审查调解协议的标准是什么?

最高人民法院《关于人民调解协议司法确认程序的若干规定》第6条规定："人民法院受理司法确认申请后，应当指定一名审判人员对调解协议进行审查。人民法院在必要时可以通知双方当事人同时到场，当面询问当事人。当事人应当向人民法院如实陈述申请确认的调解协议的有关情况，保证提交的证明材料真实、合法。人民法院在审查中，认为当事人的陈述或者提供的证明材料不充分、不完备或者有疑义的，可以要求当事人补充陈述或者补充证明材料。当事人无正当理由未按时补充或者拒不接受询问的，可以按撤回司法确认申请处理。"第7条规定："具有下列情形之一的，人民法院不予确认调解协议效力：（一）违反法律、行政法规强制性规定的；（二）侵害国家利益、社会公共利益的；（三）侵害案外人合法权益的；（四）损害社会公序良俗的；（五）内容不明确，无法确认的；（六）其他不能进行司法确认的情形。"第8条规定："人民法院经审查认为调解协议符合确认条件的，应当作出确认决定书；决定不予确认调解协议效力的，应当作出不予确认决定书。"

人民法院审查调解协议应当从两个方面衡量：一方面为形式要求，另一方面为实质要件。从形式上看，首先要求双方当事人同时到场，当面询问当事人，此目的在于保障当事人对提起司法确认的意思表示一致以及确认调解过程中不存在强制、违背当事人自愿等行为；其次要求当事人提交现相关证明材料，这是对调解内容实质正当性的基本审查内容，通过对证据的分析审查，确认调解中证明材料是否充分、完备、形成证据链，如果没有达到要求，法院可以要求当事人陈述或者补充证据材料。此中对证据的提交，由当事人保证提交材料真实合法，人民法院不主动审查证明材料的真实合法性，仅对证明材料的形式要求与基本情况作出审核。人民法院对需要当事人陈述与补充证据证明的，可以要求当事人陈述与补充，当事人无正当理由未按时补充或者拒不接受询问的，可以按撤回司法确认申请处理。从实质内容上看，人民法院主要审查调解协议的合法性和合理性。

对人民调解协议进行司法确认应当遵循的原则，学界普遍认为是“合理合法、自愿平等、意思自治、适当干预”等。其中合法性审查原则应成为法院司法确认案件的主要原则，对调解协议合法性审查应当以是否违背法律、行政法规，是否侵害国家、社会公共利益为主，因侵害第三人利益等牵涉案外第三人，难以发现，法院审查中对此应当以形式审查为主。在基层民调组织的协调下，当事人达成的调解协议，是当事人意思自治的体现。它体现一种当事人之间私权利的处分。而法院对当事人达成调解协议的审查，代表一种国家公权力的适当介入。法院进行审查的目的就是监督和保护。其目的是保护协议当事人合法权利，同时也为了防止侵犯国家利益和其他人利益的情况发生。一旦该调解协议被法院确认，则同法院其他生效裁判文书一样，具有确定力、拘束力和强制执行力。合法性审查原则是行政诉讼和非诉行政执行案件中，法院对行政机关作出的具体行政行为进行司法审查所要坚持的原则。在行政司法领域，只有合法的行政行为才能被司法所确认，才能进入强制执行程序。在民事司法领域，司法权也只能保障当事人之间合法的民事行为。法院也应加强对调解协议的合法性审查力度，只有这样才能有效防止当事人之间恶意串通、虚假达成协议，从而侵犯国家利益和其他组织、个人利益的情况发生。

九、如何理解人民法院裁定有效的调解协议的效力?

根据最高人民法院《关于审理涉及人民调解协议的民事案件的若干规定》的规定，经人民调解委员会调解达成的、有民事权利义务内容，并由双方当事人签字或者盖章的调解协议，具有民事合同性质。当事人应当按照约定履行自己的义务，不得擅自变更或者解除调解协议。当事人一方向人民法院起诉，请求对方当事人履行调解协议的，人民法院应当受理。当事人一方向人民法院起诉，请求变更或者撤销调解协议，或者请求确认调解协议无效的，人民法院应当受理。当事人一方起诉请求履行调解协议，对方当事人反驳的，有责任对反驳诉讼请求所依据的事实提供证据予以证明。当事人一方起诉请求变更或者撤销调解协议，或者请求确认调解协议无效的，有责任对自己的诉讼请求所依据的事实提供证据予以证明。当事人一方以原纠纷向人民法院起诉，对方当事人以调解协议抗辩的，应当提供调解协议书。可见，没有经过司法确认程序的人民调解协议为民事合同，当事人在要求对方当事人履行协议约定的内容或请求确认调解协议无效、可撤销时，应当提起诉讼程序，通过民事诉讼程序获得权利救济。此种做法有助于保证调解协议的合法性，实现人民法院对调解协议的监督，但是这种操作方式不利于人民调解的广泛开展，当事人一旦反悔需要重新启动诉讼程序，耗费更多的时间与经济成本，且成为拖延诉讼的利器。

经过司法确认程序人民法院裁定有效的调解协议具有司法上的效力。对判决的效力，根据效力可及的不同对象及内容，可以大概分为拘束力、确定力(既判力)、形成力和执行力四种。诉讼活动的终局阶段，法院必须基于当事人在辩论中提出的审判资料，就案件的事实及法律性质作出判断。这种判断一旦以判决书的形式作出、宣布并送达当事人，除非有特殊理由，否则不能任意加以变更或取消，这就是判决的拘束力。也就是说，判决的拘束力应该从狭义上来理解，即拘束力只能够针对法院自身发生，法院自己作出判决，同时必须受此判决的拘束，不能任意变更或取消。而且，判决的拘束力及于法院就案件作出的所有判断，包括裁定、决定等判断，都应准用判决拘束力。既判力是指生效民事判决裁判的诉讼标的对双方当事人和法院所具有的强制性通用力。确定判决之判断被赋予的共有性或拘束力就是既判力。终局判决一旦获得确定，该判决针对请求所作出的判断就成为规制双方当事人今后法律关系的规范，当双方当事人对同一事项再度发生争执时，就不允许当事人提出与此相矛盾的主张，而且当事人不能对该判断进行争议，法院也不能作出与之相矛盾或抵触的判断。具体而言，判决所产生的确定力又可以分为两种：一种是形式上的确定力，即当事人不能以上诉的方式请求推翻或变更判决；另一种则是实质上的确定力，即既判力，表现为当事人在判决决定后，不能就判决决定的法律关系另行起诉，也不得在其他诉讼中就同一法律关系提出与本案诉讼相矛盾的主张。既判力是实现“解决纠纷”之民事诉讼制度目的不可或缺的制度性效力。如果没有既判力，那么确定判决的判断就会随时被推翻，败诉的当事人也可以对纠纷反复的进行争议，如此一来，纠纷永远不能得到解决，这即是人民调解协议的尴尬之处。形式上的确定力和实体上的确定力相互作用，共同确保终局判决的纠纷解决效力。我国学者在论及生效的法院判决对当事人产生的拘束力时，没有区分形式与实质效力，而是统称为对当事人的拘束力。生效判决的结果有时可以引致法律关系发生、变更或消灭，这种情形被称为判决的形成力。判决的具有给付内容时，当事人可以据此在义务人没有履行义务的情形下，申请法院强制执行，这被称为判决的执行力。

新《民事诉讼法》第195条规定："人民法院受理申请后，经审查，符合法律规定的，裁定调解协议有效，一方当事人拒绝履行或者未全部履行的，对方当事人可以向人民法院申请执行；不符合法律规定的，裁定驳回申请，当事人可以通过调解方式变更原调解协议或者达成新的调解协议，也可以向人民法院提起诉讼。"民事诉讼法明确了经过司法确认程序裁定调解协议有效的案件具有执行力，一方当事人拒绝履行或者未全部履行的，对方当事人可以向人民法院申请执行。

十、人民法院驳回申请的调解协议应如何处理？

根据新《民事诉讼法》第195条的规定，人民法院裁定驳回申请后，当事人对调解协议可按以下方式处理：

（一）变更原调解协议或达成新的调解协议

因人民调解协议具有民事合同的性质，当事人双方协商一致可以对调解协议进行变更。当事人对原调解协议进行变更，是否需要原调解机关的参与，法律并没有明确规定，当事人变更后的调解协议，从性质上说，是依旧属于调解协议还是属于和解协议，这是个值得商榷的问题。双方当事人达成新的调解协议需要调解组织的参与，对于此时的调解组织，可以由原调解组织参与调解，也可以由双方当事人合意选择新的调解机构组织调解，达成新的调解协议。

（二）提起诉讼

新《民事诉讼法》第195条规定"当事人可以向人民法院提起诉讼"，其提起诉讼的诉讼标的应当为双方当事人之间的原有纠纷，而非请求对调解协议作出重新确认或者撤销。人民法院对当事人申请确认的调解协议裁定驳回的，应当依据具体情况作具体分析。调解协议内容违背法律、行政法规的强制性规定的，侵犯国家利益、社会公共利益的，侵害第三人合法权益的以及违背公序良俗的，人民法院也应当对当事人作出告知与教育，说明其中的利害关系，以防止当事人作出违反法律、法规，侵害国家利益、社会公共利益及第三人合法权益之行为。当事人双方自行履行调解协议的，司法机关如何阻止法律并没有作出规定，在这一点上，人民检察院应当与法院建立联动机制，防止此类事件的发生。

（三）关于再审

1. 当事人提出再审申请问题

司法确认程序是特别程序，实行一审终审，故在司法确认中不存在上诉的问题，特别程序中发生错误的，一般情况下也并非通过再审得以纠正，而是通过利害关系人重新提出申请，要求因情势变更而作出新的判决，撤销原判决。但是，在司法确认程序中，是否可以采用特别程序中对发生错误情形的一般纠正方法值得商榷。司法确认程序属于诉讼案件的非讼化处理，实质上存在权利义务争议的双方当事人，若该调解协议之达成侵害了案外人的合法权益，或由于胁迫、欺诈等原因，当事人在司法确认过程中无法知道或明知而在当时情况下难以获得救济时，在司法确认后，其知道或应当知道其中的权利侵害行为或欺诈，以及胁迫原因消除等情势变更的，当事人如何保障权益以及相应的证明问题，将会是司法确认程序可能面对的难点。一般特别程序案件是对一定的事实与法律关系作出确认，而司法确认程序则是对一定的纠纷解决方案作出确认，当这种解决方案造成国家利益、社会公共利益的损害，或者双方当事人由于情势变更发现此种纠纷解决方案存在错误，损害公平，是否可以提起再审。笔者认为，人民调解协议通过司法确认程序获得司法上的效力，其基础为当事人意思达成一致，若因情势变更或当事人意思认为其中存在不公平的因素引起再审，则有违设立司法确认程序的目的。相反，此种当事人合意的司法化违背法律法规的强制性规定，侵害国家利益、社会公共利益，在司法确认审查中没有发现而成为生效文件的，日后发现其中有此类情形的，人民法院有权再审，人民检察院也应当提起抗诉引起再审。

2. 案外人提出再审申请问题

最高人民法院《关于人民调解协议司法确认程序的若干规定》第 10 条规定："案外人认为经人民法院确认的调解协议侵害其合法权益的，可以自知道或者应当知道权益被侵害之日起一年内，向作出确认决定的人民法院申请撤销确认决定。"该条规定了对案外人权益的保护，此种权益保护的程序与方法也基本符合民事合同侵害第三人权益，第三人申请撤销的模式。第三人通过行使撤销权保障自身的合法权益，这种做法也基本符合特别程序中对错误的纠正的一般逻辑。即在司法确认程序中，对当事人的纠纷解决方案没有侵害他人权益作出推定，但并不意味着该协议确实没有侵害第三人的合法权益，当第三人发现有侵害权益的行为存在时，有权提起告诉，要求撤销确认决定。对于第三人提起的告诉，人民法院应当进行审查，审查核实的，应当作出撤销确认决定的判决。

第七章　民事保全制度的完善

一、民事保全制度的主要价值有哪些?

保全制度在民事诉讼中的体现主要有证据保全、财产保全、行为保全三种方式。证据保全，是指人民法院依据申请人、当事人的请求，或在诉讼中依职权对可能灭失或今后难以取得的证据，予以调查收集和固定保存的行为。财产保全是指人民法院在利害关系人起诉前或者当事人起诉后，为保障将来生效判决能够得到执行或者避免财产遭受损失，对当事人的财产或者争议的标的物，采取限制当事人处分的强制措施。财产保全包括诉前财产保全和诉讼中财产保全。行为保全是指在民事诉讼中，为避免当事人或者利害关系人的利益受到不应有的损害或进一步的损害，法院依据申请或者在诉讼中依职权对有损于当事人合法权益的侵害行为，或有侵害之虞的行为采取的要求其作为或不作为的强制措施。包括作为保全和不作为保全：债务人的作为保全是指以债务人的积极行为为客体的保全，可以将其分为可以代替的作为和不可代替的作为；债务人的不作为保全是指债务人的消极行为为客体的保全，不作为保全既可因物权或债权而发生，也可因合同约定或法律规定而发生，包括债务人自己不作为的保全以及命令债务人容忍他人作为的保全。

新《民事诉讼法》第 81 条规定："在证据可能灭失或者以后难以取得的情况下，当事人可以在诉讼过程中向人民法院申请保全证据，人民法院也可以主动采取保全措施。因情况紧急，在证据可能灭失或者以后难以取得的情况下，利害关系人可以在提起诉讼或者申请仲裁前向证据所在地、被申请人住所地或者对案件有管辖权的人民法院申请保全证据。证据保全的其他程序，参照适用本法第九章保全的有关规定。"从实体公正的角度来看，证据保全制度为当事人双方公平论战提供证据保障，使得法院裁判获得正确的结果。在民事诉讼中，双方当事人要想平等地举证、质证和辩论，进行公平地论战，就必须都持有充分的证据。而证据保全制度就为当事人能在诉讼中充分举证提供了程序保障。从程序效益的角度来看，证据保全制度可以降低当事人收集证据和举证的难度以及法官认定事实的难度，便于法官及时查明案件事实，迅速作出裁判，从而缩短审理周期，降低诉讼成本，提高诉讼效率。另外，民事诉讼的发生，并非完全是由于双方当事人的矛盾所致，常常是因为一方未能保全其证据，他方趁机否认所致，如果能正确有效地使用证据保全，在相当大的程度上可以减少案件的发生，即使发生纠纷，也可以在诉讼中调解。

按照传统观点，财产保全的作用在于保护当事人的合法权益和维护人民法院的司法权威。但现在越来越多的民事诉讼法学者认为，作为民事程序法的核心部分的民事诉讼法，其价值不仅在于保障民事实体法得以贯彻和实施，更在于其自身的公平、公正等体现程序正义的价值。因此，民事诉讼的价值可以分为两个基本类型：一是目的性价值，二是工具性价值。前者也称内在价值，主要是追求程序正义；后者也称外在价值，主要为追求实体公正。财产保全制度的程序正义价值主要体现在：第一，财产保全特别是诉前财产保全强调依当事人申请方可采取，体现了裁判中立原则，即人民法院不能主动参与、干涉当事人之间的民事纠纷。第二，财产保全只是一种临时性、预防性的保障措施，并非解决民事实体争议的手段，当事人之间的争议最终只能是通过人民法院的审判、调解或者当事人自行和解等方式来解决。财产保全措施的采取，在不同程度上必然会对被申请人的权益造成一定的损害，因此法律一方面要防止被申请人转移、隐藏财产逃避债务，另一方面也要防止申请人错误申请给被申请人造成的损失得不到赔偿，以体现对诉讼各方当事人合法权益的平等保护。要求申请人在申请财产保全时提供担保，目的正是在于为被申请人的损失赔偿请求权提供诉讼制度上的保障和实现对诉讼各方的平等对待。第三，财产保全担保制度在确保民事诉讼形式公正的同时也鼓励、支持当事人在诉讼的各个阶段平等地参与诉讼，而“一种法律制度如果不能保证当事人都参加到审判中来，就会使审判的内在品质受到破坏”。实体公正也可以从两种意义上理解：一是指立法者对人们实体权利和义务的分配，这是实体一般公正；二是指司法者根据实体一般公正的要求，通过在诉讼中行使自由裁量权而达到公正的裁判结果，这是实体个别公平。就一般公正而言，诉讼财产保全担保制度要求一方在申请财产保全或解除财产保全的同时承担保障对方实体权利的义务，体现了对双方权利义务的公平分配原则。在具体个案中，申请人的利益可以通过保全的财产或被申请人提供的担保来加以保障，如果申请财产保全错误，被申请人可以在本案诉讼中提起反诉或者请求诉讼抵销，也可以另行提起一个独立的损害赔偿之诉，即被申请人的实体权利也得到了保障。在很多情况下，申请人申请查封的被申请人的财产数额只有部分被人民法院查封，有时只是查封一些只有很少余额甚至是空头的账号。申请人的利益并不能因此而得到实际保障，但被申请人的财产在争诉期间处于被司法查封或者扣押的状态，或者其银行账户长期被人民法院冻结，造成其自有财产不能得到充分合理利用或者生产经营严重受阻。被申请人的经营状况恶化更不利于提高其偿债能力，从而最终也会损及申请人的利益。这时若允许被申请人提供适当的担保以解除财产保全，既可以使被申请人的财产和银行账户恢复到财产保全之前的状态，从而恢复正常的财产权利和生产经营，又可以为申请人的债权提供更强有力的保障。由此可见，诉讼保全担保制度的价值不仅在于体现法院中立、对当事人平等对待和保障当事人充分参与诉讼过程等程序正义的价值，也体现出确保当事人实体权利公平分配和受保护的实体公正的价值。另外，从诉讼效益的价值来看，财产保全担保由于同时具备了保全财产和损害赔偿担保的双重功能，不仅可以使人民法院的判决在执行阶段顺利地得到执行，减少执行环节和费用，而且对诉讼当事人来说，因其缺少了转移、抽逃和隐匿财产以逃避债务的可能，必然会积极、审慎地行使诉讼权利，尽快解决纠纷以解除人民法院对己方财产的强制控制，这些都有利于避免随意滥诉和恶意拖延诉讼，从而提高诉讼效益。

从现实意义上讲，建立行为保全，有利于避免损失扩大，保护请求人和被请求人的利益。当民事争议的一方事人以作为或不作为的方式侵害另一方当事人的合法权益时，被侵害方可以对侵害方提起诉讼，最终获得赔偿。然而，如果放任这种侵权行为直至判决，必然会产生一定的经济损失。这种损失本可以在诉讼前或诉讼中，通过保全措施，责令侵权人停止侵害，而使损害结果减少到最低限度。行为保全的作用就在于及时控制损害事态的继续发展，避免因审理案件需较长时间而使损害后果扩大。一般而言，侵权行为人实施侵权行为的主观心态是保护自身的利益，他并不明白其行为在法律上的性质和后果。在取得请求人适当担保的前提下，法院责令被请求人停止行为，不仅使被请求人得到一定的保障，而且可以避免或减少被请求人最终所应承担的责任。由此可见，行为保全不仅仅是保护请求人的利益，实际上也保护了被请求人的利益。

二、民事保全制度的基本内容是如何规定的?

民事保全制度是对我国《民事诉讼法》以及其他法律规定的保全制度的总称。具体而言，民事保全制度包括民事证据保全、民事财产保全、民事行为保全。民事保全制度的内容不仅在《民事诉讼法》中作出明确规定，还散见于其他法律中，如《中华人民共和国仲裁法》第 28 条规定：“一方当事人因另一方当事人的行为或者其他原因，可能使裁决不能执行或者难以执行的，可以申请财产保。全当事人申请财产保全的，仲裁委员会应当将当事人的申请依照民事诉讼法的有关规定提交人民法院。申请有错误的，申请人应当赔偿被申请人因财产保全所遭受的损失。”《中华人民共和国专利法》第 66 条第 1 款规定：“专利权人或者利害关系人有证据证明他人正在实施或者即将实施侵犯其专利权的行为，如不及时制止将会使其合法权益受到难以弥补的损害的，可以在起诉前向法院申请采取责令停止有关行为的措施。”《中华人民共和国商标法》第57条第1款规定：“商标注册人或者利害关系人有证据证明他人正在实施或者即将实施侵犯其注册商标专用权的行为，如不及时制止，将会使其合法权益受到难以弥补的损害的，可以在起诉前向人民法院申请采取责令停止有关行为和财产保全的措施。”《中华人民共和国著作权法》第49条第1款规定：“著作权人或者与著作权有关的权利人有证据证明他人正在实施或者即将实施侵犯其权利的行为，如不及时制止将会使其合法权益受到难以弥补的损害的，可以在起诉前向人民法院申请采取责令停止有关行为和财产保全的措施。”

保全制度，是为债权人进行民事诉讼之结果能够实现为目的的权宜制度，债权人因私权纠纷提起民事诉讼以前或以后，由于债务人将其责任财产隐匿或处分，或继续不断就有争执之请求标的状况为变更，债权人日后取得终局判决之执行名义，在强制执行时，其债权无从实现，诉讼结果终将落空。保全制度主要有假扣押和假处分制度。假扣押是指债权人就金钱请求或得易为金钱请求之请求，因日后有不能强制执行或甚难执行之虞，欲保全强制执行，由法院准许债权人申请所谓暂时性扣押措施。假处分是指债权人就金钱以外之请求，因请求标的之现状变更，日后有不能强制执行或甚难执行之虞，与保全强制执行，由法院准许债权人申请所谓暂时性处分措施。另外还有行为保全制度以及暂时状态之假处分制度，其中行为保全制度在此次的《民事诉讼法》修改中作为新增内容予以规定，暂时状态之假处分制度尚未没有作出规定。民事保全的审理程序根据作出保全裁决时经过的不同程序区分为单审保全和对审保全。单审保全，是指法院在听取保全申请人一方陈述的基础上，作出准许保全申请与否的裁定。对审保全，则是指对于保全程序中的重大事项，如保全异议、请求撤销保全裁定等，法官应当在听取双方当事人陈述、口头辩论的基础上作出是否准许保全的裁定。大陆法系国家大多把是否将对审辩论结构应用于具体案件的决定权赋予法院，由法院自由裁量；英美法系国家则根据保全措施的力度作为是否举行听审、辩论的主要标准，若所采纳的保全措施对当事人的权益有重大影响则运用对审程序，反之则采纳单方审理结构。我国法律对当事人参与程序方面没有规定，当事人即使提出异议，法院也仅是采取单方审寻的方法，甚至只是书面审查，法院可以在没有任何一方当事人参与的情况下作出裁决。

三、如何理解民事诉讼中的行为保全制度？

行为保全是一种保全措施。其前提是请求人具有民事请求权，但有关债权债务关系尚未明确，即对被请求人是否应当履行行为存在争议，而且对争议尚未作出裁决。其目的是保全非财产性民事请求，或者作为保全财产性民事请求的一种辅助手段，使实体争议的判决或裁决得以执行，避免造成更大的经济损失。就这两点而言，行为保全与财产保全一样，属于保全的范畴，其与先予执行具有本质上的区别。行为保全是一种保障措施，将某种事实保持在一定状态；先予执行是一种执行措施，将判决的部分或全部内容提前在判决前执行。此外，行为保全的对象是行为，这是行为保全区别于财产保全的最显著特征。对象上的区别决定了两者在措施上的区别：行为保全的措施是责令被请求人为一定行为或不为一定行为；财产保全的措施是查封、冻结或扣押一定的财产。行为保全所保护的是民事请求权，即民事活动中产生争议所引起的请求，常见的是因民事侵权所产生的请求。因此，行为保全仅适用于民事诉讼，不适用于行政诉讼和刑事诉讼。

行为保全制度是到了近代以后才开始逐渐形成的，但由于历史原因，两大法系关于行为保全的规定有些不同。英美法系使用的是中间禁令制度，而大陆法系则采用了假处分制度。二者的规定虽然有差别，但也不乏相同之处，如都属于中间裁定，都给予债权人以中间救济。在效果上，二者实际上有异曲同工之妙。中间禁令是英国衡平法院为弥补普通法院的救济不足而发展起来的现代保全方式。美国将其称为“非常的法律救济”。中间禁令的保全意义在于：原告向法院申请签发中间禁令后，被告不得继续实施不法行为或应停止实施威胁性的行为，从而使判决利益在案件审理终结前得以保全。英美法系对中间禁令规定了一系列限定条件，包括：（1）原告必须证明他与被告之间存在一个需要审理的重要问题，但不必提出初步证据证明他在将来的审理中胜诉；（2）必须是损害赔偿救济不足以给原告提供充分的足够的救济。如果原告遭受的损害不是金钱损害，或者虽是金钱损害，但被告可能无支付能力，在这种情况下，损害赔偿救济也不是充分的足够的救济；（3）签发禁令不会给被告造成损害，或者虽然造成了损害，但被告能获得充分的足够的补偿。如果损害赔偿不能补偿被告的损失，则法院应比较原告和被告可能遭受的损害，看哪一方遭受的损失更大，如果损失相当，法院一般倾向于维持现状。申请人必须提供担保。美国《联邦民事诉讼规则》第65条（C）规定：“除非申请人提供担保，不得作出限制活动的裁定或初步禁令。”英国也规定，申请中间禁令的当事人必须就将来可能引起的费用与损失提供担保。

假处分是为了保全债权人非金钱请求的请求之强制执行而禁止就争执物为某种强制处分或就争执的法律关系规定暂时状态的特别程序。大陆法系国家大都将假处分分为一般假处分和暂时状态的假处分。前者是为了保全争执标的的给付请求权，而命令债务人不得对争执标的进行处分；后者是指对于有争执的法律关系由法院规定其暂时状态。二者虽然不同，但其保全的标的都包括行为。亦即行为保全内含于假处分之中。大陆法系将行为区分为作为和不作为两类，行为保全就相应地有债务人作为的保全和不作为的保全两种情况。债务人作为的保全是指以债务人的积极行为为客体的保全。根据作为的性质，可以将其分为可以代替的作为和不可代替的作为。可以代替作为是指债务人不履行作为的保全裁定时，可以由第三人代其履行，债权人能获得与债务人自己履行同样的满足；不可代替的作为是指对于法院作出的保全裁定，必须由债务人亲自完成而不能由第三人代替履行，否则，债权人的权利就难以实现和满足。这种保全往往与债务人自身的专门知识、技能、身份或资格有关。不可代替的作为之保全主要适用于以下情况：（1）命令债务人于几日内完成某种特殊工程或者机械的设计；（2）命令某电影明星立即着手摄成某影片或者某名艺人立即进行某项绝技表演；（3）命令某名家立即着手完成某种著作、乐章或塑像；（4）命令债务人某公司立即将与债权人所受让若干股份办理过户登记于股东名册；（5）命令债务人立即在证券上签名背书以办理移转；（6）命令债务人立即当面亲自向债权人赔理道歉；等等。由于不可代替的作为之保全具有他人不能代替履行的性质，因此，当债务人不履行这种保全裁定时，各国大都规定了相应的强制措施。

四、申请诉讼保全的条件有哪些？如何理解“使判决难以执行”？

新《民事诉讼法》第100条规定：“人民法院对于可能因当事人一方的行为或者其他原因，使判决难以执行或者造成当事人其他损害的案件，根据对方当事人的申请，可以裁定对其财产进行保全、责令其作出一定行为或者禁止其作出一定行为；当事人没有提出申请的，人民法院在必要时也可以裁定采取保全措施。人民法院采取保全措施，可以责令申请人提供相应的担保，申请人不提供担保的，裁定驳回申请。人民法院接受申请后，对情况紧急的，必须在四十八小时内作出裁定；裁定采取保全措施的，应当立即开始执行。”

该条规定较为明确地规定了诉讼保全的实施条件。具体归纳来看，诉讼中的财产保全需要满足以下条件：

第一，该案的诉讼请求具有财产给付内容。

第二，将来的生效判决因为主观或者客观的因素导致不能执行或者难以执行，或造成当事人损害。

第三，诉讼中财产保全发生在民事案件受理后、法院尚未作出生效判决前。

第四，一般应当由当事人提出书面申请，人民法院在必要时也可以裁定采取财产保全措施。

第五，人民法院可以责令当事人提供担保。

行为保全适用的条件不同于财产保全，行为保全是见人不见物的制度，行为保全专注于债务人的行为，包括积极的作为和消极的不作为，适用行为保全的前提是：客观上存在着债务人的行为影响债权人权利实现的极大可能，如果不及时阻止债务人继续实施该行为，或者不及时责令债务人实施某行为，债权人的权利就会继续遭到损害或遭到难以弥补的损害。目前，我国《专利法》、《商标法》和《著作权法》中规定的诉前停止侵权行为制度，以及《海事诉讼特别程序法》中规定的海事强制令就是两种具体类型的行为保全程序。具体而言，行为保全的适用条件有：（1）有证据证明申请人的合法权益正在或者将要受到被申请人的侵害；（2）如不采取行为保全将会给申请人造成损害或者使其损害扩大；（3）如不采取行为保全可能给申请人造成的损害大于如采取行为保全可能给被申请人造成的损害。但如采取行为保全会损害公共利益的，不得采取行为保全。

“使判决难以执行”是一个法院自由裁量的内容，判定当事人的行为是否存在“使判决难以执行”应当从多方面考虑。法院对保全申请的审查是形式审查还是实质审查有不同做法。一种做法是只进行形式审查，即只要申请人提起的是给付之诉，申请保全的金额在其诉请的金额范围内，且提供了担保，就可以受理。另一种做法是对保全申请进行一定程度的实体审查，从申请人能否胜诉，是否会给被申请人造成损害，以及是否存在可能导致判决难以执行等方面予以严格审查。“使判决难以执行”是从实体审查的角度对保全的实施条件进行规制。此规定需要法院对案件作出一定的预估判断，在诉讼活动中，无法预知使判决难以执行的行为发生的时间，而需要在紧急情况下作出迅速判定。在立案后，需要在进行事实审查前即对判决之执行作出紧急判定，预估是否会使判决难以执行，一方面要判断申请的一方当事人获得胜诉的几率；另一方面要判断对方当事人的行为是否切实构成使判决难以执行。最高人民法院《关于适用〈中华人民共和国民事诉讼法〉若干问题的意见》第123条第（1）项规定，当事人在法律文书发生效力后隐藏、转移、变卖、毁损财产，造成人民法院无法执行的情况，可以采用强制措施。可见，“使判决无法执行”的行为应当包括隐藏、转移、变卖、毁损财产等恶意转移资产行为。

五、申请诉前保全的条件有哪些？

诉前财产保全，顾名思义，它是指尚未起诉而利害关系人向法院申请采取的财产保全。具体而言，诉前财产保全是指由于情况紧急来不及起诉，利害关系人如果不立即申请财产保全将使其合法权益受到难以弥补的损害，此时利害关系人在起诉前先向人民法院申请财产保全。

新《民事诉讼法》第101条规定："利害关系人因情况紧急，不立即申请保全将会使其合法权益受到难以弥补的损害的，可以在提起诉讼或者申请仲裁前向被保全财产所在地、被申请人住所地或者对案件有管辖权的人民法院申请采取保全措施。申请人应当提供担保，不提供担保的，裁定驳回申请。人民法院接受申请后，必须在四十八小时内作出裁定；裁定采取保全措施的，应当立即开始执行。申请人在人民法院采取保全措施后三十日内不依法提起诉讼或者申请仲裁的，人民法院应当解除保全。"最高人民法院《关于诉前财产保全几个问题的批复》规定：（1）人民法院受理当事人诉前财产保全申请后，应当按照诉前财产保全标的金额并参照《中华人民共和国民事诉讼法》关于级别管辖和专属管辖的规定，决定采取诉前财产保全措施。（2）采取财产保全措施的人民法院受理申请人的起诉后，发现所受理的案件不属于本院管辖的，应当将案件和财产保全申请费一并移送有管辖权的人民法院。案件移送后，诉前财产保全裁定继续有效。因执行诉前财产保全裁定而实际支出的费用，应由受诉人民法院在申请费中返还给作出诉前财产保全的人民法院。

根据以上法律规定，可以归纳出诉前财产保全需要满足以下条件：

1. 必须是情况紧急，不采取财产保全将会使申请人的合法财产权益受到难以弥补的损害；

2. 必须由利害关系人向财产所在地、被申请人住所地或对案件有管辖权的人民法院提出申请，法院不依职权主动采取财产保全措施；

3. 申请人必须提供担保，否则法院将驳回申请；

4. 案件必须有给付内容，属给付之诉；

5. 必须在提起诉讼前或申请仲裁前提出申请，提出申请后30日不起诉的，法院解除保全。

六、法院解除诉讼保全和诉前保全的条件有哪些？

审判实践中，财产保全的解除程序的启动有四种原因：一是自动解除；二是法院依职权解除；三是申请人申请解除；四是被申请人申请解除。除自动解除外，其他三种情形都需要法院作出裁定解除。新《民事诉讼法》第104规定："财产纠纷案件，被申请人提供担保的，人民法院应当裁定解除保全。"最高人民法院《关于适用〈中华人民共和国民事诉讼法〉若干问题的意见》第108条规定："人民法院裁定采取保全措施后，除作出裁定的人民法院自行解除和其上级人民法院决定解除外，在财产保全期限内，任何单位不得解除保全措施。”第109条规定：“诉讼中的财产保全裁定的效力一般应维持到生效法律文书执行时止，在诉讼过程中，需要解除保全措施的，人民法院应当及时作出裁定，解除保全措施。”

依照法律规定，解除财产保全的情形有：

1. 诉前保全措施采取后，利害关系人在30日内未起诉的；

2. 财产保全中被申请人向法院提供担保的；

3. 申请人在财产保全期间撤回申请，法院同意其撤回申请的；

4. 法院确认被申请人申请复议意见成立，作出裁定撤销财产保全裁定的；

5. 被申请人依法履行了法院判决义务，财产保全没有存在的必要的。

自动解除财产保全有法可依的只有冻结银行存款6个月后法院逾期不办理继续冻结手续，视为自动撤销冻结一种情形。然而实践中，从简化诉讼程序、降低司法成本角度看，扩大自动解除财产保全的应用是必需的。在对无须登记的财产进行保全时，因原告撤诉、原告败诉、被告已履行债务的情况下，是否可以自动解除财产保全，法律虽然没有作出明确规定，但是应当注意其中的问题。最高人民法院《关于人民法院执行工作问题的若干规定（试行）》第85条规定：“人民法院在审理案件期间，保证人为被执行人提供保证，人民法院据此未对被执行人的财产采取保全措施或解除保全措施的，案件审结后如果被执行人无财产可供执行或其财产不足清偿债务时，即使生效法律文书中未确定保证人承担责任，人民法院有权裁定执行保证人在保证责任范围内的财产。”

七、法院保全的范围超过申请人保全请求的范围应如何处理？

新《民事诉讼法》第102条规定：“保全限于请求的范围，或者与本案有关的财物。”第103条规定：“财产保全采取查封、扣押、冻结或者法律规定的其他方法。人民法院保全财产后，应当立即通知被保全财产的人。财产已被查封、冻结的，不得重复查封、冻结。”第102条限制了保全的范围，即保全限于请求的范围或者与本案有关的财物。结合诉讼财产保全与诉前财产保全的规定，保全的范围从质上说应当包括财产与行为，从量上说应当由申请人请求的范围决定，或者与本案有关的财物。对于财产保全量的确定，应当具体问题具体分析。法院保全的范围超过申请人请求的范围，主要指法院对申请人保全请求范围内相关财物超额保全以及法院对超出申请人保全请求内容外的财物或行为进行保全。

民法上的物是指自然人人体之外，能够满足人们需要并且能够被支配的物质实体和自然力。物可以分为可分物与不可分物。可以进行实物分割而不改变其经济价值和用途的物为可分物；经实物分割，将使该物失去原有的经济用途、降低其价值的物，为不可分物。人民法院在对不可分物进行保全的过程中，常常不可避免地出现保全的范围超过申请人保全请求的范围。通说观点认为对于不可分物所实施的财产保全时，虽有超额的情况，还是先采取措施为宜。因为设立财产保全制度的根本目的是维护社会的公平正义，如因不可分物超标的范围而不采取保全，显然对申请人不公平，也有违社会公平价值观。如对不可分物采取保全措施后，被申请人提出异议，可责令其提供合适担保后予以解除。这样才能最大限度地保护申请人的权益，以使财产保全的立法目的得以真正实现。在司法实践中，还有一种情况也应当考虑，即当事人在诉讼中可能会产生一些诉讼请求以外的费用，如诉讼期间的利息或者租金、调查取证的费用、鉴定勘验的费用、申请证人出庭支付的费用以及公告费用等，恰是这些费用的数额会超出诉讼请求的数额，此时申请财产保全的数额就会超过诉讼请求的数额，这也是常有的现象。在对可分物进行保全的过程中，因物可以进行分割，故实践中可以明确保全的范围和对象，当数额超过申请人保全请求范围，就属于法院对超出申请人保全请求内容外的财物进行保全，被申请人可以向法院提出异议，请求法院重新作出裁定。新《民事诉讼法》第108条规定："当事人对保全或者先予执行的裁定不服的，可以申请复议一次。复议期间不停止裁定的执行。"对案外第三人财产进行保全，根据最高人民法院《关于适用〈中华人民共和国民事诉讼法〉若干问题的意见》第105条的规定，对于债务人的财产不能满足保全请求，但对案外人有到期债权的，人民法院可以依债权人的申请裁定该案外人不得对债务人清偿。该案外人对其到期债务没有异议并要求偿付的，由人民法院提存财物或价款。但是，人民法院不应对其财产采取保全措施。最高人民法院《关于人民法院发现本院作出的诉前保全裁定和在执行程序中作出的裁定确有错误以及人民检察院对人民法院作出的诉前保全裁定提出抗诉人民法院应当如何处理的批复》规定，人民法院院长对本院已经发生法律效力的诉前保全裁定和在执行程序中作出的裁定，发现确有错误，认为需要撤销的，应当提交审判委员会讨论决定后，裁定撤销原裁定。人民检察院对人民法院作出的诉前保全裁定提出抗诉，没有法律依据，人民法院应当通知其不予受理。但该司法解释在新修改《民事诉讼法》后需加以修改，人民检察院对此应当可以提出检察建议。

八、保全错误的认定标准是什么？

错误财产保全造成他人损失的行为从本质上看是一种侵权行为，属于《民法通则》规定的行为人由于过错侵害他人的财产、人身，依法应当承担民事责任的行为。欲追究其侵权民事责任，亦需认定其具备侵权行为的构成必须具备的四项条件，即损害、损害与行为人行为间的因果关系、过错及行为的违法性。在错误保全中，主观过错是否存在并没有一个客观的标准，而是通过申请人的财产保全申请的违法性来推论的，即根据财产保全申请的违法性来推论申请人是否存在主观过错。保全错误主要有以下三种类型：

（一）前提错误

前提错误，即申请错误，是指作为申请人提出财产保全申请前提的诉请存在错误。诉请的合法性与合理性是申请财产保全的前提和基础，其合法性与合理性需要通过最终生效的法院判决来确认。此种认定方式需要对未来判决作出预估。然而在诉讼活动中，因诉讼活动中证据采集应用等问题，最终判决的胜败很难预料，以未来的胜负判决来推测财产保全申请过程中当事人的主观恶意有一定难度，应当综合其他因素加以判断。

（二）申请对象错误

申请对象错误是指申请人错误地申请保全了不应保全的对象，如应申请保全甲的财产却错误地保全了乙的财产。从财产保全的目的来看，申请人申请财产保全的对象应为可能承担实体责任的当事人，只可能是诉讼中的被告或是承担实体责任的第三人。而申请人由于主观错误而申请保全了与本诉无关的、不可能承担实体责任的案外第三人的财产，侵犯了受害人的合法权益，应当对造成的损失承担赔偿责任。

（三）申请金额错误

申请金额错误主要是指超额保全。我国《民事诉讼法》规定财产保全的范围应当限于申请人请求保全的范围或与本案有关的财物。针对超额保全的出现应当具体问题具体分析。对不可分物超额保全是保障生效判决执行的要求，应当予以准许；对可分物进行超额财产保全应当禁止。若超额保全，被申请人有权提出异议，要求法院进行复议，保障自身合法权益。超额保全对被申请人造成损害的，被申请人有权请求申请人赔偿损失。

具体而言，从申请人的角度看，因为财产保全分为诉前财产保全和诉讼财产保全，那么，从申请财产保全的程序上来讲，我们说申请人实际上是不可能出现申请错误的。因为申请人只有履行提交申请、提供担保、提供线索等义务，其他的有法院审查把关，如果程序有问题法院不可能作出保全的裁定，也就无所谓保全错误，既然作出了财产保全的裁定，那么即使错也不是申请人的程序上的错误，而只能是法院的错误。

申请人申请财产保全错误的原因主要有：

1. 在诉讼结果上申请人败诉；

2. 申请人没有在法定期限内向法院起诉；

3. 虽然起诉但被驳回。

由于这些原因所导致的被申请人的财产损失，申请人应当赔偿。

申请人申请财产保全错误造成损失的情形主要有：

1. 申请人对被申请人的资金、实物、账户等申请了保全措施，影响了被申请人的正常生产经营活动，使其在利润上遭受损失；

2. 由于财产保全，扣押、查封了被申请人的某些财物或产品等，使被申请人无法履行与他人的合同，而导致承担违约责任遭受损失；

3. 申请人申请对某项特定物进行了财产保全，使被申请人无法从事特定活动而造成损失；

4. 申请人故意或过失申请对案外人的财产进行保全，造成了案外人的财产损失；

5. 因为错误的申请财产保全，致使被申请人在商业信誉、企业形象上遭受损失；

6. 申请人未在法定期间内起诉、起诉后又撤诉、申请保全后又主动申请撤销保全的，也不能免除损害赔偿责任。

另外，有些情形下造成的损失不能作为申请错误造成的，当然也就不能由申请人来承担责任。比如，申请人的申请没有问题，但是法院在实际执行的过程中超出了申请范围，或者方法不当，造成了被申请人的损失；即使不进行财产的保全也必然会出现的损失；虽然是财产保全申请错误，但被申请人完全可以采取措施避免的损失等。

从法院的角度看，根据新《民事诉讼法》的相关规定，法院一般是应当依申请人的申请来裁定财产保全的，只有当诉讼争议的财产有毁损、灭失的风险或有证据表明被告可能有采取隐匿、转移、出卖其财产的，或者在案件涉及国家利益或公共利益时，人民法院方可依职权裁定采取财产保全措施。那么法院在裁定财产保全后是否会出现错误呢？首先，看在当事人申请的情况下，法院裁定的财产保全只要是从形式上进行了严格的审查，按照相关法律规定履行了程序上的义务，就不会出现程序上的裁定错误。法院裁定了财产保全之后，在执行的过程中，所采取的方式、保全的对象等方面如果超出了法律规定的范围，就构成保全不当而不是保全错误。其次，法院依职权裁定保全的情况下，法院依职权裁定保全要符合法律规定的条件和对象范围等，如果法院的裁定违反了上述强制性规定，就是保全错误；如果是执行中的问题就是保全不当。法院的原因造成财产保全损失的情形主要有：

1. 错误保全了案外人的财产；

2. 保全财产超出了申请保全方诉讼请求的数额；

3. 申请方未提供或未完全提供担保而做出财产保全裁定；

4. 对被保全财物保管不当；

5. 扣押有关财产权证照时未通知有关部门造成损失；

6. 被保全财产在保全过程中被处理而未采取相应措施造成损失；

7. 保全相关财产后未及时通知财产权利人造成损失；

8. 重复保全等。

九、如何追究错误保全的赔偿责任？

新《民事诉讼法》第105条规定："申请有错误的，申请人应当赔偿被申请人因保全所遭受的损失。"最高人民法院《关于当事人申请财产保全错误造成案外人损失应否承担赔偿责任问题的解释》规定，根据《民法通则》第106条、新《民事诉讼法》第96条等法律规定，当事人申请财产保全错误造成案外人损失的，应当依法承担赔偿责任。法院依职权保全不当应当承担行政责任并酌情赔偿。《中华人民共和国国家赔偿法》第38条规定："人民法院在民事诉讼、行政诉讼过程中，违法采取对妨害诉讼的强制措施、保全措施或者对判决、裁定及其他生效法律文书执行错误，造成损害的，赔偿请求人要求赔偿的程序，适用本法刑事赔偿程序的规定。"

对于财产保全错误造成的损失进行认定，需关注两个要件：一是确实有实际损失的存在；二是损失的出现与财产保全错误有因果关系。只有两者同时具备，方可认定是保全错误造成的损失。

承担财产保全错误造成损失的赔偿责任主体有：

1. 由于申请人申请财产保全有错误，所造成被申请人损失的，申请人应当负责赔偿。只有这样，才能既保证申请人通过财产保全制度维护自身合法权益，又限制申请人滥用财产保全侵害被申请人合法权益。

2. 申请人申请财产保全正当，但造成了损失，应当由败诉方承担。这是因为保全申请的合法与否是建立在诉讼请求成立与否的基础上的。申请人如果胜诉，即意味着其诉讼请求成立，保全申请也是合法的，因而损失责任应当由被申请人自行负担。相反，如果申请人败诉，则应由申请人承担损失的赔偿责任。当然，对于难以区分胜负或以调解方式结案的则应按公平原则协商，由双方当事人合理分担。

3. 法院主动采取保全措施错误所造成的损失应当由法院承担。如果主动裁定财产保全没有错误但是也造成了损失，也由败诉方来承担。另外，法院裁定的财产保全如果在执行过程中发生保全不当而造成损失，则法院不可免除相应的赔偿责任。

错误申请财产保全造成他人损失的行为，从实质上看是一种侵权行为，欲确认是否因错误的财产保全而导致损失发生，需看两者之间是否有因果关系。正如前文所述，无论是在诉前财产保全还是诉讼中财产保全，保全申请人与执行人都无法对判决的后果作出精确的判断，造成案件的判决结果与预测不同的原因有很多。对于因错误保全引起的损害赔偿，属于过错责任还是无过错责任应当深究。我国《民事诉讼法》规定，“申请有错误的，申请人应当赔偿被申请人因保全所遭受的损失”。从该条文看，我国民事诉讼法采用过错责任，即当事人在保全申请过程中有过错才承担责任，若没有过错，则不应当承担赔偿责任。现实社会中，诉讼案件出现全胜或全负的案件比例并不是很高，在双方各有胜负的情况下，对保全错误的赔偿更加应当慎重对待，应当具体分析其中的过错程度。

保全错误请求赔偿的，赔偿的范围应当限于直接损失与实际损失。只有遭受了实际损失，被申请人才有权要求责任人做相应赔偿。这种赔偿是具有补偿性的，无损失则无赔偿，实际损失的存在不仅是认定财产保全造成损失必须具备的要件，也是追究赔偿主体责任的要件。实际损失应当是已经出现或必然发生的物质财富的毁损或减少，包括现有财产的损失与可得利益的损失，一切虚构的无根据推测的“损失”，是不能认定为实际损失的。现代经济活动运作频繁，我国民法等法律中对赔偿的数额一般限于直接损失，只有特殊情况才对间接损失做出赔偿，保全错误的赔偿应当参照民法中关于侵权损害赔偿的相关规定计算为宜。

需要注意的是，此次《民事诉讼法》修改增加了检察机关在民事审判活动中通过检察建议权监督审判活动中的违法行为，故在审判活动中出现保全措施错误的，检察机关应当可以提出检察建议，提示法院在财产保全审核过程中更加细致，较早地发现错误并予以纠正，防止损害的扩大化。

第八章　民事诉讼强制措施的完善

一、新《民事诉讼法》在强制措施方面有哪些修改？

我国立法对妨害民事诉讼行为的强制措施（以下简称强制措施）的规定首次以专章形式出现在1982年《民事诉讼法（试行）》中。1991年《民事诉讼法》在修订时，增加了对扰乱法庭秩序行为的强制措施，进一步明确了不履行协助义务行为的具体情形，同时提高了罚款的数额，删除了责令具结悔过这一强制措施类型；另外，增加了对非法拘禁他人或者非法私自扣押他人财产追索债务的处罚措施。2007年《民事诉讼法》在修订时，对强制措施部分修改的内容不多，只是增加了对有协助义务的单位不履行协助义务采取拘留措施的规定，同时进一步提高了罚款的额度。①

2012年《民事诉讼法》在强制措施这一章总体作了四处修改：

第一，新增加了对损害他人合法权益的恶意诉讼、调解行为的强制措施。（第112条："当事人之间恶意串通，企图通过诉讼、调解等方式侵害他人合法权益的，人民法院应当驳回其请求，并根据情节轻重予以罚款、拘留；构成犯罪的，依法追究刑事责任。"）

第二，新增加了恶意串通利用诉讼、仲裁、调解逃避履行法律文书确定义务的行为的强制措施。（第113条："被执行人与他人恶意串通，通过诉讼、仲裁、调解等方式逃避履行法律文书确定的义务的，人民法院应当根据情节轻重予以罚款、拘留；构成犯罪的，依法追究刑事责任。"）

第三，对不履行协助义务行为的具体情形的第二种情况进行了补充和完善。（将第103条改为第114条，第1款第（二）项修改为："有关单位接到人民法院协助执行通知书后，拒不协助查询、扣押、冻结、划拨、变价财产的。"）

第四，再一次提高了罚款的额度。（将第104条改为第115条，第1款修改为："对个人的罚款金额，为人民币十万元以下。对单位的罚款金额，为人

---

① 参见胡夏冰、陈春梅：《对妨害民事诉讼的强制措施的修法建议》，载《广西政法管理干部学院学报》2011年第4期。

民币五万元以上一百万元以下。”）

二、新《民事诉讼法》中强制措施主要针对哪些情况？具体手段有哪些？

（一）新《民事诉讼法》中强制措施主要针对的情况

新《民事诉讼法》中的强制措施主要针对以下六种情况：

1. 被告无正当理由拒不到庭的行为；
2. 违反法庭规则，扰乱法庭秩序的行为；
3. 妨害诉讼证据收集、调查和阻拦、干扰诉讼进行的行为；
4. 当事人恶意串通，通过诉讼或调解损害他人合法权益的行为；
5. 被执行人恶意串通，利用诉讼、仲裁、调解逃避履行法律文书确定义务的行为；
6. 有关单位拒不履行协助调查、协助执行义务的行为。

（二）强制措施的具体方式

1. 拘传

拘传，是指法院在法定情况下强制当事人到庭的一种强制措施。根据新《民事诉讼法》第109条的规定以及1992年最高人民法院《关于适用〈中华人民共和国民事诉讼法〉若干问题的意见》（以下简称《民诉意见》）第112条的规定，针对负有赡养、抚育、扶养义务和不到庭就无法查清案情的被告以及需要到庭的，给国家、集体或他人造成损害的未成年人的法定代理人，经两次传票传唤无正当理由拒不到庭的，经人民法院决定可以适用拘传。根据新《民事诉讼法》第116条的规定，拘传必须由人民法院院长批准且应签发拘传票。

根据《民事诉讼法》的规定，拘传的对象仅限于被告。我国民事诉讼法之所以规定拘传被告到庭，主要是为了保护国家和社会公共利益以及第三人合法权益。但是从理论上来讲，被告是否到庭参加诉讼完全是其自由处分诉讼权利和实体权利的行为，法院对被告的拘传实际上会损害被告的诉讼权利。同时，我们看到在很多国家，通常都会对证人、鉴定人不出庭采取强制措施。他们认为证人、鉴定人的及时出庭才有利于查清案件事实，证人、鉴定人不出庭将会妨碍民事诉讼活动的顺利进行。我国《民事诉讼法》及相关配套规定并未就证人出庭作出相关的规定，现实中民事诉讼证人出庭率低下也是一个不争的事实，对证人、鉴定人等有利于查清案件事实的诉讼参与人采取强制措施是民事诉讼法下一步值得考虑的内容。

2. 训诫

训诫，是指法院对妨害民事诉讼行为情节较轻的人，予以批评、教育，并责令其改正，不得再犯。根据新《民事诉讼法》第110条第2款的规定，人民法院对违反法庭规则的人，可以予以训诫。另外，根据新《民事诉讼法》第65条的规定，在当事人逾期提供证据，人民法院责令说明理由；其拒不说明理由或者理由不成立的情况下，人民法院根据不同情形可以采纳该证据但予以训诫。

训诫在具体适用过程中，通常由合议庭或者独任审判员决定，由审判长或者独任审判员以口头方式当庭进行。训诫有利于维护法庭秩序，保障庭审活动顺利进行，但是这项强制措施在适用中也存在很多问题。第一，相关法律、司法解释没有对训诫的内容和适用程序作出明确规定，缺乏实践操作性。第二，训诫只是一种口头训告，本身没有很强的威慑性。同时，这种直面批评还容易造成审判人员与妨害民事诉讼行为人发生争执与冲突，从而破坏庭审活动的严肃性，有损审判人员的形象，不利于树立司法权威。①

3. 责令退出法庭

责令退出法庭，是指命令违反法庭规则的人退出法庭的强制措施。训诫只是口头的批评教育，但允许行为人留在法庭；责令退出法庭则强行命令行为人退出法庭，比训诫更为严厉。根据新《民事诉讼法》第110条第2款的规定，人民法院对违反法庭规则的人，可以责令退出法庭。

责令退出法庭适用的对象，包括案件的当事人、其他诉讼参与人以及旁听人员。只要这些人员违反法庭规则，法院都可以适用该强制措施。责令退出法庭的主要作用在于保障庭审的有序进行，促进诉讼的进程。但该项强制措施所针对的对象过于宽泛，在实践中反而会产生相反的后果。主要表现在：第一，责令当事人退出法庭，将会导致该方当事人丧失主张事实和权利以及证明、辩论等机会，如果双方都被责令退出，则案件审理活动就无法继续进行，从而出现诉讼拖延，增加当事人的诉讼成本。第二，由于证人对案件事实的查明有其不可代替的特点，如果责令证人退出法庭，肯定会影响诉讼的进程。第三，责令鉴定人和翻译人员退出法庭，则需要指定新的鉴定人和翻译人员，重新进行鉴定和翻译，更是需要进一步地拖延诉讼，增加各方成本。所以，对于责令退

---

① 参见胡夏冰、陈春梅：《对妨害民事诉讼的强制措施的修法建议》，载《广西政法管理干部学院学报》2011年第4期；李响：《秩序与尊严——民事诉讼强制措施重构刍议》，载《法治研究》2011年第8期；蔡国芹：《对民事诉讼强制措施若干问题的思考》，载《嘉应大学学报》（哲学社会科学）1999年第4期。

出法庭的适用范围一定应当尽量缩小，适用频率应当尽量降低。在必须采取措施的情况下，也应该注意减少可能的诉讼成本。

另外，训诫和责令退出法庭这两种强制措施的主要适用对象均是违反法庭规则，情节较轻尚不足以采取罚款、拘留措施的人。但是，对于何种情况下应当适用训诫，何种情况下应当适用责令退出法庭；同时，应当依据何种程序作出这两种强制措施，民事诉讼法还有待进一步地细化。

4. 罚款

根据新《民事诉讼法》的第 110 条至第 114 条的规定，针对哄闹、冲击法庭，侮辱、诽谤、威胁、殴打审判人员，严重扰乱法庭秩序的人；妨害诉讼证据收集、调查和阻拦、干扰诉讼进行的行为个人、单位或单位主要负责人或直接责任人；当事人恶意串通，通过诉讼或调解损害他人合法权益的行为人；恶意串通，利用诉讼、仲裁、调解逃避履行法律文书确定义务的行为人以及拒不履行协助调查、协助执行义务的有关单位或其主要负责人、直接责任人，人民法院可以决定对其予以罚款。另外，根据新《民事诉讼法》第 65 条的规定，在当事人逾期提供证据，人民法院责令说明理由；其拒不说明理由或者理由不成立的情况下，人民法院根据不同情形可以采纳该证据但予以罚款。另外，根据新《民事诉讼法》第 241 条的规定，被执行人未按执行通知履行法律文书确定的义务，而拒绝报告或者虚假报告当前以及收到执行通知之日前一年的财产情况的，人民法院可以根据情节轻重对被执行人或者其法定代理人、有关单位的主要负责人或者直接责任人员予以罚款。

根据新《民事诉讼法》第 115 条第 1 款的规定，对个人的罚款金额，为人民币 10 万元以下。对单位的罚款金额，为人民币 5 万元以上 100 万元以下。根据新《民事诉讼法》第 116 条的规定，罚款必须由人民法院院长批准，并作出罚款决定书；对决定不服的，可以向上一级人民法院申请复议一次。复议期间不停止执行。

5. 拘留

拘留，是指司法拘留，即法院对妨害民事诉讼情节严重的行为人在一定的期限内限制其人身自由的一种强制措施。

根据新《民事诉讼法》的第 110 条至第 114 条的规定，针对违反法庭规则，扰乱法庭秩序的行为人；妨害诉讼证据收集、调查和阻拦、干扰诉讼进行的行为个人或单位主要负责人或直接责任人；当事人恶意串通，通过诉讼或调解损害他人合法权益的行为人；恶意串通，利用诉讼、仲裁、调解逃避履行法律文书确定义务的行为人以及拒不履行协助调查、协助执行义务的有关单位的主要负责人或直接责任人，人民法院可以决定对其予以拘留。另外，根据新

《民事诉讼法》第241条的规定，被执行人未按执行通知履行法律文书确定的义务，而拒绝报告或者虚假报告当前以及收到执行通知之日前一年的财产情况的，人民法院可以根据情节轻重对被执行人或者其法定代理人、有关单位的主要负责人或者直接责任人员予以拘留。

根据新《民事诉讼法》第115条第2款、第3款的规定，拘留的期限，为15日以下；被拘留的人，由人民法院交公安机关看管。在拘留期间，被拘留人承认并改正错误的，人民法院可以决定提前解除拘留。根据新《民事诉讼法》第116条的规定，拘留必须由人民法院院长批准，并作出决定书；对决定不服的，可以向上一级人民法院申请复议一次。复议期间不停止执行。

按照《民事诉讼法》的规定，拘留和罚款适用的条件基本相同，适用罚款的妨害民事诉讼行为也可以采取拘留措施。从法律条文的内容来看，二者之间似乎不存在明显的适用界限。法院在具体适用时，通常是根据妨害民事诉讼行为的危害程度以及情节轻重来区别决定适用何种强制措施。这实际上为审判人员任意采取强制措施留下了很大的空间。同时，由于罚款和拘留的适用条件没有具体的规定，各地法院对于同种情形的妨害民事诉讼行为，可能采取不同的强制措施，容易造成执法标准的不统一。这些问题都有待民事诉讼法的进一步完善。

我国法律规定的拘留期限是15日，相对于德国的6个月和我国台湾地区的3个月，我们的拘留期限明显偏短。① 拘留期限规定过短，不仅给执行人员根据需要对制裁的选择范围缩小，同时也使得该项强制措施的威慑力大大降低，为债务人提供了可选择利用的空间。

适用上述强制措施，应当根据妨害民事诉讼行为的程度，采取相应的措施。对实施同一妨害民事诉讼行为的人，根据其严重程度，既可以单独适用一种强制措施，也可以合并适用几种强制措施，比如对实施严重的妨害民事诉讼行为的人，可以单独适用罚款或拘留，也可以合并适用罚款和拘留。但是，对同一妨害行为罚款或拘留不得连续或多次适用，但发生了新的妨害民事诉讼的行为，人民法院可以重新予以罚款、拘留。

三、如何认定和处理当事人恶意串通，企图通过诉讼、调解等方式侵害他人合法权益的行为？

当事人之间恶意串通，企图通过诉讼、调解等方式侵害他人合法权益的行

① 黎蜀宁、黄良友：《论妨害民事执行行为的强制措施》，载《时代法学》2007年第1期。

为理论上属于一种虚假诉讼行为。在学界，普遍认为所谓虚假诉讼，是指当事人之间为获得非法利益或规避法律规定的义务，相互串通，以伪造证据、虚构事实的手段，向法院提起民事诉讼，意图利用法院的裁判权和执行权实现非法目的的诉讼行为。当事人恶意串通，企图通过诉讼、调解等方式侵害他人合法权益的行为应从以下几个方面来认定：

（一）行为主体是原告、被告、共同诉讼人、诉讼代表人和诉讼第三人

根据新《民事诉讼法》第112条的规定，可以对其采取强制措施的是当事人之间恶意串通的行为。根据民事诉讼的法理，狭义的当事人仅指原告与被告，而广义的当事人包括原告、被告、共同诉讼人、诉讼代表人和诉讼第三人，共同诉讼人、诉讼代表人和有独立请求权第三人只是原告或被告的具体表现形式而已。所以，原告、被告是该行为的当然主体，共同诉讼人、诉讼代表人和有独立请求权的第三人也应认为是该行为主体。

无独立请求权的第三人，是否该认定为该行为主体？虽然无独立请求权的第三人不具有独立的当事人地位，但是从理论上，无独立请求权的第三人可以被视为辅助的当事人。另外，对于此种行为进行规制的主要目的是防止当事人之间恶意串通利用诉讼、调解来损害他人利益，而无独立请求权第三人的行为在某些情况下，可能同原告、被告某一方串谋损害他方利益，比如有的国有企业在其关联企业与他人诉讼中，以无独立请求权的第三人身份参加诉讼调解，主张自愿承担责任，以掩盖其转移国有资产的非法目的。在这种情况下，作为无独立请求权的第三人与原、被告的串通行为，理应受到规制。

（二）行为人主观上具有损害他人利益的故意

根据新《民事诉讼法》的规定，要求行为人主观上有恶意。所谓恶意，就是指有损害他人利益的故意，具体而言是指行为人明知其不具有真实、合理的事实和理由，但为了其不法目的，通过提起诉讼获得法院的裁判或在诉讼中达成调解协议，利用民事诉讼间接占有他人财物或侵害他人权益。行为人是以合法形式掩盖其非法目的。①

（三）行为人客观上实施了虚假诉讼或恶意调解行为

当事人之间的恶意串通行为实质上直接侵害的是人民法院的审判活动，间

① 参见雷业涛：《论恶意诉讼的认定标准》，载《湖南警察学院学报》2011年第4期；汤维建：《恶意诉讼及其防治》，载《诉讼法理论与实践（2002年民事、行政诉讼法学卷）（下）》，中国政法大学出版社2003年版，第331页。

接侵害的是他人的合法权益。在学界一般将这种行为定义为虚假诉讼或诉讼欺诈。所谓虚假诉讼，是指民事诉讼各方当事人恶意串通，采取虚构法律关系、捏造案件事实的方式提起民事诉讼，使法院作出错误裁判，以获得非法利益的行为。例如，夫妻一方作为债务人，为逃避债务，提起离婚诉讼，主动要求或同意将自己应得的部分财产让与对方，使债权人的债权因此而无法实现。再如，债务人为逃避债务，与他人串通，虚构法律关系，由对方作为原告对其提起诉讼，法院作出裁判文书，再申请强制执行，使债权人的债权难以实现。恶意调解，是指当事人通过串通达成调解协议，损害第三人权益的行为。

对于虚假诉讼或诉讼欺诈的定性问题一直是争论的热点，有人主张应按诈骗罪予以惩处，也有人主张按敲诈勒索罪惩处或单独在刑法中设立罪名惩处。当然，还有不少人主张无罪，因为目前我国刑法尚未对诉讼欺诈作出明确规定。对虚假诉讼或诉讼欺诈行为的定性，最正式的文件是最高人民检察院法律政策研究室 2002 年 10 月 14 日《关于通过伪造证据骗取法院民事裁判占有他人财物的行为如何适用法律问题的答复》（以下简称《答复》）。根据该《答复》，以非法占有为目的，通过伪造证据骗取法院民事裁判占有他人财物的行为所侵害的主要是人民法院正常的审判活动，可以由人民法院依照民事诉讼法的有关规定作出处理，不宜以诈骗罪追究行为人的刑事责任。如果行为人伪造证据时，实施了伪造公司、企业、事业单位、人民团体印章的行为，构成犯罪的，应当依照《刑法》第 280 第 2 款的规定，以伪造公司、企业事业单位、人民团体印章罪追究刑事责任；如果行为人有指使他人作伪证行为，构成犯罪的，应当依照《刑法》第 307 条第 1 款的规定，以妨害作证罪追究刑事责任。所以，根据上述分析，虚假诉讼行为目前正是我国民事诉讼强制措施所规制的对象。

根据学界的梳理，目前虚假诉讼、恶意调解的行为主要集中在以下几种情况：①

1. 虚构夫妻共同债务或合伙债务的诉讼行为。例如，离婚或合伙纠纷案件中，一方或双方伪造债务转移财产，通过法院诉讼使之合法化，损害相对方或第三方合法权益的现象。

2. 虚构优先受偿权的诉讼行为。例如，有的当事人利用劳动工资优先受偿的规定，虚构劳动工资。通过诉讼或诉讼调解，恶意损害其他债权人的合法权益。

---

① 参见李载谦：《论民事诉讼中恶意调解的识别与防范》，载《南京政治学院学报》2012 年第 3 期。

3. 使违章建筑合法化的诉讼行为。例如，有的小区业主为对抗政府的拆除违章建筑行动，与有共同利益的相邻方事先串通，在诉讼中达成调解协议，明确由构成妨碍的一方对相邻方做出赔偿，使违章建筑在调解书中得以确认。

4. 规避物权转让的有关规定的诉讼行为。例如，以法院的裁判文书取得本应以登记为要件的物品的所有权。

5. 规避破产财产分配顺序的诉讼行为。例如，有限责任公司濒临解散时，在企业清算前，将部分或全部资产通过法院调解处分给部分债权人，使其他债权人利益受损。

6. 规避将来执行的诉讼行为。例如，负债人以法院调解转让按规定不能转让的土地以逃避将来的执行。

（四）有损害事实的发生

根据新《民事诉讼法》第112条的规定，虚假诉讼侵害了他人的合法权益。基于虚假诉讼的违法性，也决定了它会给相对人的权益造成一定的损害，从而造成一定的损害事实，否则没有损害的发生，就没有规制的必要。当事人之间的恶意串通行为实质上侵害了两种权益：一是直接侵害的是人民法院在审判活动中的权益，增加了法院的司法成本；二是间接侵害的是他人的合法权益。所以，这里的损害既应包括法院的损失也包括诉讼之外他人的损失。对于他人权益的损害既应包括财产损失也应当包括精神损失，但是对这种损失，特别是精神损失的认定必须坚持一种审慎的态度，必须有充足的证据证实。

（五）对当事人恶意串通，企图通过诉讼、调解等方式侵害他人合法权益行为的处理及救济方式

根据新《民事诉讼法》第112条的规定，当事人之间恶意串通，企图通过诉讼、调解等方式侵害他人合法权益的，人民法院应当驳回其请求，并根据情节轻重予以罚款、拘留；构成犯罪的，依法追究刑事责任。但是，在对虚假诉讼的刑事规制方面，我国刑法规定的罪名还较少，还需要进一步完善刑事责任的规定，如增加诉讼欺诈罪等，以加强对这类违法行为的规制。

如何救济受害的案外第三人，各国和地区的法律作出了不同的规定。日本利用商法上诈害诉讼的再审制度和民事诉讼法上独特的主参加诉讼制度来保护第三方利益。法国采取了第三人撤销之诉来救济案外的受害人。① 我国台湾地区的“民事诉讼法”经2003年1月14日修正，借鉴法国将第三人撤销诉讼

---

① 肖建华：《论恶意诉讼及其法律规制》，载《中国人民大学学报》2012年第4期。

制度作为再审之诉的补充，以实现对第三人利益的程序保障。① 而我国的新《民事诉讼法》也设立了第三人撤销之诉来保护第三人的利益，该法第 56 条第 3 款规定，当事人双方之外的第三人，因不能归责于本人的事由未参加诉讼，但有证据证明发生法律效力的判决、裁定、调解书的部分或者全部内容错误，损害其民事权益的，可以自知道或者应当知道其民事权益受到损害之日起 6 个月内，向作出该判决、裁定、调解书的人民法院提起诉讼。人民法院经审理，诉讼请求成立的，应当改变或者撤销原判决、裁定、调解书；诉讼请求不成立的，驳回诉讼请求。

第三人撤销之诉固然能够给予案外人以救济的渠道，但是也可能对裁判的安定性产生威胁，② 因此，在适用时应注意以下几个问题：第一，启动的主体要件。我国台湾地区的“民事诉讼法”第 507 条第 1 款规定，有法律上利害关系之第三人，非因可归责于己之事由而未参加诉讼，致不能提出足以影响判决结果之攻击或防御方法者，得以两造为共同被告对于确定终局判决提起撤销之诉，请求撤销对其不利部分之判决。但应循其他法定程序请求救济者，不在此限。法国新《民事诉讼法》第 583 条规定，任何于其中有利益的人均允许提出第三人异议，但以该人在其攻击的判决中既不是当事人，也未经代理人进行诉讼为条件。依据我国台湾地区和法国的民事诉讼法规定，结合新《民事诉讼法》第 56 条的规定，提起第三人撤销之诉主体所需的要件有三个：一是必须是当事人以外的第三人。二是必须具备诉的利益。“这种诉的利益具体包括判决既判力扩张、形成判决的对世性形成效力以及判决的反射效力等所带来的不利影响。”③ 三是未参加诉讼。根据我国台湾地区“民事诉讼法”第 507 条第 1 款的规定，所谓参加诉讼，应以前诉中现实地参与诉讼为限，不论是从诉讼参加、主诉讼参加或追加当事人，只要第三人符合参与诉讼的条件，但却未利用的，均视为未参加诉讼。④ 第二，启动的程序性要件。新《民事诉讼法》第 56 条第 3 款强调“因不能归责于本人的事由未参加诉讼”的程序性要件。即非经法院所为的诉讼告知或职权通知，而未现实地参加诉讼。借鉴我国台湾

---

① 陈贤贵：《论第三人撤销之诉——以台湾地区立法例为中心》，载《太原理工大学学报》（社会科学版）2012 年第 4 期。

② 陈贤贵：《论第三人撤销之诉——以台湾地区立法例为中心》，载《太原理工大学学报》（社会科学版）2012 年第 4 期。

③ 胡军辉：《案外第三人撤销之诉的程序建构——以法国和我国台湾地区的经验为参照》，载《政治与法律》2009 年第 1 期。

④ 陈贤贵：《论第三人撤销之诉——以台湾地区立法例为中心》，载《太原理工大学学报》（社会科学版）2012 年第 4 期。

地区的做法，非归责于己的事由一般由法院在第三人提起撤销之诉时予以形式审查，是否具备相应条件应由法院根据案件的具体情况自由裁量。第三，启动的事由。第三人撤销之诉毕竟是一种非常态的事后救济途径，对裁判的安定性与稳定性都会带来影响。因此，撤销之诉的事由一定要明确。首先必须是对已生效的判决、裁定或调解书。其次必须有错误，可以参照再审事由中对错误的解释来判断，但是应强调要存在实体性的错误。因为如果只是程序性的错误，就能提起撤销之诉，对程序的安定性损害可能远大于第三人的利益保护。

四、被执行人与他人恶意串通逃避执行的情况应如何认定和处理?

广义的规避执行行为是指负有履行生效法律文书确定义务的当事人，与案外人串通，采取表面合法的手段或者利用法律的漏洞，转移、隐匿财产，或者对法院执行设置障碍，制造无履行能力的假象，躲避法院强制执行的行为。根据新《民事诉讼法》的规定，被执行人与他人恶意串通逃避执行的行为实际上是规避执行行为的一种，指的是被执行人与其他人相互串通通过虚假诉讼或虚假仲裁以规避执行，给执行权利人造成损失的行为。

（一）判断恶意串通规避执行行为的标准

1. 行为主体是被执行人与个别执行权利人、案外人

根据新《民事诉讼法》第 113 条的规定，可以对其采取强制措施的是被执行人与他人之间恶意串通的行为。被执行人是执行根据所载的负有给付义务的人。他人的范围不仅包括案外人，还应当包括个别执行权利人。因为在存在多个执行权利人的情况下，可能会出现被执行人同其中个别的执行权利人串通，以虚假的债权债务关系提起诉讼或仲裁，以损害其他执行权利人的权益。例如，在破产案件中，债务人与个别债权人串通进行虚假诉讼，对债务人名下的财产主张权利，侵害其他债权人利益。

2. 行为人主观上是故意的

从主观方面看，恶意串通规避执行的行为人具有主观故意性。即行为人明知自己有履行的义务，不具有法律上和事实上合理的理由拒绝履行，却通过诉讼、调解、仲裁等方式来获取合法裁判以逃避执行。其目的在于使法院的执行不能实现或不能完全实现。而过失的行为即使在客观上妨碍了执行程序的进行，也不属于妨害民事执行的行为。

3. 行为人客观上实施了妨害民事执行的行为

所谓妨害民事执行，是指妨害执行秩序正常进行，使法院原本可以执行的裁判变得不能执行或不能完全执行，对执行结果产生不利影响。恶意串通规避执行的行为是妨害民事执行行为的一种表现方式，强调的是被执行人，虚构事

实和理由，通过诉讼、调解或仲裁等方式以获得合法的裁判以规避执行。客观上该行为侵害了三种权益：一是其虚假诉讼、仲裁直接侵害的是人民法院或仲裁机构在裁判活动中的权益；二是其侵害的是法院在执行过程中的权益，阻碍了法院的执行，增加了法院的执行成本；三是其侵害的是执行权利人的合法权益。另外，从表现形式上说，恶意串通规避执行的行为，其行为既包括通过虚假诉讼或恶意调解的方式，也包括通过虚假仲裁的方式。

与第 112 条所规制的虚假诉讼行为不同的地方在于，对本行为的认定不强调对权利人直接的损害结果，只要行为人存在虚构事实去诉讼或仲裁，实施了妨害民事执行程序正常进行的违法行为，至于行为人的行为是否造成了实际的损害后果则在所不问。比如，某股东在被判决承担出资不实责任之后，与他人串通在另外一个诉讼中试图获得出资不实责任的判决，并以此为由规避第一起诉讼中的责任，而被法院识破的，该行为仍然构成妨害民事执行的行为。

（二）对恶意串通规避执行行为的处理

对恶意串通规避执行行为的处理，主要有两种途径：一是对行为人采取妨碍民事诉讼的强制措施；二是追究行为人的刑事责任。

根据新《民事诉讼法》第 113 条的规定，执行法院依法对被执行人及其相关责任人视情节轻重，可以予以罚款、拘留；构成犯罪的依法追究其刑事责任。根据《中华人民共和国刑法》第 313 条规定，对人民法院的判决、裁定有能力执行而拒不执行，情节严重的，处 3 年以下有期徒刑、拘役或者罚金。因此，对拒不执行人民法院判决、裁定的行为“情节严重”，依法应当以拒不执行判决、裁定罪追究刑事责任。根据《民诉意见》第 126 条、第 127 条的规定，应当追究有关人员刑事责任的，由人民法院刑事审判庭依照刑事诉讼法的规定，直接受理并予以判决。

五、如何理解有关单位协助调查、执行的义务?

（一）协助调查的义务

所谓协助调查义务，是指有关单位和个人在人民法院依职权进行调查、取证时应当予以配合、不得拒绝。根据新《民事诉讼法》第 64 条的规定，当事人对自己提出的主张，有责任提供证据；当事人及其诉讼代理人因客观原因不能自行收集的证据，或者人民法院认为审理案件需要的证据，人民法院应当调查收集。对于法院依职权进行的调查，相关单位和个人应当积极配合。目前我国民事协助调查取证主要涉及两类主体：个人协助调查和有关单位协助调查。民事诉讼强制措施所针对的是后者，根据新《民事诉讼法》第 114 条的规定，有关单位不得拒绝和妨碍法院的调查取证。有关单位协助调查义务主要包括：

1. 按法院要求提供相应的证明文书。根据新《民事诉讼法》第 67 条的规定，人民法院有权向有关单位和个人调查取证，有关单位和个人不得拒绝。人民法院对有关单位和个人提出的证明文书，应当辨别真伪，审查确定其效力。

2. 出示相关书证、物证、视听资料等证据材料的义务。根据 1993 年 12 月 11 日中国人民银行、最高人民法院、最高人民检察院、公安部《关于查询、冻结、扣划企业事业单位、机关、团体银行存款的通知》的规定，人民法院因审理或执行案件，人民检察院、公安机关因查处经济违法犯罪案件，需要向银行查询企业事业单位、机关、团体与案件有关的银行存款或查阅有关的会计凭证、账簿等资料时，银行应积极配合。

3. 单位的负责人应当支持证人作证。根据新《民事诉讼法》第 72 条的规定，凡是知道案件情况的单位和个人，都有义务出庭作证。有关单位的负责人应当支持证人作证。

4. 根据人民法院的通知，保护现场，协助勘验工作。根据新《民事诉讼法》第 80 条的规定，人民法院勘验物证或者现场，勘验人必须出示人民法院的证件，并邀请当地基层组织或者当事人所在单位派人参加。有关单位和个人根据人民法院的通知，有义务保护现场，协助勘验工作。

5. 协助证据保全。根据《民诉意见》第 101 条的规定，人民法院对不动产和特定的动产（如车辆、船舶等）进行财产保全，可以采用扣押有关财产权证照并通知有关产权登记部门不予办理该项财产的转移手续的财产保全措施。

6. 配合查明被执行人的财产状况。执行法院有权向金融机构及其管理部门、税务部门、房地产管理部门、工商管理部门、电信部门以及其他掌握被执行人财产线索的单位和个人调查被执行人的财产状况，有关单位和个人不得拒绝。

根据新《民事诉讼法》第 114 条的规定，人民法院对拒绝和妨碍法院的调查取证的单位，可以对其主要负责人或者直接责任人员予以罚款；对仍不履行协助义务的，可以予以拘留；并可以向监察机关或者有关机关提出予以纪律处分的司法建议。

（二）协助执行的义务

所谓协助执行，是指人民法院的执行机构通知有关单位或者个人协助执行已经发生法律效力的法律文书所确定内容的一种法律制度。法院执行与有关单位或者个人协助执行相结合是我国执行制度中的不可缺少的组成部分，有助于提高案件执行效率和实际效果，保护权利人的合法权利不受侵害。从相关执行实践看，目前我国民事协助执行主要涉及三种类型：一是有关单位的协助执行；二是法院之间的协助执行；三是个人的协助执行。民事诉讼强制措施所针对的是有关单位的协助执行义务，主要指银行、信用合作社、邮政储蓄所、需要办理有关财产权证照转移手续的单位及执行人所在单位的协助执行。如银行、信用合作社、邮政储蓄所根据法院的通知，冻结、扣划被执行人在银行的、信用社、邮政储蓄所的存款；办理房产证、土地证、山林权所有证、专利证书、车辆执照等有关财产权证照转移手续的部门根据法院通知，办理该财产权证照的转移手续；被执行人所在单位的财务部门扣交被执行人的工资或其他收入等。协助执行义务的具体内容包括：

1. 据新《民事诉讼法》第242条第2款规定，人民法院决定扣押、冻结、划拨、变价财产，应当作出裁定，并发出协助执行通知书，有关单位必须办理。

2. 据新《民事诉讼法》第243条第2款规定：人民法院扣留、提取收入时，应当作出裁定，并发出协助执行通知书，被执行人所在单位、银行、信用合作社和其他有储蓄业务的单位必须办理。

3. 据新《民事诉讼法》第249条第2款、第3款规定，有关单位持有该项财物或者票证的，应当根据人民法院的协助执行通知书转交，并由被交付人签收；有关公民持有该项财物或者票证的，人民法院通知其交出。拒不交出的，强制执行。

4. 据新《民事诉讼法》第251条规定，在执行中，需要办理有关财产权证照转移手续的，人民法院可以向有关单位发出协助执行通知书，有关单位必须办理。

5. 据最高人民法院《关于人民法院执行工作若干问题的规定（试行）》（以下简称《执行规定》）第36条规定，被执行人在有关单位的收入尚未支取的，人民法院应当作出裁定，向该单位发出协助执行通知书，由其协助扣留或提取。

6. 据《执行规定》第35条规定，作为被执行人的公民，其收入转为储蓄存款的，应当责令其交出存单。拒不交出的，人民法院应当作出提取其存款的裁定，向金融机构发出协助执行通知书，并附生效法律文书，由金融机构提取被执行人的存款交人民法院或存入人民法院指定的账户。

根据新《民事诉讼法》第114条的规定，人民法院对违反上述协助执行义务的单位，可以对其主要负责人或者直接责任人员予以罚款；对仍不履行协助义务的，可以予以拘留；并可以向监察机关或者有关机关提出予以纪律处分的司法建议。

六、对不履行协助义务的单位或个人，罚款金额有何变化？

1982年《民事诉讼法（试行）》首次规定了对不履行义务的人的罚款金额，根据当时的规定，没有针对单位的罚款，只强调了对个人的罚款，最高限额是200元。1991年《民事诉讼法》不仅增加了对不履行协助义务的单位的处罚，还提高了对个人罚款的限额。即对个人的罚款限额为1000元；对单位的罚款为1000元以上3万元以下。2007年《民事诉讼法》再次提高了罚款的金额，将个人的罚款限额提升为1万元；将对单位的罚款金额提高到1万元以上30万元以下。虽然相比1991年《民事诉讼法》的规定，2007年《民事诉讼法》在修订时对罚款的额度有了进一步的提升，但是随着国民经济的飞速发展和人们收入水平的大幅提高，上述罚款数额尚不足以约束和威慑妨害民事诉讼的行为。因此，新《民事诉讼法》对不履行协助义务的单位或个人的罚款金额又做了进一步的提高。对个人的罚款上限从1万元提高到10万元人民币；对单位的罚款限额从1万元至30万元提高到5万元至100万元人民币。

不可否认的是，罚款金额的提升可以通过提高违法成本来威慑和约束单位和个人的行为，以保证民事诉讼活动和执行活动的顺利进行。但是，这还存在着许多问题。首先，这一修改实际上为罚款设立了一个上限，但此限度之内的适用状况，如何针对各种情况进行不同的操作仍然不明晰。如此大的弹性幅度，完全由法官来自由裁量，很可能为当事人提供另一个寻租的机会。此外，具体的案件情况不同、标的大小不同、当事人违法程度不同，决定了简单的数字增加并不能有效威慑违法行为的发生。忽略案件与当事人的具体情况，不加区分地统一标准会使行为人所接受的处罚都归为一体，虽然提高了执法效率，但其忽略了当事人违法的绝对成本和相对成本，缺乏针对性，难以取得有效的约束。①“倘若一个债务人能够从拖延执行中获得千百万的利益，法院即便对其处以最高额度的罚款也仅是九牛一毛，不仅不会给他造成任何心理上的震撼，反倒更像是买了一张低价的门票。违法的低成本性是致使乱象丛生的主要诱因，现行法律不像是在制裁更像是在纵容。”②

① 杨迪熙：《从违法成本的视角探析民事诉讼强制措施的完善》，载《法制与社会》2008年第4期。

② 李响：《秩序与尊严——民事诉讼强制措施重构刍议》，载《法治研究》2011年第8期。

第九章　担保物权实现程序、督促程序

一、如何认识规定担保物权实现程序的价值？

效率是物权法律制度的一个重要价值目标，担保物权的实现应当在公正的基础上，以效率优先，担保物权的实现程序也应当遵循这一价值理念。

担保物权人最主要的权利在于担保物权的实现，如果实现担保物权所获得的利益小于其实现担保物权的成本，则担保物权人不会去行使担保物权，担保物权也就起不到保障债权实现的功能。因此，担保物权真正发挥作用取决于担保物权实现的成本高低，而实现成本高低又取决于实现程序的设计。在主债务履行期届满债权人未受清偿或出现当事人约定的实行担保物权的情形时，担保物权人通过什么程序来实现担保物权，不仅关系到担保物权人的利益，而且关系到担保交易的正常运行。不合理的制度设计往往徒增担保交易的成本，陷担保物权制度之功能发挥于不彰。

1995 年 6 月 30 日通过的《担保法》第 53 条第 1 款规定："债务履行期届满抵押权人未受清偿的，可以与抵押人协议以抵押物折价或者以拍卖、变卖该抵押物所得的价款受偿；协议不成的，抵押权人可以向人民法院提起诉讼。" 2000 年 9 月 29 日通过的最高人民法院《关于适用〈中华人民共和国担保法〉若干问题的解释》第 130 条规定："在主合同纠纷案件中，对担保合同未经审判，人民法院不应当依据对主合同当事人所作出的判决或者裁定，直接执行担保人的财产。"

依据《担保法》规定，除担保物权人无法直接申请拍卖、变卖担保财产，实现担保物权需通过传统的诉讼途径，需交纳诉讼费、评估费、拍卖费和强制执行费，实现担保物权的成本大大超过无担保债权。且诉讼周期相对较长，司法救济过程中事态可能发生多种变化，给担保人转移、挥霍财产等提供了可能，如此制度设计使担保物权人不能及时受偿，担保制度不能发挥其应有功能。这与物权法律制度效率优先的价值目标相悖，必将影响担保交易的良性运行，不利于社会融资渠道的畅通，最终会削弱物权担保制度本身的生命力。

法律制度的设计应当着眼于尽可能地减少交易成本，促进交易以实现资源的有效配置。就担保物权实现而言，不存在财产归属的困扰，因此，左右当事人交易意愿的主要是交易的成本。我国的担保物权司法实现程序设计使得担保物权人必须为实现权利支出高昂的诉讼成本，同时，还得面对来自担保人的“道德风险”，这无疑会大大降低当事人进行担保交易的积极性。在当事人仅不能就担保物权实现方式协商一致，双方对担保物权的存在并无争议的情形下，为何要求其按照普通诉讼程序进行确权之诉呢？这样的制度设计除了造成司法资源浪费、无谓增加当事人的交易成本外，没有任何意义。

为克服上述立法弊端，缩短权利实现时间，2007 年 3 月 16 日通过的《物权法》修改了《担保法》“向人民法院提起诉讼”的规则，规定担保物权人想要实现担保物权，诉讼非必经程序，担保物权人完全可以通过向法院申请拍卖、变卖程序来实现担保物权。《物权法》第 195 条第 2 款对担保物权的实现方式作了以下规定：“抵押权人与抵押人未就抵押权实现方式达成协议的，抵押权人可以请求人民法院拍卖、变卖抵押财产”。与《担保法》相比，《物权法》更加关注担保物权实现的便捷，意在降低担保物权的实现成本。

《物权法》救济途径中规定担保物权人可以直接申请拍卖、变卖担保财产，但我国《民事诉讼法》及相关司法解释所规定的执行依据中并无当事人间的担保合同等私权设定文书（经公证机关赋予强制执行效力者除外），因此，在原有的制度框架下，法院无法根据当事人的申请直接作出许可拍卖、变卖担保财产的裁定。这一规定需要民事诉讼法中设定特定程序规则才能贯彻到底。

新《民事诉讼法》第 196 条规定：“申请实现担保物权，由担保物权人以及其他有权请求实现担保物权的人依照物权法等法律，向担保财产所在地或者担保物权登记地基层人民法院提出。”第 197 条规定：“人民法院受理申请后，经审查，符合法律规定的，裁定拍卖、变卖担保财产，当事人依据该裁定可以向人民法院申请执行；不符合法律规定的，裁定驳回申请，当事人可以向人民法院提起诉讼。”

新法从提高担保物权实现效率出发，增列了“申请拍卖、变卖担保财产的程序”，这一程序给予《物权法》上“直接申请人民法院拍卖、变卖担保财产”足够的程序供给，使担保物权的实现更有效和快捷。

依据《物权法》和新《民事诉讼法》，债务人不履行到期债务或者发生当时约定的实现担保物权的情形时，当事人可以协商实现担保物权，协议不成的，担保物权人可以直接请求法院拍卖、变卖担保财产，而无须通过诉讼程序进行判决来实现担保物权。新《民事诉讼法》增设的实现担保物权的特别程序，实质上是赋予了担保合同经司法确认后的强制执行效力，而不必再通过诉讼程序进行审判确认。这一程序降低了担保物权人实现权利的成本，最大限度地发挥了担保物权的担保功能，体现了物权法律制度的效率优先价值理念。

二、如何理解担保物权实现程序的性质？

担保物权实现程序本质上属于一种非讼程序。非讼是与诉讼相对的概念，通说认为，非讼案件，是指利害关系人或起诉人在没有民事权益争议的情况下，请求人民法院确认某种事实和权利是否存在，从而引起一定的民事法律关系发生、变更或消灭的案件。非讼程序是为法院处理非讼案件而设立的特别程序制度。与诉讼程序相比较，非讼程序有它独特的性质和价值取向：多为简便程序；不以实体权利义务存否为审理对象；适用职权主义、职权探知主义；以裁定方式宣示其结果；非讼裁定仅具暂定性、未来性；当事人对实体权利义务本身仍有以诉讼形式再为争议的可能。

民事实体法上所规定的非讼案件，应当由民事诉讼法上的非讼程序予以保障。我国《物权法》第195条、第219条、第236条等确立了担保物权实现的程序，规定了抵押权人、质权人、留置权人均可直接申请人民法院拍卖、变卖担保财产。新《民事诉讼法》将实现担保物权案件单列为一非讼案件类型，就担保物权实现程序作出了一般性规定，故实践中当事人得以依法经由非讼程序迅捷、经济地获得确认裁定继而实现担保物权，法院可依法借助非讼程序对担保物权私权关系的创设、变更、消灭进行必要的干预，从而发挥非讼程序疏减讼源的功能。

我们认为，以非讼程序实现担保物权，符合担保物权案件的非讼性质和民事诉讼的基本理论，契合担保权的物权性质，与非讼程序的价值取向是一致的，可以保证便捷、高效地实现担保物权。

（一）实现担保物权案件的特性与非讼案件本质上是一致的

1. 担保物权的实现并不体现权利义务的争议性，而是具有“非讼性”。我国《物权法》将公示公信列为物权法的基本原则之一，物权法中的公示公信制度决定了担保物权实现的非争议性，根据物权公示公信力的权利推定，担保物权的存在是确定无疑的。

2. 双方当事人之间的关系也是非讼性质的。担保物权人申请法院拍卖变卖担保财产，实质是权利人要求确认并实现其公示权利的程序，即担保物权人与担保人的关系是权利实现申请人和被申请人的关系，并非请求法院解决民事争议的原被告关系，权利人所寻求的是法院介入采取拍卖、变卖等方式来支持权利人及时实现权利。

3. 非讼案件的处理多与公益有关，因此法律规定通过非讼程序对其产生、变更、消灭进行干涉。就担保物权实现来看，其成立变更实现会涉及不特定第三人的利益，影响着权利周围的私法秩序，体现了担保物权实现与不特定第三人的公益关联性，需要司法权适用非讼程序介入。

（二）担保物权的实现适用非讼程序裁判，与非讼程序的价值取向是一致的

在非讼程序中，法院奉行的是职权主义、简易主义，裁判周期短，体现了效率价值，其裁判也不在于争议解决，而是体现预防功能和实现合目的性裁判。法院介入担保物权实现的目的不是权利争议的解决，而是权利的迅速实现和保护。实现担保物权案件适用非讼程序，经核实担保物权存在及其实现条件成立，即作出准予拍卖变卖的裁定，迅速保护担保物权，无疑合乎非讼程序的制度价值。

（三）从民事诉讼中诉的理论看，实现担保物权的程序也属于非讼程序

以非讼程序实现担保物权，当事人双方对于债权债务关系和担保物权的存在以及实现条件的成立均无争议，仅仅是对担保物的价值或担保物的变现方式存在争议。价值和变现方式争议本身是一个事实问题，不涉及民事权利义务争议，而诉讼程序的发动以及法院审判权的行使都是用以解决民事权利义务争议的。因此，担保物权人提起的诉讼缺少诉讼标的这一诉的构成要素。因而以非讼程序实现担保物权，符合民事诉讼中诉的理论。

（四）以非讼程序实现担保物权的规定符合担保物权的物权性质

担保物权是指为确保债务的清偿而于债务人或者第三人的特定物或者权利上成立的一种限定物权。担保物权是以物的交换价值作抵押、质押、留置的，故具有物权的一般属性与特殊性。其表现为依附性、排他性、优先性、追及性等特性。担保物权作为物权的一种，其实现不需要第三方协助和干预，即使担保物权的所有权人也无权干预，因为限定物权优于所有权。限定物权是于特定方面支配物的物权，它是根据所有人的意志设定的物上负担，起着限制所有权的作用。权利人可直接对物的价值加以支配并排除其他一切人的干涉，而无须借助义务人的给付行为，即使对不占有担保财产的抵押权而言，抵押权人也是以控制抵押物的价值并得以从中优先受偿为目的的。

在当事人对于债权债务关系和担保物权的存在以及实现条件的成立均无争议时，担保权人得依物权法等法律，向法院申请实现担保物权，而无须经过诉讼程序实现担保物权。担保物权作为一种物权，担保物权人请求法院以拍卖、变卖担保财产实现权利，正是将物权转化为法院对担保财产实施的强制执行行为，仍然属于担保物权人依担保财产价值直接取偿的一种表现，而无须依靠义

务人来实施某种行为。法院作出的许可拍卖、出卖担保财产的裁定即为执行根据。这种担保物权的非讼实现程序契合了担保物权的物权性质，平衡了债权人和债务人双方的利益，充分保证了担保物权实现的优先性。

三、应当如何适用担保物权实现程序?

新《民事诉讼法》将实现担保物权案件单列为一类非讼案件，通过以下两个条文，构建了适用于担保物权实现的非讼程序。

第196条规定：“申请实现担保物权，由担保物权人以及其他有权请求实现担保物权的人依照物权法等法律，向担保财产所在地或者担保物权登记地基层人民法院提出。”

第197条规定：“人民法院受理申请后，经审查，符合法律规定的，裁定拍卖、变卖担保财产，当事人依据该裁定可以向人民法院申请执行；不符合法律规定的，裁定驳回申请，当事人可以向人民法院提起诉讼。”

新《民事诉讼法》设定的实现担保物权的程序，实质是通过法院的形式审查，对担保物权是否存在及其实现条件是否成立进行司法确认，作出许可拍卖变卖的裁定，以该裁定为执行依据启动执行程序。

（一）当事人向法院申请拍卖、变卖担保财产的程序

依据新《民事诉讼法》以及《物权法》等实体法，当事人认为符合担保物权实现程序的要求，向法院申请拍卖、变卖担保财产，需要遵守一定的程序。

1. 当事人应当以书面形式提出申请

申请书是当事人向法院提出的旨在引起担保物权实现程序发生的文书。申请书应当列明以下事项：（1）当事人及法定代理人的基本情况；（2）表明申请法院作出拍卖、变卖担保财产裁定的意图并且陈述理由；（3）载明支持申请的案件事实和证据。

2. 当事人应当向有管辖权的法院提出申请

依据新《民事诉讼法》的规定，申请实现担保物权的管辖法院为担保财产所在地或者担保物权登记地的基层人民法院。在担保财产为动产的情况下，由于动产常处于流动之中，数量、种类较多且分散各地，其所在地难以确定。为了最大限度地避免管辖争议，对于担保物权已登记的，以登记地法院为管辖法院较为合理，因拍卖变卖往往需要登记机关等有关行政管理机关的协助，登记地法院管辖更为方便权利人。未经登记的，本着方便、简明的原则，则以财产所在地法院为管辖法院。

（二）当事人向法院申请实现担保物权的实质性要件

当事人向法院申请实现担保物权，还需要符合一定的实质性要件：

1. 主体应当适格

有权提出实现担保物权申请的必须是担保物权人（包括抵押权人、质权人和留置权人）和其他有权请求实现担保物权的人（包括但不限于担保物权人的承继人、继承人、受让人）。

2. 担保物权存在、担保物权实现条件的成立

依非讼程序的一般规则，在不采取辩论主义的情况下，法院应依当事人主张的事实及证明材料，援用当事人没有争议的事实作为裁定的基础。因实现担保物权案件为非讼案件，法院仅对当事人的申请进行形式审查，即法院仅进行书面审理而不进行法庭辩论就可直接裁定拍卖、变卖担保财产。担保财产一旦被拍卖、变卖，由于物权合法变更，无法执行回转或执行回转成本高，很容易使被申请人和利害关系人的实体权利受到侵害。从维护公正以及对被申请人和利害关系人进行程序保障角度出发，我们认为，法院形式审查的内容应包括担保物权是否存在以及担保物权的实现条件是否成立。

相应地，除申请书外，当事人在提出申请时还应提交如下相关材料，以便于法院便捷地作出是否许可强制执行的非讼裁定：（1）担保合同存在的文件，如担保合同文本的正本。（2）担保物权实现条件成立的证明。担保物权种类不同，相应的生效条件及实现条件亦不同。如不动产抵押权以登记为生效条件，以主债务届期未获清偿或发生当事人约定实行抵押权的情形为实行条件，此时，当事人应就不动产抵押登记及主债务期未获清偿或发生当事人约定的实行抵押权的情形提供相关证明材料；又如，留置权以占有留置财产为生效要件，以债务人逾期不履行债务为实现条件，此时，当事人应就留置权人占有留置财产和债务人逾期不履行债务提供相关证明材料。

如果被申请人和利害关系人对担保物权是否存在以及担保物权的实现条件是否成立存在争议，因这种争议属于实质问题的争议，应由当事人在非讼程序之外另行提起民事诉讼，依诉讼法理予以解决。

（三）法院对实现担保物权申请的受理与审理程序

1. 担保物权实现程序的启动

申请拍卖、变卖担保财产案件虽归属非讼案件，但其并非职权事件，因而法院不能依职权启动，只能依申请人的申请而启动。考虑到担保物权实现程序仅仅根据物权担保关系，不经过实质审理程序而直接裁定拍卖、变卖当事人的财产，容易使当事人的实体权利受到侵害，尤其是不动产抵押物，一旦被拍卖、变卖，由于物权合法变更，往往无法执行回转。所以在程序设计上，法院

不宜依职权主动启动担保物权实现程序。

2. 实现担保物权申请的受理

法院受理实现担保物权的申请，应审查当事人的申请是否具备前述程序性要件和实质性要件。

3. 审查方式与审查内容

审查方式上，鉴于实现担保物权为非讼案件，法院对当事人的申请应当进行形式审查，即以书面审查为原则，无须开庭审理进行言词辩论，也无须询问双方当事人，仅对当事人提出的申请书和相关证据材料进行审查。由于是形式审查，审查期限不能太长，宜采用法官独任原则迅速进行审理。法院采用书面审查的方式符合非讼程序迅速、快捷的特点。

审查内容上，应当审查担保物权是否存在及是否已经达到担保物权的实现条件。当然，非讼程序本身适用的是职权主义，法院对于担保物权与其他权利是否存在竞合等相关事实均有权进行职权调查，并不限于当事人提供的材料。

总之，为了最大限度地发挥实现担保物权程序的优越性，应当在符合强制执行基本原则的基础上构建起最为简洁、形式化的非讼审查程序，避免因纠缠于当事人之间的实体性争议而减损请求法院拍卖、变卖的效率性和节约性。

4. 审理结果

经审查，符合法律规定的，法院裁定拍卖、变卖担保财产，当事人依据该裁定可以向人民法院申请执行；不符合法律规定的，裁定驳回申请，当事人可以向人民法院提起诉讼。为了实现请求法院拍卖、变卖的效率性，我们认为，许可拍卖变卖裁定作出后应即刻发生法律效力，审判部门应当依职权立即移送执行部门予以执行，无须申请人再据之提出执行申请。

5. 担保人、债务人或利害关系人的程序保障

在实现担保物权案件中，如果担保人、债务人或利害关系人对担保物权的存在与否、担保债权范围和数额以及担保物权实现条件是否成立存在争议，在担保物权实现程序进入实际执行阶段后，应当给予担保人或债务人两个方面的程序救济权：

（1）如果担保人、债务人或利害关系人认为执行程序违反法律规定，直接按照执行异议制度救济，即依据《民事诉讼法》第 225 条向法院提出书面异议。执行法院 15 日内进行审查，理由成立的，裁定撤销或改正；理由不成立的，裁定驳回。

（2）如果担保人、债务人或利害关系人认为许可拍卖、变卖裁定所确认的担保实体权利义务关系存在争议，主张担保合同无效、担保物权实现条件未成就或者对担保债权数额有异议的，则无法通过直接的执行异议进行处理。因

为通过非讼程序取得的拍卖、变卖许可裁定，采用的是形式审查，不具有既判力，此时担保人或利害关系人可以向法院另行提起民事诉讼，通过争讼程序对担保法律关系进行审理。但是另行提起民事诉讼不能停止许可拍卖裁定的执行程序。担保人、债务人或利害关系人申请停止拍卖、变卖的，必须向法院提供确实充分的担保，由执行法院裁定中止执行。如果担保物权人提供充分反担保的，执行程序应当继续进行。担保人、债务人或利害关系人取得民事诉讼胜诉判决后，可以凭判决书要求执行法院停止或部分停止对担保财产的执行。

四、督促程序中，债务人提出异议将产生什么样的后果？人民法院的审查标准是什么？

支付令的异议，是指债务人在法定期限内就支付令所记载的债务，向发出支付令的法院书面提出不同意见，旨在使支付令不发生既判力和强制执行力的行为，其实质是对债权人支付命令申请权的一种抗辩。对支付令提出异议，是债务人在整个督促程序行使陈述主张和抗辩的唯一机会，是债务人行使权利的重要保障。

（一）债务人提出异议产生的后果

新《民事诉讼法》第217条第1款规定："人民法院收到债务人提出的书面异议后，经审查，异议成立的，应当裁定终结督促程序，支付令自行失效。"如果债务人对支付令的异议成立，将导致支付令的失效和督促程序的终结。

（二）人民法院对债务人异议的审查标准

在异议成立而导致支付令失效和督促程序终结这一法律后果上，新《民事诉讼法》与2007年《民事诉讼法》没有差别。但对于异议的审查标准，修改前后的《民事诉讼法》存在很大差别。

2007年《民事诉讼法》第194条规定："人民法院收到债务人提出的书面异议后，应当裁定终结督促程序，支付令自行失效，债权人可以起诉。"1992年7月14日通过的最高人民法院《关于适用〈中华人民共和国民事诉讼法〉若干问题的意见》第221条第1款规定，债务人在法定期间提出书面异议的，人民法院无须审查异议是否有理由，应当直接裁定终结督促程序。债务人对债务本身没有异议，只是提出缺乏清偿能力的，不影响支付令的效力。2000年11月13日通过的最高人民法院《关于适用督促程序若干问题的规定》第7条规定："债务人对债权债务关系没有异议，但对清偿能力、清偿期限、清偿方式等提出不同意见的，不影响支付令的效力。"

可见，2007年《民事诉讼法》给予债务人过大的异议权，同时又缺乏相应的制约机制加以限制，导致程序上当事人之间不平等，诉讼风险分配也不均等，在实践中给了债务人拖延时间、逃避债务的可乘之机，债务人可以随意编造不实的理由，使支付令动辄失效，督促程序便告终结，导致了债权人的讼累，也与督促程序简便、高效的立法旨意大相径庭。针对这一立法上的弊端，新《民事诉讼法》对异议设定了审查程序，可以在一定程度上防止债务人对异议权的滥用。

我国台湾地区“民事诉讼法”规定，“对于支付令的异议不要有具体的理由阐述，只要作异议陈述即可”。我国法学理论界对此观点也是采纳的。依据当事人平等原则，同对支付令申请的审查一样，人民法院对债务人书面异议主张的事实、证据的审查，也应仅限于形式上的审查，应当严格限定审查的内容。法院也不能依职权调查取证，来考察异议中所主张的事实之真相和判断其所提供的证据之真伪。法院对债务人提出的异议，不能采取实质审查方式（即审查债务事实和责任的承担）来杜绝异议权的“滥用”。之所以这样规定，主要是基于对督促程序的非讼性质、基本法理和立法目的的考虑：

1. 督促程序本质上属于一种非讼程序。由于非讼程序是以当事人没有发生纷争为前提的，如果当事人是基于权利争议而发生纷争，就必须通过诉讼的途径解决。如果允许法官对支付令异议进行实质审查，就是赋予法官解决当事人之间纷争的权力，而这是法官在普通民事诉讼程序中应该解决的问题，并不是督促程序这样的非讼程序所能完成的。

2. 督促程序的基本法理在于通过法院出面对当事人之间既存的民事法律关系加以确认，而不是为当事人提供对归属不明的民事权利进行争执的机会。其立法目的在于减少当事人的讼累，降低诉讼成本，同时也可以减轻法院的工作负担，节省司法资源，从而达到诉讼经济的目的。有鉴于此，法院对异议的审查要严格把握“度”，它不同于审理，不对双方争议的事实作最终判断，而纯属形式审查，即限于一般的书面审查，看表面证据能否成立即可，避免滑入普通诉讼程序中。

对于支付令异议的成立应进行何种形式的审查，审查标准如何确定，目前实践中还没有统一的尺度。如果把异议审查的标准规定得过于严格，要求债务人异议有足够的证据证明债权人的申请是没有法律根据的，等于把债务人异议与普通程序中的答辩作同样的处理，这对债务人来说过于苛刻，有违当事人平等的原则。当然，如果审查标准过低，债务人为达到使支付令失效的目的，会不惜以各种虚假方法使法院认为债权人的请求不成立。这样一来，债务人会倾向于恶意提出异议，导致督促程序的随意终结，从而造成债权人诉讼成本的提高，也有违当事人平等的原则。我们认为，对于异议只应进行书面的形式审查，即审查异议是否符合法定的形式要件：

1. 异议应在法定期间内提出。即债务人应当自收到支付令之日起 15 日内向人民法院提出异议。

2. 债务人应当以书面形式对支付令提出异议。因为异议关系到支付令能否生效和督促程序是否终结，慎重起见，以书面形式提出异议更为妥当。

3. 异议必须针对债权人的请求和债务本身，对债权人的拒绝应当是实体上拒绝，而不是形式要件的拒绝。如果异议书对债务本身无异议，仅仅以缺乏还债能力作为抗辩，要求延期支付或分期支付或减免义务的负担，或只是对清偿期限、清偿方式等提出不同意见，则异议不能成立。

除对异议的法定形式要件进行必要审查外，我们认为，根据当事人平等原则，在督促程序中法院有权要求债务人在提出异议的同时，提供相应的事实和证据材料。如果债务人提供的证据和债权人提供的证据相对抗，明显证明债权债务关系不明确，或者双方有其他方面的债务纠纷，人民法院即可裁定终结督促程序；反之，如果债务人的异议没有明显令人信服的事实和理由，人民法院应当驳回债务人的异议，认定债权人主张成立，支付令生效。通过这种书面审查，虽然并不审查证据的真伪，但可通过审查有无支持异议成立的事实和证据，防止债务人轻易提出异议，导致督促程序的随意终结。

五、支付令失效将产生何种法律效果?

支付令，是指在督促程序中，根据债权人的申请，由人民法院发布的，旨在限令债务人履行支付义务或者提出书面异议的法律文书。支付令又称为支付命令、督促决定。若债务人在法定期间内既不履行债务又不提出异议，则发生强制执行的法律效力。支付令法律效力包括两个方面：（1）支付令具有督促债务人在法定期间内清偿债务的效力；（2）支付令具有与生效判决同等的法律效力。

新《民事诉讼法》第 217 条第 2 款规定：“支付令失效的，转入诉讼程序，但申请支付令的一方当事人不同意提起诉讼的除外。”支付令失效的法律效果为：导致督促程序终结，并向普通诉讼程序直接过渡，即产生债权人向法院提起诉讼程序的法律效果，除非债权人明确表示不同意提起诉讼。这实际上建立了督促程序与普通诉讼程序的有效衔接，即由督促直接进入一审诉讼程序，债权人无须另行起诉。这对督促程序的适用具有重大的支持和保障性作用，有效克服了 2007 年《民事诉讼法》有关督促程序终结后债权人“另行起诉”立法模式存在的种种弊端，体现了一个纠纷一次性解决的立法构架和平等地保障当事人的权利之程序公正理念。

督促程序因有普通诉讼程序作为其后续程序保障，这意味着在债权人和债务人之间合理地分配程序利益和诉讼风险。债务人应清楚异议只能是拖延给付的权宜之计，并不能从根本上逃避其本来应负的履行责任。如果明知自己无理而仍强词夺理提出异议，进入了后续诉讼程序，其后果只能是自己获得败诉的结果，并目还需偿付债权人更大数量的拖延支付的利息和负担更大数量的诉讼费用。如此，就会使债务人在是提出异议还是履行支付这一问题上做出慎重考虑，从而避免债务人滥用异议权。同样，债权人在申请支付令时必定会估计到由于债务人提出异议而转入普通诉讼程序进行法庭审理的诉讼风险，如果他认为自己在法律上有理，那么在启动程序时，他会尽量选择简便、快捷而又经济的督促程序，而不去选择复杂、耗时、耗费的普通诉讼程序；反之，债权人则不会贸然地去申请支付令。

对于如何实现两种程序的自动衔接，各国有不同的立法体例，在我国的学者也有争论。在德国、日本等国家，支付令失效，导致督促程序终结，并自动转入诉讼程序，诉讼程序溯及督促程序开始之时，并将支付令申请视为起诉，直接进入法庭审理，督促程序所经过的期间应计入普通审理审限。这种做法体现了一个纠纷一次性解决的立法构架，但忽视了当事人意愿和处分权利的行使。2007 年《民事诉讼法》规定，督促程序终结后，不会自动转入诉讼程序，债权人想要实现债权，必须按普通诉讼程序另行起诉，即诉讼程序是否开始取决于当事人意愿。债权人应当向有管辖权的法院起诉，起诉的法院有可能与申请支付令的法院不一样，而且级别管辖也有可能不同。这种做法体现了起诉自由和处分原则。但这种立法例将督促程序与诉讼程序截然分立，导致了司法资源浪费，并且当事人双方程序利益与诉讼风险分配不均衡，增加了债权实现的各项成本，也给债务人滥用异议权、拖延诉讼留下了空间，在一定程度上弱化了督促程序的作用。

新《民事诉讼法》的规定克服了上述立法的弊端，既尊重了当事人的起诉自由和处分原则，又大大简化了诉讼程序，保障了程序公正，最大限度地保护当事人的合法权益。具体体现在：法院对当事人的处分权给予充分的尊重和保障，将两种程序的转化的选择权赋予债权人。在支付令因债务人的异议而失效、督促程序终结的情况发生时，债权人是否还想对债务人继续追偿，理应由债权人自行决定。我们认为，债权人在行使选择权时，可选择适用以下途径：(1) 在申请支付令之时即作出是否转化的选择，同时督促程序适用过程中债权人可以随时撤回该选择转化的申请；（2）督促程序费用转为后续诉讼程序费用的一部分，以免申请支付令并起诉的债权人多承担费用。债权人在法院规定得期限内补足了后续诉讼费后即启动普通诉讼程序。债权人如果无正当理由不在法院规定的期限内补足诉讼费用，则视为不愿起诉。

此外，鉴于新法规定得较为简单，尽管立法上明确了督促程序可自动过渡到普通诉讼程序，但有些重要问题需要进一步在立法上探讨予以明确：

1. 在管辖权方面还需要明确。《民事诉讼法》规定督促程序案件由基层法院管辖。最高人民法院《关于适用督促程序若干问题的规定》第 1 条规定："基层人民法院受理债权人依法申请支付令的案件，不受争议金额的限制。"也就是说，无论标的数额大小，督促程序案件都由基层法院管辖，而不由中级人民法院或更高级别的法院管辖。这一规定便于债权人运用督促程序以简便、快捷地维护自己的合法权益。督促程序通过新《民事诉讼法》第 217 条的修改之后，其直接转入诉讼程序的，可能会出现督促程序之管辖法院与普通一审之管辖法院不一致的情况。我们认为，因发出支付令的法院对督促程序案件已有一定程度的认知和了解，由其继续审理案件较之按照普通一审程序来确定管辖法院，相对更有利于案件的快速审结，又可以避免由不同法院受理而带来的司法资源的浪费。但如果当事人之间的财产争议数额超出了基层法院受案范围，应当按照我国各级法院管辖划分标准和普通一审程序来确定管辖权，由发出督促支付令的基层法院依职权将案件移送给有管辖权的法院。

2. 诉讼费用负担问题也必须予以明确。为了更好地保护当事人的合法权益，应当将支付令申请费的负担与普通诉讼程序诉讼费的负担联系起来。鉴于督促程序的简便易行性，我国规定的支付令申请费较低，每件仅交纳 100 元。在督促程序转为诉讼程序后，督促程序的申请费应充抵为诉讼费，不足的部分由受案法院通知债权人补交，过期不交诉讼费用视为不愿起诉。这有利于降低债权人的诉讼成本，促使债权人选用督促程序。如果债务人不提出异议，申请费由债务人负担；如果异议合法转入普通诉讼程序，则由败诉人承担。这也体现了诉讼费用的制裁作用。

第十章　民事一审程序的完善

一、起诉状与答辩状应记明哪些事项？其在性质上有何区别？

根据新《民事诉讼法》第121条的规定，起诉状应当载明的事项包括：(1) 原告的姓名、性别、年龄、民族、职业、工作单位、住所、联系方式，法人或者其他组织的名称、住所和法定代表人或者主要负责人的姓名、职务、联系方式；(2) 被告的姓名、性别、工作单位、住所等信息，法人或者其他组织的名称、住所等信息；(3) 诉讼请求和所根据的事实与理由；(4) 证据和证据来源，证人姓名和住所。与此同时，根据新《民事诉讼法》第125条第1款的规定，答辩状应当记明被告的姓名、性别、年龄、民族、职业、工作单位、住所、联系方式；法人或者其他组织的名称、住所和法定代表人或者主要负责人的姓名、职务、联系方式。

（一）起诉状应载明事项的立法过程及其原因

根据2007年《民事诉讼法》第117条的规定，起诉状应当记明的事项包括：(1) 当事人的姓名、性别、年龄、民族、职业、工作单位和住所，法人或者其他组织的名称、住所和法定代表人或者主要负责人的姓名、职务；(2) 诉讼请求和所根据的事实与理由；(3) 证据和证据来源，证人姓名和住所。《民事诉讼法》修改草案一审稿将其第（一）项调整为"当事人的姓名、性别、年龄、民族、职业、工作单位、住所、身份号码、联系方式，法人或者其他组织的名称、住所和法定代表人或者主要负责人的姓名、职务、联系方式"，第二稿草案进一步将其调整为"（一）原告的姓名、性别、年龄、民族、职业、工作单位、住所、身份号码、联系方式；法人或者其他组织的名称、住所和法定代表人或者主要负责人的姓名、职务、联系方式；（二）被告的姓名、性别、工作单位、住所等能够确定其身份的信息"。对照2007年《民事诉讼法》、《民事诉讼法》修改草案一审稿和二审稿以及新《民事诉讼法》，起诉状应当载明事由的争议点在于"身份号码"、"联系方式"以及"法定代表人或者主要负责人的姓名、职务"等三个方面。

在"身份号码"、"联系方式"方面，旧《民事诉讼法》并没有要求当事人在起诉状中载明，一审稿不仅要求原告在诉状中载明自己的身份号码与联系方式，而且要求原告在诉状中载明其他诉讼当事人的身份号码与联系方式。这无疑加大了原告的起诉难度，甚至在某些情形下将导致原告“有冤无处诉”而涉嫌侵犯公民的裁判请求权。也正因为如此，一审稿公布以后，诸多学者对该修正方案表示异议，二审稿仅保留原告提供己方身份号码、联系方式的义务，而不再要求其提供其他当事人的身份号码与联系方式。最后通过的修正案则仅保留要求原告在起诉状中载明其自身联系方式的义务，而对其是否应当提供身份号码则没有作明确规定。从该修法过程中可以看出，立法者最初试图从便利法院行使审判权的角度出发，对原告课以极为严格甚至苛刻的要求，随后，基于学界与民间的呼吁，立法者考虑到对裁判请求权保障之必要而放宽前述要求，最终仅增加要求原告提供己方的联系方式。应该说，该修法过程彰显立法民主精神，典型地反映了便利法院行使审判权向便利当事人行使裁判请求权的方向发展的基本趋势。

尽管如此，我们仍然有必要进一步检讨立法者不再要求原告提供自己身份号码的原因。事实上，要求原告提供己方身份号码往往并不存在太大问题，但是，在我国的特殊法治环境下，并非所有的原告都具有所谓的“身份号码”。首先，未成年人普遍尚未办理身份证，不存在所谓的“身份号码”；其次，中国基层存在大量的“黑户”人口，这些人虽然存在利用诉讼之必要，但却没有所谓的“身份号码”，如果要求原告提供自己的所谓“身份号码”无疑等于剥夺其裁判请求权，或者不恰当地推迟其得行使裁判请求权的机会（先补办户口才能起诉）；再次，对于外国人在中国提起民事诉讼的，起诉状所载明的“身份号码”所指不明，是其所在国家的 ID 抑或护照号码不无疑问；最后，要求原告提供身份号码不具有急迫性，只要能够联系上原告，在开庭日再行收集其身份号码并非不妥当。基于以下几个方面原因的综合考量，本书认为，立法者不要求原告提供身份号码是明智的选择。

在“法定代表人或者主要负责人的姓名、职务”方面，2007 年《民事诉讼法》第 117 条要求原告在诉状中载明“法人或者其他组织的名称、住所和法定代表人或者主要负责人的姓名、职务”，一审稿及二审稿则在 2007 年《民事诉讼法》规定的基础上进一步要求原告在起诉状中载明法定代表人或者主要负责人的联系方式，但最终通过的修正案则不仅不要求原告在起诉状中载明法定代表人或主要责任人的联系方式，而且还进一步免除原告载明法定代表人或主要责任人姓名、职务的义务。尽管新《民事诉讼法》对法院行使审判权方面带来某种程度的不便，但基于原告在知悉法定代表人或主要负责人姓名、职务、联系方式方面存在着较大的困难，如果原告提供法人或者其他组织的名称、住所等信息足以确保法院能够查询、确定该法人或其他组织，则由法院通过工商查询等方式完成法定代表人与主要负责人的确定与联系工作较为妥当。因此，本书对新《民事诉讼法》的前述修改表示赞同。详言之，尽管法人或者其他组织通常存在登记制度，潜在的原告可以通过工商查询或者其他方式获悉其法定代表人或者主要负责人的姓名、职务甚至联系方式，但限于众所周知的原因，公民在依法查询相关信息时往往得不到相关职能部门的配合而无法迅速、准确地获得必要信息，而法院查询则较为容易被协助查询机关所接受，且法定代表人、主要负责人的信息通常都有所备案登记，只要协助查询机关配合，查询难度与成本是微乎其微的，因而，由法院在必要情况下查询相对于强人所难地要求原告自行查询更为科学，也有助于保障公民接近司法的权利。此外，在被告提交答辩状的情形下，新《民事诉讼法》要求作为被告的法人、其他组织在答辩状中载明其法定代表人或者主要负责人的姓名、职务、联系方式，如果被告按照规定进行答辩并提供前述信息，此时，法院只需要核实信息是否属实即可，而无须展开专门的查询活动，这也彰显了诉讼效益原则。

（二）答辩状应载明事项的立法过程及其原因

2007 年《民事诉讼法》并没有要求被告在答辩状中载明被告身份、联系方式等信息，一审稿也未对此加以调整，二审稿则在 2007 年《民事诉讼法》第 113 条中增加要求被告在答辩状中提供“答辩状应当记明被告的性别、年龄、民族、职业、工作单位、住所、身份号码、联系方式；法人或者其他组织的名称、住所和法定代表人或者主要负责人的姓名、职务、联系方式”等信息，最终通过的修正案对二审稿只删除二审稿中的“身份号码”，其他内容均与二审稿相同。由此可见，答辩状在是否应当载明被告信息事项以及是否应当载明被告身份号码方面存在探讨空间。

在答辩状是否应当载明被告相关信息方面，本书认为，尽管是否答辩、是否提交答辩状属于被告处分权范围内的事项，但立法者仍然可以设置规范对此加以必要引导，但无论如何，二审稿与新《民事诉讼法》要求答辩人载明其自身相关信息的规定在解释论上只能解释为倡导性规范，而非强行性规范。究其原因，主要体现在以下两个方面：其一，新《民事诉讼法》尚未采纳学界有关“强制答辩”的立法建议，而重申“被告不提出答辩状的，不影响人民法院审理”，并且没有规定对拒不提出答辩状之被告采取任何制裁性措施。既然答辩状的提出与否属于当事人处分权作用范围，答辩状中是否载明答辩人相关信息也就不应当成为强制性要求，所谓的“应当”只能解释为“尽量”、“鼓励”、“提倡”，而不宜解释为“必须”。其二，被告提出答辩状但未载明其自身相关信息并不必然导致法院行使审判权遭受严重不便利，法院完全可以在开庭审理前或在开庭审理过程中通过口头询问或者其他方式对该信息加以收集。

至于在是否应当载明被告身份号码方面，基于前文在阐述不应当要求原告在起诉状中载明其身份号码的原因，新《民事诉讼法》也未将身份号码作为被告载入答辩状的事项。

通过前述分析，我们可以看出，对于原告应当在起诉状中载明的事项而言，其在性质上宜被理解为起诉要件，而对于被告最好在答辩状中载明的事项而言，其在性质上则不宜理解为答辩要件。也就是说，如果原告向法院递交的诉状没有载明“应当”记明的事项，法院应当要求其补正后才予以审查是否决定立案，但与此不同，如果被告根本就没有提出答辩状，或者虽然提出答辩状但答辩状并未载明“应当”记明的事项，不影响法院对案件的审理。

二、如何理解和适用民事诉讼法对当事人起诉权利的保障？

当代中国民事诉讼法发展的基本动向是从以民事诉讼运营者立场为主轴向以民事诉讼程序利用者立场为主轴的转变，① 而强化对当事人起诉权利的保障便是这种转变的重要体现之一。本次《民事诉讼法》修改在对当事人起诉权利保障方面所进行的努力主要有：（1）妥善确定当事人应当在起诉状或答辩状记明的事项范围，其典型是不再要求原告载明“法定代表人或者主要负责人的姓名、职务”；（2）立法者为扶持 ADR 发展而规定先行调解制度，但明确规定当事人拒绝调解的不得适用先行调解制度；（3）增加新的规定，要求“人民法院应当保障当事人依照法律规定享有的起诉权利”。

新《民事诉讼法》在保障当事人起诉权利方面规定可以做如下的梳理和解释：

第一，第 123 条有关“人民法院应当保障当事人依照法律规定享有的起诉权利”的规定可以理解为原则性规定。2007 年《民事诉讼法》尽管存在保障提起诉讼权利之规定，但并无出现“起诉权利”之表述，而新《民事诉讼法》直接采取该表述，并要求法院对此加以保障，这彰显立法者对程序利用者立场的强化，也有助于唤醒法院系统对当事人起诉权利的保护意识，在某种意义上也为其他具体保障起诉权利的措施奠定基础。根据立法机关相关负责人的解释，第 123 条有关“人民法院应当保障当事人依照法律规定享有的起诉

---

① 有关上述两种不同诉讼观的阐述，参见［日］新堂幸司：《新民事诉讼法》，林剑锋译，法律出版社 2008 年版，代译序第 2 页。

权利”的着眼点在于“法律规定”，意指法院的受案范围只能由法律规定，最高人民法院以及各级人民法院通过司法解释或者其他内部规定方式将某些类型案件排除在受案范围以外的做法就是违反新《民事诉讼法》第123条的规定而侵犯了当事人的起诉权利。前述解释如果能够得到法院系统的贯彻与执行，那么，当前诸多限制受案范围的规范性司法文件以及内部规定都将因为新法的实施而失去法律效力，这对当事人起诉权利的保障力度将是超越人们所预期的。

第二，新《民事诉讼法》第119条的规定可以视为对起诉权利或者其行使设置的限制条件。起诉权利并非没有任何限制，为防止起诉权利被滥用而浪费司法资源、给被告带来不必要的诉累、甚或导致诉讼成为违法危害他人合法权益的手段，并且考虑到我国法院在案件受理数量方面的承受能力，通过起诉要件过滤对某些案件的受理应当说是国际通行做法，各法域的区别主要在于起诉条件的设置宽窄。然而，就我国而言，尽管学者早已呼吁区分起诉要件、诉讼要件与胜诉要件，并适度放宽案件受理门槛，将起诉要件限定于递交起诉状与预交诉讼费用两者，但2007年、2012年两次《民事诉讼法》修改均未对“起诉必须符合”的条件加以改革，特别是在我国承认与本案不存在直接利害关系的“法律规定的机关和有关组织”有权针对污染环境、侵害众多消费者合法权益等损害社会公共利益的行为向人民法院提起公益诉讼的情形下，依然坚持“原告是与本案有直接利害关系的公民、法人和其他组织”作为起诉必须符合的条件的做法存在着体系解释的冲突。未来《民事诉讼法》的发展方向应当是降低起诉门槛，区分起诉要件、诉讼要件与胜诉要件。只要这样，才契合强化当事人诉讼权利保障力度的需要。

第三，在第120条第1款原则上要求起诉必须有起诉状的基础上，其第2款为书写起诉状确有困难者设置口头起诉制度，彰显了对特殊群体的起诉权利的保障。尽管我国文盲人口的比例已经大为降低，但在农村基层司法方面仍然存在大量书写起诉状确有困难的人员，而农村基层的法律援助事业往往也严重不足，并且农村基层的民事纠纷标的额通常较小而导致其聘请律师不符合比例原则，甚至当事人愿意聘请律师往往也因为农村基层法律人才的匮乏而不得不作罢，在此种国情下，以口头起诉作为书面起诉的必要补充应当说是非常重要的。

第四，第121条有关起诉状应当记明事项的规定、第125条有关答辩状应当记明事项的规定、第122条有关先行调解以当事人不拒绝调解为前提的规定均彰显了对当事人起诉权利的保障，基于前文已经较为详尽的分析，不再赘述。

第五，第 123 条后一句有关法院对起诉处理的规定对保障当事人的起诉权利具有重要意义。法院审查认为起诉符合起诉条件的，应当在 7 日内立案，并通知当事人；不符合起诉条件的，应当在 7 日内作出裁定书，不予受理；原告对裁定不服的，可以提起上诉。在起诉符合起诉条件的情形下，法律明文要求其在 7 日内立案，并在该期限内通知当事人，通常表现为向原告送达立案通知书，这对原告知悉诉讼进度并为诉讼做准备创造了条件。更为重要的是，在法院审查认为起诉不符合起诉条件的情形下，法院应当在 7 日内裁定不予受理，而当事人对该裁定不服的，可以提起上诉，这就通过上诉审程序保障当事人的起诉权利，避免基层法院将案件扼杀在萌芽状态。

第六，第 124 条规定法院不受理的若干种情形的同时，还强化法院的告知义务，有助于原告知悉其起诉不被受理之原因，进而避免其无益地针对不予受理裁定或驳回起诉裁定提起上诉，这种释明义务的履行在某种意义上也强化法院裁定书的说服效力，并据此增强司法公信力。这种做法将反射性地促进当事人理性行使起诉权利，从这种意义上来讲，也就有助于对当事人起诉条件的保障。

三、先行调解是否侵犯或妨碍公民的裁判请求权?

新《民事诉讼法》第 122 条规定："当事人起诉到人民法院的民事纠纷，适宜调解的，先行调解，但当事人拒绝调解的除外。"本条规定确立了中国特色先行调解制度，其特点主要体现在：（1）调解程序的启动不依当事人的主动申请而启动；（2）调解程序得因当事人的明确反对而终结；（3）所谓先行调解不再等于调解前置，其建立在明示或者默示调解合意的基础上。基于当事人调解合意的介入，我国先行调解系按照自愿调解原理加以设置的，不涉及对公民裁判请求权的侵害或妨碍问题。与此同时，为了贯彻扶持 ADR 发展的国际性公共政策，在立法技术方式采取"不反对即同意"的调解合意推定模式，在遵循自愿调解原理的基础上，最大限度地提高适用调解化解民事纠纷的可能性。

尽管我国的先行调解系按照自愿调解原理加以设置，但这并不等于诉前强制调解的讨论已经不存在必要性。笔者认为，伴随着接近司法正义运动的兴起，实现司法正义的途径不再局限于诉讼，诉讼机制在实现正义方面存在着某些障碍，因而调解部分地承担起实现以往唯有诉讼机制所能实现的正义的任务，而诉前强制调解就是增强调解实现类似诉讼所能实现正义功能的典范。尽管如此，诉前强制调解仍然可能现实地推迟纠纷当事人获得正式司法救济的时间，因此，对诉前强制调解程序的性质、适用诉前强制调解协议的案件类型、组织诉前强制调解者的身份以及诉前强制调解的法律效力等方面必须有所规制。诉前强制调解程序的性质应当定位为法院调解，否则将可能对裁判请求权造成不必要的妨碍。法院调解的司法 ADR 属性决定了适用诉前强制调解制度的调解者必须具有司法或者准司法的身份，而人民调解委员会不具有这种身份，人民调解前置主义将极有可能导致人民调解委员会嬗变为准司法机关，而这已有英国行政裁判所司法化的前车之鉴。诉前强制调解的正当性是建立在其有限性的基础上的，只有特定类型案件践行诉前强制调解才符合比例原则，已经确定诉前强制调解制度的国家、地区基本上都从正面规定和反面排除两个方面来限制适用该制度的案件类型。诉前强制调解尽管属于司法 ADR，具有基本程序正义的保障，但是调解的本义就在于鼓励双方当事人对案件事实进行必要的模糊化处理而相互让步以达成解决纠纷的方案，因而诉前强制调解的程序设置不可能与普通争讼程序相媲美，不具有产生既判力的正当性基础。即使大陆法系立法将诉前强制调解的法律效力与确定判决效力相等同，然而，从学理上来讲，诉前强制调解的效力仅限于形式确定力和附条件的执行力（条件为调解协议经过法院审核)，而且诉前强制调解产生这两种效力的机理与确定判决不同。①

四、如何理解民事诉讼审前准备程序的主要价值和功能?

在理论层面，民事诉讼审前准备程序的主要价值在于以下几个方面：有利于发现案件事实真相、有利于实现实体公正、有利于当事人在庭审中平等对抗及实现诉讼程序公正、有利于当事人诉讼资源和法院审判资源的合理配置而最大限度地提高庭审效益以实现程序效益。

民事诉讼审前准备程序的功能大致包括以下几方面，即收集与固定证据功能、整理争点功能、促进合意解纷功能等。下文拟从新《民事诉讼法》规范分析的角度对我国民事诉讼审前准备程序的功能加以梳理。

第一，诉讼文书送达。根据新《民事诉讼法》的规定，人民法院应当对其所收到的起诉状或者口头起诉进行审查，认为不符合起诉条件的，应当在7日内裁定不予受理。认为符合起诉条件的，应当在7日内立案，通知原告(受理案件通知书)，并在立案之日起5日内向被告发送起诉状副本以及应诉通知书，要求被告在长达15日的答辩期内作出答辩。但是，答辩是权利，而非义务，如果被告不答辩，也不影响人民法院对案件的审理。如果被告答辩，人民法院应当在收到答辩状之日起5日内，向原告送达答辩状副本。在开庭3

① 肖建国、黄忠顺:《诉前强制调解论纲》，载《法学论坛》2010年第6期。

日前，应当通过“传票”传唤当事人到庭，而对于其他诉讼参加人，则使用“开庭通知书”通知其到庭。换言之，传票只适用于原告和被告，对于诉讼代理人、证人、鉴定人、勘验人、翻译人员，则通过开庭通知书而非传票的形式通知其到庭。此外，诉讼文书还可以通过委托送达方式进行送达，但是，对于受送达人下落不明，或者诉讼文书需要由有关单位转交送达的案件，则不能适用委托送达制度。

第二，告知相关事项。根据新《民事诉讼法》第 126 条的规定，人民法院对决定受理的案件，应当通过受理案件通知书和应诉通知书或者通过口头形式告知当事人有关的诉讼权利和义务。之所以这么做，就是因为：第一，通过诉讼权利义务的告知，使得当事人获悉有关诉讼信息，从而使其在诉讼和其他非讼纠纷解决机制之间做出选择，减缓诉讼压力；第二，通过诉讼权利义务的告知，使得当事人获悉有关诉讼的程序性事项，使其诉讼过程中得以通畅进行。此外，根据新《民事诉讼法》第 128 条的规定，合议庭组成人员确定后，应当在 3 日内告知当事人。之所以这么做，就是为了确保当事人有时间和机会去了解合议庭组成人员与当事人之间是否存在利害关系，从而决定是否向人民法院申请特定审判人员回避。

第三，确定管辖法院。新《民事诉讼法》第 127 条属于本次修法新增内容，其设置动机在于谋求在审前准备程序中解决管辖争议问题。根据该条规定，人民法院受理案件后，当事人对管辖权有异议的，应当在提交答辩状期间提出。人民法院对当事人提出的异议，应当审查。异议成立的，裁定将案件移送有管辖权的人民法院；异议不成立的，裁定驳回。当事人未提出管辖异议，并应诉答辩的，视为受诉人民法院有管辖权，但违反级别管辖和专属管辖规定的除外。

第四，审核诉讼材料、调取证据。根据新《民事诉讼法》第 129 条至第 131 条的规定，合议庭成员应当认真审核起诉状、答辩状以及有关证据材料，并在此基础上，掌握争议的焦点和需要庭审调查、辩论的主要问题。在审前准备阶段，人民法院可以依申请或者依职权调取必要证据，但在调查时，应当出示证件，制作经由被调查人、调查人签名或者盖章的调查笔录。人民法院在必要时可以委托外地人民法院调查，尽管委托调查必须提出明确的项目和要求，但是，受委托人民法院可以主动补充调查。与此同时，人民法院在审前准备阶段，还可以通过“和解协调”、“协助调解”以及“委托调解”等制度实行审前调解，以促进纠纷多元解决机制的发展。

第五，追加必要共同诉讼。根据新《民事诉讼法》第 132 条的规定，必须共同进行诉讼的当事人没有参加诉讼的，人民法院应当通知其参加诉讼。事实上，在必要共同诉讼人的追加方面，追加必要共同诉讼人参加诉讼的方式有两种：一是依职权追加；二是依申请追加。需要注意的是，应当追加的原告，已明确表示放弃实体权利的，可不予以追加（在此之前，已明确表示放弃实体权利的人提起诉讼的，不予受理）；既不愿意参加诉讼，又不放弃实体权利的，仍应当追加为共同原告，其不参加诉讼，不影响人民法院对案件的审理和依法作出判决。但是，对于应当追加的被告，则一律适用强制追加。

第六，程序转换与案件分流。新《民事诉讼法》第 133 条前三项的规定，人民法院对受理的案件，分别情形，予以处理：（1）当事人没有争议，符合督促程序规定条件的，可以转入督促程序；（2）开庭前可以调解的，采取调解方式及时解决纠纷；（3）根据案件情况，确定适用简易程序或者普通程序。据此，民事诉讼审前准备程序还具备程序转换与案件分流的制度功能。在扶持 ADR 发展业已成为国际性公共政策的背景下，诉讼机制与非诉讼机制之间的分工衔接对民事纠纷的及时、有效、妥当解决具有重要价值。因而，本次《民事诉讼法》修改增置第 133 条的规定契合纠纷解决理论发展的基本态势。诚然，从立法宗旨上肯定第 133 条的设置并不等于从内容的科学性上全盘肯定其规定。中国人民大学法学院于征求意见稿公布后在其呈报全国人大法制工作委员会的《关于〈民事诉讼法〉修正意见的报告》中指出，第 113 条第（一）项的规定不尽科学，当事人没有争议意味着被告对原告的诉讼请求认诺，法院直接作出认诺判决即可，而无须将诉讼程序转入督促程序。本书认为该观点可取，但在新《民事诉讼法》已经通过的今天，当下学界的任务已经从立法论转向解释论。本书认为可以对第 133 条第（一）项的规定作目的性限缩解释：当事人没有争议，符合督促程序规定条件，且当事人能够当场履行或者原告明确要求的，法院可以将诉讼程序转入督促程序。之所以如此解释，就是因为认诺判决相对于支付令而言具有更强的纠纷解决效力，其民事权益保护力度也较大，在不能确定督促程序能够迅速解决纠纷、保护权益的情形下，认诺判决制度应当优先于督促程序，除非原告自甘冒着被告在督促程序中阻止支付令生效风险而主动要求将诉讼程序转入督促程序。

第七，提交证据、交换证据与争点整理。根据新《民事诉讼法》第 133 条第（四）项的规定，人民法院对受理的案件需要开庭审理的，通过要求当事人交换证据等方式，明确争议焦点。事实上，早在本次《民事诉讼法》修改之前，为了防止《民事诉讼法》确立的“证据随时提出主义”导致诉讼迟延、证据突袭、减损裁判稳定性等弊端，最高人民法院通过《关于民事诉讼证据的若干规定》对将其悄然置换成“证据适时提出主义”，要求当事人在审前准备程序中完成提交证据、交换证据，而审判庭则完成争点整理工作，使得开庭审理程序有的放矢，在庭审程序中，当事人仅围绕着对纠纷解决有意义且当事人之间存在实质性争议展开攻击防御，通过排除没有必要审理的事项而提高诉讼效率，通过增加当事人对诉讼走向预期程度而引导当事人诉诸非诉讼解纷机制。至于何为所谓的“争议焦点”，本书将在下文另行研讨。

五、如何理解“没有争议”与“争议不大”的案件？

根据新《民事诉讼法》第133第（一）项规定，当事人没有争议，符合督促程序规定条件的，可以转入督促程序。与此同时，按照新《民事诉讼法》第157条第1款的规定，基层人民法院和它派出的法庭审理事实清楚、权利义务关系明确、争议不大的简单的民事案件，依职权适用《民事诉讼法》第十三章所规定的简易程序。据此，在基层人民法院及其派出法庭审理民事案件的情形下，当事人没有争议，且符合督促程序规定的其他条件的，可以转入督促程序，而当事人争议不大，且符合简易程序其他适用条件的，采取简易程序对案件进行审理。在极端的情形下，案件是转入督促程序还是简易程序的关键就在于系“当事人没有争议”抑或“争议不大”。基于此，如何理解“没有争议”与“争议不大”及其相互之间的关系，对确定督促程序与适用简易程序各自的案件范围方面具有重要意义。

（一）如何理解“没有争议”

新《民事诉讼法》第133条的行文表述并没有明确当事人没有争议的对象，在解释论上存在着“当事人对诉讼请求、事实和证据没有争议”、“被告对原告的诉讼请求没有争议”、“双方当事人对将案件转入督促程序不存在争议”等多种不同解释路径。应该说，当事人对诉讼请求、事实和证据没有争议的解释更为贴切立法本意。然而，本书认为，为防止争讼案件被无益转入督促程序，对“当事人没有争议”的对象应当作目的性扩张解释，即除要求当事人对诉讼请求、事实和证据没有争议的同时，还应当要求双方当事人对将案件转入督促程序不存在争议。首先，对于原告而言，既然案件符合督促程序规定条件而原告并没有启动督促程序而选择提起普通民事诉讼，这在某种意义上即是原告行使程序选择权的结果，而法院强制将案件转入督促程序显然无助于对当事人诉讼主体性的保护。其次，对于被告而言，既然原告已经对其提起民事诉讼，被告在诉讼准备方面已经付出努力，如果法院违背被告意志而强行将普通诉讼程序转入督促程序，被告可以简单地通过提出异议迫使案件回到普通程序。最后，对于法院而言，未经当事人同意即将案件转入督促程序，不利于向当事人提供及时、有效的司法保护。综上所述，在解释论上，本书主张将“当事人没有争议”解释为当事人对诉讼请求、事实和证据没有争议并且对法院将案件转入督促程序也不存在异议。

（二）如何理解“争议不大”

新《民事诉讼法》第157条行文尽管也没有直接表明“争议不大”的对象，但从体系解释上应当将其仅界定为“当事人对诉讼请求、事实和证据没有大的争议”。首先，在本条第1款中，“争议不大的简单的民事案件”的表述难以将其中的“争议不大”解释为“对适用简易程序解决该争议不存在争议”。其次，是否同意适用简易程序解决纠纷只存在“存在争议”或者“不存在争议”两种情形，而不存在“争议不大”情形。再次，“争议不大”与“事实清楚”、“权利义务关系明确”并列，而另外两者均不关当事人对适用简易程序的合意问题，“争议不大”也不宜与此扯上关系。最后，该条第2款有关双方当事人合意适用简易程序的规定，也可以反面解释出第1款的规定是法院依职权适用简易程序，因而，“争议不大”不能解释为合意适用简易程序。应当补充说明的是，简易程序的适用范围应当遵循法定原则，否则可能导致简易程序的过分扩大适用，从而侵害当事人获得普通程序公正审判的权利。当事人不得为适用简易程序或小额程序而提出部分诉讼请求，但已向法院表明就其余诉讼请求不另起诉的除外。

六、审前当事人证据交换制度的意义有哪些？

证据交换制度，是指开庭审理之前，双方当事人在法院审判人员的支持下，彼此交换己方所持有的证据的制度。首先，启动证据交换的方式也有两种：（1）对于一般案件，法院依当事人申请组织交换证据；（2）对证据较多或者复杂疑难的案件，法院可以依职权组织证据交换。其次，证据交换的时间应当在开庭审理之前，具体时间既可以由当事人协商一致并经法院认可，也可以由法院指定。法院组织当事人交换证据的，交换证据之日举证期限届满。当事人申请延期举证经法院准许的，证据交换日相应顺延。再次，当事人收到对方交换的证据后提出反驳并提出新证据的，法院应当再次指定证据交换时间。最后，证据交换的次数一般不得超过两次，但是对于重大、疑难和案情特别复杂的案件，法院认为确有必要的，可以再次进行证据交换。

审前当事人证据交换制度能够使当事人事先了解对方掌握且可能在诉讼中使用的证据情况而有针对性地进行诉讼准备工作，而法院也可以借此机会整理当事人争议焦点以确保开庭审理程序有效进行，也有助于法院引导当事人将纠纷提交非诉讼纠纷解决机制加以解决而契合扶持ADR发展的公共政策。详言之，审前当事人证据交换制度的意义主要有以下几个方面：首先，防止证据突袭，强化诉讼程序的正当性基础；其次，整理争议焦点，贯彻集中审理原则而提高法院纠纷解决效益；再次，引导案件分流，促进 ADR 发展并减轻法院负担；最后，增强当事人对裁判预期及其可接受性，促进协商性司法。

七、如何理解“争议焦点”？

本书认为，新《民事诉讼法》中的“争议焦点”即是学术界所谓的“争点”。所谓争点，是指当事人围绕着其真伪或存在与否持有完全相左的主张，处于争执不下状态，且对于解决案件至关重要的事实。① 根据前述概念，争点的特征主要有以下几点：首先，争点是当事人双方相持不下的争议点。所谓相持不下是指当事人双方对事实的真伪及存在与否持有完全相左的看法，但双方谁都没有足够明显的优势证据或理由去击败对方，说服法官。这里的争点一般包括法律方面的争点、事实方面的争点和证据方面的争点，在扩大的意义上理解，也包括程序上的争点。其次，争点主要形成于审前阶段。争点整理的功能主要是为了简化程序和固定证据，提高审判效率。这种功能决定了争点形成与整理的时间要在审判阶段之前。再次，根据审前阶段的特点和当事人主义，争点只能由当事人双方本人提出。即争点提出的主体只能是双方当事人，而不能由法院或者其他人提出。最后，争点对诉讼的进行或者结果具有实质性的影响。争点是案件的焦点，也是需要法官对之作出裁判的重要事项。与诉讼的进程或者案件的审理结果有着重要关系。也即争点是当事人之间权利义务的争执事项或者构成当事人权利分配的基础事项。如果争点对诉讼的进行和结果没有实质性的影响，那么对这样的争点整理不仅不能提高效率，而且影响审判的集中进行。②

八、如何适用争点整理程序？

新《民事诉讼法》对争点整理程序的规定只有第 133 条第（四）项的原则性规定，其具体程序设置方面留由最高人民法院在今后通过司法解释的方式加以解决。

（一）争点整理程序的主体

按照新《民事诉讼法》第 133 条的行文表述，人民法院对受理的案件需要开庭审理的，通过要求当事人交换证据等方式，明确争议焦点。据此，按照字面解释，明确争议焦点的主体应当是法院，而当事人交换证据等仅仅是法院

---

① 王亚新：《民事诉讼准备程序研究》，载《中外法学》2000 年第 2 期。

② 陈俊明：《我国民事诉讼争点整理程序的改革和完善》，载《江苏警官学院学报》2010 年第 3 期。

确定争议焦点的手段。然而，在比较法上，争点整理程序主体主要是当事人，而法院的功能主要体现为程序主持者并在必要时以妥当的方式介入争点整理程序以向当事人提供必要的协助。基于处分权主义与辩论主义，争议焦点范围的确定主要取决于当事人，在诉讼参加人对争点理解存在偏差而纠缠于与本案解决不相关争议点或者遗漏对纠纷解决具有重要意义的争议点时，法院通过行使阐明权的方式予以制止或提醒。与此同时，如果案件涉及国家利益或社会公共利益事项或者纯粹程序性事项，法官具有依职权查明的义务，应当将当事人未对此加以争议的前述事项纳入到争点整理的对象范围中来。

（二）争点整理程序的客体

学者在比较研究的基础上将争点整理程序的客体区分为诉讼标的、案件事实、证据认定以及法律适用四个方面的争议焦点。

在诉讼标的确定方面，基于不告不理原则的要求，法院审理案件的诉讼标的范围由当事人（尤其是原告）确定，法院所分担的作用在于为当事人进行必要的释明和指导。事实上，诉讼标的是双方当事人之间位阶最高的争点，其他类型争点的整理只有在诉讼标的确定之后才能有效展开。诉讼标的主要通过原告的起诉状加以确定。诚然，当事人在起诉状中的表述未必规范，我们无法期待未经法律职业教育且未经咨询、委托法律职业人员的当事人能够在其书写的起诉状中明晰地表明诉讼标的，况且诉讼标的往往系通过诉讼请求得以间接表达出来，因而，在确定诉讼标的方面，法院的辅助性介入显得尤为重要。在比较法层面，德国《民事诉讼法》第 253 条要求起诉状载明诉讼标的是有着不同于中国的法治环境的，我国不宜照搬。详言之，德国法律服务较为宽裕，原则上采取律师强制代理主义，在律师广泛参加民事诉讼的情形下，要求起诉状载明诉讼标的并不为过。然而，在我国法律服务严重不足的情形下，立法采取本人诉讼主义，要求未经专业培养之当事人辨清支持其诉讼请求的法律关系确实属于强人所难，实不足取。

在事实争点整理方面，基于当事人之间争议的案件事实并非都具有法律意义，即使具有法律意义，也未必对解决本案纠纷具有积极功效，通过事实争点整理程序将对纠纷解决不存在积极价值甚至存在消极意义的事实排除在开庭审理程序以外，这有助于贯彻集中审理原则、提高法院的纠纷解决效率。此外，事实争点整理可以将对纠纷解决具有积极价值，但双方当事人对其不存在争议的案件事实提前加以认定，避免法院将当事人不存在争议的事实一并纳入开庭审理程序加以审理。更为重要的是，事实争点的整理还有助于指明证据收集方向、增强纠纷解决的可预测性并引导案件分流。

在证据争点整理方面，基于避免当事人提出无实际意义的事实主张、明确当事人寻求收集证据的方向、防止“诉讼突袭”、平衡追求实体利益和程序利益以及促进诉讼集中审理的需要，法院通常在审前准备程序中组织双方当事人交换证据，并对证据发表看法，而法院则在其基础上完成证据争点整理工作。证据交换建立在当事人举证的基础上，当事人完成举证责任的方式有提交证据与申请法院调查取证两种。在当事人提交证据与法院依职权或依申请调查证据完成之后，法院方能组织证据交换。证据交换的对象需要明确两方面的内容：一是当事人是否需要交换不利于自己的证据；二是法院调查收集的证据是否需要交换。对于前者，最高人民法院《关于民事诉讼证据的若干规定》对此并未予以界定。实践中，一般仅限于当事人所收集的将在法庭上提出的对自己有利的证据。立法上如果硬要当事人交换对自己不利的证据材料，则难免有强人所难之嫌。因此，我国证据交换的对象应限于当事人双方将要在庭审时出示的证据，即往往为对自己有利的证据，对持有人不利的证据，对方只有通过立法上完善证据收集程序才能获得。至于后者，《证据规定》并未将其纳入证据交换的范围内。在当事人收集调查证据权利缺乏保障的情况下，有时会出现来自法院收集的证据对当事人造成证据突袭现象，故应在司法解释完善前由法官在实践中补充漏洞。①

在法律争点整理方面，尽管法律适用属于法官的职责，但是，如果法官适用当事人未能预知的法律观点拟定审判方向或作出裁决，则势必造成“适用法律的突袭”，同时也因当事人付出不必要的时间和费用或提起上诉而造成“诉讼的突袭”。因此，为防止诉讼突袭和充分保障当事人的辩论权，最终实现正确、迅速地适用法律和作出慎重和经济的裁决，有必要通过整理法律争点，在法院和当事人之间进行讨论和对话形成适用法律的共识。换言之，法院与当事人在争点整理程序中，就法律适用任务的分工是：依据“法官知法”的原则，法官适用法律的职责不受当事人所主张的法律见解的约束，但为保障当事人的听审权、辩论权，并为防止突袭性裁判，法院则负有与当事人就法律适用问题进行对话，并适时说明某具体事实是否产生特定法律效果的法律见解的义务。②

（三）争点整理的时间

争点整理属于审前准备程序的核心内容，争点整理应当在开庭审理之前完

---

① 赵泽君：《论民事争点整理程序》，西南政法大学2007年博士学位论文，第117～118页。

② 赵泽君：《论民事争点整理程序》，西南政法大学2007年博士学位论文，第122～123页。

成，尽管开庭审理过程中并不排除审判庭对双方当事人争议焦点做进一步调整，但审理程序中的整理不再归入审前争点整理程序。争点整理以当事人完成举证为前提，如果要求在开庭审理前完成争点整理工作，必然导致要求当事人在开庭审理前履行举证义务。那么，需要进一步探讨的问题是，当事人没有在开庭审理前完成举证义务是否应当对其产生不利益影响以及应当对其产生何种类型的不利益影响？2007年《民事诉讼法》采取证据随时提出主义，当事人可以随时向法院提出证据，而《关于民事诉讼证据的若干规定》则将其改为证据适时提出主义，当事人只能在举证期限内提出证据，否则，将产生证据失权的不利法律后果，而新《民事诉讼法》在第65条中强调当事人及时举证的义务，法院可以通过证据失权、训诫、罚款等方式使其承受法律上的不利益。

（四）争点整理的效力

争点整理的效力在学界被称为"争点固定效力"，也就是说争点整理结果对双方当事人和审判庭在开庭审理程序中所进行的诉讼行为的制约效力。争点固定的效力是争点整理程序完成的法律效果之一，既是抑制诉讼材料随时提出主义的有效措施，也是发挥争点整理程序实现集中审理目标的基础保障。首先，争点整理具有拘束当事人的效力，在经由争点整理程序后，业已确定的争点未经对方当事人同意及（或）法官裁定准许，不得被变更或撤销。其次，争点整理还具有拘束审判庭的法律效力，审判庭应当根据争点整理的结果制定庭审计划，在审理过程中，除非事项涉及国家利益、社会公共利益或者纯粹属于程序性事项，否则不得超越争点整理范围加以审理，其释明权与诉讼指挥权的行使也受制于争点整理结果，并且审判庭出具的裁判文书应当对争点进行回应，因此，争点整理拘束审判庭的效力也是显而易见的。诚然，争点整理的效力不是绝对的，在确有必要的情形下（如发生新证据），击破争点整理效力拘束机制并非不存在。

九、如何理解"认定事实的理由"和"适用法律的理由"？

根据新《民事诉讼法》第152条的规定，判决书应当包括以下内容：（1）案由、诉讼请求、争议的事实和理由；（2）判决认定的事实和理由、适用的法律和理由；（3）判决结果和诉讼费用的负担；（4）上诉期间和上诉的法院。此外，判决书由审判人员、书记员署名，加盖人民法院印章。对照2007年《民事诉讼法》第138条的规定，我们可以清楚地看出本次《民事诉讼法》修改尤为强调判决书应当载明判决理由，其表现在以下两方面：其一，将判决结果与判决理由并列作为判决书应当写明的事项；其二，将原第138条第1款第（二）项有关"判决认定的事实、理由和适用的法律依据”调整为“判决认定的事实和理由、适用的法律和理由”凸显了法官说明法律适用理由的义务。因而，在新《民事诉讼法》的框架下，法官在判决书中不仅应当说明“认定事实的理由”，而且还应当说明“适用法律的理由”。

所谓“认定事实的理由”，是指法官认定案件事实的理由，具体涉及对事实争点、证据争点的分析，要求其对双方当事人提出的有效争议进行实质性审查、认定的基础上，充分阐述其理由。所谓“适用法律的理由”是指法官虽然具有法律适用职责，但仍然应当向当事人解释其为什么选择适用甲规范而不适用乙规范、其适用甲规范的依据（通常要求其说明本案符合甲规范适用条件）以及其适用甲规范所发生的法律效力。在理论上讲，“认定事实的理由”与“适用法律的理由”之间的界限是比较清晰的，但是，事实认定也是依法认定，而法律适用是针对具体案情而适用，因而，两者在判决书中的说明往往高度融合。

在要求法官说明判决理由的同时，基于法官职业化程度越来越高，判决书表述术语化的趋势也就越来越明显，相应地，未经专业训练的当事人对判决书天书般的感觉也就日趋严重。在此种情形下，要求判决书说明判决理由的意义在实务层面究竟有多大仍有待调研考察。相对而言，笔者倾向认为，级别较低的法院在判决书的学术化方面应当有所限制，而级别较高的法院则可以较为理论化，原因在于我国基层法院的大多数案件是本人诉讼，而级别越高，当事人聘请律师的可能性也就越大，基于法律专业人士的介入，判决书学理化对当事人造成理解困难的可能性也就越小。诚然，前述问题的解决思路并非唯一，通过要求法官向当事人解释判决书内容的方式同样也对解决或缓解前述问题具有积极意义，目前实践中探索适用的“判后答疑”就是该思路的又一个表现。

此外，需要特别注意的是，立法者要求法官判决书中说明判决理由固然对公开法官心证和增加判决的可接受性程度具有重要价值,① 但是，基于判决书属于某一审判程序甚至是全部诉讼程序运行的终结点，如果法官在此时才书面公开其心证，则仍有存在突袭裁判的空间。因而，本书认为，强化法官裁判说

① 所谓心证公开，是指法官将其在诉讼审理中（自其研阅起诉状之时起）所形成上述意义的心证，于法庭上或程序进行中，向当事人或利害关系人开示、披沥，使其有所知悉、认识或理解一事，而可能包含法律上见解之表明在内。参见邱联恭等：《心证公开论——着重于阐述心证公开之目的与方法》，载民事诉讼法研究基金会：《民事诉讼法之研讨（七）》，三民书局 1998 年版，第 209 页。

明义务并非仅限于在裁判文书中说明，与之同样重要的是，应当要求法官在诉讼程序进行中及时公开适宜公开的心证，即审理过程中的心证公开与审理终结后的心证公开并重。

十、判决书、裁定书公开的意义有哪些？

判决书、裁定书公开属于审理终结后的心证公开，其对增强司法公信力、防止突袭裁判、便利第三人保护其合法权益、促进法律完善以及防治虚假诉讼等方面均具有重要意义。首先，在司法公信力现状极其不容乐观的情形下，裁判文书公开制度有助于强化当事人及普通民众对法院司法工作的监督。尽管民事诉讼案件原则上要求公开审理，但是，在裁判文书中载明法官认定案件事实与法律适用理由更有助于司法监督的开展，尤其是司法实践中推行的司法文书上网制度更是将大量裁判文书置于“众目睽睽之下”，更是极大地开展司法监督的体现。其次，裁判文书公开制度将有效地影响法官的判案心态，加之错案追究制的外在作用，裁判文书公开制度在事实上具有预防司法腐败与促使法官克制突袭裁判的功效。再次，裁判文书公开制度使得第三人撤销之诉的适用具有现实性。虚假诉讼与虚假调解在我国当前司法实务中的问题尤为突出，本次《民事诉讼法》修改为解决该问题而在第56条中设置第三人撤销之诉，规定第三人因不能归责于本人的事由未参加诉讼，但有证据证明发生法律效力的判决、裁定、调解书的部分或者全部内容错误，损害其民事权益的，可以自知道或者应当知道其民事权益受到损害之日起6个月内，向作出该判决、裁定、调解书的人民法院提起诉讼。然而，第三人撤销之诉的提起系以该第三人知悉裁判文书内容为前提，因此，裁判文书公开制度就成为第三人撤销之诉有效运行的必要前提。复次，裁判文书公开制度使得理论界能够便利地获得第一手材料，进而对其所反映出来的现行法律问题加以类型化研究，促进法律理解和适用的统一，促进法律修改或者解释方案变动，缓解成文法国家相对于判例法国家在法律发展方面所存在的劣势。最后，裁判文书公开制度有助于增加司法的透明性，案外人可以随时通过查询知悉裁判文书，使当事人恶意串通通过虚假诉讼方式侵害他人合法权益得逞的可能性骤减，因而，在相当程度上能够预防和遏制日益蔓延的虚假诉讼。

十一、如何理解和认定“国家秘密”、“商业秘密”、“个人隐私”？

新《民事诉讼法》第156条规定：“公众可以查阅发生法律效力的判决书、裁定书，但涉及国家秘密、商业秘密和个人隐私的内容除外。”由此可见，国家秘密、商业秘密和个人隐私的内容被排除在裁判文书公开的范围之外，如何准确理解和认定“国家秘密”、“商业秘密”以及“个人隐私”关涉着公众可以查询的文书内容范围界定问题。事实上，对“国家秘密”、“商业秘密”、“个人隐私”的理解与认定问题并非裁判文书公开制度所必须单独面对的问题，也是不公开审理制度所需要解决的问题。但与不公开审理事由不同，公众不可以查阅的内容不包括当事人可以申请不公开审理的离婚案件，但离婚案件涉及个人隐私部分的内容则得排除在公众查询的范围之外。按照学界通说，所谓国家秘密，是指关系国家的安全和利益，依照法定程序确定，在一定时间内只限于一定范围的人员知悉的事项。《中华人民共和国保守国家秘密法》第8条对国家秘密的范围作了明确规定。在民事诉讼中涉及的国家秘密主要有：有关国民经济和社会发展中的秘密事项、科学技术中的秘密事项等。为了保守国家秘密，这类案件依法不公开审理。所谓商业秘密，是指对企业发展有重大影响的技术资料、商业情报等，其往往涉及当事人的重大经济利益，泄露出去势必给当事人造成很大经济损失，如生产工艺、产品配方、贸易联系、购销渠道、市场价格、供求信息等。所谓个人隐私，是指涉及公民个人私生活中不宜公开的内容。根据我国法律规定，公民享有隐私权。在民事诉讼中为了保护当事人的隐私权，同时也为了避免这类案件的公开审理可能造成对社会的不良影响，法律规定凡是涉及当事人隐私的案件不公开审理。

然而，与不公开审理制度不同，涉及国家秘密、商业秘密、个人隐私的裁判文书并非整体不公开，而只是涉密部分不予公众查询。按照《民事诉讼法》的规定，涉及“国家秘密”与“个人隐私”的案件，法院应当依职权不公开审理，而涉及“商业秘密”的案件，法院应当依申请不公开审理。基于庭审程序的连续性，将涉及国家秘密、商业秘密、个人隐私内容部分与不涉及前述三方面事项的内容部分分开审理在技术上不具有可操作性，只能将案件整体作不公开审理处理。与此不同，基于裁判文书公开制度针对的是书面的裁判文书，而并非动态的审理过程，在技术上完全可以将涉密部分与不涉密部分区别对待，而仅仅公开不涉密部分。这样做尽管存在容易引发公众打探涉密部分内容的冲动，但在法律层面上，基于公开不涉密部分不损害当事人的合法权益，并考虑到裁判文书公开制度所具备的固有功能，允许公众查询涉密裁判中的不涉密部分具备正当性基础。

十二、如何理解与适用公众申请查阅判决书、裁定书制度？

新《民事诉讼法》第156条的规定在解释论层面仍然有很多文章需要做：

首先，“查阅”的解释。按照通常的理解，“查阅”是指查找与阅读。然而，如果仅仅对“查阅”作此种字面理解，裁判文书公开制度的功能发挥将受到极大的限制。对于与案件不存在利害关系的普通公众而言，“查阅”裁判文书的目的往往在于法律学习与法学研究，如果其不能够复印、摘抄其所查阅的裁判文书，则不利于法律宣传与研究事业的进行。对于与案件存在利害关系的第三人而言，其查询特定裁判文书的目的在于发现是否需要提起第三人撤销之诉以及为提起第三人撤销之诉提供必要文书副本，如果不能摘抄、复制并要求被查阅法院审核后加盖法院印章，第三人撤销之诉将缺乏必要的形式要件而难以启动。此外，对照《中华人民共和国律师法》第34条有关“受委托的律师自案件审查起诉之日起，有权查阅、摘抄和复制与案件有关的诉讼文书及案卷材料”的规定，在体系解释的框架内，《民事诉讼法》第156条的“查阅”难以涵盖“摘抄”与“复制”。对此，本书认为，应当对《民事诉讼法》第156条的“查阅”作目的性扩张解释，而不应当固守字面解释与体系解释，将摘抄、复制、要求复核等解释进“查阅”，以确保裁判文书公开制度能够发挥其应有的功能。

其次，《民事诉讼法》第156条仅针对公众查阅裁判文书的情形，而未对法院能否依职权将裁判文书主动在网上公开加以调整。尽管在此次《民事诉讼法》修改之前，全国各级人民法院已对裁判文书上网制度开展了大量的探索工作，将其作为保障司法公正的举措加以试点与推广，最高人民法院在2009年发布的《关于司法公开的六项规定》明确向社会承诺裁判文书公开，并在2010年成立了司法公开工作领导小组，在全国确定了100个司法公开示范法院，并下发《司法公开示范法院标准》，要求全方位地开展裁判文书公开工作。然而，令人遗憾的是，新《民事诉讼法》尚未对司法实践积累的经验上升为立法。尽管如此，基于其已对涉密内容作不公开处理，公开裁判文书并未给当事人造成不符合比例原则的不便，并且网上公开裁判文书也可以理解为法院为公众提供查阅的具体措施。因而，本书认为，裁判文书上网制度本身并不存在违法性问题。

再次，当事人的姓名、住址、联系方式等信息是否属于个人隐私而不应给予查阅？对于与案件不存在利害关系的普通公众而言，是否知悉案件当事人的真实身份意义不大，对其隐去相关个人信息也无妨。但对于与案件存在利害关系的第三人而言，其查阅目的在于发现其合法权益是否被侵害以及是否有必要提起第三人撤销之诉或者案外人申请再审之诉，如果完全隐去当事人的身份信息，潜在的第三人将难以从公开的裁判文书中知悉其遭受该确定裁判的不利益影响。综合权衡，本书认为，法院主动公开的裁判文书宜部分隐去当事人信息，而第三人认为有必要的，可以单独向法院申请查阅当事人信息。诚然，如果案件涉及社会公共利益而有必要对特定违法行为加以曝光的，保留特定违法主体的真实身份信息也是具备相当正当性基础的。因此，是否隐去、在多大程度上隐去当事人身份信息在很大程度上需要法官妥善行使自由裁量权。

最后，如何防止当事人查阅行为被滥用为不正当竞争手段？众所周知，在商业领域，正常的救济途径往往可能被别有用心的竞争者利用为攻击对方商标价值或者商誉的手段。裁判文书的查阅制度同样可能沦为不正当竞争的合法形式，即商主体通过广泛查阅竞争对手所有裁判文书的方式深挖其不诚信经营或者其所存在其他可供攻击之处的确定裁判，然后通过多种宣传手段人为扩大该裁判被公众知悉的程度，进而达到攻击竞争对手，争夺市场份额的不正当竞争目的。对此，本书认为，应当规范裁判文书查阅制度，并限制“公众”对查阅所获裁判信息的使用，可资考虑的具体措施包括：（1）法院网上公布的裁判文书应当不允许非指定网站或者其他媒体加以转载；（2）公众查阅收集到的确定裁判只能用于正当目的，凡是用于不正当目的的，对其设置更为严厉的制裁规范。诚然，确定裁判本身就可供公众查阅，竞争者只是将其效应扩大，这种违背诚实信用原则的竞争在客观上也有助于促使商主体诚信经营，但以非诚信手段促进诚信建设本身不具备法律上的正当性基础，因而对其作前述规范应该说是妥当的。

第十一章 民事简易程序的完善

一、如何理解民事简易程序的基本内涵？

民事简易程序规定于新《民事诉讼法》第 157 条至第 163 条，是适用于基层法院及其派出法庭，专门审理事实清楚、权利义务关系明确、争议不大的简单的民事案件的诉讼程序。相较于普通一审程序而言，民事简易程序的起诉方式、审理方式等都更加简便、灵活。

根据新《民事诉讼法》和最高人民法院《关于适用〈中华人民共和国民事诉讼法〉若干问题的意见》、最高人民法院《关于适用简易程序审理民事案件的若干规定》等有关司法解释，民事简易程序与普通程序的差异主要体现在：(1) 起诉与受理简便，当事人可以口头起诉；(2) 审判组织简单，适用独任制，但必须有书记员；(3) 审理方式灵活，可以用简便方式传唤当事人和证人、送达诉讼文书、审理案件；(4) 审理期限较短，须在 3 个月以内审结，且不能延长；(5) 裁判文书简化等。

相比普通一审程序，民事简易程序能提供给当事人更加简便、经济、灵活的司法裁判和司法服务。在简易程序中，诉讼参与各方的时间、金钱、精力成本都明显减少，当事人能更快、更方便地获得判决，从而将更多的司法资源留给案情复杂、争议较大、影响广泛的民事案件。这对于消除诉讼拖延，降低司法成本，提高审判效率，提升法院效能与纠纷解决能力有重要意义。

二、如何理解民事简易程序的主要价值？

纠纷数量的迅猛增长是世界范围内民事司法领域面临的共同问题。伴随着市场经济的高速发展和城市化进程的不断加快，这一效应叠加在中国由传统社会向现代社会变迁的重要转型期，局面更加复杂，问题更加突出。民事简易程序的主要价值，就是对应此种社会背景，通过繁简分流的程序设计，实现司法资源的合理分配。

市场经济高速发展的中国，社会转型不仅带来了人民生活水平的大幅提高，同时也连带产生了经济体制、社会结构、利益格局乃至思想观念的深刻调整与变化。这些变化都需要充分的时间和空间进行消化与整合，或者说需要社会机器来处理转型所产生的各种矛盾，来调和转型所带来的各种利益冲突。但在转型过程中，外来价值的多元发展和本土文化土壤的“被冷落”，使得传统社会规范的权威逐步丧失，而具有广泛公信力的现代社会秩序却还未完全形成。民间社会原有纠纷化解机制的主要载体——家族、村落和单位，在社会转型的过程中不断弱化乃至解体，而为化解这些矛盾和冲突而铺设的ADR却并没有融合各方力量形成合力。这一艰难的“破”与“立”的博弈过程使得失去了民间自我消解功能的纠纷直接涌向社会平面，其中有相当部分的纠纷走向了司法程序，带来了社会转型期的“诉讼爆炸”。民事一审案件的受理数量从20世纪70年代末以来一直逐年快速增加。而与此同时，全国法官的人数近年来却一直基本稳定在19万人左右，并且其中还包括相当比例的没有负责审判业务的行政事务型法官，因而越发增大了法官人均判案数量的压力。

在司法资源十分有限的现实状况下，只有通过提升诉讼效率，才能有效促进纠纷化解能力的提高。这首先要求的就是对进入法院的大量案件，根据案件性质、繁简程度进行分类，对不同类型、不同难易程度的案件采用不同的诉讼程序进行有针对性地审理。根据案件本身的社会价值、繁简程度以及当事人自身的意愿，决定不同案件适用的诉讼程序所耗费的不同的时间成本、人员成本与社会成本。通过这样的程序效益的管理，实现司法资源的最优化配置。而上述理念，正是民事简易程序的价值所在。

作为体现上述程序效益理念的重要载体，民事简易程序与普通程序的划分，使得基层人民法院及其派出法庭审理的事实清楚、权利义务关系明确、争议不大的简单民事案件，或者当事人双方约定适用简易程序的案件，可以通过口头起诉、独任审判、灵活审理、简化判决书等方式，获得更加便捷、经济、灵活的裁判。从而，既为当事人降低了诉讼成本，又给法院减轻了负担，将更多的司法资源集中在处理案情复杂、争议较大、影响广泛的案件上，实现司法资源的合理分配，促进公平正义的真正覆盖。

三、民事简易程序的主要功能有哪些?

民事简易程序的主要功能，从当事人的角度可以消除诉讼拖延，保障当事人合法权益；从司法机关的角度可以提高审判效率，提升纠纷解决能力；从社会整体的角度可以降低司法成本，兼顾公平与效率的协调发展。

1. 对当事人而言，无论是审理期限的缩短、起诉受理与审判方式的简化，还是传唤、送达等程序细节方面的灵活处理，民事简易程序不仅为双方当事人提供了快速解决纠纷的平台，更重要的是，对于那些事实清楚、权利义务关系明确、争议不大的简单的民事案件，适用民事简易程序便意味着减少了当事人故意拖延诉讼的可能。从制度上而言，这是鼓励双方当事人以真诚的态度尽快地面对纠纷、解决纠纷，而对于故意提高程序成本以试图逼退或逃避应付责任的当事人而言，民事简易程序尤其是其所包含的小额诉讼程序，无疑减少了拖延诉讼、逃避责任的可能。因此，从当事人角度，民事简易程序，可以尽量地消除诉讼拖延，体现诉讼诚信，捍卫当事人的合法权益。

2. 对司法机关而言，民事简易程序为其提供了提高审判效率的制度平台，通过司法资源的合理配置促进司法公正的实现。大量事实清楚、权利义务关系明确、争议不大的简单民事案件，以快捷高效的程序消化矛盾、解决纠纷，显著提高了办案速度。法院的诉讼周期呈现多样化的发展趋势，司法资源的配置与案件本身的关系变得紧密起来，诉讼程序的灵活度大大提高，从统一规整的粗放型规制逐步向注重针对性、人性化的发展方向迈进。民事简易程序作为繁简分流机制的重要载体，将更多的司法资源提供给案情复杂、争议较大、影响广泛的疑难案件，提高了审判质量，推动其纠纷解决能力的逐步提升，保障司法公正的实现。

3. 对社会整体而言，民事简易程序有效降低了司法成本，实现了公平与效率的协调发展。司法资源的有限性是促进司法公正时必须面对的现实问题，其具体体现为公正与效率的调和与平衡。毫无疑问，迟来的公正常常已经失去了公正本身所能带来的社会效果，反而会造成司法公信力的损耗；而抛弃了公正的效率无疑又会将司法程序的运行推上舍本逐末的歧途。因此，只有兼顾公平与效率的协调发展，才能真正实现社会利益在司法程序中的最大化。从这一角度，民事简易程序为双方当事人减轻了诉讼负担，降低了诉讼成本。尤其是本次《民事诉讼法》修改中，通过制度设计，允许当事人就基层人民法院及其派出法庭受理的案件，通过双方合意的方式选择简易程序进行审理。这种形式灵活，并且体现当事人程序选择权的新机制，充分体现了民事诉讼法与市场经济法治精神的良好对接，促进了公平与效率的协调发展。

四、民事简易程序的完善主要包含哪些方面？

在本次《民事诉讼法》修改中，涉及民事简易程序的主要有四条，内容主要可以概括：（1）增加当事人的程序选择权；（2）进一步简化民事简易程序；（3）创设小额诉讼程序；（4）规定简易程序与普通程序之间的转化。

1. 增加当事人的程序选择权。本次《民事诉讼法》修改将第 142 条改为第 157 条，并增加一款：“基层人民法院和它派出的法庭审理前款规定以外的民事案件，当事人双方也可以约定适用简易程序。”这一规定，使得民事简易程序的适用范围大大扩展，启动机制更加多样化。除了原有规定必须适用简易程序的事实清楚、权利义务关系明确、争议不大的简单的民事案件以外，当事人双方可以通过约定的形式，选择适用民事简易程序，从而获得更加简便、经济、灵活的审判。

2. 进一步简化民事简易程序。本次《民事诉讼法》将原有的第 144 条“基层人民法院和它派出的法庭审理简单的民事案件，可以用简便方式传唤当事人、证人”修改为“基层人民法院和它派出的法庭审理简单的民事案件，可以用简便方式传唤当事人和证人、送达诉讼文书、审理案件，但应当保障当事人陈述意见的权利”。这一修改，进一步简化了诉讼程序，强化了程序的灵活性、便捷性，减轻了诉讼负担，民事简易程序的简易性得到深化。

3. 创设小额诉讼程序。本次《民事诉讼法》修改的重要创新，就是创设了小额诉讼程序。在《民事诉讼法》中新增一条，即第 162 条：“基层人民法院和它派出的法庭审理符合本法第一百五十七条第一款规定的简单的民事案件，标的额为各省、自治区、直辖市上年度就业人员年平均工资百分之三十以下的，实行一审终审。”对于一定额度之下的简易程序案件实行一审终审，大大强化了民事简易程序的系统张力。这一借鉴了域外经验的创新设置，根据我国国情调整了灵活机动的启动门槛，一审终审的突破性规定，将小额诉讼案件的诉讼周期大大压缩，诉讼成本明显减少，并为逐步形成小额诉讼程序、简易诉讼程序、普通诉讼程序的多元体系打下了坚实基础。

4. 规定了简易程序和普通程序的转化机制。针对实践中存在的简易程序适用不规范的情形，本次民事诉讼法修改新增一条，即第 163 条：“人民法院在审理过程中，发现案件不宜适用简易程序的，裁定转为普通程序。”这一规定，明确了简易程序向普通程序的转换条件，有效解决了程序之间的衔接机制问题。尤其是对于实践中简易程序被滥用，适用范围扩大化的弊端，这一规定具有重要的缓解作用。对于案情复杂、权利义务关系存在较多争议等不宜适用简易程序的案件，法官有权裁定其转为普通程序，进入更为细致、严格的裁判程序。

五、立法对适用简易程序的条件是如何规定的？

修改后的《民事诉讼法》第 107 条规定，基层人民法院和它派出的法庭审理事实清楚、权利义务关系明确、争议不大的简单的民事案件，适用第十三章规定。基层人民法院和它派出的法庭审理前款规定以外的民事案件，当事人双方也可以约定适用简易程序。

因此，适用简易程序的案件，有两种情况：一种情况是事实清楚、权利义务关系明确、争议不大的简单的民事案件；另一种情况是当事人双方约定适用简易程序的民事案件。这两种情况的前提条件是均必须是由基层人民法院和它派出的法庭审理的民事案件。

根据最高人民法院《关于适用〈中华人民共和国民事诉讼法〉若干问题的意见》第 168 条、第 169 条的规定，以及最高人民法院《关于适用简易程序审理民事案件的若干规定》第 1 条、第 2 条、第 3 条的规定，在确定简易程序适用范围时，应当从如下几个方面进行把握：

1. 从适用范围的肯定要件方面，对于当事人双方对争议的事实陈述基本一致，并能提供可靠的证据，无须人民法院调查收集证据即可判明事实、分清是非的案件方能认定为事实清楚；当事人双方谁是责任的承担者，谁是权利的享有者应比较明确；同时，当事人对案件的是非、责任以及诉讼标的争执无原则性分歧，方能认定为争议不大。

2. 从适用范围的否定要件方面，对于起诉时被告下落不明的案件；发回重审的案件；共同诉讼中一方或者双方当事人人数众多的案件；法律规定应当适用特别程序、审判监督程序、督促程序、公示催告程序和企业法人破产还债程序的案件，以及人民法院认为不宜适用简易程序进行审理的案件，不能适用简易程序审理。

六、当事人在什么情况下可以约定适用简易程序？

修改后的《民事诉讼法》新增规定，当事人双方可以约定适用简易程序。这实际上是对最高人民法院《关于适用〈中华人民共和国民事诉讼法〉若干问题的意见》等司法解释中关于当事人程序选择权的规定的效力升级，也是对实践中简易程序具体操作方法的吸收和整合。通过民事诉讼法的形式，规定当事人有权通过约定选择适用简易程序，合理保障了当事人的程序选择权，适当扩大了简易程序的适用范围，同时也通过对当事人意思自治的认可，提高了运用简易程序成功解决纠纷、降低诉讼成本、避免缠讼滥诉的可能性，具有重要的进步意义。

当事人约定适用简易程序，首先需要注意前提条件，即必须是由基层人民法院及其派出法庭审理的案件。因此，基层人民法院以上的各级人民法院受理的案件，即使当事人双方达成了适用简易程序的合意，也不能适用简易程序进行审理。这一前提条件是对当事人程序选择权的合理限制。一般而言，基层人民法院及其派出法庭审理的案件，相比上级法院审理的案件，标的额一般较小、案情较为简单、双方当事人的对抗性较弱、案件的社会影响力也没有那样广泛。这正是根据程序效益原则，简易程序适用时所应该对应的案件条件。因此，在基层人民法院及其派出法庭审理的案件范围内，放开对当事人程序选择权的限制，在充分提高诉讼效率、提升诉讼效果的同时，也不会由于程序的过于简单，而导致对案件事实认定或法律适用的偏差。这既是对程序严肃性的保证，也是对发展完善中的简易程序本身的保护，更是对当事人合法权益的基本保障。

当事人约定适用简易程序，最核心的是要保证双方当事人合意的真实性。一方面，在当事人通过约定的方式向法官申请适用简易程序时，应该提供双方当事人签字的申请书，将双方的约定固定为有据可依的诉讼文件，交由法院存档。另一方面，法官在审理过程中，发现双方当事人适用简易程序的约定存在欺诈、胁迫、乘人之危、显失公平、重大误解等意思表示不真实的情况时，双方约定的效力应适用合同效力的规定。即对于双方约定时存在欺诈、胁迫等情形，且同时损害了国家利益或社会公共利益时，该约定无效，该案件适用普通程序审理；如果双方约定时存在欺诈、胁迫等情形，但该情形没有损害国家利益或社会公共利益，或双方约定时存在乘人之危、显失公平、重大误解等情形时，该约定可由任一方当事人申请撤销或变更，从而不适用简易程序。此外，法官在审理过程中，还应注意当事人是否有利用简易程序损害国家利益、社会公共利益或是他人合法权益的情况。综上所述，双方当事人合意约定适用简易程序的申请，要经法官对意思表示的真实性以及是否侵害案外人的合法权益等方面的审查，才能由法官裁定适用简易程序。

七、简易程序的简易性体现在哪些方面?

简易程序的简易性直接决定制度运行能否达到预期的效果。因此，修改后的《民事诉讼法》对简易程序进行了进一步简化，明确了在诉讼文书送达、案件审理过程中应深化程序的简易性，但同时强调应以保障当事人陈述意见的权利为前提。

结合最高人民法院《关于适用〈中华人民共和国民事诉讼法〉若干问题的意见》、最高人民法院《关于适用简易程序审理民事案件的若干规定》等有关司法解释，简易程序的简易性主要体现在起诉受理、审判组织、开庭时间、文书送达、传唤当事人与证人、前置调解程序、举证期限、审理程序、宣判与送达等方面。

1. 起诉方式简化。对于简单的民事案件，当事人可以口头起诉。原告口头起诉的，人民法院应当将当事人的基本情况、联系方式、诉讼请求、事实及理由予以准确记录，将相关证据予以登记。人民法院应当将上述记录和登记的内容向原告当面宣读，原告确认无误后应当签名或者捺印。

2. 审判组织简化。对于简易程序的案件，由审判员一人独任审理，书记员担任记录，不得自审自记。

3. 审判时间灵活化。对于开庭时间，双方当事人可以同时到基层人民法院或者它派出的法庭，请求解决纠纷。基层人民法院或者它派出的法庭可以当即审理，也可以另定日期审理。此外，经简便方式的传唤，双方当事人到庭后，被告同意口头答辩的，人民法院可以当即开庭审理；被告要求书面答辩的，人民法院应当将提交答辩状的期限和开庭的具体日期告知各方当事人。适用简易程序审理的民事案件，应当一次开庭审结，但人民法院认为确有必要再次开庭的除外。

4. 送达与传唤方式简化。对于文书的送达，以及当事人与证人的传唤，人民法院可以采取捎口信、电话、传真、电子邮件等简便方式进行。

5. 与调解程序衔接。对于婚姻家庭纠纷和继承纠纷、劳务合同纠纷、交通事故和工伤事故引起的权利义务关系较为明确的损害赔偿纠纷、宅基地和相邻关系纠纷、合伙协议纠纷等适宜调解的案件，人民法院在开庭审理时应当先行调解。

6. 举证期限缩短。当事人双方同时到基层人民法院请求解决简单的民事纠纷，但未协商举证期限，或者被告一方经简便方式传唤到庭的，应允许当事人当庭举证；当事人当庭举证有困难的，举证期限由当事人协商决定，但最长不得超过 15 日；协商不成的，由人民法院决定。

7. 审理程序灵活化。对于简易程序的审理程序，可以由法官根据双方当事人的争议焦点，灵活把握当事人的举证、质证和辩论活动，但必须以保障当事人陈述意见的权利为基础。

8. 审限缩短。适用简易程序审理案件，应当在立案之日起 3 个月内审结。

八、如何认识小额诉讼的价值与功能？

新《民事诉讼法》第 162 条规定：“基层人民法院和它派出的法庭审理符合本法第一百五十七条第一款规定的简单的民事案件，标的额为各省、自治区、直辖市上年度就业人员年平均工资百分之三十以下的，实行一审终审。”小额诉讼程序的创设是本次《民事诉讼法》修改的一项重要突破，但修改后的《民事诉讼法》对小额诉讼程序仅有一条规定，因此正确认识小额诉讼的价值与功能，并在实践操作中进一步明确适用条件、细化程序设计、完善配套制度，具有重要意义。

理解小额诉讼程序，首先要了解它的价值与功能：一方面是其作为简易程序的形式之一的强化功能；另一方面是其作为一审终审制特殊构造的独立价值。

本次《民事诉讼法》修改将小额诉讼的规定放在简易程序的章节之中，说明立法本意是将小额诉讼程序作为简易程序所承载的价值与功能的强化升级版。通过对事实清楚、权利义务关系明确、争议不大的简单的民事案件中标的额较小的案件进行再次分流，进一步减少讼累、降低诉讼成本、使民众获得更加便捷、经济、灵活的裁判，这是程序效益最大化与费用相当性原则的充分体现。

长期以来，有些当事人为了逃避或拖延承担法律责任，将对一审裁判的上诉权作为拖延诉讼、逃避责任的工具，甚至将一些明显事实清楚、权利义务关系明确、争议不大的简易案件强行拖入二审程序，这一方面极大地增加了法院的工作负担，另一方面也损害了对方当事人的合法权益。更重要的是，这种行为占用了社会整体有限的司法资源，使得更需要司法救济的当事人无法得到及时、全面、公正的裁决。而小额诉讼一审终审的特殊程序构造，就是针对一定诉讼标的额以下的简易程序案件，通过限制当事人上诉权的形式，突破二审终审的既有格局，有效提高诉讼效率，实现司法资源的合理分配。这种对于公正与效率更加显性的、见效的平衡与协调，就是小额诉讼所承载的独立价值所在。

此外，小额诉讼程序的创设，实质上开拓了民事司法进行深层次程序分类与繁简分化的程序“特区”。实践中，其与调解制度的有机互动也将为我国司法纠纷解决能力的提升提供机制整合的良机。

九、小额诉讼程序的标的额应如何确定？

小额诉讼的标的额直接决定该制度的适用范围，在《民事诉讼法》修改的过程中是一直争议较大的问题。从草案一审稿的 5000 元，到二审稿的 10000 元，再到审定的修正案中的相对数额，标的额的确定主要存在多还是少、一刀切还是各地浮动、固定还是相对等争议。这实质上反映了小额诉讼程序的创设过程中对于适用范围的不同意见。

新《民事诉讼法》第 162 条规定：“基层人民法院和它派出的法庭审理符合本法第一百五十七条第一款规定的简单的民事案件，标的额为各省、自治区、直辖市上年度就业人员年平均工资百分之三十以下的，实行一审终审。”这表明：小额诉讼只适用于简易程序案件，且小额诉讼的标的额是根据各地民众收入水平各自浮动的。

因此，小额诉讼程序的标的额，应由最高人民法院根据国家有关部门公布的各省、自治区、直辖市上年度就业人员年平均工资，结合各地区实际情况，在该数额的 30% 以下，设置各省、自治区、直辖市的小额诉讼程序的标的额。

此外，小额诉讼的标的额应在法院网站、主要媒体、法院立案场所等处及时公布。在制度实施的初期，还可考虑通过普法宣传等形式，加强对小额诉讼的标的额的普及。

十、小额诉讼程序的特殊性体现在哪些方面？

小额诉讼程序规定在新《民事诉讼法》第162条，属于简易程序章节的组成部分。因此，在立法者看来，小额诉讼程序有着“再简化”的简易程序的性质。这表明，一方面，小额诉讼程序应全面体现民事简易程序对诉讼程序各个方面的简化；另一方面，小额诉讼程序还有其独立的程序特色，以实现其“再简化”的程序功能。

在域外小额诉讼程序的实践中，程序简便、易于操作的程序特色得到了充分体现。如美国的小额诉讼，程序的简便表现在诉讼过程的每一个环节：起诉和答辩可以采用法院印制好的表格，也可以口头进行；当事人不必聘请律师；可以在休息日及晚间开庭；不进行证据开示；不设陪审团；调解与审判一体化；判决只是宣布结果，不必说明理由。即便没有法律常识的民众也能利用该机制解决纠纷。此外，很多国家和地区还通过限制当事人的反诉权、上诉权等来达到及时解决纠纷、提高诉讼效率的目的。①

而在我国法院系统近年所组织的小额速裁程序试点中，“速转、速送、速调、速审、速判、速结、速执”的绿色通道，以及“当天立案、当天移送、当庭调解或宣判、当庭制作裁判文书、当庭履行”的快速机制，② 也值得在进一步细化小额诉讼程序设计、完善配套制度的过程中予以参考和借鉴。

综合新《民事诉讼法》的规范分析，以及域外实践与我国前期试点所积累的宝贵经验，笔者认为，小额诉讼程序的特殊性主要表现在以下几个方面：

一是实行一审终审制。对于小额诉讼案件，一审裁判为终审判决。对于当事人认为存在错误的判决，不能上诉，只能申请再审。

二是注重法官职权的发挥。对于小额诉讼案件，应强调法官积极主动地参与纠纷的解决。在程序中发挥法官的能动性，加大对诉讼进程的把握，采取更加灵活的方式认定案件事实，提出纠纷解决的方案。

三是强调调解优先。小额诉讼案件在案件类型、案件复杂程度等各个方面，大多是适宜调解的案件，并且在我国法院系统的小额速裁试点中，将近

---

① 齐树洁：《小额诉讼：从理念到规则》，载《人民法院报》2012年9月19日。

② 娄银生：《江苏“小额速裁”试点工作效果显著》，载《人民法院报》2012年3月20日。

70%的小额案件以调解方式结案。在小额诉讼程序中强调调解优先，有利于加强程序的灵活性，弱化双方当事人的对抗性，促进小额诉讼案件的彻底解决。

此外，对于规定当事人必须亲自到庭、当事人不服判决可向法庭申请一次复议等制度，还应在逐步深入的小额诉讼实践中有序推进。

十一、小额诉讼程序适用过程中需要注意哪些问题？

效率与公平的平衡是司法实践的永恒主题之一，尤其是以一审终审结构为特殊构造的小额诉讼程序，在实践中应特别注意不能因噎废食，片面地追求效率，而忽略公平的实现。保障公平的主要方式是司法过程确保当事人程序性权益不受侵害。因此，小额诉讼程序的适用，要注意保护当事人的程序选择权、处分权、上诉权、申诉权等基本诉讼权利不打折扣。

第一，从小额诉讼程序的启动机制而言，应避免标的额一元观，要从多角度统筹考虑案件繁简程度。目前小额诉讼程序的立法规范仅从标的额方面设置了门槛。但实践中，影响诉讼效果的往往是案件类型与标的额等多种因素的复杂结合。财产给付型案件一般受标的额的影响较大，而在侵权案件中，常常出现的只为讨个说法的当事人不会因为标的额不高而降低对司法裁判的期待，并且这类案件往往具有一定的社会影响力，若裁判无法服众，无法上诉的当事人可能立即将不满诉诸法外的渠道，造成司法公信力的损耗。从这一角度而言，并不是所有小额民事案件适用小额诉讼程序都符合整体社会成本的考量。此外，人身关系案件因涉及公共利益和复杂的社会背景而不适宜小额诉讼程序，也早已成为理论界和域外实践经验的共识。因此，案件繁简程度的判断，在实践中不能仅仅根据标的额而进行“按斤论两”的机械处理。这一方面要严格遵循简易程序“事实清楚、权利义务关系明确、争议不大”的前提性标准；另一方面，对于明显不适合小额诉讼程序的案件类型，或当事人明确表示不愿意适用的案件，法官应保持审慎的态度，避免适用小额诉讼程序。此外，在实践中，还应通过制度杠杆鼓励当事人合意适用小额诉讼程序，以在法律框架内彰显当事人的程序选择权。

第二，从小额诉讼程序的协调机制而言，要从案结事了的诉讼效果出发，加强与调解制度的联动。小额诉讼程序与调解制度都是民众“接近”司法的产物。小额诉讼程序一审终审的特殊构造有利于当事人对调解的主动选择，并且小额诉讼程序所适用的案情简单、争议较少的案件范围是发挥调解功能的天然“暖巢”。因此，在实践过程中，可以积极探索小额诉讼程序的调解前置等制度创新，注重小额诉讼程序与调解制度的互动，将调解的技术与精神在小额诉讼案件中融会贯通，积极提升小额诉讼案件的诉讼效果。与此同时，实践中也要避免法官将民事诉讼的一审终审构造当做一味追求调解率的工具，应注意监督和预防强迫调解的情况发生，保障当事人的处分权。

第三，从小额诉讼程序的衔接机制而言，要进一步完善其与普通程序、再审程序的通道设计，有效保障当事人的上诉权与申诉权。小额诉讼一审终审的特殊构造在一定程度上是以限制当事人的上诉权换取司法裁判的更优效率的，当事人若对判决不服只能通过申请再审的方式救济权利，其难度显然远远大于普通程序中的上诉。因此，新《民事诉讼法》第163条明确规定："人民法院在审理过程中，发现案情不适宜用简易程序的，裁定转为普通案件。"这一条款是确保小额诉讼程序不被滥用的重要规定。从保障当事人合法权益的角度出发，在小额诉讼过程中，法官一旦发现案件有不符合案情简单、争议不大、标的额较少等特殊要求的情况，尤其是双方对可能预期的裁判存在较大争议或明显不满时，在询问当事人意见后，应当及时裁定转入普通诉讼程序，以充分保障当事人的上诉权。总而言之，小额诉讼作为惠民、便民的司法程序，在实践中要注重吸收经验、细化设计、完善配置，保障当事人基本诉讼权利不打折扣，真正做到兼顾效率与公平。

第十二章　民事第二审程序的完善

一、如何理解新《民事诉讼法》的修改对民事第二审程序的影响及价值？

新《民事诉讼法》针对民事第二审程序作出了两处重大修改：一是在审理方式上，进一步明确了径行判决审理方式的适用条件；二是在裁判方式上，修改了改判、发回重审等裁判方式的适用条件，并明确将裁定纳入裁判结果中。此修改对于充分发挥第二审的监督救济功能，保障当事人诉讼权利具有重要价值。同时，新《民事诉讼法》对其他条款进行的修改，部分也间接影响或改变着民事第二审程序。例如，有关小额诉讼的规定对第二审程序收案数量的影响，有关举证期限的规定对第二审程序证据提交的时间界限与采纳条件的影响等。新《民事诉讼法》的修改对于民事第二审程序具有重要价值，主要体现在以下两个方面：

（一）修改后的《民事诉讼法》更符合民事第二审程序的功能定位

我国实行二审终审制，第一审程序与第二审程序之间的关系为续审制，即二审不仅在一审裁判的基础上进行审理，还可以在一定程度上接纳新的证据、事实和理由。所以，从理论上说，二审法院也具有查清事实的任务。另外，根据我国审级制度的设计，二审法院所覆盖的管辖范围较一审法院要广，为了实现二审法院监督纠正的功能定位，需要一审法院化解大部分案件作为支撑。对此，有学者指出，第一审不仅作为事实争议的过滤装置，在诉讼流程上减轻上诉审的负担，而且作为案件的分流装置直接降低上诉审的案件量，后者主要体现在对一审终审的小额诉讼案件的审理上。[①] 可见，新《民事诉讼法》对于径行判决、改判等适用条件的修改更符合二审法院的功能定位，而对小额诉讼、诉前调解的规定又对二审法院功能实现予以有力保障。

（二）修改后的《民事诉讼法》更有利于保障当事人的诉讼权益

在一审中败诉的当事人总是希望将其案件提请更高级别的法院重新审理。

---

① See J. A. Jolowicz, On Civil Procedure, Cambridge University Press, 2000, p. 330.

第二审程序可以减少错误判决对当事人直接利益的侵害，避免制造社会不满和不安定，维护司法的正义和公平。第二审程序一方面可以通过纠正错误增加司法判决客观上的正确性；另一方面，也可以通过复杂的程序、法官人数的增加、审级体现的司法权威，使得其所维持的原判决得到司法强化，增强其正当性和接受度。基于第二审程序在维护司法公正和司法权威方面的重要价值，新《民事诉讼法》的修改倾向于减少二审法院收案数量，提高二审法院审理案件的质量，通过对开庭审理方式适用的强化和二审查清事实任务的强调，理论上增加了二审法官在每件案件上的工作力度，从程序上保障了当事人的诉讼权益。

二、新《民事诉讼法》对小额诉讼制度的规定对民事第二审程序的影响有哪些？

新《民事诉讼法》第 162 条规定，基层人民法院和它派出的法庭审理符合本法第 157 条第 1 款规定的简单的民事案件，标的额为各省、自治区、直辖市上年度就业人员年平均工资 30% 以下的，实行一审终审。换言之，对于基层人民法院和它派出的法庭审理事实清楚、权利义务关系明确、争议不大的简单的民事案件，标的额较小的，不得再提起上诉。

小额诉讼制度实质上是对上诉权的限制。民事上诉程序具有保障司法公正，实现程序制约，维护法律适用统一等重要价值。然而，鉴于程序公正与程序经济之间的紧张关系，德国、日本等国家及我国台湾地区在近年来推行的民事司法改革中都对上诉权进行了一定的限制。与此对应的是上诉许可制度，即并非所有的案件都能上诉，当事人提起的上诉申请须经原审法院或其上级法院的审查并获得许可。例如德国以“价额 + 许可”的混合标准来衡量上诉申请，即使诉讼标的额低于 600 欧元，只要纠纷涉及法律原则问题或该纠纷的意义已经超越了案件本身，法官则可以允许当事人上诉。此外，对上诉案件的性质进行限制也是上诉权限制的一种方式。在实行三审终审制的国家中，一般将第三审确定为法律审性质，即非以原判决违背法律为理由不得上诉，三审功能限定为法律审查不作事实审查。我国长期以来对于上诉权都没有任何限制，只要当事人不服，在一定时限内，交纳一定的费用，均可以提起上诉，难免可能造成诉权滥用或影响诉讼经济。

总之，为了体现程序公正，应当保障当事人自由行使上诉权，给予当事人对错误和不充分的判决或裁定一定申诉和被纠正的机会；但是随着案件数量的激增和司法资源的日趋紧缺，基于分配正义的原理，将上诉权的行使可能动用的司法资源在寻求或需要正义的当事人中间公正地分配，从而将第二审程序保障的机会分配给对正义需求更为迫切的当事人。对于小额诉讼，当事人和国家都不愿支付与诉讼收益不相称的诉讼成本，繁复的程序虽然以确保公正为目的，却可能违背当事人本意；从司法资源配置来看，个案诉讼占用过多的司法资源意味着社会资源分配的不公平。有鉴于此，从2013年开始，我国实行小额诉讼制度，诉讼标的额较小的简易程序案件诉讼利益相对较小，一审终审不仅可以防止诉讼的拖延和将小额诉讼的诉讼成本不恰当地扩大，而使得诉讼成本大于收益；同时也可以对第二审程序这一有限的司法资源进行重新分配，让更具有第二审程序保障需求的案件被充分、慎重地处理。

虽然，从第二审法院的角度看，小额诉讼的案件被阻却了上诉渠道，其案件总数较之以前理论上看会有所下降。但是综观新《民事诉讼法》对第二审程序的修改，对于径行判决的严格规定将会提高第二审程序的开庭审理率，增加第二审法院工作量；限制适用发回重审的条件会使第二审法院负担更为繁重的查证事实的任务。可见，新《民事诉讼法》更为准确地对第二审法院进行了角色定位，对第二审法院的审判任务减少量而加重质的要求，强化了第二审法院作为一审法院的上级法院，纠正一审错误判决，维护司法公正的功能定位。

三、如何理解《民事诉讼法》关于民事第二审程序审理范围的规定？

民事第二审程序的审理范围是理解第二审程序功能、定位的重点和难点。尤其是对于长期从事刑事诉讼司法实践的检察机关工作人员来说，理解刑、民案件第二审审理范围的区别，有利于提高对民事第二审程序理论基础的认识。我国《刑事诉讼法》第222条规定："第二审人民法院应当就第一审判决认定的事实和适用法律进行全面审查，不受上诉或者抗诉范围的限制。共同犯罪的案件只有部分被告人上诉的，应当对全案进行审查，一并处理。"与刑事诉讼法全面审查的规定不同，民事案件第二审程序的审理范围被限定于上诉请求。以下将从三个方面介绍民事第二审程序的审理范围：

（一）我国民事案件第二审审理范围的法律规定及其演变过程

关于民事第二审程序的审理范围，1982年《民事诉讼法（试行）》第149条规定："第二审人民法院必须全面审查第一审人民法院认定的事实和适用的法律，不受上诉范围的限制。"这种规定实际上是全面审查的做法。1991年《民事诉讼法》第151条规定："第二审人民法院应当对上诉请求的有关事实和适用法律进行审查。"1992年最高人民法院《关于适用〈中华人民共和国民事诉讼法〉若干问题的意见》（以下简称《民诉意见》）第180条规定："第二审人民法院依照民事诉讼法第一百五十一条的规定，对上诉人上诉请求的有关事实和适用法律进行审查时，如果发现在上诉请求以外原判确有错误的，也应予以纠正。”1998 年最高人民法院《关于民事经济审判方式改革问题的若干规定》中要求，“第二审案件的审理应当围绕当事人上诉请求的范围进行，当事人没有提出请求的，不予审查。但判决违反法律禁止性规定、侵害社会公共利益或他人利益的除外”。这一规定将上诉审主动审查的纠错功能限定于公共法律利益。新《民事诉讼法》第 168 条继续支持了仅审上诉请求的规定。可以看出，我国对民事案件第二审审理范围的界定，经历了由“全面审查”到“只审上诉请求”的发展过程。这个过程体现了我国民事诉讼审判方式改革的价值取向，即引入大陆法系的辩论主义原则，充分尊重当事人私法自治体现的对诉讼权利的处分权。

(二) 我国民事案件第二审审理范围规定的理论依据

综观各国立法，都严格将上诉法院的审理范围限定在上诉请求的范围。第二审既然以保障当事人合法权益为功能，就应当充分尊重当事人的处分权。“不告不理”作为民事诉讼的基本原则之一，强调民事程序中当事人意思的主导性和法院裁判的被动性。当事人没有上诉的判决部分是依照他们的处分权以不作为的方式而确定的，法院再对这些部分进行干涉，实际上是违背了“不告不理”原则。同时，审理范围是一种当事人意志与国家干预力折中平衡的产物，它体现了当事人对自己民事实体权利和诉讼权利的自主处分；另外，对于某些特殊类型的上诉案件，其审理范围体现了国家干预的权力扩张，① 如对于“违反法律禁止性规定、侵害社会公共利益或他人利益”的例外规定。总之，在一般情况下，上诉的发动及上诉的范围都应由当事人自行决定。

(三) 上诉请求范围适用的例外情形

我国民事诉讼法确立的第二审范围是在不断修正中改进的，正如前文中提到，即便在民事诉讼法中严格将范围限定于上诉请求，有关的司法解释也提到了“如果发现在上诉请求以外原判确有错误的，也应予以纠正”，“判决违反法律禁止性规定、侵害社会公共利益或他人利益的除外”等例外情形。此外，对于增加诉讼请求和提起反诉的处理，2004 年最高人民法院《关于人民法院民事调解工作若干问题的规定》第 9 条规定：“调解协议内容超出诉讼请求的，人民法院可以准许。”最高人民法院《民诉意见》第 184 条中规定：“在第二审程序中，原审原告增加独立的诉讼请求或原审被告提出反诉的，第二审

① 齐树洁：《民事上诉制度研究》，法律出版社 2006 年版，第 101 页。

人民法院可以根据当事人自愿的原则就新增加的诉讼请求或反诉进行调解，调解不成的，告知当事人另行起诉。”有学者提出，由于调解也是结案方式的一种，此规定实际上是有条件地接受第二审范围超出上诉请求范围的情形。可见，在当事人双方达成调解的情况下，实际上是一方当事人对另一方当事人变更上诉请求的认可，是当事人行使处分权和程序选择权的结果。

四、如何理解和适用新《民事诉讼法》关于第二审审理范围限定于“上诉请求”的规定？

新《民事诉讼法》第168条规定，“第二审人民法院应当对上诉请求的有关事实和适用法律进行审查”，确立了民事第二审程序的审理范围以“上诉请求”为限。理解“上诉请求”对第二审审理范围界限的限定，可以从以下几个方面入手：

（一）依照诉讼请求的个数以及各诉讼请求之间有无法律上的利害关系来确定

如果只有一个法律关系，一个诉讼请求，该上诉请求显然及于全案的内容；如果案件中有多项诉讼请求，各个诉讼请求的原因各不相同，互相间并无法律上的利害关系，上诉人仅对其中一项请求不服的，就只对该项请求所涉及的事实和法律进行审查；如果案件中有多项诉讼请求，上诉人对其中一项或几项请求的判决不服而上诉，若该项或几项上诉请求与本案的其他一项或几项诉讼请求有法律上的利害关系，那么对于上诉请求有法律上利害关系的一项或几项诉讼请求所涉及的事实和法律也应纳入审查范围。①

（二）依照上诉请求与原审诉讼请求的关系来确定

上诉人的上诉请求可能小于、大于或等于原审诉讼请求。当上诉请求小于原审诉讼请求时，应当尊重当事人的处分权，仅对缩小后的诉讼请求进行审查；当上诉请求超出原审诉讼请求时，看超出的部分是否构成新的诉，如果构成新的诉，则属于增加诉讼请求或提起反诉，应当按照《民诉意见》第184条的规定处理，如果没有构成新的诉，只是对原诉讼请求的修改和补充，第二审法院应当进行审理。

（三）“禁止不利益变更原则”与“禁止利益变更原则”的适用

禁止不利益变更原则，是指在一方当事人上诉的情况下，第二审法院不得

---

① 殷耀德、李卫国：《民事第二审程序若干问题刍议》，载《当代法学》1999年第5期。

作出比原审法院更不利于上诉人的判决。也就是说，上诉人所得第二审判决最坏的情况就是驳回上诉请求。基于处分原则和司法消极原则的内在要求，第二审法院不应主动审查当事人已经认可的一审判决内容。同时，如果允许第二审法院超出上诉请求的范畴进行审查，则上诉人获得的第二审判决可能较一审判决更为不利，当事人可能因此有所顾忌而畏惧提起上诉。这与第二审制度的救济功能不符，不利于保障上诉权的行使和目的实现。与之相应的，禁止利益变更原则，是指第二审法院的判决不得超出上诉请求范围增加上诉人的利益。即上诉人在第二审阶段所能得到的最大裁判利益是全部支持其上诉请求。①

五、如何理解民事第二审程序开庭审理的条件和具体内容？

开庭审理可以更好地贯彻直接言词原则，为当事人提供更加充分的程序保障，便于查明案件事实真相，也能够更好地发挥第二审程序的功能。鉴于我国民事诉讼法中民事案件第一审与第二审之间关系的功能定位，第二审程序既包括法律审查也包括事实审查，可以通过第二审程序提交新的事实、理由和证据，所以现行《民事诉讼法》规定第二审法院审理上诉案件的审判方式，以开庭审理为原则，以径行判决为例外。

新《民事诉讼法》第169条第1款规定："第二审人民法院对上诉案件，应当组成合议庭，开庭审理。经过阅卷、调查和询问当事人，对没有提出新的事实、证据或者理由，合议庭认为不需要开庭审理的，可以不开庭审理。"可以看出，第二审审理方式原则上应当选择开庭审理，在没有提出新的事实、证据或者理由的情况下，可开庭审理也可不开庭审理。总之，开庭的审理方式作为对当事人权益保障更为充分的审理方式，几乎可以适用于所有第二审案件。

在二审程序中也存在开庭审理的庭前准备。学理上认为，庭前准备能够将利益冲突的双方当事人纳入到诉讼的特定范式中来。一方面，通过双方当事人交换主张、证据，整理争点，可以使案件达到适合判决的程度，提高开庭审判的诉讼效率；另一方面，由于当事人彼此的诉讼信息不对称，庭前准备有利于防止诉讼突击，从而实现当事人双方的平等辩论权。② 由于第二审程序与一般普通程序相比所具有的特殊性，其庭前准备程序也具有不同的要求。由于第二审程序需要建立在第一审程序裁判的基础上，首先，二审法官需要阅卷和询问当事人，以确定案件在上诉审的争点，且该争点与第一审程序可能有不同之处，从而使第二审程序的审理更具有针对性。其次，二审法官可以通过庭前调

① 江伟：《民事诉讼教材》，中国人民大学出版社2000年版，第201~292页。

② 齐树洁：《民事上诉制度研究》，法律出版社2006年版，第91页。

查，将一审案件审理过程中存在的争议甚至漏洞予以补充，为案件的事实查证及法律适用做好准备。同时，由于并非所有二审案件均采取开庭方式裁判，所以庭前准备程序所作的工作也为案件转入径行审判的裁判方式提供了可能性。

开庭审理程序适用第一审普通程序的相关规定，历经法庭调查、法庭辩论等环节。不同之处是，第二审开庭审理必须组成合议庭，且合议庭成员不得包含陪审员。实践中，尤其在案多人少，审判人员缺乏的法院，要完成较高的开庭审理率，需要较多审判人员的调配作为支撑。

六、新《民事诉讼法》明确和细化第二审径行判决例外规定的价值有哪些?

2007 年《民事诉讼法》第 152 条第 1 款规定："第二审人民法院对上诉案件，应当组成合议庭，开庭审理。经过阅卷和调查，询问当事人，在事实核对清楚后，合议庭认为不需要开庭审理的，也可以径行判决、裁定。"开庭审理和口头辩论有利于体现程序的正当性，使当事人形成案件经过慎重考虑的感觉并因此信服裁判结果，还能够为当事人提供进一步声明主张和宣泄不满的机会，从而强化程序的公正性。因此，第二审程序原则上实行开庭审理是非常必要的。①

然而，在司法实践中，由于第二审开庭需要由审判人员组成合议庭，为了提高办案效率，第二审"开庭审理"方式的使用频率往往较低，使得本应作为例外规定的"径行判决"审理方式成为了主要的审理方式。针对此问题，某些地区法院甚至提出要求一定的"开庭率"作为衡量第二审法院审判质量的指标之一。而径行判决在审判实践中的过度使用，虽与审判资源配置的现实状况有所关联，但从立法的角度寻找原因，这与旧《民事诉讼法》中径行判决适用条件规定的模糊主观也不无联系。2007 年《民事诉讼法》规定径行判决的条件除阅卷、调查和询问当事人等程序性要求外，还需事实核对清楚，且合议庭认为不需要开庭审理。然而，"事实核对清楚"这一规定较为模糊，"合议庭认为不需要开庭审理"说明事实是否核对清楚以及是否需要开庭的决定权在于合议庭的自由裁量。在审判实践中，合议庭其他成员未必均能参与讨论，案件审理方式的决定权最终落到了承办法官本身。可见，决定案件径行判决还是开庭审理的标准并不明确，甚至存在较大的随意性和独断性，导致第二审开庭率过低、第二审流于形式化的指责频频出现于社会大众和学界之中。有鉴于此，对于第二审开庭条件具体化、明确化的要求呼之欲出。

---

① 杨荣馨主编:《民事诉讼原理》，法律出版社 2003 年版，第 465 ~ 466 页。

新《民事诉讼法》将第152条改为第169条，第1款修改为："第二审人民法院对上诉案件，应当组成合议庭，开庭审理。经过阅卷、调查和询问当事人，对没有提出新的事实、证据或者理由，合议庭认为不需要开庭审理的，可以不开庭审理"，明确了适用径行判决的案件仅限定于没有提出新的事实、证据或者理由，且合议庭认为不需要开庭的，将大大减少决定径行判决方式审理案件的随意性，保障当事人在特定案件中开庭质证、充分辩论的权利。

七、新《民事诉讼法》对径行判决审理方式的适用条件和具体方式是如何规定的？

新《民事诉讼法》将第二审径行判决审理方式的适用条件修改为"经过阅卷、调查和询问当事人，对没有提出新的事实、证据或者理由，合议庭认为不需要开庭审理的"。与2007年《民事诉讼法》之规定相比较，主要的区别在于将"在事实核对清楚后"这一条件改成了"没有提出新的事实、证据或者理由"。

（一）关于径行判决的适用条件

要理解新《民事诉讼法》下径行判决的适用条件，重在如何理解"没有提出新的事实、证据或者理由"。当事人对于判决的不服，首先体现于其上诉请求中，一般是对于一项或几项诉讼请求的重申或判决主文中某一或几项的驳斥。从法律上看，支撑其上诉请求的，必定有相应的证据、事实或理由。对于新的证据，由于其提交受举证期限的限制，对于当事人在第二审阶段提出的新证据是否为法律上规定的"新的证据"予以采纳，在最高人民法院《关于民事诉讼证据的若干规定》（以下简称《证据规定》）第41条中有详细的规定，所以在司法实践是否有提出新的证据较好判断。经过判决作为新的证据纳入第二审程序的，应当开庭对新的证据进行举证质证，从而决定证据的证明效力。对于新的事实，由于事实的认定需要以证据作为支撑，没有证据支撑的事实不能作为判决的依据（除非是经法律规定无须证明的日常经验、自然规律等），除非一审程序中有应当为当事人调取证据而未调取的情况，缺乏证据支持下的新的事实并不能被法院采纳，也不足以使二审法院更改判决。对于新的理由，包括对法律关系的不同认定，要求适用不同的法律依据等，如对合同效力问题提出与一审时的不同看法。从法律程序的规定上说，并没有限制当事人在第二审程序中提出此类变更，所以第二审法院应当予以审查，并作为排除径行判决审理方式的情形，通过开庭审理允许双方当事人对新的理由进行充分辩论。

（二）关于径行判决的具体方式

径行判决在实践中的审理方式既可能是书面审查，也可能是经过非正式开庭（包括公开、对席、口头和辩论等开庭的基本指标）。[①] 根据新《民事诉讼法》第169条的规定可以看出，人民法院在决定采用径行判决方式之前，需要阅览诉讼卷宗等书面材料，同时还要进行相应的事实调查和询问。人民法院可以通过调查收集必要的证据，包括依当事人的申请或视案件情况主动调取证据；也可以通过调查获取调查笔录，对案件事实予以进一步澄清。总之，调查是得以查清案件事实的重要方式。询问当事人，给予当事人充分陈述意见的机会，属于言词审理的范畴，也可以在庭前了解案情，固定双方争点，寻求调解机会。

八、新《民事诉讼法》对第二审裁判方式进行了哪些完善？

第二审裁判方式分为维持原判、依法改判和发回重审三种。新《民事诉讼法》主要针对依法改判和发回重审两种裁判方式的适用条件进行了较大修改。2007年《民事诉讼法》对裁判方式的规定中，第153条："……（二）原判决适用法律错误的，依法改判；（三）原判决认定事实错误，或者原判决认定事实不清，证据不足，裁定撤销原判决，发回原审人民法院重审，或者查清事实后改判；（四）原判决违反法定程序，可能影响案件正确判决的，裁定撤销原判决，发回原审人民法院重审……"修改为第170条："……（二）原判决、裁定认定事实错误或者适用法律错误的，以判决、裁定方式依法改判、撤销或者变更；（三）原判决认定基本事实不清的，裁定撤销原判决，发回原审人民法院重审，或者查清事实后改判；（四）原判决遗漏当事人或者违法缺席判决等严重违反法定程序的，裁定撤销原判决，发回原审人民法院重审……"此修改主要可以归纳为以下几点：

（一）关于改判适用条件的修改

2007年《民事诉讼法》中改判适用于适用法律错误的，应当在不重复审查事实的基础上直接改判；对于认定事实错误或认定事实不清、证据不足的情形，可以选择在查清事实后改判或发回重审。新《民事诉讼法》规定，适用法律错误和认定事实错误的案件均应当依法改判；认定基本事实不清的也可在查清事实后改判。可见，修改后的民事诉讼法扩大了必须适用依法改判的情形，包括认定事实错误和一般性的事实不清，即除非认定基本事实不清的情形，否则不可再选择适用发回重审。此外，新《民事诉讼法》还明确了对一审判决、裁定直接纠正的方式，包括改判、撤销或者变更等，如此准确、具体

① 江伟主编：《民事诉讼法专论》，中国人民大学出版社2005年版，第404页。

的表述更贴合审判实践，并为判决和裁定的纠正提供了足够的选择空间。

（二）关于发回重审适用条件的修改

2007年《民事诉讼法》中发回重审可适用于：（1）认定事实错误；（2）认定事实不清、证据不足；（3）违反法定程序，可能影响案件正确判决。修改后发回重审的适用条件被大大缩小，仅限于认定基本事实不清或严重违反法定程序的案件。

（三）明确裁定案件的裁判方法

2007年《民事诉讼法》第154条规定："第二审法院不服第一审法院裁定的上诉案件的处理，一律适用裁定。"修改后的《民事诉讼法》第170条第1款第（二）项规定："（二）原判决、裁定认定事实错误或者适用法律错误的，以判决、裁定方式依法改判、撤销或者变更。"对于一审裁定，第二审法院审理后，可以通过以下两种方式处理：（1）第二审法院认为原裁定在事实认定及法律适用上正确的，应当裁定驳回上诉，维持原裁定；（2）第二审法院经过审理认为原裁定事实错误或适用法律错误的，以裁定的方式依法撤销或变更。其中，认为一审法院不予受理裁定错误的，应撤销原裁定，指令第一审法院立案受理；认为一审法院驳回起诉的裁定错误的，应当撤销原裁定，指令第一审法院对案件进行审理；认为一审法院管辖权异议裁定错误的，应当撤销原裁定，指令一审法院审理或移送有管辖权的法院审理。

九、新《民事诉讼法》对发回重审适用条件进行修改的价值有哪些？

2007年《民事诉讼法》中规定发回重审适用于：（1）认定事实错误；（2）认定事实不清、证据不足；（3）违反法定程序，可能影响案件正确判决等情形。该规定在司法实践中屡遭诟病，引起了学术界的广泛讨论。新《民事诉讼法》对发回重审的适用条件进行了较大修改。将发回重审裁判方式的运用条件限定于：（1）认定基本事实不清；（2）遗漏当事人或者违法缺席判决等严重违反法定程序等情形。

2007年《民事诉讼法》对于发回重审条件的规定过于宽泛和笼统，可能导致发回重审在实践中被过度适用。由于第二审法官在特定情况下可以选择适用发回重审和改判，导致有的第二审法官为了避免追责或缠诉信访而在可以改判的情况下优先选择发回重审，造成法院之间相互"踢皮球"，影响案件的及时审结。

新《民事诉讼法》对发回重审的条件进行了限制性的修改，将发回重审的条件限定于“认定基本事实不清”和“严重违反程序”，大大缩小了发回重审的适用范围，其价值主要存在于以下几点：

（一）更符合我国对第一、二审的关系定位

综观各国民事诉讼法立法实践，第一审和第二审的关系定位主要分为复审主义、事后审主义和续审主义。复审主义可以理解为第二次第一审程序；事后审主义则只能对第一审的判决是否妥当进行审查；续审主义是前两者的折中，允许当事人提出新的诉讼材料，以第一审的结果为前提继续审理。通说认为，现行的《民事诉讼法》所确立的第一审和第二审的关系为续审主义。第二审是第一审的延续，第一审中双方当事人无异议的事实第二审可以直接确认，第二审中出现的新的证据、新的理由，以及第一审认定事实错误或不清、证据不足，可以通过第二审程序继续查清。新《民事诉讼法》对发回重审的限制性规定明确了第二审法院负有继续查证案件事实的责任，通过第二审庭审调查围绕上诉人上诉请求的有关事实和法律适用进行举证、质证和认证，以弥补一审程序中一般性的事实认定问题。

（二）避免了发回重审裁判方式的扩大化适用

程序与实体具有手段和目的的关系，程序离开了实体就成了无源之水。对原判决违反法定程序的案件是否发回，应当顾及其对实体判决结果的影响程度。2007 年《民事诉讼法》并未明确哪些违反程序案件适用发回重审，而是否可以影响正确判决的标准又相对模糊、主观，在实践中可能导致第二审法官不敢或不愿对具有一般程序瑕疵的案件直接下判，而选择发回重审这一更为保险的处理方式。这一做法导致一些程序瑕疵案件，如一审法院的法官或书记员未在庭审笔录上签字，未给被告留足 15 日的答辩期限等，被发回重审，甚至通过几番周折后得出与原审判决同样的判决结果。新《民事诉讼法》明确了仅在“遗漏当事人或者违法缺席判决等严重违反法定程序”的情况下才适用发回重审，大大削弱了第二审法官在决定采取发回重审方式上的自由裁量权，避免了发回重审被过度无谓的适用。

（三）节约司法成本，防止了当事人诉讼成本的不必要增加和国家司法资源的不必要耗费

发回重审导致诉讼程序的反复进行，一个案件至少审理三次，不仅造成了当事人的诉累，也耗费了法院的司法资源。发回重审程序的使用，从财力上看，往往需要重新投入调查证据费、来往差旅费、律师代理费；从时间上看，从立案、送达开庭传票或公告，到庭审、宣判，所耗费的时间将重新演练一遍。发回重审无疑造成工作的重复，诉讼成本的成倍增加。新《民事诉讼法》

将发回重审和改判的条件予以区分，严格限定了发回重审案件的适用条件，大大减少了发回重审案件的适用范围，无疑可以减少当事人的讼累和国家司法资源的耗费。

（四）正确地维护了当事人的审级利益

由于第二审法院也负有在第一审审判的基础上继续查证案件事实的任务，所以发回重审裁判方式的设置应主要限定于维护当事人的审级利益，即防止案件未经正当的一审审理而在第二审法院中一审终结。我国民事诉讼制度规定了二审终审制，设置二审程序救济监督功能，对一审判决不服的当事人具有将案件提起再次审理的机会。而一般来说，侵害当事人审级利益的案件，只有在案件未经正当一审程序审理，即一审程序严重违法或基本案件事实认定不清的情况下才会发生。案件经过了第一审审理，只是第一、二审法官对法律适用、证据认定存在认识差别，或者只是一审程序中出现瑕疵且不妨碍正确判决的情况下，并未损害当事人审级利益，则并不存在发回重审的必要性。所以新《民事诉讼法》将发回重审的适用条件限定于与损害审级利益的案件相一致的情形，更有利于维护当事人的审级利益和其他诉讼权益。

十、民事第二审程序对认定事实问题应当如何审查和处理？

认定事实存在问题是衡量一审判决是否正确地重要标准，在司法实践中，占较大比例的案件是因为事实问题被发回重审或改判的。正确地理解认定事实问题的内涵及适用，对于第二审案件的审理具有重要意义。我们从以下几个方面，就认定事实存在的问题这一司法过程进行分析：

（一）关于事实问题与法律问题的区分

事实是指实际发生的事情、事件及通常存在的有形物体或外观，具有确实的、绝对的真实性，而非仅为一种推测或见解。法律是原则的。在诉讼中，事实是需要通过证据加以证明的。[①] 实际上，由于事实问题与法律问题之间具有某种流动性，因而有时很难加以区分。例如对于经验法则的性质，对于法律行为的解释（如意思表示是否真实），究竟是事实问题还是法律问题，各国之间的法律尚对此有不同见解。在我国，由于没有单独针对事实审的上诉，法律上并未明文规定事实与法律如何区分，一般认为法院裁判分为事实认定和法律适用两部分，法庭调查举证质证的过程主要影响事实的认定，而法庭辩论则主要围绕法律适用及其理由展开。值得注意的是，以证据影响事实的认定，并非必

① 薛波主编：《元照英美法词典》，法律出版社 2003 年版，第 525 页。

然是事实问题，证据规则的适用和举证责任的分配往往仅是法律适用的问题。例如，英美法系国家将认定证据的可采性归为法律问题，认定证据的关联性归为事实问题。而在我国，一般将证据的采信以及其所导致的事实认定归为事实问题，即可能存在因证据规则适用不当或举证责任分配不当导致的事实错误或事实不清。

（二）对认定事实过程的理论分析

根据《证据规定》，除有法律规定的特殊事实不用证明外，其他事实的认定，均需要通过举证、质证，以确定是否被法官采纳作为认定事实的依据。所以，围绕认定事实的过程，法院需开展以下工作：（1）由当事人提供或法院依职权或申请收集证据；（2）通过法庭调查出示证据并发表对证据的意见；（3）由法官根据证据的证明力和举证责任分配的规则最后认定事实。就第二审程序而言，由于其功能和定位的不同，其认定事实的过程与第一审程序也有所区别：（1）第二审程序认定事实的范围应当围绕上诉请求的范围进行，并对双方有争议的事实进行审查。第二审裁判仅审查围绕上诉请求有争议的事实，并在一审审理结果的基础上继续认定事实。对于当事人双方已经认可的一审审查的事实和证据，第二审法院可以不再审查。（2）一审判决作为被审查的对象，第二审法院需区别不同情形予以分别处理。一种情况是在同一事实基础上评价一审判决是否有错误；另一种情况是当事人提出了新的证据、事实和理由的，第二审法院判决所基于的事实与一审法院产生了区别，即可能在新的事实基础上第二审判决作出了与一审法院相异的判决。

（三）对于认定事实存在问题案件的审查和处理

通过以上分析可以看出，证据与事实的关系密不可分，甚至难以甄别，所以新《民事诉讼法》取消了“证据不足”这一说法，明确了事实问题包括认定事实错误和认定事实不清两种。有学者提出认定事实是否存在问题是很缥缈的概念。①基于认定事实与确认它的证据之间的关系进行研究，可以看出：由于诉讼中存在法律真实和客观真实的问题，即便第二审程序经过完整的程序保障获得法律事实，其效力是不容置疑的（除非通过再审程序加以推翻），但是它仍然只是法律拟制的真实，而司法上的真实不一定与客观存在的事实真相相一致。在司法裁判的过程中，只能通过各种证据对案件真实情况遗留下来的种种痕迹来还原真实，其所得的真实为符合案件证据情况的真实，是遵守证据使

① 郑国柱：《对我国民事诉讼第二审发回重审之思考》，载《福建法学》2002年第4期。

用规则如优势证据标准得出的。所以，认定事实存在问题，可能是通过客观上对新的证据的采纳、法院主动调查得出，也可能是对证据的认识、认定不同所致。对于认定事实错误的案件，二审法官通过审理和进一步查明事实，对于案件事实问题已有重新、明确的认定的，新《民事诉讼法》规定应当按照重新认定的事实直接改判；对于认定事实不清的案件，是指缺乏证据或证据证明力无法判断，导致争议事实难以认定的案件，根据《证据规定》第 73 条的规定，应当依据举证责任分配的规则作出裁判。但是对于认定基本事实不清的案件，简单适用举证责任分配规则予以裁判，将引起较大争议，有违司法公平正义，所以要求法院予以进一步查明。

十一、当事人再次上诉的发回重审案件，人民法院应如何处理？

新《民事诉讼法》第 170 条第 2 款规定："原审人民法院对发回重审的案件作出判决后，当事人提起上诉的，第二审人民法院不得再次发回重审。"对于再次上诉的发回重审的案件，第二审法官只可选择维持原判或者依法改判。为了保障当事人利益，防止在司法实践中出现的屡判不决，避免让当事人承受讼累，如更多的律师费、误工损失等成本，维护司法的公信力和效率性，新《民事诉讼法》明文禁止将案件两次发回重审。但是如果第二审法院发现案件仍然存在需要发回重审的情形，如案件仍然认定基本事实不清或严重违反法定程序的，应当如何处理呢？

（一）对于认定基本事实不清的案件的处理

2002 年最高人民法院《关于人民法院对民事案件发回重审和指令再审有关问题的规定》第 1 条指出，第二审人民法院根据《民事诉讼法》第 153 条（新《民事诉讼法》第 170 条）第 1 款第（三）项的规定将案件发回原审人民法院重审的，对同一案件，只能发回重审一次。第一审人民法院重审后，第二审人民法院认为原判决认定事实仍有错误，或者原判决认定事实不清、证据不足的，应当查清事实后依法改判。可见，第二审法院审理认定事实存在问题的案件，在旧《民事诉讼法》规定下可以选择发回重审或者在查清事实后依法改判，但对于再次上诉的发回重审案件，由于不能再次发回重审，所以，即便事实仍然不清，要求第二审合议庭通过调查案件、庭审程序等方式查清事实后依法改判。

（二）对于严重违反法定程序的案件的处理

实践中，违法缺席审判或遗漏当事人等严重违反法定程序的案件并非没有，但是此类案件属于法官负有严重责任的案件，在我国错案追究制和指标化司法行政管理体制等司法行政制度中，法官本身将受到追责。对于发回重审案件，一审法院重新组成的合议庭应当针对二审法院就审理过程发现的问题以及相应的指导和纠正意见，谨慎地审理并更正错误，更应杜绝再犯严重违反法定程序的错误。所以，可预想到在司法实践中发回重审的上诉案件出现严重违法程序案件的几率相当低，且司法工作人员应当尽量避免此种情况的发生，以维护法律的尊严和司法的公正。但如果发生这种情况，第二审径行改判，又可能损害了当事人的审级利益，使得案件仅经过一次正当程序审结。而如果对此种案件继续发回重审则是对新《民事诉讼法》第 170 条第 2 款规定的直接违反。笔者认为，唯有谨慎司法以杜绝此种情形的出现或者通过再审程序予以纠正的方式解决该问题。

十二、第一、二审程序审理的事实基础可能存在何种区别？如何认定第二审程序中的“新证据”？

由于我国民事第一、二审关系定位属于续审制，即第二审法院继续第一审程序，审理时不仅基于一审全部诉讼资料，而且可以重新收集和接纳当事人提供的新资料。在这种审理方式下，当事人在第一审的诉讼行为仍然有效，并且可在第二审中提出新的证据资料继续进行攻击和防御，第二审法院在新的证据、事实和理由的基础上来审理原审判决结果是否正确。

对于新的证据的态度，体现了诉讼制度的设置是应倾向于对客观事实的追求，还是追求程序保障下的法律真实这两种不同的价值取向。有学者出于对后一种价值的考虑，要求对当事人的诉讼更新权严格加以限制。当事人的诉讼更新权存在于提出新的攻击或防御手段，包括新的证据、事实和理由。在我国民事诉讼法中，对于在第二审程序中新提出的证据尚具有一定限制，而对于当事人提出新的事实和理由并没有任何限制。由于事实需要以一定的证据基础作为支撑，所以对于没有新的证据支撑的新事实尚不足为惧；但新的理由可能影响证据的认定和法律适用，对于对方当事人的诉讼预期和法官的裁判基础均具有重要影响。有学者提出应当对此类诉讼更新权加以限制，如我国台湾地区对当事人上诉提出的新的攻击或防御方法的情形作出了明确的限定，设置了包括“新的攻击或防御方法系作为第一审已提出的攻击或防御方法的补充的；如不允许当事人提出，显失公平的”等条件。可见，由于我国实行二审终审制，且第二审程序的功能定位除了纠正第一审的错误之外，也是第一审诉讼程序阶段性的延伸，所以，我国民事诉讼法对于当事人诉讼更新权采取了较为宽容的态度。

一审判决作为被审查的对象，第二审法院所审理的事实基础可能存在以下两种情形：一种情形是在同一事实基础上评价一审判决是否有错误，一审法官在当事人已经提供的信息基础上，对于一审判决是否作出正确而全面的事实认定，是否在认定事实时存在偏颇或遗漏诉讼记录中已反映的信息；另一种情形是当事人提出了新的证据、事实和理由的，第二审法院判决所基于的事实与一审法院产生了区别，即可能在新的事实基础上第二审判决作出了与一审法院相异的判决。对于后一种情况，当事人可能提供新的证据，法院也可能主动开展证据调查，由于一审法院是以当时所掌握的事实为基础所作的判决，其也具有历史合理性，并不能称之为司法错误。

"新的证据"这一规定是在举证期限制度下方有存在意义的概念。正因为有证据失权的制度保障避免诉讼的过度拖延和突击诉讼，要求证据在一定时限内充分、全部地开示，由当事人双方交换证据，由法官在当事人提供的所有证据、法院调取的证据以及调查、勘验等能够影响事实认定的所有证据材料的基础上进行事实判断。离开这一制度，允许当事人随时提供新的证据，事实认定的基础将在不断的变化中，导致法官久久不能裁判，或一审判决后事实变更导致一审审理程序成了做无用功。在这一点上，英美国家具有严格的举证期限和证据开示制度。正因为举证期限和证据失权制度对于诉讼公正和效率保障的重要意义，"新的证据"作为证据失权规则的例外，应当被严格地限制。那么，如何判断当事人在二审阶段提出的证据是否为新的证据，从而对其不适用证据失权而将其纳入二审审理中进行举证质证呢？

《证据规定》中对当事人在第二审程序中提出新的证据作出了规定，"一审庭审结束后新发现的证据；当事人在一审举证期限届满前申请人民法院调取未获准许，第二审法院经审查认为应当准许并依当事人申请调取的证据"；"当事人在第二审程序中提供新的证据的，应当在第二审开庭前或者开庭审理时提出；第二审不需要开庭审理的，应当在人民法院指定的期限内提出"。应当肯定，该规定对第二审中当事人提出新的证据的范围和时限进行了明文限制，对于提高第二审程序的效率，避免法院的重复工作，防止当事人利用上诉制度进行诉讼突击和诉讼投机具有积极意义。

但是对于证据失权的适用，新《民事诉讼法》的规定持相当谨慎的态度。其第65条第2款规定："人民法院根据当事人的主张和案件审理情况，确定当事人应当提供的证据及其期限。当事人在该期限内提供证据确有困难的，可以向人民法院申请延长期限，人民法院根据当事人的申请适当延长。当事人逾期提供证据的，人民法院应当责令其说明理由；拒不说明理由或者理由不成立的，人民法院根据不同情形可以不予采纳该证据，或者采纳该证据但予以训诫、罚款。"对于近年来司法实践中居高不下的再审案件数，以及难以在我国贫瘠的法律土壤中普及距客观真实有一定距离的法律真实观的国情，立法界和司法界都感到了极大的压力。

在追求案件的客观真实和谨慎使用证据失权制度的指导思想下，可以预见，在新《民事诉讼法》的实施过程中，对“新的证据”的把握也会扩展其宽容度。对于影响案件定案关键因素的新的证据，如果不予采纳，将可能造成案件明显不公，一般会认定其为新的证据；对于案件判决影响不大的新的证据，即使认定其为新的证据，也不足以推翻原来的判决，没有必要因为该证据未经举证质证而加重当事人对判决的对抗情绪，亦可以将其视为新的证据。有鉴于此，新《民事诉讼法》中规定的证据失权主要针对恶意拖延诉讼的逾期举证，且还可以采取惩罚性的替代措施，以保障案件最大限度地接近客观真实。

第十三章　民事审判监督程序的完善

一、当事人申请再审程序发生了哪些变化?

新《民事诉讼法》对当事人申请再审程序的申请法院、申请事由、申请时限等作了较大幅度的修改，主要包括以下几个方面：

（一）对再审申请的法院级别进行了调整

在2007年修改《民事诉讼法》时，针对“申诉难”问题，全国人大常委会对再审程序作了重要修改，即再审“上提一级”，由当事人向原审法院的上一级申请再审。而2012年修法，又将这一规定进行了修改，修改后的新《民事诉讼法》第199条规定，当事人对已经发生法律效力的判决、裁定，认为有错误的，可以向上一级人民法院申请再审；当事人一方人数众多或者当事人双方为公民的案件，也可以向原审人民法院申请再审。对再审案件可以向原审法院申请的情况开了两个口子：一个是当事人一方人数众多的案件；另一个是当事人双方均为公民的案件。原因是2007年修法后“上提一级”的制度设计，一方面增加了当事人的诉讼成本，尤其是对于地域跨度大的中西部地区，大大增加了申请再审的时间和金钱成本；另一方面也并没有使当事人的服判息诉率提升，相反，再审案件60%以上集中在高级人民法院和最高人民法院，使最高人民法院和高级法院疲于处理再审和信访案件，影响其审级指导职能的发挥。因此，新《民事诉讼法》对该制度进行了调整，既兼顾到上级法院对下级的监督，又照顾到当事人的诉讼成本，同时还考虑到了将矛盾尽量解决在基层的维稳需要。

（二）对再审事由进行了删改

一是删去了“管辖错误”这一事由。即删去2007年《民事诉讼法》第179条第1款第（七）项“违反法律规定，管辖错误的”。2007年修法时，首次将管辖错误作为再审事由加以规定成为当时的一大亮点，在一定程度上能够破解地方保护主义、解决管辖乱象。但从另一角度来说，管辖错误一方面是由于法院审查不到位，另一方面是当事人故意规避管辖，但这都并不直接、必然地导致司法不公，导致裁判错误，且管辖错误的案件可以通过当事人抗辩、二审等程序予以及时纠正，不必要频繁地启动再审程序。因此2012年修法时将其删除。二是对部分事由的表述进行了修正。主要是将2007年《民事诉讼法》第179条改为第200条，第1款第（五）项修改为："对审理案件需要的主要证据，当事人因客观原因不能自行收集，书面申请人民法院调查收集，人民法院未调查收集的"，即在"证据"前加上"主要"二字。将第2款作为第（十三）项，即将"对违反法定程序可能影响案件正确判决、裁定的情形，或者审判人员在审理该案件时有贪污受贿，徇私舞弊，枉法裁判行为的，人民法院应当再审"修改为"（十三）审判人员审理该案件时有贪污受贿，徇私舞弊，枉法裁判行为的"。修改后的再审事由共13项，表述更加清晰、明确。

（三）对不得申请再审的对象进行了扩大

新《民事诉讼法》将2007年《民事诉讼法》第183条改为第202条，即"当事人对已经发生法律效力的解除婚姻关系的判决、调解书，不得申请再审。"增加了已经发生法律效力的解除婚姻关系的调解书也不能申请再审，范围更加周延，更符合司法工作实际，也体现了保障当事人诉讼权利和维护司法权威、社会稳定的立法目的。

（四）对申请再审的时限进行了修改

新《民事诉讼法》将2007年《民事诉讼法》第184条改为第205条，修改为："当事人申请再审，应当在判决、裁定发生法律效力后六个月内提出；有本法第二百条第一项、第三项、第十二项、第十三项规定情形的，自知道或者应当知道之日起六个月内提出。"将原来规定的2年和3个月的时限都改成了6个月。一方面，将一般情况下申请再审的时限缩短为6个月，有利于促进当事人积极地、及时地提出再审申请，有利于再审审查时查清案件事实，不至于相隔时间过于久远而导致工作困难和效率低下；另一方面，将三种情形下申请再审的时限延长到6个月，也有利于当事人有充分的时间去准备再审材料，以便更有效地维护自身合法权益。

（五）增加了申请检察院提起抗诉启动再审的条件

新《民事诉讼法》增加一条作为第209条，即"有下列情形之一的，当事人可以向人民检察院申请检察建议或者抗诉：（一）人民法院驳回再审申请的；（二）人民法院逾期未对再审申请作出裁定的；（三）再审判决、裁定有明显错误的。人民检察院对当事人的申请应当在3个月内进行审查，作出提出或者不予提出检察建议或者抗诉的决定，当事人不得再次向人民检察院申请检察建议或者抗诉。"简单地说，一方面，当事人必须符合上述三个条件之一，才能向检察院申请抗诉；另一方面，一旦检察院对该申请作出了处理决定，无论是抗诉还是不抗诉，当事人都不能再行提出抗诉的申请，避免重复抗诉、终审不终的情况发生。

综上，新《民事诉讼法》对再审程序进行了申请法院、申请事由、申请时限等方面的上述改造，首先，对司法实践中的上下级法院职能定位不清、审级监督不力的问题进行了积极回应，有利于促进最高人民法院和各地方高级人民法院充分发挥审级监督、指导的作用；其次，对再审事由进行的进一步的整合，有利于启动审判监督程序的规范性、必要性考察，以充分发挥有限的司法资源的运行效率；再次，对于再审时限的修改，有利于促进权利人积极维权的同时，也确保司法秩序的稳定，不至于经常受再审程序的干扰而变得不可预期；最后，对抗诉再审的启动条件进行了明确，有利于解决“终审不终”、重复再审等影响司法权威的现象。当然，2012 年的修法同样存在一定的局限，对再审程序的目的和价值的定位，还需对再审启动主体、再审条件、再审的次数等问题进行通盘的、综合的、科学的制度设计，实现从制度上保障司法维权和公信的有效树立。

二、如何理解和适用法院依职权进行再审?

人民法院依职权提起再审，是指人民法院发现本院或者上级人民法院发现下级人民法院已经发生法律效力的判决、裁定、调解书确有错误，根据法律规定的程序，决定对案件进行再次审理的诉讼行为。人民法院依职权提起再审是我国再审程序启动的重要方式之一。

新《民事诉讼法》第 198 条规定：“各级人民法院院长对本院已经发生法律效力的判决、裁定、调解书，发现确有错误，认为需要再审的，应当提交审判委员会讨论决定。最高人民法院对地方各级人民法院已经发生法律效力的判决、裁定、调解书，上级人民法院对下级人民法院已经发生法律效力的判决、裁定、调解书，发现确有错误的，有权提审或者指令下级人民法院再审。”此次修改将已生效的调解书也纳入再审范围，原因是由于调解书与判决、裁定一样，都处分了当事人的权利义务，因而应当设置法律途径来进行二次救济，2012 年修法将再审对象扩大到调解书，很显然使得法律规定更加周延、科学。

（一）法院依职权提起再审的案件

根据新《民事诉讼法》第 198 条之规定，人民法院依职权提起再审必须具备下列条件：

1. 案件的判决、裁定或者调解书已经发生法律效力。人民法院决定再审的案件，必须是判决、裁定或调解书已经发生法律效力。包括最高人民法院的判决、裁定，依法不准上诉或者超过上诉期的判决、裁定，以及双方当事人签收的调解书。

2. 已经生效的判决、裁定或者调解书确有错误。关于人民法院依职权决定再审的事由，民事诉讼法概括性地规定了“确有错误”。一般认为，判决、裁定或者调解书“确有错误”既包括认定事实有错误，也包括适用法律有错误，还包括审理程序上的重大错误。同时，“确有错误”仅是人民法院初步审查得出的意见，至于判决、裁定或者调解书是否真正存在错误，必须经过再审程序审理之后才能确定。

3. 由法定的主体提起或者决定。对于本院已经发生法律效力的判决、裁定或者调解书，应当由本院院长提交审判委员会讨论决定是否再审；对地方各级人民法院已经发生法律效力的判决、裁定、调解书，最高人民法院有权决定再审；对下级人民法院已经发生法律效力的判决、裁定、调解书，上级人民法院有权决定再审。

（二）法院启动再审的途径

根据新《民事诉讼法》第 198 条的规定，人民法院决定再审分为本法院决定再审、最高人民法院提审或者指令再审、上级人民法院提审或者指令再审三种方式，这也是人民法院启动再审的三种途径。

1. 本法院决定再审，是指作出生效裁判的人民法院依职权决定对案件进行再审。未经第二审程序审理的案件，第一审人民法院是作出生效裁判的法院，该第一审人民法院有权决定再审；经过第二审程序审理的案件，第二审人民法院是作出生效裁判的法院，该第二审人民法院有权决定再审，原第一审人民法院无权决定再审。本法院决定再审的程序是：各级人民法院院长对本院已经发生法律效力的判决、裁定，发现确有错误，认为需要再审的，应当提交审判委员会讨论决定。审判委员会有权对本院已经发生法律效力的裁判作出是否再审的决定。

2. 最高人民法院提审或者指令再审。最高人民法院对地方各级人民法院具有审判监督权。对于各级人民法院已经发生法律效力的判决、裁定或者调解书，发现确有错误的，最高人民法院有权提审或者指令下级人民法院再审。提审是指将下级人民法院作出生效裁判的案件提至本院，由本院亲自审理；指令再审，就是指令原审人民法院或者其他人民法院对裁判已经生效的案件进行再审。按审判监督程序决定再审或提审的案件，由再审或提审的人民法院在作出新的判决、裁定中确定是否撤销、改变或者维持原判决、裁定；达成调解协议的，调解书送达后，原判决、裁定即视为撤销。

3. 上级人民法院提审或者指令再审。上级人民法院对下级人民法院具有审判监督权。对于下级人民法院已经发生法律效力的判决、裁定或者调解书，发现确有错误的，上级人民法院有权提审或者指令下级人民法院再审。上级人民法院可以根据案件的影响程度以及案件参与人等情况，决定是否指定再审。需要指定再审的，应当考虑便利当事人行使诉讼权利以及便利人民法院审理等因素。上级人民法院指令再审的，可以指令原审人民法院再审，也可以指令其他下级人民法院再审。由第二审人民法院作出判决、裁定、调解书的案件，上级人民法院需要指令再审的，应当指令第二审人民法院再审，也可以指定与第二审人民法院同级的其他人民法院再审。

同时，最高人民法院于2008年11月10日通过的《关于适用〈中华人民共和国民事诉讼法〉审判监督程序若干问题的解释》（以下简称《审监解释》）第30条规定，当事人未申请再审、人民检察院未抗诉的案件，人民法院发现原判决、裁定、调解协议有损害国家利益、社会公共利益等确有错误情形的，应当提起再审。《审监解释》第29条规定，有下列情形之一的，不得指令原审人民法院再审：（1）原审人民法院对该案无管辖权的；（2）审判人员在审理该案件时有贪污受贿，徇私舞弊，枉法裁判行为的；（3）原判决、裁定系经原审人民法院审判委员会讨论作出的；（4）其他不宜指令原审人民法院再审的。上述情形由于管辖权缺失、枉法裁判等不适宜原审法院再审的原因，所以规定不得指令原审法院再审。

三、如何理解“当事人双方为公民”的案件?

新《民事诉讼法》第199条规定：“当事人对已经发生法律效力的判决、裁定，认为有错误的，可以向上一级人民法院申请再审；当事人一方人数众多或者当事人双方为公民的案件，也可以向原审人民法院申请再审。当事人申请再审的，不停止判决、裁定的执行。”该规定对当事人申请再审的审级进行了改造，即在当事人一方人数众多或者当事人双方为公民的情况下，当事人可以选择向原审人民法院申请再审，也可以选择向上一级申请再审。也就是说将再审申请选择权赋予了当事人，一方面是当事人可以选择申请再审，也可以选择不申请再审；另一方面是当事人可以选择向上一级人民法院申请，也可以在符合条件的情况下选择向原审人民法院申请。

其中条件之一必须是“当事人双方为公民”的案件，是以当事人主体类型进行的划分。通常按主体进行分类，包括公民与公民、公民与法人、法人与法人之间的案件，以及双方既有公民也有法人的案件，而上述条件则严格限定在双方当事人有且仅有公民的案件。之所以将再审审级可以为原审法院的口子开在“当事人双方为公民”的案件，其主要原因是考虑到公民之间的案件案情一般较为简单、争议通常较小，原审人民法院有能力通过再审进行纠错，同时确定原审人民法院启动再审也是能够节省普通公民的时间、金钱、精力等权利救济成本。另外，很大程序上也是基于这样的事实考虑，目前，再审案件60%以上集中在各地区高级人民法院和最高人民法院，使最高人民法院和高级人民法院疲于处理再审和信访案件，影响了审级指导功能的发挥，因此将上述“当事人双方为公民”的再审案件“下放”到原审法院，能大大减轻高级人民法院和最高人民法院的压力，使之能更充分地发挥其应有的审级指导、保障法律统一实施的作用。但实践中，公民是否会基于对原审人民法院的不信任和权威的追求，仍然倾向于选择向上一级人民法院申请再审，而使该条款的立法目的落空，是有待时间去证明的。

四、如何理解和适用再审事由？

再审事由是指当事人申请再审的法定事由，也就是说在什么情况下当事人可以申请再审。人民法院对再审申请的审查，应当围绕再审事由是否成立进行。当然，对当事人的申请事由进行认定，是否符合法定事由，人民法院进行的只是一种形式审查。对于什么事由应当或者可以作为再审的事由，各国立法没有固定的标准，德国规定了11项，日本规定了10项，法国规定了4项，我国新《民事诉讼法》则规定了13项。另外，还特别规定了申请再审的事由因案件是以判决和裁定方式结案还是以调解方式结案而有所不同。

（一）对以判决和裁定方式结案的案件申请再审的法定事由

新《民事诉讼法》第200条规定了当事人对以判决和裁定方式结案的案件申请再审的法定事由。根据该条规定，对于以法院判决和裁定方式结案的案件，只要当事人的申请符合下列情形之一，人民法院就应当对案件进行再审：

1. 有新的证据，足以推翻原判决、裁定的。所谓“新的证据”包括以下几种：原审庭审结束前已客观存在庭审结束后新发现的证据；原审庭审结束前已经发现，但因客观原因无法取得或在规定的期限内不能提供的证据；原审庭审结束后作出鉴定意见、勘验笔录者重新鉴定、勘验，推翻原结论的证据。当事人在原审中提供的主要证据，原审未予质证、认证，但足以推翻原判决、裁定的，应当视为新的证据。所谓“足以推翻原判决、裁定”，就是当事人新提供的证据将全部或者部分否定原来的判决、裁定所确认的事实，这是对当事人新提供的证据在效果方面的要求。

2. 原判决、裁定认定的基本事实缺乏证据证明的。基本事实也称为主要事实或者要件事实，是指对原判决、裁定的结果有实质影响，用以确定当事人主体资格、案件性质、具体权利义务和民事责任等主要内容所依据的事实。也就是说“基本事实”必须是支持原判决、裁定的必要条件，是釜底之薪，而不是一般的、无关紧要的对案件裁判不构成实质影响的事实。

3. 原判决、裁定认定事实的主要证据是伪造的。主要证据是指人民法院认定案件基本事实所必需的证据，或者说是认定案件事实的关键性证据。缺乏关键性证据，案件基本事实就无法成立，裁判的基础也就没有支撑，据此认定的事实、适用的法律以及作出的裁判结果就可能是错误的。

4. 原判决、裁定认定事实的主要证据未经质证的。举证、质证是法庭调查的核心内容，举证和质证相辅相成、缺一不可，所有的证据只有通过质证，才能作为定案的依据。如果原判决、裁定认定事实的主要证据未经质证，一方面是严重地剥夺了当事人的诉讼权利；另一方面是无法据以认定事实的成立与否，在这种情况下所作出的裁判缺乏正当的程序基础和事实根据，应当予以否定。

5. 对审理案件需要的主要证据，当事人因客观原因不能自行收集，书面申请人民法院调查收集，人民法院未调查收集的。当事人因客观原因不能收集案件主要证据时，可以书面申请人民法院调查收集证据，以更好地发现事实真相。该项再审事由的用词仍然是“主要证据”，也就是说，只有在当事人申请调查收集主要证据，人民法院消极不作为，不履行收集证据的职权时，才能构成再审的事由。

6. 原判决、裁定适用法律确有错误的。主要情形包括：适用的法律与案件性质明显不符的；确定民事责任明显违背当事人约定或者法律规定的；适用已经失效或尚未施行的法律的；违反法律溯及力规定的；违反法律适用规则的；明显违背立法本意的；等等。

7. 审判组织的组成不合法或者依法应当回避的审判人员没有回避的。审判组织的组成不合法，主要是指审判组织组成人员的身份以及组成人员的数量不符合法律的规定，比如合议庭的人数为双数或者全部由陪审员组成了合议庭。回避制度是现代各国民事诉讼法普遍确立的一项诉讼制度。新《民事诉讼法》第44条规定，审判人员有下列情形之一的，应当自行回避，当事人有权用口头或者书面方式申请他们回避：（1）是本案当事人或者当事人、诉讼代理人近亲属的；（2）与本案有利害关系的；（3）与本案当事人、诉讼代理人有其他关系，可能影响对案件公正审理的。审判人员接受当事人、诉讼代理人请客送礼，或者违反规定会见当事人、诉讼代理人的，当事人有权要求他们回避。因此符合上述情形的，审判人员应当回避而没有回避的，就构成再审的法定事由。

8. 无诉讼行为能力人未经法定代理人代为诉讼或者应当参加诉讼的当事人，因不能归责于本人或者其诉讼代理人的事由，未参加诉讼的。无诉讼行为能力人因其主体资格不符合民事诉讼的基本要求，因此需要其法定代理人代为进行相关诉讼活动，而应当参加诉讼的当事人也是民事审判程序不可或缺的主体要求，如果上述人员应当参加诉讼活动而没有参加，且并不能归责于他们，法院径行作出判决或裁定，即违反了法定的程序，此时就符合申请再审的法定事由。

9. 违反法律规定，剥夺当事人辩论权利的。当事人的辩论权利是其诉权的重要组成部分之一。只有保障了当事人通过口头或书面形式表达其主张，才是真正的从程序上保障了当事人诉权的正当行使。如果原审开庭过程中，审判人员不允许当事人行使辩论权利，或者不如实记录当事人的辩论意见，或者以不送达起诉状副本或上诉状副本等其他方式，致使当事人无法行使辩论权利，就构成了再审的法定事由。

10. 未经传票传唤，缺席判决的。无论是普通程序审理的案件，还是简易程序审理的案件，未经传票传唤，都不能缺席判决。因为，缺席审判对当事人的影响之大是不言而喻的，未按法定程序进行缺席审判，不仅剥夺了当事人的应诉、辩论等权利，而且存在滥用自由裁量权的风险，因此该种情况下，构成民事再审的事由。

11. 原判决、裁定遗漏或者超出诉讼请求的。民事诉讼“不告不理原则”要求法院严格依照当事人的诉讼请求进行裁判，一方面不能有漏判；另一方面也不能超出请求进行裁判。原判决、裁定遗漏诉讼请求就是漏判，比如诉讼请求为要求赔偿和赔礼道歉，但判决书只对赔偿作出了支持或者不支持的判决，对赔礼道歉没有提及；原判决、裁定超出诉讼请求就是法院对当事人没有提出的诉讼请求进行了越权裁判，上述两者都不可取，都违背了民事诉讼法不告不理原则，因此构成再审的法定事由。

12. 据以作出原判决、裁定的法律文书被撤销或者变更的。主要是指原判决、裁定对基本事实和案件性质的认定系根据其他法律文书作出，而上述其他法律文书被撤销或变更的情形，如原判决、裁定对继承财产的份额划分系基于先前判决中对该财产被确权为被继承人所有，而该先前判决经法定程序被认定为违法裁判而被撤销。此种情况下，由于裁判基础不复存在而丧失了裁判的正当性，故构成再审事由。

13. 审判人员审理该案件时有贪污受贿、徇私舞弊、枉法裁判行为的。审判人员的廉洁性和公正性是案件获得公正裁判的基本保障。如果审判人员在审理案件时有贪污受贿、徇私舞弊、枉法裁判行为，裁判的公正性就失去了基础，当事人的合法权益就可能受到损害，因此当事人可以申请对案件进行再审。

（二）对以调解方式结案的案件申请再审的法定事由

新《民事诉讼法》第 201 条规定了当事人对以调解方式结案的民事案件申请再审的事由。调解方式虽然是双方合意的选择，但并不代表调解方式结案完全依照当事人自治原则进行裁判，一方面需要审查当事人双方是否是出于真实的自愿；另一方面需要审查是否双方有合谋串通损害第三方的合法利益的情况。因此，当事人只要提出证据证明调解结案的案件具有下列情形之一的，就可以申请再审；经查证属实的，人民法院就应当再审：

1. 有证据证明调解违反自愿原则的。自愿是法院调解的基本原则，违反自愿原则的调解不但违反了法院调解最基本的要求，而且是对当事人处分权的侵害，最终损害当事人的合法权益。因此，当事人有证据证明调解违反自愿原则的，可以申请人民法院对案件进行再审，以维护自己的合法权益。

2. 有证据证明调解协议的内容违反法律规定的。当事人在诉讼过程中达成的调解协议发生法律效力后，如有证据证明该协议的内容违反了法律的禁止性规定，就可以申请人民法院对案件进行再审，人民法院应当再审，以维护法律的尊严和当事人的合法权益。

3. 调解协议损害国家利益、公共利益和他人利益的。保护国家利益、公共利益和他人利益是法律的基本要求，损害国家利益、公共利益和他人利益的调解协议当然可以为人民法院所撤销。虽然通常在这种情况下，当事人自己提出再审申请的可能性是不大的，但仍应认为当事人是可以申请再审的。

（三）再审事由的类型化

对于再审事由的设置，学界讨论较多的问题集中于如何进行分类，比如是否是该区分为程序性事由和实体性事由，是否应保留兜底条款等。有学者认为，根据再审事由所涉权利在权利体系中所处的等次可以分为三种：绝对性再审事由、相对性再审事由和复合性再审事由。在民事再审事由中，有的事由所涉及的权利属于当事人所享有的程序基本权的范畴，有的甚至属于当事人所享有的宪法性的权利，一旦出现侵犯当事人该类权利的情况，则无论该事由是否与生效裁判有因果关系，都必然要启动再审程序，不允许法院进行自由裁量，此类事由即为绝对性再审事由，包括 2012 年《民事诉讼法》第 200 条第 1 款第（七）项至第（十三）项的七种事由。相对性再审事由表现为实体处理确有错误，从而损害了一方当事人的实体利益，包括 2012 年《民事诉讼法》第 200 条第 1 款第（一）项至第（六）项的六种事由。与绝对性再审事由必然启动再审程序不同，相对性再审事由只有对生效裁判的结果产生影响才可以提起再审，且根据相对性再审事由的涵义以及再审的补充性原则，对于相对性再审事由所涉权利，当事人应该主张而没有主张的，则产生失权的效果。此外，2007 年《民事诉讼法》第 179 条在第 1 款以列举的方式确定了 13 项再审事由之后，还规定了第 2 款："对违反法定程序可能影响案件正确判决、裁定的情形，或者审判人员在审理该案件时有贪污受贿，徇私舞弊，枉法裁判行为的，人民法院应当再审。"该条款所规定的"违反法定程序可能影响案件正确判决、裁定的情形"以及"审判人员在审理该案件时有贪污受贿，徇私舞弊，枉法裁判行为的"两种再审事由，相对于第 1 款中的 13 项再审事由，具有明显的模糊性和不明确性，被认为是复合性再审事由。2012 年修法，将该删去了第 2 款，删除了"违反法定程序可能影响案件正确判决、裁定的情形"的表述，将"审判人员在审理该案件时有贪污受贿，徇私舞弊，枉法裁判行为的"内容写在了新《民事诉讼法》的第 200 条第（十三）项，使得再审事由的表述和分类更加清晰、更具可操作性，是为立法的一大进步。

同时，从世界范围来看，很多国家的民事诉讼法中都对民事再审事由进行了明确的分类。如德国，根据提起诉讼所依据的事由的不同，将再审分为无效之诉和回复原状之诉两种形式。无效之诉是以原生效判决违反法定程序为正当事由提起的再审之诉。该类无效事由一旦存在，则被声明不服的裁判即被视为存有错误，二者之间存在必然性因果关系；即使原生效判决在实体上是正确的，也仍得对其提起无效之诉，原判决仍应被取消，且无效事由直接导致再审。根据德国《民事诉讼法》第 579 条第 1 款的规定，可以提起无效之诉的四种事由包括：为判决的法院不是依法律组成的；依法不得执行法官职务的法官参与审判的；法官应该回避且回避申请已经宣告有理由，而法官仍然参与审判的；当事人一方在诉讼中未经合法代理的。而回复再审之诉的提起理由是原生效裁判存在实体上的错误，损害了当事人的实体权利。德国《民事诉讼法》第 580 条规定，可以提起回复原状之诉的事由包括：对方当事人宣誓作证，判决即以其证言为基础，而该当事人关于此项证言犯有故意或过失违反宣誓义务的罪行；作为判决基础的证书是伪造或变造的；判决系以证言或鉴定为基础，而证人或鉴定人犯有违反其真实义务的罪行；当事人的代理人或对方当事人或其代理人犯有与诉讼事件有关的罪行，而判决是基于这种行为作出的；参与判决的法官犯有与诉讼事件有关的、不利于当事人的违反其职务上义务的罪行；判决是以某一普通法院或原特别法院或某一行政法院的判决为基础时，而这些判决已由另一确定判决所撤销；当事人发现以前就同一事件所作的确定判决，或者发现另一种证书，或者自己能使用这种判决或证书，这种判决和证书可以使自己得到有利的裁判。通过比较分析，在对再审事由进行立法设计时，总体原则上应继续坚持绝对性再审事由与相对性再审事由的类型划分，同时遵循再审的补充性原则和程序安定原则，严格限制再审程序的启动。同时在具体事由设置时，应进一步贯彻“实体本位主义”向“程序本位主义”的观念，将再审事由进行更加明确、清晰、可操作性的类型化设计，以科学、有效地实现审判监督程序的功能和价值。

五、为什么对已发生效力的解除婚姻关系的判决书、调解书，不能申请再审？如何理解和适用该条规定？

新《民事诉讼法》第202条规定：“当事人对已经发生法律效力的解除婚姻关系的判决、调解书，不得申请再审。”原因是婚姻关系既是一种特殊的身份关系，也是一种特殊的社会关系和法律关系，它具有一定的社会公益性，是社会稳定的基因。人民法院判决、调解解除婚姻关系的案件，男女双方之间基于婚姻关系而形成的人身关系就当然消灭，消灭之后形成的是新的社会关系、法律关系，这是一个不可逆的过程。若当事人申请再审要求对此消灭的法律关系进行重新复合，就有可能损害到他人的合法利益和社会公益，因此，该类案件一旦宣告解除婚姻关系就绝对的、当然的不能申请再审。但是，必须说明的是，在这种案件中，当事人不得申请再审的仅限于解除婚姻关系部分，当事人可以就离婚案件中的财产分割问题申请再审；如果涉及判决中未作处理的夫妻共同财产，应当告知当事人另行起诉。这是身份关系与财产关系天然的差别所致。另外，对于当事人就离婚案件中的子女抚养问题申请再审的，如原判决、调解书中进行了处理，人民法院应依照新《民事诉讼法》第200条的规定进行审查，符合再审条件的，应立案审理；如未作处理，应告知当事人以抚养权纠纷另行起诉。

六、当事人申请再审的期限有哪些限制？

新《民事诉讼法》对申请再审的时限进行了修改。即将原《民事诉讼法》第184条改为第205条，修改为：“当事人申请再审，应当在判决、裁定发生法律效力后六个月内提出；有本法第二百条第一项、第三项、第十二项、第十三项规定情形的，自知道或者应当知道之日起六个月内提出。”将原来规定的2年和3个月的时限都统一为6个月，且该6个月的时限是除斥期间，不得适用中止、中断和延长的规定。

申请再审的时长增加了一倍的四种情形包括：（1）有新的证据，足以推翻原判决、裁定的；（2）原判决、裁定认定事实的主要证据是伪造的；（3）据以作出原判决、裁定的法律文书被撤销或者变更的；（4）审判人员审理该案件时有贪污受贿，徇私舞弊，枉法裁判行为的。此四种情形前两种与实体问题相关，在证据存在缺陷或瑕疵的情况下，原审案件的事实认定将受到动摇，因此有必要赋予6个月的申请期间，让当事人充分准备新的证据材料和其他相关案件材料，再行申请启动再审进行纠正；第四种情况是涉及审判人员的司法行为不廉洁、不公正的情况，因此有必要启动再审对原审案件进行重新审理。另外，该6个月的起算点与前述一般情况下的6个月是不一样，而是“自知道或者应当知道之日起”进行计算，这样的立法设计充分考虑到当事人获知相关事实的时间差异性，由当事人对其发现上述三种情形之一的时间点进行举证即自此开始计算6个月时限，有利于当事人能够有充分的时间去准备再审材料，以更有效、更合理地维护自身合法权益。

七、案外人是否可以申请再审?

新《民事诉讼法》第十六章“审判监督程序”中规定了申请再审的主体条件是“当事人”，也即必须是原审当事人才能向法院申请启动再审程序。如果生效裁判损害了案外第三人的合法民事权益，该第三人是否能申请再审呢?答案是肯定的。

在2012年修法之前，根据2007年《民事诉讼法》和2008年《审监解释》的规定，案外人申请再审的类型有两种：一种是执行程序中的案外人申请再审。即2007年《民事诉讼法》第204条规定的“执行过程中，案外人对执行标的提出书面异议的，人民法院应当自收到书面异议之日起15日内审查，理由成立的，裁定中止对该标的的执行；理由不成立的，裁定驳回。案外人、当事人对裁定不服，认为原判决、裁定错误的，依照审判监督程序办理”。这种类型的再审必须依附于执行程序，即案外人申请再审的前提是其异议被执行法院裁定驳回且其对该驳回裁定表示不服。因此该制度是一种带有从属性、辅助性的再审救济形式。另一种是案外人直接申请再审。即《审监解释》第5条第1款规定的“案外人对原判决、裁定、调解书确定的执行标的物主张权利，且无法提起新的诉讼解决争议的，可以在判决、裁定、调解书发生法律效力后2年内，或者自知道或应当知道利益被损害之日起3个月内，向作出原判决、裁定、调解书的人民法院的上一级人民法院申请再审”。该司法解释的规定是对2007年《民事诉讼法》第204条规定的案外人申请再审制度的目的性扩张解释，此种类型的案外人申请再审无须借助执行程序，而是直接申请再审，因此是一种主导性、自足性的案外人申请再审制度。

新《民事诉讼法》在第227条中保留了上述第一种案外人申请再审的立法规定。除此之外，为应对实践中屡见不鲜的恶意诉讼、虚假诉讼等损害第三人利益的情况，弥补民事诉讼立法的不足，新《民事诉讼法》新设立了一种专门的救济方式——第三人撤销之诉。新《民事诉讼法》在第56条第3款规定："前两款规定的第三人，因不能归责于本人的事由未参加诉讼，但有证据证明发生法律效力的判决、裁定、调解书的部分或者全部内容错误，损害其民事权益的，可以自知道或者应当知道其民事权益受到损害之日起六个月内，向作出该判决、裁定、调解书的人民法院提起诉讼。人民法院经审理，诉讼请求成立的，应当改变或者撤销原判决、裁定、调解书；诉讼请求不成立的，驳回诉讼请求。"这是我国民事诉讼法首次确立的一种专门适用于案外人合法权益救济的诉讼制度，是我国民事诉讼立法历程中的一次巨大的进步，有利于打击通过恶意诉讼、虚假诉讼等形式侵害第三人利益的不法行为，有利于案外第三人在其权利受到损害时及时通过诉讼的途径进行维权。但由于该规定仅仅是一个原则性的制度设计，对于第三人撤销之诉的制度定位、适用条件、管辖法院、判决效力等问题还有待司法解释进一步明确。目前主要大陆法系国家及地区的立法例中，第三人撤销之诉可以分为再审型、上诉型、复合型、独立型等四种类型。具体而言，再审型第三人撤销之诉，是指受判决不利影响的案外人以自己的名义向原受案法院提请重新审判的一种诉讼程序，如日本、意大利；上诉型第三人撤销之诉，指受判决不利影响的案外人以自己的名义向原受案法院的上级法院提请撤销原不利判决的一种诉讼程序，如我国澳门特区；复合型第三人撤销之诉，指受判决不利影响的案外人以自己的名义向原审法院或其他法院提请重新审判或改变不利判决的诉讼程序，如法国；独立型第三人撤销之诉，指不依赖任何既有程序，专门为受不利判决影响的案外人设立的、旨在撤销不利部分判决的诉讼程序，如我国台湾地区。① 比较而言，独立型撤销之诉是一个全新的诉，其诉讼标的不同于原判定之诉，法院无须审理原诉讼标的法律关系，而是作为一个全新的案件来审理，即仅针对原判决中不利于第三人部分请求撤销，对于原判决在当事人之间的效力并不产生影响，有利于维护原判决所确定的实体法律关系，克服再审判决对程序安定性的冲击。因此，我们建议在制定相关司法解释时，采取独立型的第三人撤销之诉的模式进行制度设计。

八、按审判监督程序决定再审的案件应按照何种程序进行审理?

新《民事诉讼法》第207条第1款规定："人民法院按照审判监督程序再审的案件，发生法律效力的判决、裁定是由第一审法院作出的，按照第一审程序审理，所作的判决、裁定，当事人可以上诉；发生法律效力的判决、裁定是

---

① 胡军辉、廖永安：《论案外第三人撤销之诉》，载《政治与法律》2007年第5期。

由第二审法院作出的，按照第二审程序审理，所作的判决、裁定，是发生法律效力的判决、裁定；上级人民法院按照审判监督程序提审的，按照第二审程序审理，所作的判决、裁定是发生法律效力的判决、裁定。”因此，依据原审裁判是一审生效还是二审生效，再审案件适用的程序分为适用第一审程序和适用第二审程序两种情况，但都应当另行组成合议庭，原来参加过本案审理的人员，一律不得参加再审合议庭。原审是第一审程序的，按照第一审程序的相关规定组成合议庭；原审是第二审程序的，按照第二审程序的相关规定组成合议庭。关于再审案件的当事人问题，根据《审监解释》第 41 条和第 42 条的规定，民事再审案件的当事人应为原审案件的当事人。原审案件当事人死亡或者终止的，其权利义务承受人可以申请再审并参加再审诉讼。因案外人申请人民法院裁定再审的，人民法院经审理认为案外人应为必要的共同诉讼当事人，在按第一审程序再审时，应追加其为当事人，作出新的判决；在按第二审程序再审时，经调解不能达成协议的，应撤销原判，发回重审，重审时应追加案外人为当事人。

关于再审案件的裁判问题，由于它既要对当事人之间的实体权利义务关系作出裁断，又要对原判决、裁定或者调解书作出评价，因而与第一审或者第二审裁判存在重大区别。从形式上看，可以分为判决与裁定两种，从具体内容来看，可以分为以下几种：

1. 维持原判决、裁定的判决、裁定。人民法院经再审审理认为，原判决、裁定认定事实清楚、适用法律正确的，应予维持；原判决、裁定在认定事实、适用法律、阐述理由方面虽有瑕疵，但裁判结果正确的，人民法院应在再审判决、裁定中纠正上述瑕疵后予以维持。

2. 变更原判决、裁定的判决、裁定。经过再审，认为原判决、裁定在认定事实、适用法律或者审判程序方面存在错误的，再审法院可以根据不同情况，全部或者部分撤销原判决、裁定，并依据认定的事实正确适用法律对案件作出新的判决、裁定。

3. 撤销原一、二审判决，驳回起诉的裁定。人民法院提审或者按照第二审程序审理的再审案件，在审理中认为该案不符合民事诉讼法规定的受理条件的，应当裁定撤销一、二审判决，驳回起诉。

4. 撤销原一、二审判决，发回原审人民法院重审的裁定。这种裁定主要适用于以下两种情况：第一，人民法院按照第二审程序审理再审案件，发现原判决认定事实错误或者认定事实不清的，原审人民法院便于查清事实，化解纠纷的，可以裁定撤销原判决，发回重审。第二，原审程序遗漏必须参加诉讼的当事人且无法达成调解协议，以及其他违反法定程序不宜在再审程序中直接作出实体处理的，应当裁定撤销原判决，发回重审。

另外，根据《审监解释》第 33 条至第 36 条的规定，人民法院应当在具体的再审请求范围内或在抗诉支持当事人请求的范围内审理再审案件。当事人超出原审范围增加、变更诉讼请求的，不属于再审审理范围。但涉及国家利益、社会公共利益，或者当事人在原审诉讼中已经依法要求增加、变更诉讼请求，原审未予审理且客观上不能形成其他诉讼的除外。经再审裁定撤销原判决，发回重审后，当事人增加诉讼请求的，可合并审理。申请再审人在再审期间撤回再审申请的，是否准许由人民法院裁定。裁定准许的，应终结再审程序，恢复原判决的执行。申请再审人经传票传唤，无正当理由拒不到庭的，或者未经法庭许可中途退庭的，可以裁定按自动撤回再审申请处理。按照第一审程序审理再审案件时，一审原告申请撤回起诉的，是否准许由人民法院裁定。裁定准许的，应当同时裁定撤销原判决、裁定、调解书。当事人在再审审理中经调解达成协议的，人民法院应当制作调解书。调解书经各方当事人签收后，即具有法律效力，原判决、裁定视为被撤销。

九、为什么追索赡养费、抚养费等案件决定再审后“可以不中止执行”?

新《民事诉讼法》第 206 条规定：“按照审判监督程序决定再审的案件，裁定中止原判决、裁定、调解书的执行，但追索赡养费、扶养费、抚育费、抚恤金、医疗费用、劳动报酬等案件，可以不中止执行。”也就是说，原则上人民法院决定对案件进行再审之后，要裁定中止原判决的执行，主要原因是为了防止继续执行有错误的判决，给国家、集体、社会公共利益或者他人的合法权益造成更大的损害。但是特殊情况下，如追索赡养费、扶养费、抚育费、抚恤金、医疗费用、劳动报酬等案件，因涉及当事人的基本生存、接受治疗等问题，可以不中止原裁判的执行。

这种立法模式相较 2007 年《民事诉讼法》规定的决定再审后“一律中止原裁判的执行”有显著的进步。原有启动再审一律中止原裁判执行的法律规定虽然有一定的合理性，但是并未充分考虑现实情况。第一，启动再审程序并不意味着再审审理结果必然撤销原裁判，因此不区分具体情况一律中止的做法颇显机械；第二，实践中，通过再审撤销或变更原裁判的比较较小，因此若一律中止执行将很大程度上损害胜诉方合法权益的及时、有效实现，也影响了司法执行的权威和效率；第三，有的案件不具有执行内容，对原裁判中止执行没有意义。上述情形下，若中止原裁判的执行将带来一定的负面影响，因此有必要加以改进。此次修法，在但书中规定追索赡养费、扶养费、抚育费、抚恤金、医疗费用、劳动报酬等案件可以不中止执行，体现了立法对基本人权的保障和对社会民生问题的关注，体现了维护司法公正的同时，也兼顾到对社会弱势群体特殊利益的及时维护。对于追索上述费用的当事人，通常是因基本生活、治疗所需的钱款，如果将这样的“救命钱”也中止执行将造成难以挽回的损失和结果，难以得到社会认同，也不符合民事诉讼法的立法精神和基本法理，因此可以不中止执行。

但该立法模式仍可以进一步完善，如可以规定决定再审以不中止执行为原则，以法院依职权裁定中止执行为例外，原因是再审程序是对原有审判程序的自我纠错，但在再审裁判作出前，原审裁判是生效的、可执行的，为了维护司法裁判的稳定性和权威性，应原则上不中止原裁判的执行。同时建议规定当事人申请中止执行并提供担保的，可以在裁定再审时中止原裁判的执行，理由是如果当事人能提供相应的担保，一方面可以确保将来再审维持原裁判的情况下能有财产可供执行，避免出现执行不能的发生；另一方面也为减少将来改判后执行回转的难度，确保最终的胜诉权利人能顺利得到相应的保护。

第十四章　民事检察监督制度的完善

一、如何认识民事检察监督的重要性?

与2007年《民事诉讼法》相比，新《民事诉讼法》在检察监督方面主要做了如下改进：一是在原有抗诉的监督方式上，增加了检察建议这一新的法律监督方式；二是将人民检察院有权对民事审判活动实行法律监督，修改为对民事诉讼实行法律监督，从而把民事执行活动纳入法律监督范围；三是赋予检察机关对民事调解的监督权，规定检察院发现调解书损害国家利益、社会公共利益的，应当提出再审检察建议或者提出抗诉；四是明确了检察监督的具体程序性权利，规定人民检察院因提出再审检察建议或者抗诉的需要，可以向当事人或者案外人调查核实有关情况。

不难看出，新《民事诉讼法》围绕落实检察机关的法律监督权，对民事诉讼监督作出了更为完善的安排。这种立法旨趣的背后，乃是对现代法治规律的遵循，也是对我国宪法具体内容的贯彻。在现代法治的运作体系中，法律监督乃是重要的保障性环节，这种监督包括对社会正义最后一道防线的监督，以确保法院能够以正义的方式运送正义；与此同时，我国宪法明确规定检察院是国家的法律监督机关，这一宪法根据表明，检察院的根本属性并非单一的公诉机关，也非片面的职务犯罪侦查机关，而是全面承担对法律执行与适用进行监督的法律监督机关，宪法上的定位要求检察院对整个民事诉讼活动进行法律监督。

落实宪法上检察机关的法律监督权，对中国的法治构建而言意义非凡。实践中，由于体制机制、人员素质、司法环境等多种原因，司法机关在承担定分止争、化解矛盾的社会职能上，距离民众的期待仍有不小的差距，尤其是一些错案和司法腐败现象，严重冲击了民众对司法公信力的信心。与刑事诉讼相比，在民事诉讼过程中，法官的自由裁量权更大，适用法律更为细致复杂，从而决定了其更应该受到严格的法律监督。因此，在法治构建的功能上，检察机关对民事诉讼实行法律监督，是保证依法行使审判权，促进司法公正，维护社会公共利益的重要保障。

但是，由于缺乏必要而细致的制度安排，检察机关对民事行政诉讼活动一直难以行使有效法律监督，使得中国的法律监督权多处于不平衡状态。例如，虽然经过2007年的修订，《民事诉讼法》规定的检察机关提出抗诉的法定事由更加具体、操作性更强，但这种单一性的监督方式缺乏足够的程序性规范，实际运作起来依然难以奏效。更关键的是，现有立法将检察监督范围限定于“审判活动”，使得存在更大腐败风险的执行领域缺乏法律监督，客观上也放松了对执行腐败的制度约束。

其实，就宪法规定的法律监督权而言，检察院对民事行政诉讼活动的监督，并不缺乏立法上的肯定性设定，从民事诉讼法、行政诉讼法到法院组织法和检察院组织法，都有相关的宏观规定。问题是，这些近乎对宪法原则条款进行复述性的立法，并没有为检察机关的法律监督提供可操作性的指南，尤其是对监督的范围、方式、程序、权限、法律责任等，都缺乏具体的制度规范。而这些内容，由于涉及公、检、法等多个部门的协调关系，是很难交由检察机关自己去设定的。因此，要彻底改变检察监督不全面的现状，就必须从国家层面立法进行完善。

站在这个角度，此次通过的新《民事诉讼法》的规定，确有值得期许的地方，如果其在今后能够获得有力执行，则不仅能够有效防止司法裁判不公正的产生，使国家利益、社会公共利益、公民重要权利在私法领域得到更为公正、更为有效的保护，而且还能在落实宪法法律监督权方面前进一大步，对于推动检察机关就法律实施行使全面的监督权，为法治构建确立起高效、权威的监督屏障都具有重要意义。

二、如何理解和适用民事检察监督基本原则?

对民事检察监督原则的理解和适用，可以从如下几个方面入手：

（一）民事检察监督是检察机关对公权力的监督

1991年《民事诉讼法》第14条规定，“人民检察院有权对民事审判活动实行法律监督”，明确地将检察监督指向民事审判活动，即人民法院及其工作人员行使民事审判权的活动。很明显，民事检察实为对民事审判权的监督，是检察权对公权力（审判权）的监督。因此，2010年最高人民检察院《关于加强和改进民事行政检察工作的决定》明确指出，“民事行政检察监督作为检察机关法律监督的重要组成部分，在性质上是对公权力的监督”。

我国《人民检察院组织法》第5条规定，“对于人民法院的审判活动是否合法，实行监督”，我国《宪法》第41条第1款规定，公民“对于任何国家机关和国家工作人员的违法失职行为，有向有关国家机关提出申诉、控告或者检举的权利”。将这种“是否合法”与“违法失职行为”的表述与民事检察的监督对象“民事审判活动”结合起来，就更加清楚地看到了民事检察的公权监督属性，说明民事检察关注的只是民事审判活动的合法性，而非申诉人或者其他诉讼当事人的民事权利主张。不是对诉讼当事人民事活动进行监督，不对私权活动（民事活动）进行干预，不能对诉讼当事人的主张及其民事活动进行评判。对民事活动的监督不但违反了民事诉讼法的基本原则，也不符合最高人民检察院关于民事检察工作属性的规定。

检察权对公权力进行监督的原则，是民事检察监督的基本原则。要求检察机关围绕民事审判活动是否合法开展监督工作：因怀疑有违法行为而启动审查、调查程序；因认定有违法行为而提出抗诉或检察建议等。民事检察的全部方法和程序都是针对审判机关的诉讼活动而设计的，审查的内容是审判机关诉讼活动的合法性。

需要指出的是，新《民事诉讼法》将民事检察监督的范围，从先前的仅针对“人民法院的审判活动”，扩展到了人民法院的整个民事诉讼活动，包括调解程序和执行程序，这无疑是对民事检察监督原则内涵的进一步深化。

（二）检察机关要依职权进行监督

这一点包括两个方面的内容：一是不得超越职权。检察权作为公权力，法无明确授权即为禁止。就民事检察制度而言，检察机关只能对民事诉讼活动实行监督，不得对其他活动，例如当事人的民事活动实行监督，否则就是违法。二是不得懈怠推诿。检察机关只要发现民事诉讼活动违法，就应积极地履行监督职责，不得寻找任何理由和借口不作为。检察权监督公权力的基本性质，决定了民事检察只能依职权进行，不能实行“不告不理”。

我国《宪法》第 41 条第 2 款规定：“对于公民的申诉、控告或者检举，有关国家机关必须查清事实，负责处理……”人民检察院通过受理申诉、控告、检举或者通过其他途径，发现审判活动违法的，均应采取措施调查处理，追究违法人员的责任，纠正违法行为的错误，不得以任何借口逃避职责。

在民事检察的具体职责中，均明确规定了依职权监督的原则。例如新《民事诉讼法》第 208 条明确规定，人民检察院发现有抗诉事由时“应当”抗诉；最高人民法院、最高人民检察院《关于对民事审判活动与行政诉讼实行法律监督的若干意见（试行）》第 8 条规定，人民检察院发现生效调解符合抗诉条件时“应当提出抗诉”，第 9 条又规定，“人民法院的审判活动有……违反法律规定情形，不适用再审程序的”，人民检察院“应当提出检察建议”。

（三）民事检察监督是事后监督

所谓事后监督，是指违法之“事”已经发生，包括违法行为已经结束，也包括违法行为正在进行，前者如生效的判决、裁定违法，后者如审判过程中的程序违法。所有的监督都是事后的，检察机关只能对已经发生的违法行为进行监督，只有在行为发生后才可能要求追究责任或纠正错误。

就检察权的行使起点而言，所有的检察监督都是“事后”开始的。这个“事后”，是指事件已经发生，包括尚在持续中，不是指事件已经完结。有人将事后监督理解为案后监督，认为在案件结束后才能通过抗诉进行监督，实际上是混淆了“事后”和“案后”两个不同的概念。同样地，认为事前防范或事先介入是事前监督，认为事中参与是事中监督，也是误解。对于违法不作为而言，“尚未结束”正是事后监督的前提；如果要求此类案件结束后才能监督，反而会陷入无法监督的悖论。在违法行为发生前，只有预防，没有监督。

检察机关的个案监督，有的属于结果监督（审判后监督），例如对生效裁判的抗诉；有的属于过程监督（审判前监督），例如对立案活动的监督。比较而言，判前监督是实现审判结果公正的基础，是防患于未然的保证，是及时解决纠纷、化解矛盾的要求。

（四）检察监督要将个案监督与类案监督相结合

个案监督和类案监督是民事检察的不同表现形式。针对表现在个案中的民事审判违法行为，需要个案监督；检察机关办理的大量抗诉案件就属于个案监督。针对表现在多个案件中带有普遍性的同类民事审判违法行为，例如同类案件的判决方式相反，多起案件中表现出来的同类错误，就需要进行类案监督。此外，有的违法行为表现在审判工作的制度和方法中，需要进行工作监督（此为特殊的类案监督）。

在类案监督中，检察机关详加调查研究后一并予以监督，可以起到监督一（类）案，纠正一片的良好效果。比较而言，第一，类案监督涉及面广，更符合检察机关维护国家法制的职责，对于维护国家法制统一和维护国家法律正确实施更为重要。第二，类案监督可以促使检法两院思考问题更客观、更理性，也更容易达成共识。第三，对案件类似但处理结果相互矛盾的多个案件，对于同一法院或地区发生类似错误的多个案件，以及对于同一法院、地区出现的多起错案、枉法裁判案件等情况，检察机关实行类案监督，不但可以使多起案件及时得到纠正，且有利于规范以后的类似案件，效果更为明显。

然而，无论是审判行为的违法还是审判人员的受贿、渎职，都是发生在具体的个案之中。因此，唯有个案监督和类案监督结合行使，才可以更好地发挥民事检察的功效。

（五）检察监督要将对人监督与对事监督相结合

对人的监督是指对法院审判人员、执行人员职务违法行为的监督；对事的监督是指对法院的审判（诉讼）活动进行监督，包括监督法院裁判在认定事实、适用法律和遵守程序上是否合法，其裁判的作出是否适用客观性标准等。

以往的民事检察监督实践通常是对事的监督，即对法院生效裁判的合法性进行监督。2010 年最高人民法院、最高人民检察院、公安部、国家安全部、司法部《关于对司法工作人员在诉讼活动中的渎职行为加强法律监督的若干规定（试行）》明确规定检察院依法对司法工作人员（包括民事审判人员）的各类渎职行为进行法律监督，并在第 17 条中明确规定民事检察工作也应当适用该规定。

审判人员的职务行为涉嫌违法时，检察机关的调查职责是查明该职务行为是否合法，其判断适用客观标准兼主观标准：不但要查明该职务行为在客观上是否违法，还要查明审判人员在主观上是否有过错。经调查认为审判人员没有违法行为或者没有过错的，即应终结调查程序；经调查发现审判人员有违法行为的，应提请有关机关予以处理、追究责任；发现审判人员不宜继续办理案件的，应建议更换办案人；发现审判人员的违法行为涉及生效裁判或者其他审判活动的，还应当依法提出抗诉或者发出纠正违法通知、检察建议等予以纠正。

对人的监督有助于促使审判和执行人员审慎地行使司法权，减少审判过程和执行活动的违法事件，真正发挥促进司法公正、维护法制权威的职能作用。因此，检察院在通过抗诉、提出检察建议等方式对事监督的同时，还应当对审判人员的职务违法行为进行监督，按照规定进行调查、提出相应的处理意见，包括提出予以处分的检察建议。只有制裁违法和纠正违法并举，才能有效地维护社会主义法制的统一正确实施。

在民事检察监督工作中，要将对人监督与对事监督相结合，二者是相辅相成的。只强调对事监督，而忽视对人监督的重要性，民事检察监督很难真正取得实效，反之亦然。

三、民事检察监督的范围包含哪些?

近年来，我国民行检察监督工作从监督理念上正由传统的事后监督、再审监督以及抗诉事由的实体化倾向转向现代化的全程监督、程序监督、协同监督、相对监督理念。相应地，民事诉讼检察监督的范围也呈现出扩展化趋势，主要表现为：由审判向执行扩展、由裁判向调解扩展、由诉后向诉中扩展、由实体向程序扩展。[①] 这一扩展趋势的出现，主要是为了应对民事诉讼活动的现

---

① 汤维建：《论中国民行检察监督制度的发展规律》，载《政治与法律》2010 年第 4 期。

实需要。

我国宪法规定，人民检察院是国家的法律监督机关。从理论上说，宪法规定的检察监督在诉讼领域主要涉及四个方面的内容：属于公益诉讼的诉前监督、属于参与诉讼的诉中监督、属于诉后监督的抗诉再审和属于审判延伸的执行监督。民事检察监督同样分布在这四大领域。而基于“诉讼监督”目的的民事诉讼检察监督，则是指民事诉中监督（对审判过程及法院调解过程进行监督）、民事抗诉再审的诉后监督（对法院裁判结果进行监督）和执行监督（对裁判结果执行情况进行监督）。

然而，目前的民事诉讼检察监督主要局限在民事抗诉再审诉后监督领域。至于诉中监督和执行监督，虽然在观念上有所突破，在实践中有多种试点，但尚未制度性地、常规性地开展起来。与此同时，司法实践却对民事诉中监督和民事执行监督提出了强烈的需求。因应这种需求，此次《民事诉讼法》修改明确地将民事检察监督的范围扩展到了诉中监督和执行监督领域，规定对诉讼过程中法院审判活动之外的其他诉讼程序，如法院调解、执行程序等，都可以进行监督。新《民事诉讼法》大大扩展了民事检察监督的范围。

新《民事诉讼法》对民事检察监督范围的扩展具有重要意义。

第一，民事诉讼检察监督范围拓展是监督和保障审判权（含执行权）依法行使和审判公正的需要。审判公正作为司法公正的主要内容，是现代社会政治民主、进步的重要标志，也是现代国家经济发展和社会稳定的重要保证。它是法律的自身要求，也是依法治国的要求，其基本内涵是要在法院的审判和执行过程和结果中体现公平、平等、正当、正义的精神。在民事诉讼中，一旦审判人员徇私舞弊、枉法裁判和执行，或者在审判和执行过程中严重违反法定程序，必将损害审判的公正性。检察机关对某些类型的案件、重要的诉讼程序、调解活动以及其他影响当事人重大利益的审判行为和执行行为，及时介入，加强监督，可以减少错误裁判的产生，最大限度地使审判活动沿着公正的轨道行进。

第二，审判公正经常由于审判的独立性受到干扰而得不到保障，行政权的干扰便是其中之一。当行政权的肆意扩张影响审判权（含执行权）的独立时，牵制与平衡的原则就要求检察权发挥内在张力，与审判权一起共同抗衡行政权的不法侵害，以保障法律的公正实施。可以说，检察机关作为法定的法律监督机关，通过诉中监督和执行监督，保障审判权（含执行权）的依法独立行使，进而提升审判公正度，在现行中国政治体制下是最符合法治精神也是最为可靠可信的途径。

第三，民事诉讼检察监督范围拓展是监督和保障诉权以及保障国家利益、当事人合法权益的需要。民事诉讼中的诉权包括程序意义上的诉权和实体意义上的诉权。现实中，当事人一方或双方滥用诉权从而损害国家、社会公共利益或第三方利益的案件并不少见，如当事人双方恶意调解、串通调解、恶意诉讼、虚假诉讼以损害国家、社会公共利益或第三方利益。又比如当事人一方串通审判人员阻碍对方当事人正当行使自己的诉权或诉讼权利，致使其程序利益和实体利益无法得到救济。在上述情形下，检察机关作为处于中立位置的公权力机关参与其中，进行某种平衡，乃至实施某种矫正，就能制约被滥用的诉权、保障被侵害的诉权，维护国家、社会公共利益和当事人合法利益。因而，加强诉中监督、执行监督、程序监督是十分有必要的。

第四，民事诉讼检察监督范围拓展是深入推进“社会矛盾化解、社会管理创新、公正廉洁执法”三项重点工作的需要。三项重点工作是根据我国国情、民情和经济社会发展现状对政法工作提出的富有针对性的战略部署。推进三项重点工作，对于树立社会主义法治权威、增进政法机关公信力、维护社会稳定具有重大意义。当前，涉及民事审判和执行的申诉、上访数量明显增多，需要监督的对象复杂多样，而单靠抗诉一种手段无法满足三项重点工作对民事检察监督提出的新要求。拓展民事诉讼检察监督范围，综合运用诉中监督、执行监督中的多种监督方式，并充分发挥各种监督方式的整体效能，可以达到以下效果：（1）通过监督纠正错误裁判和审判、执行中的违法行为，实现定分止争、案结事了，有效化解社会矛盾；（2）通过分析民事争议所涉及的行政治理方面的矛盾和原因，对行政机关或准行政机关在执法活动中的违法行为进行监督，帮助其改进工作作风，完善社会管理方式；（3）通过监督纠正诉讼中的违法、渎职行为，惩治司法腐败，促进公正廉洁执法。

四、民事检察监督的方式包含哪些？

从1991年《民事诉讼法》的规定看，抗诉是检察机关行使民事检察监督权唯一被法律所规定的手段。1991年《民事诉讼法》仅用了5个条文规定检察机关抗诉的条件、权力、方式、效力以及出席再审法庭的权力等。如此复杂的权力运行程序仅有5个条文来规定，其可操作性可想而知。立法对检察机关抗诉职能规定的过于笼统，直接导致司法实践无法可依。为了使抗诉这一有效的监督方式更好地发挥作用，应当在以下方面加以完善：

第一，明确抗诉原则。针对民事审判监督工作来说检察机关应遵循以下原则：一是客观、公正。检察机关通过对个案的监督而达到维护法律尊严的目的。应当站在客观、中立的立场上，严格依法办案，对法院生效裁判作出令法院及双方当事人能够信服的客观、公正的评价。二是充分保障当事人权益。检察机关办理民事抗诉案件与双方当事人的权益息息相关，在程序中应当给予当事人充分的权益保障。做到申诉过程中的权利、义务告知，诉讼风险告知，并在办理申诉案件的每一个阶段做到检务公开，方便当事人了解案件办理情况并对检察工作进行监督。

第二，抗诉程序的规制。民事检察监督的启动程序应有所规制。检察机关启动抗诉应区别两种情况：一种是依职权抗诉。此类抗诉范围应有所限定，主要围绕涉及国家利益、社会公共利益和法官职务犯罪的案件，其他问题比较轻微且涉及双方当事人私权利的案件不应当依职权提出抗诉。另一种是依当事人申请抗诉。此类抗诉案件范围设定应比较广，只要符合民事诉讼法规定的，都可以提起抗诉。此外，各个审查环节应有时间限制。

第三，抗诉效果的保障。再审结果对于检验监督成效来说至关重要，抗诉质量再高，如果再审结果依旧不公正，会引发广大人民群众对检察监督的失望。因此再审作为终极程序，不能让其成为新的不公正之源，应当在加强监督成效方面有所作为。在这一方面，建议在今后的法律中增强再审庭审程序中检察官的职权，赋予检察长列席再审案件审判委员会并发表检察意见的权力。

除了原来的对生效裁判的抗诉外，新《民事诉讼法》增加了检察建议这一监督形式。新《民事诉讼法》第 208 条第 2 款规定，地方各级人民检察院对同级人民法院已经发生法律效力的判决、裁定，发现有本法第 200 条规定情形之一的，或者发现调解书损害国家利益、社会公共利益的，可以向同级人民法院提出检察建议。所谓检察建议，是指人民检察院向人民法院或者其他有关单位提出的要求纠正错误、改进工作或者履行职责的主张与意见。在民事诉讼中，检察建议可分为再审检察建议和一般性检察建议。前者主要是指人民检察院对一些民事、行政申诉案件，不采取抗诉方式启动再审程序，而是向人民法院提出检察建议，由人民法院自行启动再审程序进行重新审理。该种检察建议主要是在没有抗诉权的基层检察院与同级法院之间使用较多。后者的外延非常广泛，主要分为基于审判监督职能向法院发送的不以启动再审为目的的诉讼监督性检察建议，以及基于一般法律监督机关的身份，出于公益目的或者一般性法律监督的需要向法院及相关单位发送的关于改进工作、履行法律职责等非诉讼监督性检察建议。司法实践中一般性检察建议以其灵活多变的形式对抗诉方式的局限性进行了有效的补充，其在提升执法理念与执法效果方面发挥了重要作用。检察机关民事检察监督方式除了以检察建议和抗诉方式外，还包括纠正违法通知、建议更换办案人、移送渎职违法行为证明材料等。

需要指出的是，虽然新《民事诉讼法》规定人民检察院有权对民事执行活动实行法律监督，但如何具体实施这种监督，《民事诉讼法》并没有细致规定，因此，如何实现检察机关对民事执行的监督是一个需要认真研究的问题。可以设想的是，当执行机关在执行中有违法行为时，执行当事人就可能向检察机关提出申请介入对执行活动的监督，如果检察机关通过调查发现执行机关的执行行为违法时，就可以通过提出检察建议要求执行机关予以纠正。当然，这一制度的实施还需要落实许多细节。例如，检察建议的方式、效力等。再如，在检察监督中如何落实调查权的问题，调查权行使的程序，如何防止调查权的滥用等问题。

五、如何理解检察建议？

民事诉讼中的“检察建议”具体可以分为三种：一是再审检察建议；二是针对民事诉讼活动中不属于再审情形的违法行为而提出的检察建议；三是针对机关、单位中机制不健全的制度漏洞提出整改意见的检察建议。新《民事诉讼法》中主要规定了前面两种类型的检察建议形式。

再审检察建议机制，主要是指人民检察院对一些民事、行政申诉案件，不采取抗诉方式启动再审程序，而是向人民法院提出检察建议，由人民法院自行启动再审程序进行重新审理。根据法律规定区县级检察院只有提请抗诉权，一般抗诉的程序往往是下级检察院提请上级检察院抗诉，上级检察院向同级法院提出抗诉。再审检察建议的出现实现了同级人民检察院发现同级人民法院生效的裁判存在错误，直接向同级人民法院发送再审检察建议，由同级人民法院自行启动审判监督程序进行自我纠正，省去了抗诉的复杂程序，是对检察监督权实现方式的有效探索。个案再审检察建议的运用既可以缓解检、法两家的直接矛盾冲突，又可以达到纠正错案的目的，同时也实现了司法资源的合理利用及司法成本的节约。

第二种和第三种检察建议又可统称为一般性检察建议，主要分为诉讼监督性检察建议和非诉讼监督性检察建议。前者一般包括：（1）原裁判确有错误，但显著轻微，无须启动再审程序的；（2）执行、调解、特别程序等领域存在程序违法问题，需要监督的；（3）人民法院的庭审活动违反法律规定，但不属于抗诉范围之内的。非诉讼监督性检察建议一般包括：（1）人民法院、其他国家机关或者企业事业单位存在制度隐患的；（2）人民法院、其他国家机关工作人员、企业、事业单位工作人员严重违背职责，应当追究其纪律责任的；（3）在遵守法律过程中有突出贡献，建议相关部门表彰的；（4）其他需要以检察建议形式提出的。司法实践中一般性检察建议以其灵活多变的形式对抗诉方式的局限性进行了有效的补充，其在提升执法理念与执法效果方面发挥了重要作用。

检察建议虽然是一种重要的检察监督方式，但新《民事诉讼法》并没有赋予其强制力。就新《民事诉讼法》有关“检察建议”的规定来看，立法在这一问题的规定上存在着较为明显的缺陷，至少是不清楚的。换言之，从诉讼程序的角度上看，被建议方对于“检察建议”在程序上应当作出什么样的处理，立法上没有作出相应的规定。而这种规定形式相对于现行立法有关另一种监督方式，即检察机关的抗诉而言，其问题显得十分明显。按照2007年《民事诉讼法》第188条的规定，对于人民检察院提出抗诉的案件，人民法院在收到抗诉书之日起的30日内，必须作出再审裁定，进行再审。而新《民事诉讼法》却没有关于被建议方在程序上应当做出什么样处理的规定，这显然是一种缺陷。立法上之所以应当赋予“检察建议”程序上的强制力，理由在于：首先，“检察建议”一旦正式纳入《民事诉讼法》，作为《民事诉讼法》的一种程序法律规定，要能够保证在诉讼中得以顺利的施行，而不仅仅具有宣言的性质，就理应赋予程序上必要的强制性。其次，如果立法上不赋予“检察建议”程序上必要的强制力，“检察建议”的实际履行将完全取决于被建议对象的主观觉悟。而这种将“检察建议”的实际履行完全建立在被建议方自觉、自愿的基础上，并由其自由决定的立法规定形式，从司法实践的情况来看，鉴于认识上的差异以及检、法两家一定程度上的矛盾，被建议方可以、也完全可能置之不理，从而致使“检察建议”形同虚设，达不到监督的目的。换言之，立法上如果不从程序的角度赋予“检察建议”必要的强制力，那么新增这种监督方式不仅没有实际意义，也实在是没有立法规定的必要。为此，无论是从“检察建议”作为一种程序法律规范本身，还是从司法实际操作运用的角度上看，民事诉讼程序立法都应当从诉讼程序的角度，赋予“检察建议”最低限度的强制力。关于这一点我们只能寄希望于未来的《民事诉讼法》修改了。

六、哪些情况下，当事人可以向人民检察院申请再审检察建议或抗诉？

新《民事诉讼法》第209条第1款规定：“有下列情形之一的，当事人可以向人民检察院申请检察建议或者抗诉：（一）人民法院驳回再审申请的；（二）人民法院逾期未对再审申请作出裁定的；（三）再审判决、裁定有明显错误的。”当事人向检察院申请要求提出检察建议或者抗诉的条件，是此次在修改《民事诉讼法》过程中作出的一项新的规定。

全国人大法工委指出，之所以作出这一规定，是因为原来的《民事诉讼法》对当事人认为生效的判决、裁定有错，是先找法院，还是先找检察院，还是同时都可以找，这个问题没有明确规定，可能对及时保护当事人权利、节约司法资源，都是不利的。“所以这次在修改《民事诉讼法》当中，根据常委会委员以及各方面的意见，明确规定：如果当事人认为判决有错，先向法院提，可能法院不理你，或者法院说你提的没道理，驳回你的申请，或者法院说，你有道理，然后启动再审，但是再审之后的判决或者裁定还是错的，或者是发生了新的错误。在这三种情况下，你都可以找检察院。这样也符合检察院监督的职责。如果有关问题法院自己能够纠正的，就解决了。如果法院照样还有违法行为，所作出的判决、裁定不符合法律规定，这时检察院可以行使法律监督职责。”①

虽然如此，这一规定仍然存在较明显的缺陷，那就是该规定为民事检察监督设定了一个前置程序，限制了当事人依法行使申诉权的另一个渠道，改变了当前检、法两院对再审民事案件的受理程序。根据现行《民事诉讼法》的规定，当事人既可以向法院申请再审，也可以向检察院申请抗诉，是两个渠道。有学者认为，如果增加了前置程序，可能会延长再审案件的审理期限。从目前情况看，再审案件能够立上案很难。因为再审案件不是一个必经的法定程序，是有选择地立案。如果再设置这样一个前置程序，对当事人申请再审的渠道又增加了较大的难度。

此外，新《民事诉讼法》新增的检察机关提出检察建议和抗诉的前置程序，不符合此次修法所强调的强化对民事诉讼法律监督的立法指导思想，也未达到中央司法改革要求中提到的完善检察机关对民事诉讼实行法律监督的要求，不利于检察机关进行监督。全国人大内务司法委员会委员戴玉忠指出，“检察机关的法律监督作为公权力对公权力的监督，即对审判活动的监督，不应当设置这样的前置程序，同时这样也不利于保护当事人的申诉权”。他认为，这样做也不一定能够提高效率。②

对于该规定所存在的这一缺陷，在未来的《民事诉讼法》修改中可以对其加以进一步完善。完善后的条文可以设计如下：当事人向人民检察院申请再审检察建议或者抗诉，人民检察院应当进行审查，人民法院已经受理当事人再审申请的，人民检察院应当中止审查；人民法院已经裁定再审的，人民检察院应当终止审查。

---

① 参见：《全国人大常委会法工委副主任解读检察院如何对法院进行监督》，载 http：//legal. people. com. cn/n/2012/0831/c42510 - 18887226. html。

② 参见：《全国人大常委会委员建议进一步完善审判监督程序处理好再审建议和抗诉的关系》，载 http：//www. legaldaily. com. cn/index_ article/content/2011 - 11/16/content_ 3095779. htm？ node = 5955。

七、人民检察院对当事人再审检察建议或抗诉的申请应如何处理?

根据2007年《民事诉讼法》规定，对于生效的民事判决，当事人如果不服可以通过两个渠道申诉，分别是向法院申请再审及向检察机关申请抗诉。这两个程序当事人可以选择。而在司法实践中，由上级检察院行使抗诉权，致使一个案件要经过好几个环节，花费很长时间才能进入再审程序，造成当事人诉累。所以，在司法实践中推行了一种更加简便易行的审判监督机制，即检察机关向法院发出再审检察建议。相对于抗诉，检察建议非常便捷，减少了很多诉讼环节，缩短了申诉时间，对于减轻当事人诉累、节约司法资源、提高司法效率、实现同级监督有很好的效果。因此，此次《民事诉讼法》修改将检察建议列为了民事检察监督方式之一。

近年来，不少法院和检察院都发现部分当事人存在滥用民事再审程序的问题，主要表现在：一是未经上诉直接申诉。现行法律没有明确规定一审后须经过二审才能进入再审程序，部分当事人在一审裁判后放弃上诉，等待一审裁判生效后直接申请再审，从而启动再审程序。二是未经上诉申请抗诉。部分当事人将检察机关抗诉视为对抗法院裁判的一种有效途径，放弃上诉，直接申请检察机关抗诉，从而启动再审程序，使法律设置的上诉程序形同虚设，在一定程度上造成了司法资源的浪费。

上述问题产生的主要原因，主要包括以下几点：（1）当事人因不懂法或其他不能归咎于自身的原因，导致错过上诉期限而申请检察院抗诉，如对上诉期限规定不了解、缺席裁判、公告送达，导致错过上诉期限。（2）借助抗诉达到再审目的。当事人不服一审生效裁判，通过申请再审程序立案再审较为困难，如申请抗诉，法院必须立案再审，从而达到再审目的。（3）借助检察机关公权力，达到调查取证的目的。当事人因自身调查取证困难，试图通过申请再审抗诉的方式，请求检察机关调查取证。（4）基于抗诉能增加案件审理次数、增大胜诉几率的错误认识而申请再审抗诉。有的当事人认为，上诉程序为二审终审，如果二审败诉，就没有挽回的余地了。检察机关抗诉案件一般情况下将指令一审法院再审，再审后仍可提起上诉，如此一来，案件审理了三次，增大了胜诉的几率。（5）利用抗诉不收费的规定，达到逃避缴纳上诉费和实现预期诉讼目标的双重目的。（6）利用再审期间中止原裁判执行的规定，拖延或者规避执行。有的当事人对一审裁判没有意见，也未对案件提起上诉或者申请再审，但案件一旦进入执行，面对被强制执行时，立即向检察机关申请抗诉，以拖延或者规避执行，然后利用案件再审期间，注销法人或转移财产，以达到逃避执行目的。（7）有的律师出于逐利目的，引导当事人向检察机关申请抗诉。

当事人滥用民事再审程序，会导致一系列不利后果，因此，人民法院和人民检察院应当对当事人的申请加以认真审查。就检察机关而言，应认真鉴别当事人申请抗诉及再审检察建议的真实动机，对试图借再审抗诉程序实现不当目的的抗诉申请或再审检察建议的申请，应予驳回；对认为需要抗诉或提起再审的案件提出抗诉及再审检察建议之前，尽可能多地与原审法院或原承办法官进行沟通，对略有瑕疵而不失公正的案件、有可能危及社会和谐稳定的案件，应从政治大局和社会维稳着想，避免因抗诉而诱发或激起更大的社会矛盾，共同努力做好当事人息诉工作。检察机关还应尽量避免将再审抗诉和检察建议工作简单数量化和指标化，避免不当激励再审抗诉或再审检察建议。

此外，还应明确检察机关审查的期限及相应的效果，关于这两点新《民事诉讼法》第 209 条的第 2 款作出了明确规定，根据这一规定，人民检察院对当事人的申请应当在 3 个月内进行审查，作出提出或者不予提出检察建议或者抗诉的决定。无论检察机关作出什么决定，当事人都不得再次向人民检察院申请检察建议或者抗诉。这一规定主要是出于诉讼效率的考虑。

八、人民检察院对民事调解如何进行监督？

我国调审合一的模式下，法官作为法院调解的主持者，由于多方面的原因导致权力滥用是必然的，为了保证法律的公正性，维护人民的合法权益，必须加强对法院调解的监督。但是，实践中对于法院调解的监督机制却是异常薄弱，存在以下不足：

（一）法律赋予检察机关民事调解监督权限不明

我国《宪法》第 129 条规定："中华人民共和国人民检察院是国家的法律监督机关。" 1991 年《民事诉讼法》第 14 条规定："人民检察院有权对民事审判活动实行法律监督。" 人民法院对民事审判有判决、裁定、调解三种结案方式，具有同样的法律效力，所以民事调解应该属检察机关监督的范围，且监督职权应当贯穿于整个民事调解程序中。但最高人民法院《关于人民检察院对民事调解书提出抗诉人民法院应否受理问题的批复》认为"《中华人民共和国民事诉讼法》只规定人民检察院可以对人民法院已经发生法律效力的判决、裁定提出抗诉，没有规定人民检察院可以对调解书提出抗诉。人民检察院对调解书提出抗诉的，人民法院不予受理"。当事人不服生效调解书的，只能向人民法院申诉，从而将民事调解排除在检察监督之外。在新《民事诉讼法》颁布后，该司法解释应予废除。

（二）检察机关监督民事调解范围狭隘、手段单一、效力不强

2007 年《民事诉讼法》第 182 条规定："当事人对已经发生法律效力的调解书，提出证据的证明调解违反自愿原则或者调解协议的内容违反法律的，可以申请再审。经人民法院审查属实的，应当再审。"最高人民法院《关于民事调解书确有错误当事人没有申请再审案件人民法院可否再审问题的批复》中明确回答，"对已经发生法律效力的调解书，人民法院如果发现确有错误，而又必须再审的，当事人没有申请再审，人民法院根据民事诉讼法的有关规定精神，可以按照审判监督程序再审"。可见民事调解生效后的再审启动程序是由当事人申请和法院自行决定再审，检察机关对生效调解没有抗诉权。在司法实践中检察机关只能通过检察建议、纠正违法通知书的形式建议法院再审，但是否启动再审程序的主动权掌握在法院手中，致使检察机关对民事调解的监督手段单一。检察机关以前的民事调解监督机制均属于事后监督，对法院民事立案前调解和庭审调解监督一直处于空白阶段，导致实践中出现了一些确有错误的民事调解案件得不到纠正，当事人权益得不到充分保护的情况时有发生。

新《民事诉讼法》第 208 条第 2 款规定："地方各级人民检察院对同级人民法院已经发生法律效力的判决、裁定，发现有本法第二百条规定情形之一的，或者发现调解书损害国家利益、社会公共利益的，可以向同级人民法院提出检察建议，并报上级人民检察院备案；也可以提请上级人民检察院向同级人民法院提出抗诉。"这一规定正式建立了我国民事调解监督制度，一定程度上弥补了民事调解监督的不足，具有重要意义和价值，但仍可从如下方面对民事检察监督制度加以完善：

第一，规范民事调解监督途径。可根据民事调解存在的不同程序，分阶段、分途径对法院的民事调解活动进行监督。一是立案调解监督。立案调解是指案件立案后至移送审判庭开庭审理前，根据当事人双方自愿、合法原则，由立案庭专职调解的法官召集、组织双方当事人进行调停解决纠纷的诉讼活动。二是审理中的调解监督。三是对生效的调解进行监督。针对立案调解和庭审中的调解监督，只要是社会影响较大或一方当事人为弱势群体的，检察机关应当主动参与到法院的民事调解活动中，以旁听的身份列席调解会议，只要发现法院在民事调解活动中有违反国家法律规定和侵犯国家利益和社会公共利益情形，有权要求法院进行解释，并提出纠正意见；对生效的调解书监督，当事人达成调解协议事后又反悔的，检察机关不予监督；确有错误的民事调解案件，可依照当事人申请对法院提出建议或发出纠正违法通知书予以纠正；生效调解对当事人的权益不一定产生实质性的影响，但却侵害了国家利益和社会公共利益，超出了当事人合法处分权的范畴，无论当事人有否申诉，检察机关都应依

职权监督。这一点在新《民事诉讼法》中已经明确作了规定。

第二，综合运用检察建议、纠正违法通知书、再审建议、抗诉等多种手段对民事调解全面监督。检察机关在监督过程中，根据实际情况，分清导致调解书内容错误的原因，找出其中的违法行为是由谁造成的，是在哪一个环节造成的，从而运用不同的手段有针对性地予以纠正。

对于法院在民事调解过程中存在损害当事人合法权益及第三人、集体、国家的利益或法院在调解过程中存在的程序性错误，检察机关受理审查后认为确有错误的，可以向人民法院发出检察建议，建议人民法院自行纠正；对法院在民事调解活动中有违法行为的，检察机关有权向法院发出纠正违法通知书，要求其限期改正；对于确有错误的民事调解，检察机关有权向法院发出再审建议书，建议法院启动再审程序或提起抗诉。审判人员在调解中有贪污、受贿、徇私舞弊，故意歪曲事实、曲解法律、颠倒是非等违法行为的，情节严重的，检察机关应当依法立案侦查。

九、如何理解和适用人民检察院对民事执行活动有权进行法律监督的原则?

新《民事诉讼法》第235条规定："人民检察院有权对民事执行活动实行法律监督。"这一条规定确立了我国的民事执行监督机制。

近年来，民事案件"执行难"、"执行乱"成为人民群众反映强烈、社会普遍关注的问题之一，严重损害了司法权威和司法公正，也严重损害了当事人的合法权益。因此，应完善对民事执行监督的立法，确立检察机关对民事执行的法律监督，以确保国家法律的正确实施。

造成我国民事执行领域乱象的原因主要在于：

1. 外部监督的缺失。从理论上讲，民事执行活动的监督涵盖人大监督、党政监督、群众监督、新闻舆论监督、民主监督等，但这些监督主要是对法院整体工作的监督，无法保障个案公平。如人大对法院的监督主要是通过听取法院工作报告、提出质询案、行使特定问题的调查权和对法官的罢免，是对法院整体工作情况的监督，无法介入执行个案，难以起到合理约束执行权力、保障当事人权益的作用。1991年《民事诉讼法》第14条规定，"人民检察院有权对民事审判活动实行法律监督"，但是未明确规定检察机关有权提出抗诉的判决、裁定范围，由此引发了审判机关与检察机关以及学术界就检察监督范围上的争论和分歧，人民法院甚至超越权限以司法解释形式限制检察机关对其监督的范围，导致民事执行的检察监督在实践中举步维艰。例如，1995年8月10日最高人民法院《关于对执行程序中的裁定的抗诉不予受理的批复》规定：

"根据《中华人民共和国民事诉讼法》的有关规定，人民法院为了保证已发生法律效力的判决、裁定或者其他法律文书的执行而在执行程序中作出的裁定，不属于抗诉的范围。因此，人民检察院针对人民法院在执行程序中作出的查封财产裁定提出抗诉，于法无据，人民法院不予受理。"2000 年 6 月 30 日最高人民法院《关于如何处理人民检察院提出的暂缓执行建议问题的批复》规定："根据《中华人民共和国民事诉讼法》的规定，人民检察院对人民法院生效民事判决提出暂缓执行的建议没有法律依据。"

2. 内部监督不力。最高人民法院《关于人民法院执行工作若干问题的规定（试行）》中规定了人民法院内部上级对下级的监督，但对执行中可能出现的枉法执行、违法执行情况未作规定，使监督出现空白；对监督的具体程序性规定不明确，缺乏透明和严格的程序保障，缺乏监督的实效性。实践中由于上级法院对下级法院执行情况掌握不多，难以事事监督，以致出现"上级管不过来，平级不愿意管，下级管不了"现象，对于法院内部监督发现的一些问题也"大事化小，小事化了"，使监督流于形式。

事实上，检察机关对民事执行活动进行监督，既具有法律依据，也具有现实依据。就前者而言，我国宪法规定，人民检察院是国家的法律监督机关。检察机关作为行使国家法律监督权的专门机关，有权监督国家法律的统一实施与执行。1991 年《民事诉讼法》第 14 条规定："人民检察院有权对民事审判活动实行法律监督。"这里的审判活动，应从广义上理解，它应当包括起诉、审理直至执行等整个诉讼的全过程，这与"人民法院独立行使审判权"中的"审判"一词的外延是完全相同的。执行是审判活动后具有特殊意义的环节，是当事人民事权利的最终实现。如果民事案件判决后得不到执行，那么会使审判程序所确立的权利义务关系前功尽弃，曾动用的司法资源白白浪费，当事人通过诉讼解决纠纷就失去了现实意义。检察机关对民事执行活动进行法律监督，其实质是人民检察院依法行使宪法所规定的法律监督权在民事执行活动中的体现，其合法性不容置疑。就后者而言，目前存在的"执行难、执行乱"的现状要求检察机关对民事执行活动进行监督。"执行难、执行乱"不仅造成当事人经济损失和精神损害，还损害了国家机关的权威和尊严，损害了司法公正和法院的形象，使当事人对法律产生不信任，继而影响社会稳定大局。在外部监督缺失，内部监督不力的情况下，必须建立和强化外部监督，而检察机关作为专门的法律监督机关，理所应当加强对民事执行的法律监督。此外，民事执行检察监督也有助于减少和缓和"执行难"。对于在民事执行案件中存在的被执行人确实难找、被执行财产确实难寻的情况，检察机关以法律监督者的身份使对方当事人基于信任而认识到执行中确实存在困难，积极为执行法院提供线索，确保案件执行。对法院执行中出现的滥用裁量权、枉法执行问题，检察机关应给予即时、有效的监督，打破法院内部“自己监督自己”的局面，遏制违法执行行为，使民事执行活动依法开展。检察机关介入民事执行工作，对法院民事执行可发挥积极的职能作用：一是可与人民法院协调配合，帮助其排除地方保护主义和部门保护主义的干扰；二是可对错误的执行进行纠正，维护执行的公信力和权威性；三是对正确的执行可以帮助做好申诉人的工作，以达到息诉罢访目的。同时，在对法院执行活动进行监督的过程中，检察机关可能发现职务犯罪线索，从而及时查处执行不公背后的司法腐败，正本清源，促使法官公正行使执行权。

十、人民检察院对民事执行活动应当如何进行法律监督？

检察机关对民事执行活动的监督，不是干预、干涉人民法院正常的执行活动，而是为保障民事执行活动及时、经济地实现执行根据所确定的权利义务，保障人民法院执行活动公正、高效、有序地进行。因此，检察机关对民事执行活动的监督需要科学的程序设计与制度安排。

第一，关于民事执行检察监督的范围。首先，民事执行检察监督的范围应当是执行的全过程，监督重点在于执行人员在执行过程中的贪污受贿、徇私舞弊等枉法执行的情形，同时，应进一步明确，此处的枉法不仅包括实体上的枉法，还包括程序上的枉法。其次，对于人民法院执行人员故意不执行、拖延执行和执行不力的情形，检察机关也有权进行监督。最后，对于执行过程中损害国家利益、社会公共利益的行为，检察机关必须进行监督。

第二，关于执行监督的方式。一是对执行中实体裁定错误的依法提出抗诉。这是最常用的监督方式。检察机关发现法院在民事执行程序中作出的生效裁定有认定事实的主要证据不足、适用法律确有错误，违反法定程序等情形的，有权提出抗诉。二是对执行错误或不当的，发出检察建议。对于执行裁定及执行行为本身不具违法性，但执行行为在民事诉讼全过程引起不当结果的，既不能依裁定错误提出抗诉，也不应依照行为违法发纠正通知书，而应发检察建议，督促法院予以解决。如对诉讼前财产保全裁定依法执行扣押后，一直不予以开庭审理，致使财产处于灭失的潜在危险中，对此，检察机关不能坐视不问，应采取发检察建议书的方式建议法院尽快解决。三是对违法执行的，发出纠正违法通知书。纠正违法通知书的法律效力与检察建议相比较高，但其适用对象相对较为狭窄，主要适用于违法程度较为严重的情形，一般情况下执行部门均应当依法接受并按照司法赔偿案件确认程序及其他法定程序处理，或者采取相应措施自行纠正违法行为，以确保其严肃性。四是现场监督。对于那些社会影响大、群众反映强烈、新闻媒体关注的案件，可以进行现场监督，利用检察机关的威慑力配合法院推动执行程序顺利进行，对执行过程中发现的问题及时向法院提出。五是对涉及国家、公共利益的提起异议之诉。从法理上讲，一般情况下只有公民、法人或者其他组织才能成为异议之诉的当事人，但当案件涉及国家和社会公共财产被错误执行而又无人提出异议时，检察机关应当享有提起异议之诉的原告资格，这与检察机关作为国家和社会公益代表的身份相符，也有助于保护国家与社会公益。

第三，关于执行监督程序的启动。鉴于民事执行主要是涉及平等民事主体之间的财产权利与人身权利，此种权利属于当事人“意思自治”的范围，受当事人处分权支配。因此，原则上执行中抗诉程序的启动，以当事人提出抗诉申请为前提与基础。但若发现执行人员有贪污受贿、徇私舞弊而枉法执行且情节严重构成犯罪的；执行过程中损害国家利益、公共利益的，检察机关应依职权主动提出抗诉。检察机关发出纠正违法通知书与检察建议不受当事人申请的限制。

第四，关于执行监督的期限。检察机关对民事执行工作实施法律监督的期限并没有具体的限制，这种一味追求“实事求是”而忽视程序公正、不计诉讼成本的做法容易引发当事人无休止的缠讼，也使人民法院作出的生效裁判始终处于不稳定状态，法律的安定性价值无法实现。为维护法院执行活动的稳定性与严肃性，检察机关对民事执行进行监督也应该受到合理期限的限制。这一点可以借鉴新《民事诉讼法》关于当事人申请再审期限的规定，将检察机关对民事执行进行抗诉的期限规定为 6 个月，从民事执行终结起算。有必要明确指出的是，未授权给公民、法人经营、管理的国家财产在执行过程中受到侵害的，人民检察院行使抗诉权不受 6 个月期限的限制。

第五，关于检察机关在民事执行监督程序中的职权。主要包括两类职权：一是调卷权。检察机关要对民事执行活动进行有效监督，必须通过审阅卷宗了解诉讼过程、审理情况及执行中裁决、决定等事项，否则监督就成为无源之水、无本之木。建议在将来再次修改《民事诉讼法》时明确规定检察机关有权调阅审判、执行过程中的相关文书，法院应当配合和提供。二是调查取证权。对于法院的执行活动是否违反法定程序，以及执行人员在执行程序中是否有渎职行为等，检察机关只有通过调查取证才能了解。因此，为保障检察机关履行执行监督职责的需要，应明确规定人民检察院可以向有关单位和组织调取证据、询问证人以及采取其他调查措施，人民法院及其他有关部门应当予以配合。这一点在新《民事诉讼法》第 210 条已经有了明确规定。

十一、人民法院接到人民检察院的抗诉书或再审检察建议或检察建议之后应如何处理?

新《民事诉讼法》第211条规定:“人民检察院提出抗诉的案件,接受抗诉的人民法院应当自收到抗诉书之日起三十日内作出再审的裁定;有本法第二百条第一项至第五项规定情形之一的,可以交下一级人民法院再审,但经该下一级人民法院再审的除外。”因此,根据这一规定,人民检察院的抗诉必然引起再审程序。只要人民检察院提出的抗诉符合法律规定,人民法院就必须对案件进行再审,人民法院无权对人民检察院的抗诉是否有理由进行审查。人民检察院抗诉的此种效力是由民事抗诉的权力基础——法律监督权的性质所决定的。此外,根据最高人民法院的有关司法解释,对于人民检察院抗诉的案件,人民法院依法再审后维持原判决、裁定的,人民检察院不得就该案再次提出抗诉。但需要指出的是,该司法解释在新《民事诉讼法》中找不到依据。

而关于检察建议,新《民事诉讼法》虽然将其作为一种新的检察监督方式加以了规定,但并没有对检察建议的效力作出规定,导致其在适用过程中不具有强制力。对于再审检察建议,实践中一般由没有抗诉权的基层检察院向同级法院提出,接到再审检察建议的人民法院应启动对建议再审案件的审查程序。经过审查,若人民法院认为生效裁判确实存在错误,符合再审条件的,则应当自行启动审判监督程序进行自我纠正;若人民法院认为生效裁判不存在错误,或者认为所存在的错误并不足以启动再审程序的,则应向提出再审检察建议的人民检察院作出解释和说明。

对于检察机关基于审判监督职能向人民法院发送的不以启动再审为目的的诉讼监督性检察建议,以及检察机关基于一般法律监督机关的身份,出于公益目的或者一般性法律监督的需要向人民法院发送的关于改进工作、履行法律职责等非诉讼监督性检察建议,接到检察建议的人民法院应当启动对检察建议对象的审查程序,并将审查结果及时反馈给提出检察建议的人民检察院。

由于检察建议强制性的缺乏,其在实践中能否得以落实受到了各方的关注。在今后的《民事诉讼法》修改中,有必要规定人民法院对检察建议限期回复制度,以及建立检察机关对检察建议的跟踪制度,这样才能真正增强检察建议这一监督形式的实效。

十二、如何适用和保障人民检察院的调查核实权、调卷阅卷权?

民事检察中的调查核实,是指人民检察院根据民事案件当事人及其诉讼代理人的申请或者根据案件需要,依职权作出的据以审查判断当事人的申诉是否符合条件的一项调查活动。这项权利的来源从根本上还是缘于检察机关对民事审判活动的监督权，最初的来源是2001年最高人民检察院下发的《人民检察院民事行政抗诉案件办案规则》（以下简称《办案规则》）。该《办案规则》第18条规定："有下列情形之一的，人民检察院可以进行调查：（一）当事人及其诉讼代理人由于客观原因不能自行收集的主要证据，向人民法院提供了证据线索，人民法院应予调查未进行调查取证的；（二）当事人提供的证据互相矛盾，人民法院应予调查取证未进行调查取证的；（三）审判人员在审理该案时可能有贪污受贿、徇私舞弊或者枉法裁判等违法行为的；（四）人民法院据以认定事实的主要证据可能是伪证的。"检察机关履行审判监督职能，其目的不在于对当事人纠纷进行评判，而在于对法院判决、裁定的正确性、公正性及适用法律是否正确进行法律监督。如果检察机关没有调查核实权，当事人举证能力又受到限制，就无法证明法院的判决、裁定是否正确，也就无法正确、有效地行使监督权。

实践中有观点认为，检察机关在申诉阶段的调查核实，容易导致国家公权力协助一方当事人举证，破坏了民事诉讼当事人之间的诉辩平衡。这一观点并不成立。检察机关调查取证的结果有可能对申诉人有利，也有可能对被申诉人有利，并不偏向于哪一方当事人。事实上，赋予检察机关调查核实权，既有利于查明案情，亦有利于弥补当事人的举证缺陷，同时还有利于使当事人的权利获得实质性的救济。

虽然如此，检察机关在民事检察中的调查核实权仍然应受到适当限制。检察机关对法院诉讼活动进行监督，不能破坏诉讼的平衡，助力于一方当事人。由于当事人自身不履行法定义务或怠于行使权利而导致败诉的案件，检察机关是不能帮其调查取证的。检察机关不是"二次法庭"，不能为了最终查明事实的真相而不受限制地调查取证。否则，"调查取证"权运用得过多，就打破了民事诉讼中的"诉辩平衡"关系，最终会将民事检察工作引入歧途。具体而言，检察机关调查核实的对象范围应当限于可能证明法院生效裁判"确有错误"和"违反法律、法规规定"的相关证据。在实践中应主要包括两个方面：一是当事人在原审中申请法院调查取证，法院依法应当调查，而没有调查的证据。法院未尽调查搜集证据的职责，必然使得一方当事人因为其诉讼权利没有得到法院充分保障而不能与对方当事人平等举证，而承担举证不能的败诉风险。因这种情况下，败诉方不可能再有后续的诉讼机会，检察机关调查搜集该部分证据，应当视为向因原审法院的失职而在诉讼中处于劣势的一方当事人提供必要的救济。二是为证明法院在审理案件过程中是否存在程序违法，以及审判人员是否有贪污受贿、徇私舞弊、枉法裁判等行为的证据。这类证据与案件的公正审判与否密切相关，属于抗诉的法定条件。且这类证据当事人一方往往很难举证，唯有国家公权力的介入，才有相应的取证能力。

目前《办案规则》第 18 条规定了检察机关行使调查取证权的四种情形：(1) 当事人及其诉讼代理人由于客观原因不能自行收集的主要证据，向人民法院提供了证据线索，人民法院应予调查未进行调查取证的；(2) 当事人提供的证据互相矛盾，人民法院应予调查取证未进行调查取证的；(3) 审判人员在审理该案时可能有贪污受贿、徇私舞弊或者枉法裁判等违法行为的；(4) 人民法院据以认定事实的主要证据可能是伪证的。归纳起来，也主要是上述两个方面的内容，偏离这两个主旨而过多地通过调查取证涉足当事人之间的实体纠纷，则难免有滥用检察权干涉私权处分之嫌。在当前司法实践中，检察机关在审查申诉案件时，主要还是遵循书面审查为主，调查核实为辅的原则。《办案规则》第 17 条对检察机关行使调查取证权作出了具体规定：“人民检察院审查民事、行政案件，应当就原审案卷进行审查。非确有必要时，不得进行调查。”据此，检察机关审查民事案件，主要还是应当通过书面审查原审案卷材料，调查核实应作为诉讼监督的辅助手段，若大规模地使用这项权力，则难免导致办案效率低下，甚至干扰正常的审判工作。

在我国，卷宗是记录庭审行为的核心载体，通过阅卷，检察院才可能充分了解案情，因而阅卷和调卷是检察院法律监督的重要手段。新《民事诉讼法》虽然删除了草案中检察机关的调卷阅卷权的规定，但在实践中，最高人民法院和最高人民检察院对其已达成共识，并于 2011 年 3 月 10 日联合出台文件《关于对民事审判活动与行政诉讼实行法律监督的若干意见（试行）》以明确规定，因此，民事检察监督中的调卷较为顺利，实践中已经基本没有障碍。

第十五章　民事执行程序的修改完善

一、对被执行人通过表面上合法的方式以逃避执行的行为如何处理？

由于我国尚未建立统一的财产登记制度、信用体系尚不完善等各方面的原因，司法实践中被执行人逃避执行现象一直普遍存在。早期，被执行人逃避执行一般是通过非法方式进行的，比如隐藏、转移、变卖、毁损已经被查封、扣押的财产等，或者恶意串通处分财产。随着我国强制执行法和民法的完善，这些行为受到了人民法院的有力打击，被执行人不但无法通过这些非法行为最终逃避执行，反而要承担罚款、拘留甚至是刑事责任。我国 1982 年《民事诉讼法（试行）》第 77 条即规定隐藏、转移、变卖、毁损被查封、扣押财产的，人民法院可以对其进行训诫、责令具结悔过或者予以罚款、拘留，构成犯罪的，依法追究刑事责任。1991 年《民事诉讼法》第 102 条、2007 年《民事诉讼法》第 102 条和新《民事诉讼法》第 111 条对这一规定进行了完善，将处罚措施限定为罚款、拘留或者追究刑事责任。随着我国民事诉讼法的不断完善，尤其是随着人民法院新闻宣传力度的加大，许多被执行人已经知道通过非法形式逃避执行的法律后果，被执行人隐藏、转移、变卖、毁损被查封、扣押财产的情形不断减少。与此同时，被执行人开始了隐藏、转移、变卖、毁损未被人民法院采取执行措施的财产；尤其是在案件还没有进入强制执行程序时，被执行人通过处分财产，减少自己的责任财产。为了解决这一问题，于 1999 年 10 月 1 日开始施行的《合同法》第 52 条规定，恶意串通，损害国家、集体或者第三人利益的合同无效。被执行人与他人恶意串通，处分自己财产的行为仍然无法实现逃避执行的目的。

在上述背景下，司法实践中又出现了新的以合法形式逃避执行的行为。这些行为主要表现为在财产未被人民法院采取强制执行措施前，被执行人与他人恶意串通，通过诉讼、仲裁、调解等方式，虚构自己的债务或者严重压低财产价格处分财产。由于这些逃避执行行为表现在诉讼、仲裁或者调解中，被执行人与他人之间存在生效的法律文书或者被执行人的财产已经被其他人民法院采取了保全措施、强制执行措施，甚至被执行人的财产已经被其他人民法院进行了强制执行。在新《民事诉讼法》前，我国民事诉讼法对如何处理这些以逃避执行为目的的行为没有明确规定，也没有明确规定如何处罚被执行人。

为了打击被执行人与他人恶意串通以诉讼、仲裁、调解等方式逃避执行的行为，新《民事诉讼法》增加的第 113 条规定，“被执行人与他人恶意串通，通过诉讼、仲裁、调解等方式逃避履行法律文书确定的义务的，人民法院应当根据情节轻重予以罚款、拘留；构成犯罪的，依法追究刑事责任”。为了准确理解和正确适用新《民事诉讼法》第 113 条的规定，需要注意以下几个方面的问题：

首先，被执行人与他人恶意串通，无论诉讼、仲裁、调解等行为正在进行中还是已经结束，人民法院都应当对被执行人与他人恶意串通的行为作出处理。被执行人与他人恶意串通，进行诉讼、仲裁、调解等行为的目的是逃避强制执行，这既侵害了申请执行人的权利，又妨害了人民法院强制执行程序的正常进行，所以，人民法院应当依职权对他们行为的性质进行认定。一旦人民法院认为被执行人与他人恶意串通，通过诉讼、仲裁、调解等方式逃避履行法律文书确定的义务，即应当通过相应的程序认定被执行人与他人在诉讼、仲裁、调解等程序中的行为对人民法院不发生法律效力，从而可以直接对被执行人在诉讼、仲裁、调解等程序中处分的或者被人民法院处分的财产采取强制执行措施。

需要说明的是，人民法院对被执行人与他人的处罚措施，应当以对被执行人与他人的诉讼、仲裁、调解等行为的认定和处理为前提。人民法院只有认定了被执行人与他人恶意串通，通过诉讼、仲裁、调解等行为逃避执行后，才能采取进一步的处理措施和处罚措施。

其次，人民法院对被执行人与他人的处罚。当认定被执行人与他人恶意串通，通过诉讼、仲裁、调解等行为逃避执行的，人民法院应当依职权对被执行人和他人进行处罚，即对他们进行罚款、拘留；如果被执行人与他人逃避执行行为构成了犯罪，人民法院应当将他们移交给公安司法机关，追究他们的刑事责任。需要注意的是，人民法院不但应当对被执行人进行处罚，而且应当对与被执行人恶意串通的他人进行处罚。在司法实践中，与被执行人恶意串通的他人很少受到处罚，这也是被执行人与他人恶意串通行为比较普遍的原因之一。

再次，申请执行人不承担被执行人与他人恶意串通，通过诉讼、仲裁、调解等行为逃避执行的证明责任，但有权利向人民法院提供证据或者证据线索。被执行人与他人恶意串通，通过诉讼、仲裁、调解等行为逃避执行行为的处理，应当由人民法院依职权进行。尤其是 2007 年《民事诉讼法》第 217 条规定了被执行人未按照执行通知履行法律文书确定的义务，应当报告当前以及收到执行通知之日前一年的财产情况后，人民法院能够了解和掌握被执行人的财产信息，从而对其是否与他人恶意串通，通过诉讼、仲裁、调解等逃避执行作出判断。当然，申请执行人如果了解或者掌握了被执行人与他人恶意串通的情况，可以向人民法院提供证据或者证据线索，并要求人民法院作出处理。

最后，对人民法院对被执行人与他人恶意串通，通过诉讼、仲裁、调解等逃避执行行为的处理，人民检察院有权进行监督。当人民法院没有按照上述要求对被执行人和他人进行处理和处罚时，人民检察院有权向人民法院提出检察建议，要求人民法院依职权进行处理和处罚。

二、受欺诈、胁迫的执行和解或不履行和解协议的行为应如何处理?

执行和解是我国强制执行法所独有的一项重要制度。在其他国家，当债务人不能清偿到期债务时，一般由破产制度予以解决。由于我国正处于社会转型期，各种社会矛盾交织在一起，加上法律制度不完善，我国强制执行法尚不能全面借鉴其他国家的做法。针对债务人不能清偿到期债务的情形，我国破产法虽然规定了债权人或者债务人可以申请企业法人破产，但破产制度并不适用于个人；同时，我国债权人在司法实践中很少申请债务人破产，而是申请强制执行。在我国，强制执行程序事实上承担了破产法的某些功能;[①] 其间，执行和解功不可没。事实上，执行和解制度有效地避免了某些当前不具有清偿能力，但还有发展潜力的企业法人走向破产；同时，也为个人的发展提供了恢复期。虽然在某些方面使债权人的债权延期实现或部分得到实现，但有效地使经济恢复了活力，具有独特的优势。但由于法律体系的不完善，在新《民事诉讼法》前，我国的执行和解制度仍然存在一系列争议。首先，学界和实务界对执行和解的性质及其效力存在较大的争议。关于执行和解的性质，有观点认为，执行和解属于民法上的协议;[②] 也有观点认为，执行和解属于强制执行法上的协议。[③] 其次，关于执行和解履行完毕后的效力，我国《民事诉讼法》已经规定了在当事人履行完毕后，和执行终结的效力相同，当事人不得申请恢复执行；但这样规定对申请执行人过于严厉，尤其在申请执行人受欺诈、胁迫的情形下

---

① 唐应茂:《人民法院执行为什么难：转型国家中的政府、市场与人民法院》，北京大学出版社 2009 年版，第 115 页。

② 汤维建、许尚豪:《论民事执行程序的契约化——以执行和解为分析中心》，载《政治与法律》2006 年第 1 期。

③ 孙加瑞:《中国强制执行制度概论》，中国民主法制出版社 1999 年版，第 280 页。

更是如此。再次，当申请执行人受欺诈、胁迫与被执行人达成的和解协议，尚未履行完毕时，应当如何处理和解协议。对于这一问题，有观点认为，申请执行人应当申请恢复执行。① 最后，当事人不履行和解协议，应当如何处理，我国《民事诉讼法》没有明确规定，学界和实务界存在不同的观点。有观点认为，当事人有权重新提起诉讼；② 也有观点认为应当恢复执行原生效法律文书。③ 对于上述一系列未解决的问题，由于我国《民事诉讼法》没有明确规定，各地法院各行其是，造成了一定的混乱。

为了解决上述一系列问题，新《民事诉讼法》第 230 条第 2 款规定："申请执行人因受欺诈、胁迫与被执行人达成和解协议，或者当事人不履行和解协议的，人民法院可以根据当事人的申请，恢复对原生效法律文书的执行"。在理解和准确适用该条款时，应当注意以下几个方面的问题：

首先，申请执行人受欺诈、胁迫与被执行人达成和解协议，无论何时均可以申请人民法院恢复执行原生效法律文书。申请执行人因受欺诈、胁迫与被执行人达成和解协议的，如果和解协议尚未履行完毕，申请执行人当然可以向人民法院申请执行原生效法律文书。问题在于，在申请执行人因受欺诈、胁迫与被执行人达成和解协议且和解协议已经履行完毕时，申请执行人能否向人民法院申请恢复执行原生效法律文书？在申请执行人受欺诈、胁迫与被执行人达成和解协议的前提下，申请执行人的权利受到了严重的侵害，在一般情况下属于放弃了自己的部分权利，因此，即使和解协议已经履行结束，也应当允许申请执行人向人民法院申请恢复执行原生效法律文书。

其次，欺诈的主体资格问题。在司法实践中，双方当事人达成和解协议的所有的情形都是申请执行人作出一定的让步，延期或者放弃自己的部分权利。如果申请执行人与被执行人达成和解协议的过程中受到了欺诈，一般是指申请执行人错误地了解和掌握了被执行人的财产信息，由此同意延期或者放弃自己的部分权利。由于我国《民事诉讼法》已经明确规定了被执行人报告自己当前以及收到执行通知之日起前一年的财产情况，故申请执行人受到的欺诈必须有被执行人的参与；其他人不可能单独欺诈申请执行人。因此，申请执行人只能以受被执行人的欺诈为由，向人民法院申请恢复执行原生效法律文书。

再次，胁迫的主体资格问题。与欺诈主体只能由被执行人构成（其他主

---

① 徐继军：《论执行和解协议的效力与性质》，载《法律适用》2006 年第 9 期。

② 范小华：《执行和解协议的效力分析及完善立法建议》，载《河北法学》2008 年第 6 期。

③ 徐继军：《论执行和解协议的效力与性质》，载《法律适用》2006 年第 9 期。

体也可能参与欺诈）不同的是，其他主体在双方当事人达成和解协议的过程可能胁迫申请执行人。在被执行人胁迫申请执行人而达成和解协议的情形下，申请执行人当然有权向人民法院申请恢复执行原生效法律文书。当其他主体胁迫申请执行人与被执行人达成和解协议时，由于申请执行人的意志受到了限制且被执行人因此而获得了本来不应当得到的利益，因此，应当允许申请执行人向人民法院申请恢复执行原生效法律文书。

最后，不履行和解协议的判断标准。当被执行人完全不履行或者不履行和解协议的主要内容时，申请执行人当然有权向人民法院申请恢复执行原生效法律文书；问题在于，当被执行人履行了和解协议的主要内容时，申请执行人是否有权向人民法院申请恢复执行原生效法律文书？对于这一问题，应当从两个方面分析。如果被执行人履行了和解协议的主要内容且对申请执行人的权利影响不大时，比如，当债务数额为 20 万时，被执行人已经履行了 19.9 万元，申请执行人不宜向人民法院申请恢复执行原生效法律文书。如果被执行人未履行的次要义务或者附随义务将影响申请执行人的权利实现时，申请执行人应当有权向人民法院申请恢复执行原生效法律文书；但如果被执行人未履行的次要义务或者附随义务对申请执行人的权利影响不大时，人民法院不宜根据申请执行人的申请恢复执行原生效法律文书。

三、人民法院裁定不予执行仲裁裁决的理由有哪些变化？

仲裁作为解决民事纠纷的一种方式，在我国经济社会发展中发挥了重要的作用。仲裁制度发展史与我国经济社会的变迁呈现出一致的状态。早期，我国的仲裁机构具有一定的官方地位，仲裁员的素质参差不齐。由此，我国仲裁裁决的错误既可能表现在实体法方面，也可能表现在程序法方面，所以，我国 1991 年《民事诉讼法》第 217 条第 2 款规定了六种情形下人民法院裁定可以不予执行仲裁裁决，2007 年《民事诉讼法》第 213 条第 2 款维持了 1991 年《民事诉讼法》第 217 条第 2 款的内容。这六种情形分别为：一是当事人在合同中没有订有仲裁条款或者事后没有达成书面仲裁协议的；二是裁决的事项不属于仲裁协议的范围或者仲裁机构无权仲裁的；三是仲裁庭的组成或者仲裁的程序违反法定程序的；四是认定事实的主要证据不足的；五是适用法律确有错误的；六是仲裁员在仲裁该案时有贪污受贿，徇私舞弊，枉法裁决行为的。从我国仲裁的实践来看，这六项内容基本涵盖了不予执行的主要情形，对于保障被申请人的权利起到了重要的作用。随着我国改革开放的深入，我国的仲裁逐渐实现了社会化，仲裁员的素质逐渐得到了较大幅度的提高，不予执行的仲裁裁决的形势也发生了相应的变化。当提交给仲裁机构的证据固定后，仲裁员根据证据认定案件事实，并根据认定的案件事实适用法律。因此，在一般情况下，仲裁员认定事实的主要证据不足或者适用法律确有错误这两种情形独立存在的可能性不大；很可能与仲裁员在仲裁时有贪污受贿，徇私舞弊，枉法裁决行为结合在一起。因此，2007 年《民事诉讼法》第 213 条第 2 款第（四）项和第（五）项的规定没有存在的必要。随着仲裁实践的发展，当事人在仲裁过程中伪造证据或者隐瞒重要证据的情形不断发生。

为了更好地保障被申请人的合法权利，新《民事诉讼法》将 2007 年《民事诉讼法》第 213 条改为第 237 条，第 2 款第（四）项、第（五）项修改为："（四）裁决所根据的证据是伪造的；（五）对方当事人向仲裁机构隐瞒了足以影响公正裁决的证据的。"在理解和适用过程中应当注意以下几个方面的问题：

首先，新《民事诉讼法》第 237 条的内容与我国《仲裁法》第 58 条规定的当事人向仲裁委员会所在地的中级人民法院申请撤销仲裁裁决的规定相一致。因此，仲裁裁决书确定的义务人既可以向有管辖权的人民法院申请撤销仲裁裁决，也可以选择在权利人向人民法院申请执行时向人民法院申请不予执行。

其次，伪造证据的问题。关于"裁决所根据的证据是伪造的"的理解和适用，需要注意两个方面的问题：一是伪造证据的主体没有限制。由于伪造证据属于严重影响裁决公正的行为，因此，只要裁决所根据的证据是伪造的，无论该证据是当事人还是案外人伪造的，被申请人都可以申请人民法院裁定不予执行。二是伪造的证据必须对裁决具有基础性作用，即裁决系根据伪造的证据作出。如果伪造的证据虽然对裁决有一定的影响，但没有基础性影响，那么，人民法院不应当作出不予执行的裁定。

最后，对方当事人隐瞒足以影响公正裁决的证据的理解和适用。关于这一问题，需要注意的是，向仲裁机构隐瞒证据的主体仅限于对方当事人。虽然在仲裁过程中提出权利主张的当事人负有举证责任，但现代法治社会要求双方当事人应当向仲裁机构提供民事纠纷的主要证据。如果一方当事人隐瞒了足以影响公正裁决的证据，人民法院应当根据对方当事人的申请作出不予执行的裁定。

四、如何理解和适用"执行员向被执行人发出通知并可立即强制执行"？

司法实践中，由于我国财产登记制度尚不完善，[①] 且未建立科学合理的信

① 王运慧：《民事执行难问题的原因与对策新探》，载《中州学刊》2009 年第 5 期。

用制度，被执行人以隐藏、转移财产的方式逃避执行非常普遍。我国《民事诉讼法》规定的执行通知制度对解决这一问题，不但没有起到正面作用，反而起到了负面作用。① 1982年《民事诉讼法（试行）》第170条规定："执行员接到申请执行书或者移交执行书，应当在十日内了解案情，并通知被执行人在指定的期限内履行。逾期不履行的，强制执行。"1991年《民事诉讼法》第220条规定："执行员接到申请执行书或者移交执行书，应当向被执行人发出执行通知，责令其在指定的期间履行，逾期不履行的，强制执行。"根据1982年《民事诉讼法（试行）》和1991年《民事诉讼法》的上述规定，执行员在强制执行前，应当向被执行人发出执行通知，责令被执行人限期履行义务；只能在被执行人逾期未履行的，执行员才能采取执行措施。在司法实践中，部分被执行人本来不知道案件已经进入了执行程序，执行通知使得被执行人了解和掌握了人民法院即将采取执行措施的信息，从而转移了责任财产。为了解决这一问题，2007年《民事诉讼法》对执行通知制度进行了完善，第216条第2款规定，"被执行人不履行法律文书确定的义务，并有可能隐匿、转移财产的，执行员可以立即采取强制执行措施"。2007年《民事诉讼法》的规定，在一定程度上缓解了执行通知给被执行人"通风报信"导致其转移财产的问题；但2007年《民事诉讼法》要求执行员对被执行人是否会隐匿、转移财产作出判断，并决定是否采取强制执行措施。一方面，执行员的判断可能失误，从而没有立即采取强制执行措施；另一方面，甚至在执行员进行判断的过程中，被执行人已经成功地隐匿、转移财产。因此，2007年《民事诉讼法》仍有完善的空间。

针对被执行人财产的强制执行措施分为控制性措施和处分性措施。控制性措施是指人民法院对被执行人的财产采取的查封、扣押、冻结等强制执行措施，主要目的是避免被执行人隐匿、转移财产；处分性措施是指人民法院在被执行人未履行法律文书或者执行通知确定的义务，对被执行人的财产进行处分的强制执行措施。② 为了避免被执行人接到执行通知后隐匿、转移财产或者直接实现申请执行人的权利，新《民事诉讼法》将第216条改为第240条，修改为："执行员接到申请执行书或者移交执行书，应当向被执行人发出执行通知，并可以立即采取强制执行措施。"准确理解和正确适用新《民事诉讼法》

① 张晓军：《向被执行人送达限期履行通知书的做法不妥》，载《人民司法》1996年第6期。

② 邹川宁：《民事强制执行基本问题研究》，中国法制出版社2004年版，第166页、第181页。

的这一规定，需要注意以下几个方面的问题：

首先，执行员在向被执行人发出执行通知时，可以立即采取的强制执行措施没有任何前提条件。由于强制执行在立案上不同于民事诉讼案件，不需要执行员进行审查，当执行员接到申请执行书或者移交执行书时，即意味着强制执行程序的开始，因此，执行员在此时就可以立即采取强制执行措施。当然，如果被执行人主张自己已经履行了或者部分履行了生效法律文书确定的义务，可以向人民法院提出执行异议；但被执行人的异议不影响强制执行程序的开始。因此，新《民事诉讼法》这一规定，赋予了执行员立即采取强制执行措施的权力，由此，也要求执行员及时地行使这一权力。

其次，执行员可以立即采取的强制执行措施既包括控制性强制执行措施，又包括处分性强制执行措施。这需要执行员根据不同的情况作出处理。当申请执行人与被执行人之间属于金钱债权时，如果执行员发现了被执行人的金钱或者金钱类财产，可以直接采取处分性强制执行措施将金钱或者金钱类财产强制执行给申请执行人；如果执行员发现的是被执行人的需要变价的财产，只能采取控制性强制执行措施。如果申请执行人对被执行人享有的是非金钱债权，则应当区分不同的情况作出处理：如果需要作财产权属变动登记的，人民法院可以直接裁定进行财产权属变动登记；如果需要被执行人迁出不动产的，则不能直接采取强制执行措施等。

再次，人民法院的司法赔偿。如果执行员在接到申请执行或者移交执行书时未立即采取强制执行措施，导致被执行人隐藏、转移、变卖或者毁损财产的，执行员应当要求被执行人找回上述财产；如果执行员最终无法找到被执行人的财产，人民法院应当在被执行人隐藏、转移、变卖或者毁损的财产价值范围内承担国家赔偿责任。

最后，人民检察院对执行员未立即采取强制执行措施导致申请执行人权利无法实现的情形，有权进行检察监督。当执行员未立即采取强制执行措施导致申请执行人权利无法实现时，如果申请执行人向人民检察院提出申请，人民检察院有权对人民法院进行检察监督。当然，人民检察院可以先协助人民法院的执行员查找被执行人的其他财产；如果最终仍然无法找到被执行人的财产，可以向人民法院提出向申请执行人赔偿的检察建议。

五、《民事诉讼法》修改对执行措施有哪些强化?

在我国改革初期，我国民事主体的金融资产主要表现为在银行、信用社等单位的存款，而债券、股票和基金还没有走进普通群众的生活，所以，我国1982年《民事诉讼法（试行)》第171条规定人民法院有权扣留、提取被执行人的储蓄存款。虽然上海证券交易所于 1990 年 11 月 26 日正式成立和深圳证券交易所于 1991 年 7 月 3 日正式开业，我国的投资基金起步于 1991 年，但此时的股票和基金还没有走进普通群众的生活，所以 1991 年《民事诉讼法》第 221 条仍然维持了 1982 年《民事诉讼法（试行）》规定的基本内容，将人民法院查询、冻结、划拨的金融资产限定为存款。随着改革开放的深化，尤其是进入 21 世纪后，股票、基金开始走进普通群众的生活，被执行人无论是自然人还是法人，都有可能拥有一定数量的股票、基金份额，甚至有些被执行人的财产主要表现为股票、基金份额。我国在 2007 年修改《民事诉讼法》时没有对如何查询、冻结、划拨、变价被执行人的债券、股票、基金份额等财产作出规定，虽然最高人民法院对冻结、拍卖上市公司国有股和社会法人股等问题作出了相应的司法解释，但这些司法解释尚不全面，影响了人民法院强制执行程序的顺利进行。

在被执行人的金融资产多元化的背景下，由于金融资产不同于普通财产，为了顺利地执行被执行人的金融资产，新《民事诉讼法》将 2007 年《民事诉讼法》第 218 条改为第 242 条，修改为："被执行人未按执行通知履行法律文书确定的义务，人民法院有权向有关单位查询被执行人的存款、债券、股票、基金份额等财产情况。人民法院有权根据不同情形扣押、冻结、划拨、变价被执行人的财产。人民法院查询、扣押、冻结、划拨、变价的财产不得超出被执行人应当履行义务的范围。人民法院决定扣押、冻结、划拨、变价财产，应当作出裁定，并发出协助执行通知书，有关单位必须办理。"

新《民事诉讼法》对强制执行措施的强化，在适用过程中需要注意以下几个方面的问题：

首先，人民法院在查询、扣押、冻结、划拨、变价被执行人的存款、债券、股票、基金份额等金融类资产，应当区分不同的情形作出处理。虽然新《民事诉讼法》第 242 条为人民法院执行被执行人的金融类资产设置了被执行人未按执行通知履行法律文书确定的义务之前提条件，但新《民事诉讼法》第 240 条规定了执行员可以在发出执行通知时采取强制执行措施，因此，执行员可以区分不同的情形以决定是否立即对被执行人的金融类资产采取强制执行措施。一是对于被执行人的存款，执行员可以立即将其划拨给申请执行人以实现其债权。二是对于被执行人的债券和基金份额，执行员可以立即冻结，但不需要立即进行变价处理。三是对于被执行人的股票尤其是被执行人作为控股股东时，人民法院可以立即进行冻结或者扣押，但不需要立即进行变价处理。

其次，人民法院对被执行人金融类资产的处理方式不同于其他财产。金融类与其他财产之间的一个较大差异是，金融类财产较容易进行变价，甚至有些金融类资产本身即不需要进行变价。存款本身不需要变价；债券和基金份额一般都有相应的市场价格；股票则因其是否上市而存在差异，上市公司的股票存在直接的市场价格，非上市公司的股票不存在直接的市场价格。当执行员对被执行人的金融类资产采取强制执行措施时，对债券、基金份额和上市公司的股票，并不需要进行拍卖，可以直接按照市场价格进行变卖；对非上市公司的股票，一般情况下则需要委托拍卖机构拍卖。

最后，对人民法院对被执行人金融类财产采取强制执行措施的检察监督。由于被执行人的金融类财产具有易变价且市场价格相对公开的特征，因此，当人民法院对被执行人的金融类财产采取强制执行措施时，应当注意按照上述两个方面的要求进行；如果人民法院对被执行人金融类财产采取的强制执行措施不合适或者迟延执行时，人民检察院可以向人民法院提出检察建议。

六、人民法院对查封、扣押财产的拍卖、变卖应遵循哪些规定？

近些年来，人民法院 80% 至 90% 的问题出在强制执行领域，其中 80% 至 90% 又出在拍卖领域。[①] 从 1998 年最高人民法院《关于人民法院执行工作若干问题的规定（试行）》规定人民法院对被执行人财产进行变价时应当委托拍卖机构进行开始，最高人民法院不断地推出新的司法解释以规范人民法院对被执行人财产的变价程序。其中，2005 年 1 月 1 日开始实施的《关于人民法院民事执行中拍卖、变卖财产的规定》规定了拍卖优先原则，2012 年 1 月 1 日开始实施的《关于人民法院委托评估、拍卖工作的若干规定》细化了此前司法解释关于委托评估、拍卖权、拍卖实施权与拍卖监督权的分离，详细规定了拍卖平台等内容。

为了规范司法拍卖、变卖程序，新《民事诉讼法》及时总结司法实践的经验教训，2007 年《民事诉讼法》将第 223 条改为第 247 条，修改为："财产被查封、扣押后，执行员应当责令被执行人在指定期间履行法律文书确定的义务。被执行人逾期不履行的，人民法院应当拍卖被查封、扣押的财产；不适于拍卖或者当事人双方同意不进行拍卖的，人民法院可以委托有关单位变卖或者自行变卖。国家禁止自由买卖的物品，交有关单位按照国家规定的价格收购。"在理解和适用过程中需要注意以下几个方面的问题：

首先，对被执行人财产的变价处理应当以被执行人逾期不履行为前提。对这一前提的理解和适用，应当从两个方面进行：一是在人民法院查封、扣押了

---

① 王维博、杜远：《"公正永远是第一位的"——对话重庆市高级人民法院院长钱锋》，载《中国新闻周刊》2010 年第 6 期。

被执行人的需要进行变价处理的财产后，应当责令被执行人在指定期间履行法律文书确定的义务；只有被执行人逾期不履行的，人民法院才能对被查封、扣押的财产进行变价处理，而不得直接对被查封、扣押的财产进行变价处理。二是在被执行人逾期不履行法律文书确定的义务时，人民法院必须对被查封、扣押的被执行人财产进行变价处理，而不得迟延或者拒不对被查封、扣押的被执行人财产进行变价处理。在司法实践中，人民法院未指定期间直接对被查封、扣押的被执行人财产进行变价处理和迟延甚至拒不对被查封、扣押的被执行人财产进行变价处理的现象都不同程度地存在。

其次，对被执行人财产的变价以人民法院拍卖优先为原则。在世界范围内，司法拍卖的性质存在公法说、私法说和折中说三种学说，且这三种学说均可找到相应的立法例和司法案例。① 当前，我国学界和实务界基本接受了司法拍卖的公法说。② 司法拍卖的公法说意味着应当实行法院拍卖。早在 20 世纪 80 年代末期，就有学者提出了司法拍卖由人民法院主持的观点；③ 当前，主张司法拍卖尤其是不动产的司法拍卖应由人民法院主持的呼声不断高涨。④ 新《民事诉讼法》第 247 条顺应了学界和实务界的呼声，将 2007 年《民事诉讼法》第 223 条规定的且我国司法实践中普遍实行的委托拍卖转变为人民法院拍卖。由此，我国的司法拍卖进入了人民法院拍卖的新时代。

再次，对被执行人财产的变价采取非拍卖方式时，应当以法律的明确规定为限。对被执行人财产的变价采取非拍卖方式时，新《民事诉讼法》规定分为三种情形：一是被查封、扣押的被执行人财产不适于拍卖。二是双方当事人同意不进行拍卖。这里需要注意的是，必须是双方当事人一致同意不进行拍卖的，人民法院才可以进行变卖；同时，双方当事人一致同意不进行拍卖，必须以不侵害国家利益、社会公共利益和第三人合法权利为前提。尤其是对于变卖价格明显低于市场价格的情形，人民法院应当禁止变卖，以维护国家利益、社会公共利益、第三人的合法权利。三是国家禁止自由买卖的物品。对于国家禁止自由买卖的物品，人民法院应当交有关单位按照国家规定的价格收购。

最后，对被执行人财产的拍卖、变卖或者收购，需要遵守司法解释的详细

---

① 陈桂明、侍东波：《民事执行法中拍卖制度之理论基石——强制拍卖性质之法律分析》，载《政法论坛》2002 年第 5 期。

② 乔宇：《强制拍卖中买受人的权利保护——以人民法院错误拍卖第三人财产为视角》，载《法律适用》2011 年第 3 期。

③ 雷生云：《论民事执行中的强制拍卖》，载《政治与法律》1988 年第 5 期。

④ 刘皓：《我国民事执行拍卖制度的法律完善——以司法权威和司法高效为导向》，载《法治论坛》2009 年第 2 期。

规定。新《民事诉讼法》第 247 条对被执行人财产的变价方式进行了规定，至于各种不同的变价方式的详细内容，除司法拍卖由委托拍卖变更为人民法院拍卖外，既有的司法解释对这些不同的变价方式有相应的规定。人民法院采取司法拍卖外的其他变价方式时，仍然应当遵守这些司法解释的规定；对于司法拍卖，人民法院则应当自行主持拍卖。

附录一

中华人民共和国民事诉讼法

（1991 年 4 月 9 日第七届全国人民代表大会第四次会议通过，根据 2007 年 10 月 28 日第十届全国人民代表大会常务委员会第三十次会议《关于修改〈中华人民共和国民事诉讼法〉的决定》第一次修正，根据 2012 年 8 月 31 日第十一届全国人民代表大会常务委员会第二十八次会议《关于修改〈中华人民共和国民事诉讼法〉的决定》第二次修正，自 2013 年 1 月 1 日起施行）

目　　录

第一编　总　　则

第一章　任务、适用范围和基本原则

第一条　中华人民共和国民事诉讼法以宪法为根据，结合我国民事审判工作的经验和实际情况制定。

第二条 中华人民共和国民事诉讼法的任务，是保护当事人行使诉讼权利，保证人民法院查明事实，分清是非，正确适用法律，及时审理民事案件，确认民事权利义务关系，制裁民事违法行为，保护当事人的合法权益，教育公民自觉遵守法律，维护社会秩序、经济秩序，保障社会主义建设事业顺利进行。

第三条 人民法院受理公民之间、法人之间、其他组织之间以及他们相互之间因财产关系和人身关系提起的民事诉讼，适用本法的规定。

第四条 凡在中华人民共和国领域内进行民事诉讼，必须遵守本法。

第五条 外国人、无国籍人、外国企业和组织在人民法院起诉、应诉，同中华人民共和国公民、法人和其他组织有同等的诉讼权利义务。

外国法院对中华人民共和国公民、法人和其他组织的民事诉讼权利加以限制的，中华人民共和国人民法院对该国公民、企业和组织的民事诉讼权利，实行对等原则。

第六条 民事案件的审判权由人民法院行使。

人民法院依照法律规定对民事案件独立进行审判，不受行政机关、社会团体和个人的干涉。

第七条 人民法院审理民事案件，必须以事实为根据，以法律为准绳。

第八条 民事诉讼当事人有平等的诉讼权利。人民法院审理民事案件，应当保障和便利当事人行使诉讼权利，对当事人在适用法律上一律平等。

第九条 人民法院审理民事案件，应当根据自愿和合法的原则进行调解；调解不成的，应当及时判决。

第十条 人民法院审理民事案件，依照法律规定实行合议、回避、公开审判和两审终审制度。

第十一条 各民族公民都有用本民族语言、文字进行民事诉讼的权利。

在少数民族聚居或者多民族共同居住的地区，人民法院应当用当地民族通用的语言、文字进行审理和发布法律文书。

人民法院应当对不通晓当地民族通用的语言、文字的诉讼参与人提供翻译。

第十二条 人民法院审理民事案件时，当事人有权进行辩论。

第十三条 **民事诉讼应当遵循诚实信用原则。**

当事人有权在法律规定的范围内处分自己的民事权利和诉讼权利。

第十四条 人民检察院有权对民事**诉讼**实行法律监督。

第十五条 机关、社会团体、企业事业单位对损害国家、集体或者个人民事权益的行为，可以支持受损害的单位或者个人向人民法院起诉。

第十六条 民族自治地方的人民代表大会根据宪法和本法的原则，结合当地民族的具体情况，可以制定变通或者补充的规定。自治区的规定，报全国人民代表大会常务委员会批准。自治州、自治县的规定，报省或者自治区的人民代表大会常务委员会批准，并报全国人民代表大会常务委员会备案。

第二章 管　　辖

第一节 级别管辖

第十七条 基层人民法院管辖第一审民事案件，但本法另有规定的除外。

第十八条 中级人民法院管辖下列第一审民事案件：

（一）重大涉外案件；

（二）在本辖区有重大影响的案件；

（三）最高人民法院确定由中级人民法院管辖的案件。

第十九条 高级人民法院管辖在本辖区有重大影响的第一审民事案件。

第二十条 最高人民法院管辖下列第一审民事案件：

（一）在全国有重大影响的案件；

（二）认为应当由本院审理的案件。

第二节 地域管辖

第二十一条 对公民提起的民事诉讼，由被告住所地人民法院管辖；被告住所地与经常居住地不一致的，由经常居住地人民法院管辖。

对法人或者其他组织提起的民事诉讼，由被告住所地人民法院管辖。

同一诉讼的几个被告住所地、经常居住地在两个以上人民法院辖区的，各该人民法院都有管辖权。

第二十二条 下列民事诉讼，由原告住所地人民法院管辖；原告住所地与经常居住地不一致的，由原告经常居住地人民法院管辖：

（一）对不在中华人民共和国领域内居住的人提起的有关身份关系的诉讼；

（二）对下落不明或者宣告失踪的人提起的有关身份关系的诉讼；

（三）对被**采取强制性教育措施**的人提起的诉讼；

（四）对被监禁的人提起的诉讼。

第二十三条 因合同纠纷提起的诉讼，由被告住所地或者合同履行地人民法院管辖。

第二十四条 因保险合同纠纷提起的诉讼，由被告住所地或者保险标的物所在地人民法院管辖。

第二十五条 因票据纠纷提起的诉讼，由票据支付地或者被告住所地人民法院管辖。

第二十六条 **因公司设立、确认股东资格、分配利润、解散等纠纷提起的诉讼，由公司住所地人民法院管辖。**

第二十七条 因铁路、公路、水上、航空运输和联合运输合同纠纷提起的诉讼，由运输始发地、目的地或者被告住所地人民法院管辖。

第二十八条 因侵权行为提起的诉讼，由侵权行为地或者被告住所地人民法院管辖。

第二十九条 因铁路、公路、水上和航空事故请求损害赔偿提起的诉讼，由事故发生地或者车辆、船舶最先到达地、航空器最先降落地或者被告住所地人民法院管辖。

第三十条 因船舶碰撞或者其他海事损害事故请求损害赔偿提起的诉讼，由碰撞发生地、碰撞船舶最先到达地、加害船舶被扣留地或者被告住所地人民法院管辖。

第三十一条 因海难救助费用提起的诉讼，由救助地或者被救助船舶最先到达地人民法院管辖。

第三十二条 因共同海损提起的诉讼，由船舶最先到达地、共同海损理算地或者航程终止地的人民法院管辖。

第三十三条 下列案件，由本条规定的人民法院专属管辖：

（一）因不动产纠纷提起的诉讼，由不动产所在地人民法院管辖；

（二）因港口作业中发生纠纷提起的诉讼，由港口所在地人民法院管辖；

（三）因继承遗产纠纷提起的诉讼，由被继承人死亡时住所地或者主要遗产所在地人民法院管辖。

第三十四条 合同**或者其他财产权益纠纷**的当事人可以书面协议选择被告住所地、合同履行地、合同签订地、原告住所地、标的物所在地**等与争议有实际联系的地点的**人民法院管辖，但不得违反本法对级别管辖和专属管辖的规定。

第三十五条 两个以上人民法院都有管辖权的诉讼，原告可以向其中一个人民法院起诉；原告向两个以上有管辖权的人民法院起诉的，由最先立案的人民法院管辖。

第三节　移送管辖和指定管辖

第三十六条 人民法院发现受理的案件不属于本院管辖的，应当移送有管辖权的人民法院，受移送的人民法院应当受理。受移送的人民法院认为受移送的案件依照规定不属于本院管辖的，应当报请上级人民法院指定管辖，不得再自行移送。

第三十七条 有管辖权的人民法院由于特殊原因，不能行使管辖权的，由上级人民法院指定管辖。

人民法院之间因管辖权发生争议，由争议双方协商解决；协商解决不了的，报请它们的共同上级人民法院指定管辖。

第三十八条 上级人民法院有权审理下级人民法院管辖的第一审民事案件；**确有必要将**本院管辖的第一审民事案件交下级人民法院审理**的，应当报请其上级人民法院批准**。

下级人民法院对它所管辖的第一审民事案件，认为需要由上级人民法院审理的，可以报请上级人民法院审理。

第三章　审判组织

第三十九条 人民法院审理第一审民事案件，由审判员、陪审员共同组成合议庭或者由审判员组成合议庭。合议庭的成员人数，必须是单数。

适用简易程序审理的民事案件，由审判员一人独任审理。

陪审员在执行陪审职务时，与审判员有同等的权利义务。

第四十条 人民法院审理第二审民事案件，由审判员组成合议庭。合议庭的成员人数，必须是单数。

发回重审的案件，原审人民法院应当按照第一审程序另行组成合议庭。

审理再审案件，原来是第一审的，按照第一审程序另行组成合议庭；原来是第二审的或者是上级人民法院提审的，按照第二审程序另行组成合议庭。

第四十一条 合议庭的审判长由院长或者庭长指定审判员一人担任；院长或者庭长参加审判的，由院长或者庭长担任。

第四十二条 合议庭评议案件，实行少数服从多数的原则。评议应当制作笔录，由合议庭成员签名。评议中的不同意见，必须如实记入笔录。

第四十三条 审判人员应当依法秉公办案。

审判人员不得接受当事人及其诉讼代理人请客送礼。

审判人员有贪污受贿，徇私舞弊，枉法裁判行为的，应当追究法律责任；构成犯罪的，依法追究刑事责任。

第四章 回 避

第四十四条 审判人员有下列情形之一的，应当自行回避，当事人有权用口头或者书面方式申请他们回避：

（一）是本案当事人或者当事人、诉讼代理人近亲属的；

（二）与本案有利害关系的；

（三）与本案当事人、诉讼代理人有其他关系，可能影响对案件公正审理的。

审判人员接受当事人、诉讼代理人请客送礼，或者违反规定会见当事人、诉讼代理人的，当事人有权要求他们回避。

审判人员有前款规定的行为的，应当依法追究法律责任。

前三款规定，适用于书记员、翻译人员、鉴定人、勘验人。

第四十五条 当事人提出回避申请，应当说明理由，在案件开始审理时提出；回避事由在案件开始审理后知道的，也可以在法庭辩论终结前提出。

被申请回避的人员在人民法院作出是否回避的决定前，应当暂停参与本案的工作，但案件需要采取紧急措施的除外。

第四十六条 院长担任审判长时的回避，由审判委员会决定；审判人员的回避，由院长决定；其他人员的回避，由审判长决定。

第四十七条 人民法院对当事人提出的回避申请，应当在申请提出的三日内，以口头或者书面形式作出决定。申请人对决定不服的，可以在接到决定时申请复议一次。复议期间，被申请回避的人员，不停止参与本案的工作。人民法院对复议申请，应当在三日内作出复议决定，并通知复议申请人。

第五章 诉讼参加人

第一节 当 事 人

第四十八条 公民、法人和其他组织可以作为民事诉讼的当事人。

法人由其法定代表人进行诉讼。其他组织由其主要负责人进行诉讼。

第四十九条 当事人有权委托代理人，提出回避申请，收集、提供证据，进行辩论，请求调解，提起上诉，申请执行。

当事人可以查阅本案有关材料，并可以复制本案有关材料和法律文书。查阅、复制本案有关材料的范围和办法由最高人民法院规定。

当事人必须依法行使诉讼权利，遵守诉讼秩序，履行发生法律效力的判决书、裁定书和调解书。

第五十条 双方当事人可以自行和解。

第五十一条 原告可以放弃或者变更诉讼请求。被告可以承认或者反驳诉讼请求，有权提起反诉。

第五十二条 当事人一方或者双方为二人以上，其诉讼标的是共同的，或者诉讼标的是同一种类、人民法院认为可以合并审理并经当事人同意的，为共同诉讼。

共同诉讼的一方当事人对诉讼标的有共同权利义务的，其中一人的诉讼行为经其他共同诉讼人承认，对其他共同诉讼人发生效力；对诉讼标的没有共同权利义务的，其中一人的诉讼行为对其他共同诉讼人不发生效力。

第五十三条 当事人一方人数众多的共同诉讼，可以由当事人推选代表人进行诉讼。代表人的诉讼行为对其所代表的当事人发生效力，但代表人变更、放弃诉讼请求或者承认对方当事人的诉讼请求，进行和解，必须经被代表的当事人同意。

第五十四条 诉讼标的是同一种类、当事人一方人数众多在起诉时人数尚未确定的，人民法院可以发出公告，说明案件情况和诉讼请求，通知权利人在一定期间向人民法院登记。

向人民法院登记的权利人可以推选代表人进行诉讼；推选不出代表人的，人民法院可以与参加登记的权利人商定代表人。

代表人的诉讼行为对其所代表的当事人发生效力，但代表人变更、放弃诉讼请求或者承认对方当事人的诉讼请求，进行和解，必须经被代表的当事人同意。

人民法院作出的判决、裁定，对参加登记的全体权利人发生效力。未参加登记的权利人在诉讼时效期间提起诉讼的，适用该判决、裁定。

第五十五条 对污染环境、侵害众多消费者合法权益等损害社会公共利益的行为，法律规定的机关和有关组织可以向人民法院提起诉讼。

第五十六条 对当事人双方的诉讼标的，第三人认为有独立请求权的，有权提起诉讼。

对当事人双方的诉讼标的，第三人虽然没有独立请求权，但案件处理结果同他有法律上的利害关系的，可以申请参加诉讼，或者由人民法院通知他参加诉讼。人民法院判决承担民事责任的第三人，有当事人的诉讼权利义务。

前两款规定的第三人，因不能归责于本人的事由未参加诉讼，但有证据证明发生法律效力的判决、裁定、调解书的部分或者全部内容错误，损害其民事权益的，可以自知道或者应当知道其民事权益受到损害之日起六个月内，向作出该判决、裁定、调解书的人民法院提起诉讼。人民法院经审理，诉讼请求成立的，应当改变或者撤销原判决、裁定、调解

书；诉讼请求不成立的，驳回诉讼请求。

第二节　诉讼代理人

第五十七条　无诉讼行为能力人由他的监护人作为法定代理人代为诉讼。法定代理人之间互相推诿代理责任的，由人民法院指定其中一人代为诉讼。

第五十八条　当事人、法定代理人可以委托一至二人作为诉讼代理人。

下列人员可以被委托为诉讼代理人：

（一）律师、基层法律服务工作者；

（二）当事人的近亲属或者工作人员；

（三）当事人所在社区、单位以及有关社会团体推荐的公民。

第五十九条　委托他人代为诉讼，必须向人民法院提交由委托人签名或者盖章的授权委托书。

授权委托书必须记明委托事项和权限。诉讼代理人代为承认、放弃、变更诉讼请求，进行和解，提起反诉或者上诉，必须有委托人的特别授权。

侨居在国外的中华人民共和国公民从国外寄交或者托交的授权委托书，必须经中华人民共和国驻该国的使领馆证明；没有使领馆的，由与中华人民共和国有外交关系的第三国驻该国的使领馆证明，再转由中华人民共和国驻该第三国使领馆证明，或者由当地的爱国华侨团体证明。

第六十条　诉讼代理人的权限如果变更或者解除，当事人应当书面告知人民法院，并由人民法院通知对方当事人。

第六十一条　代理诉讼的律师和其他诉讼代理人有权调查收集证据，可以查阅本案有关材料。查阅本案有关材料的范围和办法由最高人民法院规定。

第六十二条　离婚案件有诉讼代理人的，本人除不能表达意思的以外，仍应出庭；确因特殊情况无法出庭的，必须向人民法院提交书面意见。

第六章　证　　据

第六十三条　证据包括：

（一）当事人的陈述；

（二）书证；

（三）物证；

（四）视听资料；

（五）电子数据；

（六）证人证言；

（七）鉴定意见；

（八）勘验笔录。

证据必须查证属实，才能作为认定事实的根据。

第六十四条　当事人对自己提出的主张，有责任提供证据。

当事人及其诉讼代理人因客观原因不能自行收集的证据，或者人民法院认为审理案件需要的证据，人民法院应当调查收集。

人民法院应当按照法定程序，全面地、客观地审查核实证据。

第六十五条 当事人对自己提出的主张应当及时提供证据。

人民法院根据当事人的主张和案件审理情况，确定当事人应当提供的证据及其期限。当事人在该期限内提供证据确有困难的，可以向人民法院申请延长期限，人民法院根据当事人的申请适当延长。当事人逾期提供证据的，人民法院应当责令其说明理由；拒不说明理由或者理由不成立的，人民法院根据不同情形可以不予采纳该证据，或者采纳该证据但予以训诫、罚款。

第六十六条 人民法院收到当事人提交的证据材料，应当出具收据，写明证据名称、页数、份数、原件或者复印件以及收到时间等，并由经办人员签名或者盖章。

第六十七条 人民法院有权向有关单位和个人调查取证，有关单位和个人不得拒绝。

人民法院对有关单位和个人提出的证明文书，应当辨别真伪，审查确定其效力。

第六十八条 证据应当在法庭上出示，并由当事人互相质证。对涉及国家秘密、商业秘密和个人隐私的证据应当保密，需要在法庭出示的，不得在公开开庭时出示。

第六十九条 经过法定程序公证证明的法律事实和文书，人民法院应当作为认定事实的根据，但有相反证据足以推翻公证证明的除外。

第七十条 书证应当提交原件。物证应当提交原物。提交原件或者原物确有困难的，可以提交复制品、照片、副本、节录本。

提交外文书证，必须附有中文译本。

第七十一条 人民法院对视听资料，应当辨别真伪，并结合本案的其他证据，审查确定能否作为认定事实的根据。

第七十二条 凡是知道案件情况的单位和个人，都有义务出庭作证。有关单位的负责人应当支持证人作证。

不能正确表达意思的人，不能作证。

第七十三条 经人民法院通知，证人应当出庭作证。有下列情形之一的，经人民法院许可，可以通过书面证言、视听传输技术或者视听资料等方式作证：

（一）因健康原因不能出庭的；

（二）因路途遥远，交通不便不能出庭的；

（三）因自然灾害等不可抗力不能出庭的；

（四）其他有正当理由不能出庭的。

第七十四条 证人因履行出庭作证义务而支出的交通、住宿、就餐等必要费用以及误工损失，由败诉一方当事人负担。当事人申请证人作证的，由该当事人先行垫付；当事人没有申请，人民法院通知证人作证的，由人民法院先行垫付。

第七十五条 人民法院对当事人的陈述，应当结合本案的其他证据，审查确定能否作为认定事实的根据。

当事人拒绝陈述的，不影响人民法院根据证据认定案件事实。

第七十六条　当事人可以就查明事实的专门性问题向人民法院申请鉴定。当事人申请鉴定的，由双方当事人协商确定具备资格的鉴定人；协商不成的，由人民法院指定。

当事人未申请鉴定，人民法院对专门性问题认为需要鉴定的，应当**委托具备资格的鉴定人进行**鉴定。

第七十七条　鉴定人有权了解进行鉴定所需要的案件材料，必要时可以询问当事人、证人。

鉴定人应当提出书面鉴定**意见**，在鉴定书上签名或者盖章。

第七十八条　当事人对鉴定意见有异议或者人民法院认为鉴定人有必要出庭的，鉴定人应当出庭作证。经人民法院通知，鉴定人拒不出庭作证的，鉴定意见不得作为认定事实的根据；支付鉴定费用的当事人可以要求返还鉴定费用。

第七十九条　当事人可以申请人民法院通知有专门知识的人出庭，就鉴定人作出的鉴定意见或者专业问题提出意见。

第八十条　勘验物证或者现场，勘验人必须出示人民法院的证件，并邀请当地基层组织或者当事人所在单位派人参加。当事人或者当事人的成年家属应当到场，拒不到场的，不影响勘验的进行。

有关单位和个人根据人民法院的通知，有义务保护现场，协助勘验工作。

勘验人应当将勘验情况和结果制作笔录，由勘验人、当事人和被邀参加人签名或者盖章。

第八十一条　在证据可能灭失或者以后难以取得的情况下，**当事人**可以**在诉讼过程中**向人民法院申请保全证据，人民法院也可以主动采取保全措施。

因情况紧急，在证据可能灭失或者以后难以取得的情况下，利害关系人可以在提起诉讼或者申请仲裁前向证据所在地、被申请人住所地或者对案件有管辖权的人民法院申请保全证据。

证据保全的其他程序，参照适用本法第九章保全的有关规定。

第七章　期间、送达

第一节　期　　间

第八十二条　期间包括法定期间和人民法院指定的期间。

期间以时、日、月、年计算。期间开始的时和日，不计算在期间内。

期间届满的最后一日是节假日的，以节假日后的第一日为期间届满的日期。

期间不包括在途时间，诉讼文书在期满前交邮的，不算过期。

第八十三条　当事人因不可抗拒的事由或者其他正当理由耽误期限的，在障碍消除后的十日内，可以申请顺延期限，是否准许，由人民法院决定。

第二节　送　　达

第八十四条　送达诉讼文书必须有送达回证，由受送达人在送达回证上记明收到日期，签名或者盖章。

受送达人在送达回证上的签收日期为送达日期。

第八十五条 送达诉讼文书，应当直接送交受送达人。受送达人是公民的，本人不在交他的同住成年家属签收；受送达人是法人或者其他组织的，应当由法人的法定代表人、其他组织的主要负责人或者该法人、组织负责收件的人签收；受送达人有诉讼代理人的，可以送交其代理人签收；受送达人已向人民法院指定代收人的，送交代收人签收。

受送达人的同住成年家属，法人或者其他组织的负责收件的人，诉讼代理人或者代收人在送达回证上签收的日期为送达日期。

第八十六条 受送达人或者他的同住成年家属拒绝接收诉讼文书的，送达人**可以邀请**有关基层组织或者所在单位的代表到场，说明情况，在送达回证上记明拒收事由和日期，由送达人、见证人签名或者盖章，把诉讼文书留在受送达人的住所；**也可以把诉讼文书留在受送达人的住所，并采用拍照、录像等方式记录送达过程，**即视为送达。

第八十七条 经受送达人同意，人民法院可以采用传真、电子邮件等能够确认其收悉的方式送达诉讼文书，但判决书、裁定书、调解书除外。

采用前款方式送达的，以传真、电子邮件等到达受送达人特定系统的日期为送达日期。

第八十八条 直接送达诉讼文书有困难的，可以委托其他人民法院代为送达，或者邮寄送达。邮寄送达的，以回执上注明的收件日期为送达日期。

第八十九条 受送达人是军人的，通过其所在部队团以上单位的政治机关转交。

第九十条 受送达人被监禁的，通过其所在监所转交。

受送达人**被采取强制性教育措施**的，通过其所在**强制性教育机构**转交。

第九十一条 代为转交的机关、单位收到诉讼文书后，必须立即交受送达人签收，以在送达回证上的签收日期，为送达日期。

第九十二条 受送达人下落不明，或者用本节规定的其他方式无法送达的，公告送达。自发出公告之日起，经过六十日，即视为送达。

公告送达，应当在案卷中记明原因和经过。

第八章 调　　解

第九十三条 人民法院审理民事案件，根据当事人自愿的原则，在事实清楚的基础上，分清是非，进行调解。

第九十四条 人民法院进行调解，可以由审判员一人主持，也可以由合议庭主持，并尽可能就地进行。

人民法院进行调解，可以用简便方式通知当事人、证人到庭。

第九十五条 人民法院进行调解，可以邀请有关单位和个人协助。被邀请的单位和个人，应当协助人民法院进行调解。

第九十六条 调解达成协议，必须双方自愿，不得强迫。调解协议的内容不得违反法律规定。

第九十七条 调解达成协议，人民法院应当制作调解书。调解书应当写明诉讼请求、案件的事实和调解结果。

调解书由审判人员、书记员署名，加盖人民法院印章，送达双方当事人。

调解书经双方当事人签收后，即具有法律效力。

第九十八条 下列案件调解达成协议，人民法院可以不制作调解书：

（一）调解和好的离婚案件；

（二）调解维持收养关系的案件；

（三）能够即时履行的案件；

（四）其他不需要制作调解书的案件。

对不需要制作调解书的协议，应当记入笔录，由双方当事人、审判人员、书记员签名或者盖章后，即具有法律效力。

第九十九条 调解未达成协议或者调解书送达前一方反悔的，人民法院应当及时判决。

第九章 保全和先予执行

第一百条 人民法院对于可能因当事人一方的行为或者其他原因，使判决难以执行**或者造成当事人其他损害**的案件，根据对方当事人的申请，**可以裁定对其财产进行保全、责令其作出一定行为或者禁止其作出一定行为**；当事人没有提出申请的，人民法院在必要时也可以裁定采取保全措施。

人民法院采取保全措施，可以责令申请人提供担保，申请人不提供担保的，**裁定**驳回申请。

人民法院接受申请后，对情况紧急的，必须在四十八小时内作出裁定；裁定采取保全措施的，应当立即开始执行。

第一百零一条 利害关系人因情况紧急，不立即申请保全将会使其合法权益受到难以弥补的损害的，可以在**提起诉讼或者申请仲裁前向被保全财产所在地、被申请人住所地或者对案件有管辖权的**人民法院申请采取保全措施。申请人应当提供担保，不提供担保的，**裁定**驳回申请。

人民法院接受申请后，必须在四十八小时内作出裁定；裁定采取保全措施的，应当立即开始执行。

申请人在人民法院采取保全措施后**三十**日内不**依法提起诉讼或者申请仲裁**的，人民法院应当解除保全。

第一百零二条 保全限于请求的范围，或者与本案有关的财物。

第一百零三条 财产保全采取查封、扣押、冻结或者法律规定的其他方法。人民法院**保全**财产后，应当立即通知被**保全**财产的人。

财产已被查封、冻结的，不得重复查封、冻结。

第一百零四条 **财产纠纷案件**，被申请人提供担保的，人民法院应当**裁定**解除保全。

第一百零五条 申请有错误的，申请人应当赔偿被申请人因保全所遭受的损失。

第一百零六条 人民法院对下列案件，根据当事人的申请，可以裁定先予执行：

（一）追索赡养费、扶养费、抚育费、抚恤金、医疗费用的；

（二）追索劳动报酬的；

（三）因情况紧急需要先予执行的。

第一百零七条 人民法院裁定先予执行的，应当符合下列条件：

（一）当事人之间权利义务关系明确，不先予执行将严重影响申请人的生活或者生产经营的；

（二）被申请人有履行能力。

人民法院可以责令申请人提供担保，申请人不提供担保的，驳回申请。申请人败诉的，应当赔偿被申请人因先予执行遭受的财产损失。

第一百零八条 当事人对保全或者先予执行的裁定不服的，可以申请复议一次。复议期间不停止裁定的执行。

第十章 对妨害民事诉讼的强制措施

第一百零九条 人民法院对必须到庭的被告，经两次传票传唤，无正当理由拒不到庭的，可以拘传。

第一百一十条 诉讼参与人和其他人应当遵守法庭规则。

人民法院对违反法庭规则的人，可以予以训诫，责令退出法庭或者予以罚款、拘留。

人民法院对哄闹、冲击法庭，侮辱、诽谤、威胁、殴打审判人员，严重扰乱法庭秩序的人，依法追究刑事责任；情节较轻的，予以罚款、拘留。

第一百一十一条 诉讼参与人或者其他人有下列行为之一的，人民法院可以根据情节轻重予以罚款、拘留；构成犯罪的，依法追究刑事责任：

（一）伪造、毁灭重要证据，妨碍人民法院审理案件的；

（二）以暴力、威胁、贿买方法阻止证人作证或者指使、贿买、胁迫他人作伪证的；

（三）隐藏、转移、变卖、毁损已被查封、扣押的财产，或者已被清点并责令其保管的财产，转移已被冻结的财产的；

（四）对司法工作人员、诉讼参加人、证人、翻译人员、鉴定人、勘验人、协助执行的人，进行侮辱、诽谤、诬陷、殴打或者打击报复的；

（五）以暴力、威胁或者其他方法阻碍司法工作人员执行职务的；

（六）拒不履行人民法院已经发生法律效力的判决、裁定的。

人民法院对有前款规定的行为之一的单位，可以对其主要负责人或者直接责任人员予以罚款、拘留；构成犯罪的，依法追究刑事责任。

第一百一十二条 当事人之间恶意串通，企图通过诉讼、调解等方式侵害他人合法权益的，人民法院应当驳回其请求，并根据情节轻重予以罚款、拘留；构成犯罪的，依法追究刑事责任。

第一百一十三条 被执行人与他人恶意串通，通过诉讼、仲裁、调解等方式逃避履行法律文书确定的义务的，人民法院应当根据情节轻重予以罚款、拘留；构成犯罪的，依法追究刑事责任。

第一百一十四条 有义务协助调查、执行的单位有下列行为之一的，人民法院除责令其履行协助义务外，并可以予以罚款：

（一）有关单位拒绝或者妨碍人民法院调查取证的；

（二）有关单位接到人民法院协助执行通知书后，拒不协助查询、扣押、冻结、划拨、变价财产的；

（三）有关单位接到人民法院协助执行通知书后，拒不协助扣留被执行人的收入、办理有关财产权证照转移手续、转交有关票证、证照或者其他财产的；

（四）其他拒绝协助执行的。

人民法院对有前款规定的行为之一的单位，可以对其主要负责人或者直接责任人员予以罚款；对仍不履行协助义务的，可以予以拘留；并可以向监察机关或者有关机关提出予以纪律处分的司法建议。

第一百一十五条 对个人的罚款金额，为人民币十万元以下。对单位的罚款金额，为人民币五万元以上一百万元以下。

拘留的期限，为十五日以下。

被拘留的人，由人民法院交公安机关看管。在拘留期间，被拘留人承认并改正错误的，人民法院可以决定提前解除拘留。

第一百一十六条 拘传、罚款、拘留必须经院长批准。

拘传应当发拘传票。

罚款、拘留应当用决定书。对决定不服的，可以向上一级人民法院申请复议一次。复议期间不停止执行。

第一百一十七条 采取对妨害民事诉讼的强制措施必须由人民法院决定。任何单位和个人采取非法拘禁他人或者非法私自扣押他人财产追索债务的，应当依法追究刑事责任，或者予以拘留、罚款。

第十一章　诉讼费用

第一百一十八条 当事人进行民事诉讼，应当按照规定交纳案件受理费。财产案件除交纳案件受理费外，并按照规定交纳其他诉讼费用。

当事人交纳诉讼费用确有困难的，可以按照规定向人民法院申请缓交、减交或者免交。

收取诉讼费用的办法另行制定。

第二编　审判程序

第十二章　第一审普通程序

第一节　起诉和受理

第一百一十九条 起诉必须符合下列条件：

（一）原告是与本案有直接利害关系的公民、法人和其他组织；

（二）有明确的被告；

（三）有具体的诉讼请求和事实、理由；

（四）属于人民法院受理民事诉讼的范围和受诉人民法院管辖。

第一百二十条　起诉应当向人民法院递交起诉状，并按照被告人数提出副本。

书写起诉状确有困难的，可以口头起诉，由人民法院记入笔录，并告知对方当事人。

第一百二十一条　起诉状应当记明下列事项：

（一）**原告**的姓名、性别、年龄、民族、职业、工作单位、住所、**联系方式**，法人或者其他组织的名称、住所和法定代表人或者主要负责人的姓名、职务、**联系方式**；

（二）被告的姓名、性别、工作单位、住所等信息，法人或者其他组织的名称、住所等信息；

（三）诉讼请求和所根据的事实与理由；

（四）证据和证据来源，证人姓名和住所。

第一百二十二条　当事人起诉到人民法院的民事纠纷，适宜调解的，先行调解，但当事人拒绝调解的除外。

第一百二十三条　人民法院**应当保障当事人依照法律规定享有的起诉权利**。对符合本法第一百**一十九**条的起诉，必须受理。符合起诉条件的，应当在七日内立案，并通知当事人；不符合起诉条件的，应当在七日内**作出**裁定**书**，不予受理；原告对裁定不服的，可以提起上诉。

第一百二十四条　人民法院对下列起诉，分别情形，予以处理：

（一）依照行政诉讼法的规定，属于行政诉讼受案范围的，告知原告提起行政诉讼；

（二）依照法律规定，双方当事人达成书面仲裁协议申请仲裁、不得向人民法院起诉的，告知原告向仲裁机构申请仲裁；

（三）依照法律规定，应当由其他机关处理的争议，告知原告向有关机关申请解决；

（四）对不属于本院管辖的案件，告知原告向有管辖权的人民法院起诉；

（五）对判决、裁定、**调解书**已经发生法律效力的案件，当事人又起诉的，告知原告**申请再审**，但人民法院准许撤诉的裁定除外；

（六）依照法律规定，在一定期限内不得起诉的案件，在不得起诉的期限内起诉的，不予受理；

（七）判决不准离婚和调解和好的离婚案件，判决、调解维持收养关系的案件，没有新情况、新理由，原告在六个月内又起诉的，不予受理。

第二节　审理前的准备

第一百二十五条　人民法院应当在立案之日起五日内将起诉状副本发送被告，被告应当在收到之日起十五日内提出答辩状。**答辩状应当记明被告的姓名、性别、年龄、民族、职业、工作单位、住所、联系方式；法人或者其他组织的名称、住所和法定代表人或者主要负责人的姓名、职务、联系方式。**人民法院应当在收到**答辩状**之日起五日内将答辩状副本发送原告。

被告不提出答辩状的，不影响人民法院审理。

第一百二十六条 人民法院对决定受理的案件，应当在受理案件通知书和应诉通知书中向当事人告知有关的诉讼权利义务，或者口头告知。

第一百二十七条 人民法院受理案件后，当事人对管辖权有异议的，应当在提交答辩状期间提出。人民法院对当事人提出的异议，应当审查。异议成立的，裁定将案件移送有管辖权的人民法院；异议不成立的，裁定驳回。

当事人未提出管辖异议，并应诉答辩的，视为受诉人民法院有管辖权，但违反级别管辖和专属管辖规定的除外。

第一百二十八条 合议庭组成人员确定后，应当在三日内告知当事人。

第一百二十九条 审判人员必须认真审核诉讼材料，调查收集必要的证据。

第一百三十条 人民法院派出人员进行调查时，应当向被调查人出示证件。

调查笔录经被调查人校阅后，由被调查人、调查人签名或者盖章。

第一百三十一条 人民法院在必要时可以委托外地人民法院调查。

委托调查，必须提出明确的项目和要求。受委托人民法院可以主动补充调查。

受委托人民法院收到委托书后，应当在三十日内完成调查。因故不能完成的，应当在上述期限内函告委托人民法院。

第一百三十二条 必须共同进行诉讼的当事人没有参加诉讼的，人民法院应当通知其参加诉讼。

第一百三十三条 人民法院对受理的案件，分别情形，予以处理：

（一）当事人没有争议，符合督促程序规定条件的，可以转入督促程序；

（二）开庭前可以调解的，采取调解方式及时解决纠纷；

（三）根据案件情况，确定适用简易程序或者普通程序；

（四）需要开庭审理的，通过要求当事人交换证据等方式，明确争议焦点。

第三节　开庭审理

第一百三十四条 人民法院审理民事案件，除涉及国家秘密、个人隐私或者法律另有规定的以外，应当公开进行。

离婚案件，涉及商业秘密的案件，当事人申请不公开审理的，可以不公开审理。

第一百三十五条 人民法院审理民事案件，根据需要进行巡回审理，就地办案。

第一百三十六条 人民法院审理民事案件，应当在开庭三日前通知当事人和其他诉讼参与人。公开审理的，应当公告当事人姓名、案由和开庭的时间、地点。

第一百三十七条 开庭审理前，书记员应当查明当事人和其他诉讼参与人是否到庭，宣布法庭纪律。

开庭审理时，由审判长核对当事人，宣布案由，宣布审判人员、书记员名单，告知当事人有关的诉讼权利义务，询问当事人是否提出回避申请。

第一百三十八条 法庭调查按照下列顺序进行：

（一）当事人陈述；

（二）告知证人的权利义务，证人作证，宣读未到庭的证人证言；

（三）出示书证、物证、视听资料和**电子数据**；

（四）宣读鉴定**意见**；

（五）宣读勘验笔录。

第一百三十九条 当事人在法庭上可以提出新的证据。

当事人经法庭许可，可以向证人、鉴定人、勘验人发问。

当事人要求重新进行调查、鉴定或者勘验的，是否准许，由人民法院决定。

第一百四十条 原告增加诉讼请求，被告提出反诉，第三人提出与本案有关的诉讼请求，可以合并审理。

第一百四十一条 法庭辩论按照下列顺序进行：

（一）原告及其诉讼代理人发言；

（二）被告及其诉讼代理人答辩；

（三）第三人及其诉讼代理人发言或者答辩；

（四）互相辩论。

法庭辩论终结，由审判长按照原告、被告、第三人的先后顺序征询各方最后意见。

第一百四十二条 法庭辩论终结，应当依法作出判决。判决前能够调解的，还可以进行调解，调解不成的，应当及时判决。

第一百四十三条 原告经传票传唤，无正当理由拒不到庭的，或者未经法庭许可中途退庭的，可以按撤诉处理；被告反诉的，可以缺席判决。

第一百四十四条 被告经传票传唤，无正当理由拒不到庭的，或者未经法庭许可中途退庭的，可以缺席判决。

第一百四十五条 宣判前，原告申请撤诉的，是否准许，由人民法院裁定。

人民法院裁定不准许撤诉的，原告经传票传唤，无正当理由拒不到庭的，可以缺席判决。

第一百四十六条 有下列情形之一的，可以延期开庭审理：

（一）必须到庭的当事人和其他诉讼参与人有正当理由没有到庭的；

（二）当事人临时提出回避申请的；

（三）需要通知新的证人到庭，调取新的证据，重新鉴定、勘验，或者需要补充调查的；

（四）其他应当延期的情形。

第一百四十七条 书记员应当将法庭审理的全部活动记入笔录，由审判人员和书记员签名。

法庭笔录应当当庭宣读，也可以告知当事人和其他诉讼参与人当庭或者在五日内阅读。当事人和其他诉讼参与人认为对自己的陈述记录有遗漏或者差错的，有权申请补正。如果不予补正，应当将申请记录在案。

法庭笔录由当事人和其他诉讼参与人签名或者盖章。拒绝签名盖章的，记明情况附卷。

第一百四十八条 人民法院对公开审理或者不公开审理的案件，一律公开宣告判决。

当庭宣判的，应当在十日内发送判决书；定期宣判的，宣判后立即发给判决书。

宣告判决时，必须告知当事人上诉权利、上诉期限和上诉的法院。

宣告离婚判决，必须告知当事人在判决发生法律效力前不得另行结婚。

第一百四十九条 人民法院适用普通程序审理的案件，应当在立案之日起六个月内审结。有特殊情况需要延长的，由本院院长批准，可以延长六个月；还需要延长的，报请上级人民法院批准。

第四节 诉讼中止和终结

第一百五十条 有下列情形之一的，中止诉讼：

（一）一方当事人死亡，需要等待继承人表明是否参加诉讼的；

（二）一方当事人丧失诉讼行为能力，尚未确定法定代理人的；

（三）作为一方当事人的法人或者其他组织终止，尚未确定权利义务承受人的；

（四）一方当事人因不可抗拒的事由，不能参加诉讼的；

（五）本案必须以另一案的审理结果为依据，而另一案尚未审结的；

（六）其他应当中止诉讼的情形。

中止诉讼的原因消除后，恢复诉讼。

第一百五十一条 有下列情形之一的，终结诉讼：

（一）原告死亡，没有继承人，或者继承人放弃诉讼权利的；

（二）被告死亡，没有遗产，也没有应当承担义务的人的；

（三）离婚案件一方当事人死亡的；

（四）追索赡养费、扶养费、抚育费以及解除收养关系案件的一方当事人死亡的。

第五节 判决和裁定

第一百五十二条 判决书应当写明判决结果和作出该判决的理由。判决书内容包括：

（一）案由、诉讼请求、争议的事实和理由；

（二）判决认定的事实和理由、适用的法律和理由；

（三）判决结果和诉讼费用的负担；

（四）上诉期间和上诉的法院。

判决书由审判人员、书记员署名，加盖人民法院印章。

第一百五十三条 人民法院审理案件，其中一部分事实已经清楚，可以就该部分先行判决。

第一百五十四条 裁定适用于下列范围：

（一）不予受理；

（二）对管辖权有异议的；

（三）驳回起诉；

（四）保全和先予执行；

（五）准许或者不准许撤诉；

（六）中止或者终结诉讼；

（七）补正判决书中的笔误；

（八）中止或者终结执行；

（九）撤销或者不予执行仲裁裁决；

（十）不予执行公证机关赋予强制执行效力的债权文书；

（十一）其他需要裁定解决的事项。

对前款第一项至第三项裁定，可以上诉。

裁定书应当写明裁定结果和作出该裁定的理由。裁定书由审判人员、书记员署名，加盖人民法院印章。口头裁定的，记入笔录。

第一百五十五条 最高人民法院的判决、裁定，以及依法不准上诉或者超过上诉期没有上诉的判决、裁定，是发生法律效力的判决、裁定。

第一百五十六条 公众可以查阅发生法律效力的判决书、裁定书，但涉及国家秘密、商业秘密和个人隐私的内容除外。

第十三章　简易程序

第一百五十七条 基层人民法院和它派出的法庭审理事实清楚、权利义务关系明确、争议不大的简单的民事案件，适用本章规定。

基层人民法院和它派出的法庭审理前款规定以外的民事案件，当事人双方也可以约定适用简易程序。

第一百五十八条 对简单的民事案件，原告可以口头起诉。

当事人双方可以同时到基层人民法院或者它派出的法庭，请求解决纠纷。基层人民法院或者它派出的法庭可以当即审理，也可以另定日期审理。

第一百五十九条 基层人民法院和它派出的法庭审理简单的民事案件，可以用简便方式传唤当事人和证人、送达诉讼文书、审理案件，但应当保障当事人陈述意见的权利。

第一百六十条 简单的民事案件由审判员一人独任审理，并不受本法第一百三十六条、第一百三十八条、第一百四十一条规定的限制。

第一百六十一条 人民法院适用简易程序审理案件，应当在立案之日起三个月内审结。

第一百六十二条 基层人民法院和它派出的法庭审理符合本法第一百五十七条第一款规定的简单的民事案件，标的额为各省、自治区、直辖市上年度就业人员年平均工资百分之三十以下的，实行一审终审。

第一百六十三条 人民法院在审理过程中，发现案件不宜适用简易程序的，裁定转为普通程序。

第十四章　第二审程序

第一百六十四条 当事人不服地方人民法院第一审判决的，有权在判决书送达之日起十五日内向上一级人民法院提起上诉。

当事人不服地方人民法院第一审裁定的，有权在裁定书送达之日起十日内向上一级人民法院提起上诉。

第一百六十五条 上诉应当递交上诉状。上诉状的内容，应当包括当事人的姓名，法人的名称及其法定代表人的姓名或者其他组织的名称及其主要负责人的姓名；原审人民法院名称、案件的编号和案由；上诉的请求和理由。

第一百六十六条 上诉状应当通过原审人民法院提出，并按照对方当事人或者代表人的人数提出副本。

当事人直接向第二审人民法院上诉的，第二审人民法院应当在五日内将上诉状移交原审人民法院。

第一百六十七条 原审人民法院收到上诉状，应当在五日内将上诉状副本送达对方当事人，对方当事人在收到之日起十五日内提出答辩状。人民法院应当在收到答辩状之日起五日内将副本送达上诉人。对方当事人不提出答辩状的，不影响人民法院审理。

原审人民法院收到上诉状、答辩状，应当在五日内连同全部案卷和证据，报送第二审人民法院。

第一百六十八条 第二审人民法院应当对上诉请求的有关事实和适用法律进行审查。

第一百六十九条 第二审人民法院对上诉案件，应当组成合议庭，开庭审理。经过阅卷、调查和询问当事人，**对没有提出新的事实、证据或者理由**，合议庭认为不需要开庭审理的，可以**不开庭审理**。

第二审人民法院审理上诉案件，可以在本院进行，也可以到案件发生地或者原审人民法院所在地进行。

第一百七十条 第二审人民法院对上诉案件，经过审理，按照下列情形，分别处理：

（一）原判决、**裁定**认定事实清楚，适用法律正确的，**以判决、裁定方式**驳回上诉，维持原判决、**裁定**；

（二）原判决、**裁定认定事实错误或者**适用法律错误的，**以判决、裁定方式**依法改判、**撤销或者变更**；

（三）原判决认定**基本事实不清的**，裁定撤销原判决，发回原审人民法院重审，或者查清事实后改判；

（四）原判决**遗漏当事人或者违法缺席判决等严重**违反法定程序的，裁定撤销原判决，发回原审人民法院重审。

原审人民法院对发回重审的案件作出判决后，当事人提起上诉的，第二审人民法院不得再次发回重审。

第一百七十一条 第二审人民法院对不服第一审人民法院裁定的上诉案件的处理，一律使用裁定。

第一百七十二条 第二审人民法院审理上诉案件，可以进行调解。调解达成协议，应当制作调解书，由审判人员、书记员署名，加盖人民法院印章。调解书送达后，原审人民法院的判决即视为撤销。

第一百七十三条 第二审人民法院判决宣告前，上诉人申请撤回上诉的，是否准许，由第二审人民法院裁定。

第一百七十四条 第二审人民法院审理上诉案件，除依照本章规定外，适用第一审普通程序。

第一百七十五条 第二审人民法院的判决、裁定，是终审的判决、裁定。

第一百七十六条 人民法院审理对判决的上诉案件，应当在第二审立案之日起三个月内审结。有特殊情况需要延长的，由本院院长批准。

人民法院审理对裁定的上诉案件，应当在第二审立案之日起三十日内作出终审裁定。

第十五章　特别程序

第一节　一般规定

第一百七十七条 人民法院审理选民资格案件、宣告失踪或者宣告死亡案件、认定公民无民事行为能力或者限制民事行为能力案件、认定财产无主案件、**确认调解协议案件和实现担保物权案件，**适用本章规定。本章没有规定的，适用本法和其他法律的有关规定。

第一百七十八条 依照本章程序审理的案件，实行一审终审。选民资格案件或者重大、疑难的案件，由审判员组成合议庭审理；其他案件由审判员一人独任审理。

第一百七十九条 人民法院在依照本章程序审理案件的过程中，发现本案属于民事权益争议的，应当裁定终结特别程序，并告知利害关系人可以另行起诉。

第一百八十条 人民法院适用特别程序审理的案件，应当在立案之日起三十日内或者公告期满后三十日内审结。有特殊情况需要延长的，由本院院长批准。但审理选民资格的案件除外。

第二节　选民资格案件

第一百八十一条 公民不服选举委员会对选民资格的申诉所作的处理决定，可以在选举日的五日以前向选区所在地基层人民法院起诉。

第一百八十二条 人民法院受理选民资格案件后，必须在选举日前审结。

审理时，起诉人、选举委员会的代表和有关公民必须参加。

人民法院的判决书，应当在选举日前送达选举委员会和起诉人，并通知有关公民。

第三节　宣告失踪、宣告死亡案件

第一百八十三条 公民下落不明满二年，利害关系人申请宣告其失踪的，向下落不明人住所地基层人民法院提出。

申请书应当写明失踪的事实、时间和请求，并附有公安机关或者其他有关机关关于该公民下落不明的书面证明。

第一百八十四条 公民下落不明满四年，或者因意外事故下落不明满二年，或者因意外事故下落不明，经有关机关证明该公民不可能生存，利害关系人申请宣告其死亡的，向下落不明人住所地基层人民法院提出。

申请书应当写明下落不明的事实、时间和请求，并附有公安机关或者其他有关机关关于该公民下落不明的书面证明。

第一百八十五条 人民法院受理宣告失踪、宣告死亡案件后，应当发出寻找下落不明人的公告。宣告失踪的公告期间为三个月，宣告死亡的公告期间为一年。因意外事故下落不明，经有关机关证明该公民不可能生存的，宣告死亡的公告期间为三个月。

公告期间届满，人民法院应当根据被宣告失踪、宣告死亡的事实是否得到确认，作出宣告失踪、宣告死亡的判决或者驳回申请的判决。

第一百八十六条 被宣告失踪、宣告死亡的公民重新出现，经本人或者利害关系人申请，人民法院应当作出新判决，撤销原判决。

第四节 认定公民无民事行为能力、限制民事行为能力案件

第一百八十七条 申请认定公民无民事行为能力或者限制民事行为能力，由其近亲属或者其他利害关系人向该公民住所地基层人民法院提出。

申请书应当写明该公民无民事行为能力或者限制民事行为能力的事实和根据。

第一百八十八条 人民法院受理申请后，必要时应当对被请求认定为无民事行为能力或者限制民事行为能力的公民进行鉴定。申请人已提供鉴定**意见**的，应当对鉴定**意见**进行审查。

第一百八十九条 人民法院审理认定公民无民事行为能力或者限制民事行为能力的案件，应当由该公民的近亲属为代理人，但申请人除外。近亲属互相推诿的，由人民法院指定其中一人为代理人。该公民健康情况许可的，还应当询问本人的意见。

人民法院经审理认定申请有事实根据的，判决该公民为无民事行为能力或者限制民事行为能力人；认定申请没有事实根据的，应当判决予以驳回。

第一百九十条 人民法院根据被认定为无民事行为能力人、限制民事行为能力人或者他的监护人的申请，证实该公民无民事行为能力或者限制民事行为能力的原因已经消除的，应当作出新判决，撤销原判决。

第五节 认定财产无主案件

第一百九十一条 申请认定财产无主，由公民、法人或者其他组织向财产所在地基层人民法院提出。

申请书应当写明财产的种类、数量以及要求认定财产无主的根据。

第一百九十二条 人民法院受理申请后，经审查核实，应当发出财产认领公告。公告满一年无人认领的，判决认定财产无主，收归国家或者集体所有。

第一百九十三条 判决认定财产无主后，原财产所有人或者继承人出现，在民法通则规定的诉讼时效期间可以对财产提出请求，人民法院审查属实后，应当作出新判决，撤销原判决。

第六节 确认调解协议案件

第一百九十四条 申请司法确认调解协议，由双方当事人依照人民调解法等法律，自

调解协议生效之日起三十日内，共同向调解组织所在地基层人民法院提出。

第一百九十五条　人民法院受理申请后，经审查，符合法律规定的，裁定调解协议有效，一方当事人拒绝履行或者未全部履行的，对方当事人可以向人民法院申请执行；不符合法律规定的，裁定驳回申请，当事人可以通过调解方式变更原调解协议或者达成新的调解协议，也可以向人民法院提起诉讼。

第七节　实现担保物权案件

第一百九十六条　申请实现担保物权，由担保物权人以及其他有权请求实现担保物权的人依照物权法等法律，向担保财产所在地或者担保物权登记地基层人民法院提出。

第一百九十七条　人民法院受理申请后，经审查，符合法律规定的，裁定拍卖、变卖担保财产，当事人依据该裁定可以向人民法院申请执行；不符合法律规定的，裁定驳回申请，当事人可以向人民法院提起诉讼。

第十六章　审判监督程序

第一百九十八条　各级人民法院院长对本院已经发生法律效力的判决、裁定、**调解书，**发现确有错误，认为需要再审的，应当提交审判委员会讨论决定。

最高人民法院对地方各级人民法院已经发生法律效力的判决、裁定、**调解书**，上级人民法院对下级人民法院已经发生法律效力的判决、裁定、**调解书**，发现确有错误的，有权提审或者指令下级人民法院再审。

第一百九十九条　当事人对已经发生法律效力的判决、裁定，认为有错误的，可以向上一级人民法院申请再审；**当事人一方人数众多或者当事人双方为公民的案件，也可以向原审人民法院申请再审。当事人申请再审的**，不停止判决、裁定的执行。

第二百条　当事人的申请符合下列情形之一的，人民法院应当再审：

（一）有新的证据，足以推翻原判决、裁定的；

（二）原判决、裁定认定的基本事实缺乏证据证明的；

（三）原判决、裁定认定事实的主要证据是伪造的；

（四）原判决、裁定认定事实的主要证据未经质证的；

（五）对审理案件需要的**主要**证据，当事人因客观原因不能自行收集，书面申请人民法院调查收集，人民法院未调查收集的；

（六）原判决、裁定适用法律确有错误的；

（七）审判组织的组成不合法或者依法应当回避的审判人员没有回避的；

（八）无诉讼行为能力人未经法定代理人代为诉讼或者应当参加诉讼的当事人，因不能归责于本人或者其诉讼代理人的事由，未参加诉讼的；

（九）违反法律规定，剥夺当事人辩论权利的；

（十）未经传票传唤，缺席判决的；

（十一）原判决、裁定遗漏或者超出诉讼请求的；

（十二）据以作出原判决、裁定的法律文书被撤销或者变更的；

（十三）审判人员审理该案件时有贪污受贿，徇私舞弊，枉法裁判行为的。

第二百零一条 当事人对已经发生法律效力的调解书，提出证据证明调解违反自愿原则或者调解协议的内容违反法律的，可以申请再审。经人民法院审查属实的，应当再审。

第二百零二条 当事人对已经发生法律效力的解除婚姻关系的判决、**调解书**，不得申请再审。

第二百零三条 当事人申请再审的，应当提交再审申请书等材料。人民法院应当自收到再审申请书之日起五日内将再审申请书副本发送对方当事人。对方当事人应当自收到再审申请书副本之日起十五日内提交书面意见；不提交书面意见的，不影响人民法院审查。人民法院可以要求申请人和对方当事人补充有关材料，询问有关事项。

第二百零四条 人民法院应当自收到再审申请书之日起三个月内审查，符合本法规定的，裁定再审；不符合本法规定的，裁定驳回申请。有特殊情况需要延长的，由本院院长批准。

因当事人申请裁定再审的案件由中级人民法院以上的人民法院审理，**但当事人依照本法第一百九十九条的规定选择向基层人民法院申请再审的除外。**最高人民法院、高级人民法院裁定再审的案件，由本院再审或者交其他人民法院再审，也可以交原审人民法院再审。

第二百零五条 当事人申请再审，应当在判决、裁定发生法律效力后**六个月**内提出；**有本法第二百条第一项、第三项、第十二项、第十三项规定情形**的，自知道或者应当知道之日起**六个月**内提出。

第二百零六条 按照审判监督程序决定再审的案件，裁定中止原判决、**裁定、调解书**的执行，**但追索赡养费、扶养费、抚育费、抚恤金、医疗费用、劳动报酬等案件，可以不中止执行。**

第二百零七条 人民法院按照审判监督程序再审的案件，发生法律效力的判决、裁定是由第一审法院作出的，按照第一审程序审理，所作的判决、裁定，当事人可以上诉；发生法律效力的判决、裁定是由第二审法院作出的，按照第二审程序审理，所作的判决、裁定，是发生法律效力的判决、裁定；上级人民法院按照审判监督程序提审的，按照第二审程序审理，所作的判决、裁定是发生法律效力的判决、裁定。

人民法院审理再审案件，应当另行组成合议庭。

第二百零八条 最高人民检察院对各级人民法院已经发生法律效力的判决、裁定，上级人民检察院对下级人民法院已经发生法律效力的判决、裁定，发现有本法第**二**百条规定情形之一的，**或者发现调解书损害国家利益、社会公共利益的，**应当提出抗诉。

地方各级人民检察院对同级人民法院已经发生法律效力的判决、裁定，发现有本法第**二**百条规定情形之一的，**或者发现调解书损害国家利益、社会公共利益的，可以向同级人民法院提出检察建议，并报上级人民检察院备案；也可以**提请上级人民检察院向同级人民法院提出抗诉。

各级人民检察院对审判监督程序以外的其他审判程序中审判人员的违法行为，有权向同级人民法院提出检察建议。

第二百零九条 有下列情形之一的，当事人可以向人民检察院申请检察建议或者抗诉：

（一）人民法院驳回再审申请的；

（二）人民法院逾期未对再审申请作出裁定的；

（三）再审判决、裁定有明显错误的。

人民检察院对当事人的申请应当在三个月内进行审查，作出提出或者不予提出检察建议或者抗诉的决定，当事人不得再次向人民检察院申请检察建议或者抗诉。

第二百一十条 人民检察院因履行法律监督职责提出检察建议或者抗诉的需要，可以向当事人或者案外人调查核实有关情况。

第二百一十一条 人民检察院提出抗诉的案件，接受抗诉的人民法院应当自收到抗诉书之日起三十日内作出再审的裁定；有本法第二百条第一项至第五项规定情形之一的，可以交下一级人民法院再审，但经该下一级人民法院再审的除外。

第二百一十二条 人民检察院决定对人民法院的判决、裁定、调解书提出抗诉的，应当制作抗诉书。

第二百一十三条 人民检察院提出抗诉的案件，人民法院再审时，应当通知人民检察院派员出席法庭。

第十七章 督促程序

第二百一十四条 债权人请求债务人给付金钱、有价证券，符合下列条件的，可以向有管辖权的基层人民法院申请支付令：

（一）债权人与债务人没有其他债务纠纷的；

（二）支付令能够送达债务人的。

申请书应当写明请求给付金钱或者有价证券的数量和所根据的事实、证据。

第二百一十五条 债权人提出申请后，人民法院应当在五日内通知债权人是否受理。

第二百一十六条 人民法院受理申请后，经审查债权人提供的事实、证据，对债权债务关系明确、合法的，应当在受理之日起十五日内向债务人发出支付令；申请不成立的，裁定予以驳回。

债务人应当自收到支付令之日起十五日内清偿债务，或者向人民法院提出书面异议。

债务人在前款规定的期间不提出异议又不履行支付令的，债权人可以向人民法院申请执行。

第二百一十七条 人民法院收到债务人提出的书面异议后，经审查，异议成立的，应当裁定终结督促程序，支付令自行失效。

支付令失效的，转入诉讼程序，但申请支付令的一方当事人不同意提起诉讼的除外。

第十八章 公示催告程序

第二百一十八条 按照规定可以背书转让的票据持有人，因票据被盗、遗失或者灭失，可以向票据支付地的基层人民法院申请公示催告。依照法律规定可以申请公示催告的其他事项，适用本章规定。

申请人应当向人民法院递交申请书，写明票面金额、发票人、持票人、背书人等票据主要内容和申请的理由、事实。

第二百一十九条 人民法院决定受理申请，应当同时通知支付人停止支付，并在三日内发出公告，催促利害关系人申报权利。公示催告的期间，由人民法院根据情况决定，但不得少于六十日。

第二百二十条 支付人收到人民法院停止支付的通知，应当停止支付，至公示催告程序终结。

公示催告期间，转让票据权利的行为无效。

第二百二十一条 利害关系人应当在公示催告期间向人民法院申报。

人民法院收到利害关系人的申报后，应当裁定终结公示催告程序，并通知申请人和支付人。

申请人或者申报人可以向人民法院起诉。

第二百二十二条 没有人申报的，人民法院应当根据申请人的申请，作出判决，宣告票据无效。判决应当公告，并通知支付人。自判决公告之日起，申请人有权向支付人请求支付。

第二百二十三条 利害关系人因正当理由不能在判决前向人民法院申报的，自知道或者应当知道判决公告之日起一年内，可以向作出判决的人民法院起诉。

第三编 执行程序

第十九章 一般规定

第二百二十四条 发生法律效力的民事判决、裁定，以及刑事判决、裁定中的财产部分，由第一审人民法院或者与第一审人民法院同级的被执行的财产所在地人民法院执行。

法律规定由人民法院执行的其他法律文书，由被执行人住所地或者被执行的财产所在地人民法院执行。

第二百二十五条 当事人、利害关系人认为执行行为违反法律规定的，可以向负责执行的人民法院提出书面异议。当事人、利害关系人提出书面异议的，人民法院应当自收到书面异议之日起十五日内审查，理由成立的，裁定撤销或者改正；理由不成立的，裁定驳回。当事人、利害关系人对裁定不服的，可以自裁定送达之日起十日内向上一级人民法院申请复议。

第二百二十六条 人民法院自收到申请执行书之日起超过六个月未执行的，申请执行人可以向上一级人民法院申请执行。上一级人民法院经审查，可以责令原人民法院在一定期限内执行，也可以决定由本院执行或者指令其他人民法院执行。

第二百二十七条 执行过程中，案外人对执行标的提出书面异议的，人民法院应当自收到书面异议之日起十五日内审查，理由成立的，裁定中止对该标的的执行；理由不成立的，裁定驳回。案外人、当事人对裁定不服，认为原判决、裁定错误的，依照审判监督程序办理；与原判决、裁定无关的，可以自裁定送达之日起十五日内向人民法院提起诉讼。

第二百二十八条 执行工作由执行员进行。

采取强制执行措施时，执行员应当出示证件。执行完毕后，应当将执行情况制作笔录，由在场的有关人员签名或者盖章。

人民法院根据需要可以设立执行机构。

第二百二十九条 被执行人或者被执行的财产在外地的，可以委托当地人民法院代为执行。受委托人民法院收到委托函件后，必须在十五日内开始执行，不得拒绝。执行完毕后，应当将执行结果及时函复委托人民法院；在三十日内如果还未执行完毕，也应当将执行情况函告委托人民法院。

受委托人民法院自收到委托函件之日起十五日内不执行的，委托人民法院可以请求受委托人民法院的上级人民法院指令受委托人民法院执行。

第二百三十条 在执行中，双方当事人自行和解达成协议的，执行员应当将协议内容记入笔录，由双方当事人签名或者盖章。

申请执行人因受欺诈、胁迫与被执行人达成和解协议，或者当事人不履行和解协议的，人民法院可以根据当事人的申请，恢复对原生效法律文书的执行。

第二百三十一条 在执行中，被执行人向人民法院提供担保，并经申请执行人同意的，人民法院可以决定暂缓执行及暂缓执行的期限。被执行人逾期仍不履行的，人民法院有权执行被执行人的担保财产或者担保人的财产。

第二百三十二条 作为被执行人的公民死亡的，以其遗产偿还债务。作为被执行人的法人或者其他组织终止的，由其权利义务承受人履行义务。

第二百三十三条 执行完毕后，据以执行的判决、裁定和其他法律文书确有错误，被人民法院撤销的，对已被执行的财产，人民法院应当作出裁定，责令取得财产的人返还；拒不返还的，强制执行。

第二百三十四条 人民法院制作的调解书的执行，适用本编的规定。

第二百三十五条 人民检察院有权对民事执行活动实行法律监督。

第二十章 执行的申请和移送

第二百三十六条 发生法律效力的民事判决、裁定，当事人必须履行。一方拒绝履行的，对方当事人可以向人民法院申请执行，也可以由审判员移送执行员执行。

调解书和其他应当由人民法院执行的法律文书，当事人必须履行。一方拒绝履行的，对方当事人可以向人民法院申请执行。

第二百三十七条 对依法设立的仲裁机构的裁决，一方当事人不履行的，对方当事人可以向有管辖权的人民法院申请执行。受申请的人民法院应当执行。

被申请人提出证据证明仲裁裁决有下列情形之一的，经人民法院组成合议庭审查核实，裁定不予执行：

（一）当事人在合同中没有订有仲裁条款或者事后没有达成书面仲裁协议的；

（二）裁决的事项不属于仲裁协议的范围或者仲裁机构无权仲裁的；

（三）仲裁庭的组成或者仲裁的程序违反法定程序的；

（四）**裁决所根据的证据是伪造的；**

（五）**对方当事人向仲裁机构隐瞒了足以影响公正裁决的证据的；**

（六）仲裁员在仲裁该案时有贪污受贿，徇私舞弊，枉法裁决行为的。

人民法院认定执行该裁决违背社会公共利益的，裁定不予执行。

裁定书应当送达双方当事人和仲裁机构。

仲裁裁决被人民法院裁定不予执行的，当事人可以根据双方达成的书面仲裁协议重新申请仲裁，也可以向人民法院起诉。

第二百三十八条 对公证机关依法赋予强制执行效力的债权文书，一方当事人不履行的，对方当事人可以向有管辖权的人民法院申请执行，受申请的人民法院应当执行。

公证债权文书确有错误的，人民法院裁定不予执行，并将裁定书送达双方当事人和公证机关。

第二百三十九条 申请执行的期间为二年。申请执行时效的中止、中断，适用法律有关诉讼时效中止、中断的规定。

前款规定的期间，从法律文书规定履行期间的最后一日起计算；法律文书规定分期履行的，从规定的每次履行期间的最后一日起计算；法律文书未规定履行期间的，从法律文书生效之日起计算。

第二百四十条 执行员接到申请执行书或者移交执行书，应当向被执行人发出执行通知，**并可以立即采取强制执行措施。**

第二十一章　执行措施

第二百四十一条 被执行人未按执行通知履行法律文书确定的义务，应当报告当前以及收到执行通知之日前一年的财产情况。被执行人拒绝报告或者虚假报告的，人民法院可以根据情节轻重对被执行人或者其法定代理人、有关单位的主要负责人或者直接责任人员予以罚款、拘留。

第二百四十二条 被执行人未按执行通知履行法律文书确定的义务，人民法院有权向**有关**单位查询被执行人的存款、**债券、股票、基金份额等财产**情况。**人民法院**有权**根据不同情形扣押**、冻结、划拨、**变价**被执行人的**财产**。**人民法院**查询、**扣押**、冻结、划拨、**变价的财产**不得超出被执行人应当履行义务的范围。

人民法院决定**扣押**、冻结、划拨、**变价财产**，应当作出裁定，并发出协助执行通知书，**有关**单位必须办理。

第二百四十三条 被执行人未按执行通知履行法律文书确定的义务，人民法院有权扣留、提取被执行人应当履行义务部分的收入。但应当保留被执行人及其所扶养家属的生活必需费用。

人民法院扣留、提取收入时，应当作出裁定，并发出协助执行通知书，被执行人所在单位、银行、信用合作社和其他有储蓄业务的单位必须办理。

第二百四十四条 被执行人未按执行通知履行法律文书确定的义务，人民法院有权查封、扣押、冻结、拍卖、变卖被执行人应当履行义务部分的财产。但应当保留被执行人及其所扶养家属的生活必需品。

采取前款措施，人民法院应当作出裁定。

第二百四十五条 人民法院查封、扣押财产时，被执行人是公民的，应当通知被执行人或者他的成年家属到场；被执行人是法人或者其他组织的，应当通知其法定代表人或者主要负责人到场。拒不到场的，不影响执行。被执行人是公民的，其工作单位或者财产所在地的基层组织应当派人参加。

对被查封、扣押的财产，执行员必须造具清单，由在场人签名或者盖章后，交被执行人一份。被执行人是公民的，也可以交他的成年家属一份。

第二百四十六条 被查封的财产，执行员可以指定被执行人负责保管。因被执行人的过错造成的损失，由被执行人承担。

第二百四十七条 财产被查封、扣押后，执行员应当责令被执行人在指定期间履行法律文书确定的义务。被执行人逾期不履行的，人民法院**应当拍卖**被查封、扣押的财产；**不适于拍卖或者当事人双方同意不进行拍卖的，人民法院可以委托**有关单位变卖**或者自行变卖**。国家禁止自由买卖的物品，交有关单位按照国家规定的价格收购。

第二百四十八条 被执行人不履行法律文书确定的义务，并隐匿财产的，人民法院有权发出搜查令，对被执行人及其住所或者财产隐匿地进行搜查。

采取前款措施，由院长签发搜查令。

第二百四十九条 法律文书指定交付的财物或者票证，由执行员传唤双方当事人当面交付，或者由执行员转交，并由被交付人签收。

有关单位持有该项财物或者票证的，应当根据人民法院的协助执行通知书转交，并由被交付人签收。

有关公民持有该项财物或者票证的，人民法院通知其交出。拒不交出的，强制执行。

第二百五十条 强制迁出房屋或者强制退出土地，由院长签发公告，责令被执行人在指定期间履行。被执行人逾期不履行的，由执行员强制执行。

强制执行时，被执行人是公民的，应当通知被执行人或者他的成年家属到场；被执行人是法人或者其他组织的，应当通知其法定代表人或者主要负责人到场。拒不到场的，不影响执行。被执行人是公民的，其工作单位或者房屋、土地所在地的基层组织应当派人参加。执行员应当将强制执行情况记入笔录，由在场人签名或者盖章。

强制迁出房屋被搬出的财物，由人民法院派人运至指定处所，交给被执行人。被执行人是公民的，也可以交给他的成年家属。因拒绝接收而造成的损失，由被执行人承担。

第二百五十一条 在执行中，需要办理有关财产权证照转移手续的，人民法院可以向有关单位发出协助执行通知书，有关单位必须办理。

第二百五十二条 对判决、裁定和其他法律文书指定的行为，被执行人未按执行通知履行的，人民法院可以强制执行或者委托有关单位或者其他人完成，费用由被执行人承担。

第二百五十三条 被执行人未按判决、裁定和其他法律文书指定的期间履行给付金钱义务的，应当加倍支付迟延履行期间的债务利息。被执行人未按判决、裁定和其他法律文书指定的期间履行其他义务的，应当支付迟延履行金。

第二百五十四条 人民法院采取本法第二百四十二条、第二百四十三条、第二百四十四条规定的执行措施后，被执行人仍不能偿还债务的，应当继续履行义务。债权人发现被执行人有其他财产的，可以随时请求人民法院执行。

第二百五十五条 被执行人不履行法律文书确定的义务的，人民法院可以对其采取或者通知有关单位协助采取限制出境，在征信系统记录、通过媒体公布不履行义务信息以及法律规定的其他措施。

第二十二章 执行中止和终结

第二百五十六条 有下列情形之一的，人民法院应当裁定中止执行：

（一）申请人表示可以延期执行的；

（二）案外人对执行标的提出确有理由的异议的；

（三）作为一方当事人的公民死亡，需要等待继承人继承权利或者承担义务的；

（四）作为一方当事人的法人或者其他组织终止，尚未确定权利义务承受人的；

（五）人民法院认为应当中止执行的其他情形。

中止的情形消失后，恢复执行。

第二百五十七条 有下列情形之一的，人民法院裁定终结执行：

（一）申请人撤销申请的；

（二）据以执行的法律文书被撤销的；

（三）作为被执行人的公民死亡，无遗产可供执行，又无义务承担人的；

（四）追索赡养费、扶养费、抚育费案件的权利人死亡的；

（五）作为被执行人的公民因生活困难无力偿还借款，无收入来源，又丧失劳动能力的；

（六）人民法院认为应当终结执行的其他情形。

第二百五十八条 中止和终结执行的裁定，送达当事人后立即生效。

第四编 涉外民事诉讼程序的特别规定

第二十三章 一般原则

第二百五十九条 在中华人民共和国领域内进行涉外民事诉讼，适用本编规定。本编没有规定的，适用本法其他有关规定。

第二百六十条 中华人民共和国缔结或者参加的国际条约同本法有不同规定的，适用该国际条约的规定，但中华人民共和国声明保留的条款除外。

第二百六十一条 对享有外交特权与豁免的外国人、外国组织或者国际组织提起的民事诉讼，应当依照中华人民共和国有关法律和中华人民共和国缔结或者参加的国际条约的规定办理。

第二百六十二条 人民法院审理涉外民事案件，应当使用中华人民共和国通用的语言、文字。当事人要求提供翻译的，可以提供，费用由当事人承担。

第二百六十三条 外国人、无国籍人、外国企业和组织在人民法院起诉、应诉，需要委托律师代理诉讼的，必须委托中华人民共和国的律师。

第二百六十四条 在中华人民共和国领域内没有住所的外国人、无国籍人、外国企业和组织委托中华人民共和国律师或者其他人代理诉讼，从中华人民共和国领域外寄交或者托交的授权委托书，应当经所在国公证机关证明，并经中华人民共和国驻该国使领馆认证，或者履行中华人民共和国与该所在国订立的有关条约中规定的证明手续后，才具有效力。

第二十四章 管 辖

第二百六十五条 因合同纠纷或者其他财产权益纠纷，对在中华人民共和国领域内没有住所的被告提起的诉讼，如果合同在中华人民共和国领域内签订或者履行，或者诉讼标的物在中华人民共和国领域内，或者被告在中华人民共和国领域内有可供扣押的财产，或者被告在中华人民共和国领域内设有代表机构，可以由合同签订地、合同履行地、诉讼标的物所在地、可供扣押财产所在地、侵权行为地或者代表机构住所地人民法院管辖。

第二百六十六条 因在中华人民共和国履行中外合资经营企业合同、中外合作经营企业合同、中外合作勘探开发自然资源合同发生纠纷提起的诉讼，由中华人民共和国人民法院管辖。

第二十五章 送达、期间

第二百六十七条 人民法院对在中华人民共和国领域内没有住所的当事人送达诉讼文书，可以采用下列方式：

（一）依照受送达人所在国与中华人民共和国缔结或者共同参加的国际条约中规定的方式送达；

（二）通过外交途径送达；

（三）对具有中华人民共和国国籍的受送达人，可以委托中华人民共和国驻受送达人所在国的使领馆代为送达；

（四）向受送达人委托的有权代其接受送达的诉讼代理人送达；

（五）向受送达人在中华人民共和国领域内设立的代表机构或者有权接受送达的分支机构、业务代办人送达；

（六）受送达人所在国的法律允许邮寄送达的，可以邮寄送达，自邮寄之日起满三个月，送达回证没有退回，但根据各种情况足以认定已经送达的，期间届满之日视为送达；

（七）**采用传真、电子邮件等能够确认受送达人收悉的方式送达；**

（八）不能用上述方式送达的，公告送达，自公告之日起满三个月，即视为送达。

第二百六十八条 被告在中华人民共和国领域内没有住所的，人民法院应当将起诉状副本送达被告，并通知被告在收到起诉状副本后三十日内提出答辩状。被告申请延期的，是否准许，由人民法院决定。

第二百六十九条 在中华人民共和国领域内没有住所的当事人，不服第一审人民法院判决、裁定的，有权在判决书、裁定书送达之日起三十日内提起上诉。被上诉人在收到上诉状副本后，应当在三十日内提出答辩状。当事人不能在法定期间提起上诉或者提出答辩状，申请延期的，是否准许，由人民法院决定。

第二百七十条 人民法院审理涉外民事案件的期间，不受本法第一百四十九条、第一百七十六条规定的限制。

第二十六章 仲 裁

第二百七十一条 涉外经济贸易、运输和海事中发生的纠纷，当事人在合同中订有仲裁条款或者事后达成书面仲裁协议，提交中华人民共和国涉外仲裁机构或者其他仲裁机构仲裁的，当事人不得向人民法院起诉。

当事人在合同中没有订有仲裁条款或者事后没有达成书面仲裁协议的，可以向人民法院起诉。

第二百七十二条 当事人申请采取保全的，中华人民共和国的涉外仲裁机构应当将当事人的申请，提交被申请人住所地或者财产所在地的中级人民法院裁定。

第二百七十三条 经中华人民共和国涉外仲裁机构裁决的，当事人不得向人民法院起诉。一方当事人不履行仲裁裁决的，对方当事人可以向被申请人住所地或者财产所在地的中级人民法院申请执行。

第二百七十四条 对中华人民共和国涉外仲裁机构作出的裁决，被申请人提出证据证明仲裁裁决有下列情形之一的，经人民法院组成合议庭审查核实，裁定不予执行：

（一）当事人在合同中没有订有仲裁条款或者事后没有达成书面仲裁协议的；

（二）被申请人没有得到指定仲裁员或者进行仲裁程序的通知，或者由于其他不属于被申请人负责的原因未能陈述意见的；

（三）仲裁庭的组成或者仲裁的程序与仲裁规则不符的；

（四）裁决的事项不属于仲裁协议的范围或者仲裁机构无权仲裁的。

人民法院认定执行该裁决违背社会公共利益的，裁定不予执行。

第二百七十五条 仲裁裁决被人民法院裁定不予执行的，当事人可以根据双方达成的书面仲裁协议重新申请仲裁，也可以向人民法院起诉。

第二十七章 司法协助

第二百七十六条 根据中华人民共和国缔结或者参加的国际条约，或者按照互惠原则，人民法院和外国法院可以相互请求，代为送达文书、调查取证以及进行其他诉讼行为。

外国法院请求协助的事项有损于中华人民共和国的主权、安全或者社会公共利益的，人民法院不予执行。

第二百七十七条 请求和提供司法协助，应当依照中华人民共和国缔结或者参加的国际条约所规定的途径进行；没有条约关系的，通过外交途径进行。

外国驻中华人民共和国的使领馆可以向该国公民送达文书和调查取证，但不得违反中华人民共和国的法律，并不得采取强制措施。

除前款规定的情况外，未经中华人民共和国主管机关准许，任何外国机关或者个人不得在中华人民共和国领域内送达文书、调查取证。

第二百七十八条 外国法院请求人民法院提供司法协助的请求书及其所附文件，应当附有中文译本或者国际条约规定的其他文字文本。

人民法院请求外国法院提供司法协助的请求书及其所附文件，应当附有该国文字译本或者国际条约规定的其他文字文本。

第二百七十九条 人民法院提供司法协助，依照中华人民共和国法律规定的程序进行。外国法院请求采用特殊方式的，也可以按照其请求的特殊方式进行，但请求采用的特殊方式不得违反中华人民共和国法律。

第二百八十条 人民法院作出的发生法律效力的判决、裁定，如果被执行人或者其财产不在中华人民共和国领域内，当事人请求执行的，可以由当事人直接向有管辖权的外国法院申请承认和执行，也可以由人民法院依照中华人民共和国缔结或者参加的国际条约的规定，或者按照互惠原则，请求外国法院承认和执行。

中华人民共和国涉外仲裁机构作出的发生法律效力的仲裁裁决，当事人请求执行的，如果被执行人或者其财产不在中华人民共和国领域内，应当由当事人直接向有管辖权的外国法院申请承认和执行。

第二百八十一条 外国法院作出的发生法律效力的判决、裁定，需要中华人民共和国人民法院承认和执行的，可以由当事人直接向中华人民共和国有管辖权的中级人民法院申请承认和执行，也可以由外国法院依照该国与中华人民共和国缔结或者参加的国际条约的规定，或者按照互惠原则，请求人民法院承认和执行。

第二百八十二条 人民法院对申请或者请求承认和执行的外国法院作出的发生法律效力的判决、裁定，依照中华人民共和国缔结或者参加的国际条约，或者按照互惠原则进行审查后，认为不违反中华人民共和国法律的基本原则或者国家主权、安全、社会公共利益的，裁定承认其效力，需要执行的，发出执行令，依照本法的有关规定执行。违反中华人民共和国法律的基本原则或者国家主权、安全、社会公共利益的，不予承认和执行。

第二百八十三条 国外仲裁机构的裁决，需要中华人民共和国人民法院承认和执行的，应当由当事人直接向被执行人住所地或者其财产所在地的中级人民法院申请，人民法院应当依照中华人民共和国缔结或者参加的国际条约，或者按照互惠原则办理。

第二百八十四条 本法自公布之日起施行，《中华人民共和国民事诉讼法（试行）》同时废止。

附录二

《中华人民共和国民事诉讼法》修正前后对照表

（条文中黑体字部分是对原法条文所作的修改或者补充内容）

修正前	修正后
第一编　总　则	**第一编　总　则**
第一章　任务、适用范围和基本原则	**第一章　任务、适用范围和基本原则**
第一条　中华人民共和国民事诉讼法以宪法为根据，结合我国民事审判工作的经验和实际情况制定。	**第一条**　中华人民共和国民事诉讼法以宪法为根据，结合我国民事审判工作的经验和实际情况制定。
第二条　中华人民共和国民事诉讼法的任务，是保护当事人行使诉讼权利，保证人民法院查明事实，分清是非，正确适用法律，及时审理民事案件，确认民事权利义务关系，制裁民事违法行为，保护当事人的合法权益，教育公民自觉遵守法律，维护社会秩序、经济秩序，保障社会主义建设事业顺利进行。	**第二条**　中华人民共和国民事诉讼法的任务，是保护当事人行使诉讼权利，保证人民法院查明事实，分清是非，正确适用法律，及时审理民事案件，确认民事权利义务关系，制裁民事违法行为，保护当事人的合法权益，教育公民自觉遵守法律，维护社会秩序、经济秩序，保障社会主义建设事业顺利进行。
第三条　人民法院受理公民之间、法人之间、其他组织之间以及他们相互之间因财产关系和人身关系提起的民事诉讼，适用本法的规定。	**第三条**　人民法院受理公民之间、法人之间、其他组织之间以及他们相互之间因财产关系和人身关系提起的民事诉讼，适用本法的规定。
第四条　凡在中华人民共和国领域内进行民事诉讼，必须遵守本法。	**第四条**　凡在中华人民共和国领域内进行民事诉讼，必须遵守本法。
第五条　外国人、无国籍人、外国企业和组织在人民法院起诉、应诉，同中华人民共和国公民、法人和其他组织有同等	**第五条**　外国人、无国籍人、外国企业和组织在人民法院起诉、应诉，同中华人民共和国公民、法人和其他组织有同等

的诉讼权利义务。 外国法院对中华人民共和国公民、法人和其他组织的民事诉讼权利加以限制的，中华人民共和国人民法院对该国公民、企业和组织的民事诉讼权利，实行对等原则。	的诉讼权利义务。 外国法院对中华人民共和国公民、法人和其他组织的民事诉讼权利加以限制的，中华人民共和国人民法院对该国公民、企业和组织的民事诉讼权利，实行对等原则。
第六条 民事案件的审判权由人民法院行使。 人民法院依照法律规定对民事案件独立进行审判，不受行政机关、社会团体和个人的干涉。	**第六条** 民事案件的审判权由人民法院行使。 人民法院依照法律规定对民事案件独立进行审判，不受行政机关、社会团体和个人的干涉。
第七条 人民法院审理民事案件，必须以事实为根据，以法律为准绳。	**第七条** 人民法院审理民事案件，必须以事实为根据，以法律为准绳。
第八条 民事诉讼当事人有平等的诉讼权利。人民法院审理民事案件，应当保障和便利当事人行使诉讼权利，对当事人在适用法律上一律平等。	**第八条** 民事诉讼当事人有平等的诉讼权利。人民法院审理民事案件，应当保障和便利当事人行使诉讼权利，对当事人在适用法律上一律平等。
第九条 人民法院审理民事案件，应当根据自愿和合法的原则进行调解；调解不成的，应当及时判决。	**第九条** 人民法院审理民事案件，应当根据自愿和合法的原则进行调解；调解不成的，应当及时判决。
第十条 人民法院审理民事案件，依照法律规定实行合议、回避、公开审判和两审终审制度。	**第十条** 人民法院审理民事案件，依照法律规定实行合议、回避、公开审判和两审终审制度。
第十一条 各民族公民都有用本民族语言、文字进行民事诉讼的权利。 在少数民族聚居或者多民族共同居住的地区，人民法院应当用当地民族通用的语言、文字进行审理和发布法律文书。 人民法院应当对不通晓当地民族通用的语言、文字的诉讼参与人提供翻译。	**第十一条** 各民族公民都有用本民族语言、文字进行民事诉讼的权利。 在少数民族聚居或者多民族共同居住的地区，人民法院应当用当地民族通用的语言、文字进行审理和发布法律文书。 人民法院应当对不通晓当地民族通用的语言、文字的诉讼参与人提供翻译。
第十二条 人民法院审理民事案件时，当事人有权进行辩论。	**第十二条** 人民法院审理民事案件时，当事人有权进行辩论。
第十三条 当事人有权在法律规定的范围内处分自己的民事权利和诉讼权利。	**第十三条** **民事诉讼应当遵循诚实信用原则。** 当事人有权在法律规定的范围内处分自己的民事权利和诉讼权利。

第十四条 人民检察院有权对民事审判活动实行法律监督。	**第十四条** 人民检察院有权对民事**诉讼**实行法律监督。
第十五条 机关、社会团体、企业事业单位对损害国家、集体或者个人民事权益的行为，可以支持受损害的单位或者个人向人民法院起诉。	**第十五条** 机关、社会团体、企业事业单位对损害国家、集体或者个人民事权益的行为，可以支持受损害的单位或者个人向人民法院起诉。
第十六条 人民调解委员会是在基层人民政府和基层人民法院指导下，调解民间纠纷的群众性组织。 人民调解委员会依照法律规定，根据自愿原则进行调解。当事人对调解达成的协议应当履行；不愿调解、调解不成或者反悔的，可以向人民法院起诉。 人民调解委员会调解民间纠纷，如有违背法律的，人民法院应当予以纠正。	
第十七条 民族自治地方的人民代表大会根据宪法和本法的原则，结合当地民族的具体情况，可以制定变通或者补充的规定。自治区的规定，报全国人民代表大会常务委员会批准。自治州、自治县的规定，报省或者自治区的人民代表大会常务委员会批准，并报全国人民代表大会常务委员会备案。	**第十六条** 民族自治地方的人民代表大会根据宪法和本法的原则，结合当地民族的具体情况，可以制定变通或者补充的规定。自治区的规定，报全国人民代表大会常务委员会批准。自治州、自治县的规定，报省或者自治区的人民代表大会常务委员会批准，并报全国人民代表大会常务委员会备案。
第二章 管 辖	**第二章 管 辖**
第一节 级别管辖	第一节 级别管辖
第十八条 基层人民法院管辖第一审民事案件，但本法另有规定的除外。	**第十七条** 基层人民法院管辖第一审民事案件，但本法另有规定的除外。
第十九条 中级人民法院管辖下列第一审民事案件： （一）重大涉外案件； （二）在本辖区有重大影响的案件； （三）最高人民法院确定由中级人民法院管辖的案件。	**第十八条** 中级人民法院管辖下列第一审民事案件： （一）重大涉外案件； （二）在本辖区有重大影响的案件； （三）最高人民法院确定由中级人民法院管辖的案件。
第二十条 高级人民法院管辖在本辖区有重大影响的第一审民事案件。	**第十九条** 高级人民法院管辖在本辖区有重大影响的第一审民事案件。

<table>
<tr><td>第二十一条　最高人民法院管辖下列第一审民事案件:
（一）在全国有重大影响的案件;
（二）认为应当由本院审理的案件。</td><td>第二十条　最高人民法院管辖下列第一审民事案件:
（一）在全国有重大影响的案件;
（二）认为应当由本院审理的案件。</td></tr>
<tr><td>第二节　地域管辖</td><td>第二节　地域管辖</td></tr>
<tr><td>第二十二条　对公民提起的民事诉讼,由被告住所地人民法院管辖;被告住所地与经常居住地不一致的,由经常居住地人民法院管辖。
对法人或者其他组织提起的民事诉讼,由被告住所地人民法院管辖。
同一诉讼的几个被告住所地、经常居住地在两个以上人民法院辖区的,各该人民法院都有管辖权。</td><td>第二十一条　对公民提起的民事诉讼,由被告住所地人民法院管辖;被告住所地与经常居住地不一致的,由经常居住地人民法院管辖。
对法人或者其他组织提起的民事诉讼,由被告住所地人民法院管辖。
同一诉讼的几个被告住所地、经常居住地在两个以上人民法院辖区的,各该人民法院都有管辖权。</td></tr>
<tr><td>第二十三条　下列民事诉讼,由原告住所地人民法院管辖;原告住所地与经常居住地不一致的,由原告经常居住地人民法院管辖:
（一）对不在中华人民共和国领域内居住的人提起的有关身份关系的诉讼;
（二）对下落不明或者宣告失踪的人提起的有关身份关系的诉讼;
（三）对被劳动教养的人提起的诉讼;
（四）对被监禁的人提起的诉讼。</td><td>第二十二条　下列民事诉讼,由原告住所地人民法院管辖;原告住所地与经常居住地不一致的,由原告经常居住地人民法院管辖:
（一）对不在中华人民共和国领域内居住的人提起的有关身份关系的诉讼;
（二）对下落不明或者宣告失踪的人提起的有关身份关系的诉讼;
（三）对被采取强制性教育措施的人提起的诉讼;
（四）对被监禁的人提起的诉讼。</td></tr>
<tr><td>第二十四条　因合同纠纷提起的诉讼,由被告住所地或者合同履行地人民法院管辖。</td><td>第二十三条　因合同纠纷提起的诉讼,由被告住所地或者合同履行地人民法院管辖。</td></tr>
<tr><td>第二十五条　合同的双方当事人可以在书面合同中协议选择被告住所地、合同履行地、合同签订地、原告住所地、标的物所在地人民法院管辖,但不得违反本法对级别管辖和专属管辖的规定。
(本条内容移至新条文第三十四条)</td><td></td></tr>
<tr><td>第二十六条　因保险合同纠纷提起的诉讼,由被告住所地或者保险标的物所在</td><td>第二十四条　因保险合同纠纷提起的诉讼,由被告住所地或者保险标的物所在</td></tr>
</table>

地人民法院管辖。	地人民法院管辖。
第二十七条 因票据纠纷提起的诉讼，由票据支付地或者被告住所地人民法院管辖。	**第二十五条** 因票据纠纷提起的诉讼，由票据支付地或者被告住所地人民法院管辖。
	第二十六条 因公司设立、确认股东资格、分配利润、解散等纠纷提起的诉讼，由公司住所地人民法院管辖。
第二十八条 因铁路、公路、水上、航空运输和联合运输合同纠纷提起的诉讼，由运输始发地、目的地或者被告住所地人民法院管辖。	**第二十七条** 因铁路、公路、水上、航空运输和联合运输合同纠纷提起的诉讼，由运输始发地、目的地或者被告住所地人民法院管辖。
第二十九条 因侵权行为提起的诉讼，由侵权行为地或者被告住所地人民法院管辖。	**第二十八条** 因侵权行为提起的诉讼，由侵权行为地或者被告住所地人民法院管辖。
第三十条 因铁路、公路、水上和航空事故请求损害赔偿提起的诉讼，由事故发生地或者车辆、船舶最先到达地、航空器最先降落地或者被告住所地人民法院管辖。	**第二十九条** 因铁路、公路、水上和航空事故请求损害赔偿提起的诉讼，由事故发生地或者车辆、船舶最先到达地、航空器最先降落地或者被告住所地人民法院管辖。
第三十一条 因船舶碰撞或者其他海事损害事故请求损害赔偿提起的诉讼，由碰撞发生地、碰撞船舶最先到达地、加害船舶被扣留地或者被告住所地人民法院管辖。	**第三十条** 因船舶碰撞或者其他海事损害事故请求损害赔偿提起的诉讼，由碰撞发生地、碰撞船舶最先到达地、加害船舶被扣留地或者被告住所地人民法院管辖。
第三十二条 因海难救助费用提起的诉讼，由救助地或者被救助船舶最先到达地人民法院管辖。	**第三十一条** 因海难救助费用提起的诉讼，由救助地或者被救助船舶最先到达地人民法院管辖。
第三十三条 因共同海损提起的诉讼，由船舶最先到达地、共同海损理算地或者航程终止地的人民法院管辖。	**第三十二条** 因共同海损提起的诉讼，由船舶最先到达地、共同海损理算地或者航程终止地的人民法院管辖。
第三十四条 下列案件，由本条规定的人民法院专属管辖： （一）因不动产纠纷提起的诉讼，由不动产所在地人民法院管辖； （二）因港口作业中发生纠纷提起的	**第三十三条** 下列案件，由本条规定的人民法院专属管辖： （一）因不动产纠纷提起的诉讼，由不动产所在地人民法院管辖； （二）因港口作业中发生纠纷提起的

诉讼，由港口所在地人民法院管辖； （三）因继承遗产纠纷提起的诉讼，由被继承人死亡时住所地或者主要遗产所在地人民法院管辖。	诉讼，由港口所在地人民法院管辖； （三）因继承遗产纠纷提起的诉讼，由被继承人死亡时住所地或者主要遗产所在地人民法院管辖。
	第三十四条 合同**或者其他财产权益纠纷**的当事人可以书面协议选择被告住所地、合同履行地、合同签订地、原告住所地、标的物所在地**等与争议有实际联系的地点的**人民法院管辖，但不得违反本法对级别管辖和专属管辖的规定。
第三十五条 两个以上人民法院都有管辖权的诉讼，原告可以向其中一个人民法院起诉；原告向两个以上有管辖权的人民法院起诉的，由最先立案的人民法院管辖。	**第三十五条** 两个以上人民法院都有管辖权的诉讼，原告可以向其中一个人民法院起诉；原告向两个以上有管辖权的人民法院起诉的，由最先立案的人民法院管辖。
第三节 移送管辖和指定管辖	第三节 移送管辖和指定管辖
第三十六条 人民法院发现受理的案件不属于本院管辖的，应当移送有管辖权的人民法院，受移送的人民法院应当受理。受移送的人民法院认为受移送的案件依照规定不属于本院管辖的，应当报请上级人民法院指定管辖，不得再自行移送。	**第三十六条** 人民法院发现受理的案件不属于本院管辖的，应当移送有管辖权的人民法院，受移送的人民法院应当受理。受移送的人民法院认为受移送的案件依照规定不属于本院管辖的，应当报请上级人民法院指定管辖，不得再自行移送。
第三十七条 有管辖权的人民法院由于特殊原因，不能行使管辖权的，由上级人民法院指定管辖。 人民法院之间因管辖权发生争议，由争议双方协商解决；协商解决不了的，报请它们的共同上级人民法院指定管辖。	**第三十七条** 有管辖权的人民法院由于特殊原因，不能行使管辖权的，由上级人民法院指定管辖。 人民法院之间因管辖权发生争议，由争议双方协商解决；协商解决不了的，报请它们的共同上级人民法院指定管辖。
第三十八条 人民法院受理案件后，当事人对管辖权有异议的，应当在提交答辩状期间提出。人民法院对当事人提出的异议，应当审查。异议成立的，裁定将案件移送有管辖权的人民法院；异议不成立的，裁定驳回。 （本条内容移至新条文第一百二十七条）	

第三十九条 上级人民法院有权审理下级人民法院管辖的第一审民事案件，也可以把本院管辖的第一审民事案件交下级人民法院审理。 下级人民法院对它所管辖的第一审民事案件，认为需要由上级人民法院审理的，可以报请上级人民法院审理。	**第三十八条** 上级人民法院有权审理下级人民法院管辖的第一审民事案件；**确有必要将**本院管辖的第一审民事案件交下级人民法院审理**的，应当报请其上级人民法院批准**。 下级人民法院对它所管辖的第一审民事案件，认为需要由上级人民法院审理的，可以报请上级人民法院审理。
第三章 审判组织	**第三章 审判组织**
第四十条 人民法院审理第一审民事案件，由审判员、陪审员共同组成合议庭或者由审判员组成合议庭。合议庭的成员人数，必须是单数。 适用简易程序审理的民事案件，由审判员一人独任审理。 陪审员在执行陪审职务时，与审判员有同等的权利义务。	**第三十九条** 人民法院审理第一审民事案件，由审判员、陪审员共同组成合议庭或者由审判员组成合议庭。合议庭的成员人数，必须是单数。 适用简易程序审理的民事案件，由审判员一人独任审理。 陪审员在执行陪审职务时，与审判员有同等的权利义务。
第四十一条 人民法院审理第二审民事案件，由审判员组成合议庭。合议庭的成员人数，必须是单数。 发回重审的案件，原审人民法院应当按照第一审程序另行组成合议庭。 审理再审案件，原来是第一审的，按照第一审程序另行组成合议庭；原来是第二审的或者是上级人民法院提审的，按照第二审程序另行组成合议庭。	**第四十条** 人民法院审理第二审民事案件，由审判员组成合议庭。合议庭的成员人数，必须是单数。 发回重审的案件，原审人民法院应当按照第一审程序另行组成合议庭。 审理再审案件，原来是第一审的，按照第一审程序另行组成合议庭；原来是第二审的或者是上级人民法院提审的，按照第二审程序另行组成合议庭。
第四十二条 合议庭的审判长由院长或者庭长指定审判员一人担任；院长或者庭长参加审判的，由院长或者庭长担任。	**第四十一条** 合议庭的审判长由院长或者庭长指定审判员一人担任；院长或者庭长参加审判的，由院长或者庭长担任。
第四十三条 合议庭评议案件，实行少数服从多数的原则。评议应当制作笔录，由合议庭成员签名。评议中的不同意见，必须如实记入笔录。	**第四十二条** 合议庭评议案件，实行少数服从多数的原则。评议应当制作笔录，由合议庭成员签名。评议中的不同意见，必须如实记入笔录。
第四十四条 审判人员应当依法秉公办案。 审判人员不得接受当事人及其诉讼代	**第四十三条** 审判人员应当依法秉公办案。 审判人员不得接受当事人及其诉讼代

理人请客送礼。 审判人员有贪污受贿，徇私舞弊，枉法裁判行为的，应当追究法律责任；构成犯罪的，依法追究刑事责任。	理人请客送礼。 审判人员有贪污受贿，徇私舞弊，枉法裁判行为的，应当追究法律责任；构成犯罪的，依法追究刑事责任。
第四章　回　避	**第四章　回　避**
第四十五条　审判人员有下列情形之一的，必须回避，当事人有权用口头或者书面方式申请他们回避： （一）是本案当事人或者当事人、诉讼代理人的近亲属； （二）与本案有利害关系； （三）与本案当事人有其他关系，可能影响对案件公正审理的。 前款规定，适用于书记员、翻译人员、鉴定人、勘验人。	**第四十四条**　审判人员有下列情形之一的，**应当自行**回避，当事人有权用口头或者书面方式申请他们回避： （一）是本案当事人或者当事人、诉讼代理人近亲属**的**； （二）与本案有利害关系**的**； （三）与本案当事人、**诉讼代理人**有其他关系，可能影响对案件公正审理的。 **审判人员接受当事人、诉讼代理人请客送礼，或者违反规定会见当事人、诉讼代理人的，当事人有权要求他们回避。** **审判人员有前款规定的行为的，应当依法追究法律责任。** 前**三**款规定，适用于书记员、翻译人员、鉴定人、勘验人。
第四十六条　当事人提出回避申请，应当说明理由，在案件开始审理时提出；回避事由在案件开始审理后知道的，也可以在法庭辩论终结前提出。 被申请回避的人员在人民法院作出是否回避的决定前，应当暂停参与本案的工作，但案件需要采取紧急措施的除外。	**第四十五条**　当事人提出回避申请，应当说明理由，在案件开始审理时提出；回避事由在案件开始审理后知道的，也可以在法庭辩论终结前提出。 被申请回避的人员在人民法院作出是否回避的决定前，应当暂停参与本案的工作，但案件需要采取紧急措施的除外。
第四十七条　院长担任审判长时的回避，由审判委员会决定；审判人员的回避，由院长决定；其他人员的回避，由审判长决定。	**第四十六条**　院长担任审判长时的回避，由审判委员会决定；审判人员的回避，由院长决定；其他人员的回避，由审判长决定。
第四十八条　人民法院对当事人提出的回避申请，应当在申请提出的三日内，以口头或者书面形式作出决定。申请人对决定不服的，可以在接到决定时申请复议一次。复议期间，被申请回避的人员，不停止参与本案的工作。人民法院对复议申	**第四十七条**　人民法院对当事人提出的回避申请，应当在申请提出的三日内，以口头或者书面形式作出决定。申请人对决定不服的，可以在接到决定时申请复议一次。复议期间，被申请回避的人员，不停止参与本案的工作。人民法院对复议申

请，应当在三日内作出复议决定，并通知复议申请人。	请，应当在三日内作出复议决定，并通知复议申请人。
第五章　诉讼参加人	**第五章　诉讼参加人**
第一节　当事人	第一节　当事人
第四十九条　公民、法人和其他组织可以作为民事诉讼的当事人。 法人由其法定代表人进行诉讼。其他组织由其主要负责人进行诉讼。	**第四十八条**　公民、法人和其他组织可以作为民事诉讼的当事人。 法人由其法定代表人进行诉讼。其他组织由其主要负责人进行诉讼。
第五十条　当事人有权委托代理人，提出回避申请，收集、提供证据，进行辩论，请求调解，提起上诉，申请执行。 当事人可以查阅本案有关材料，并可以复制本案有关材料和法律文书。查阅、复制本案有关材料的范围和办法由最高人民法院规定。 当事人必须依法行使诉讼权利，遵守诉讼秩序，履行发生法律效力的判决书、裁定书和调解书。	**第四十九条**　当事人有权委托代理人，提出回避申请，收集、提供证据，进行辩论，请求调解，提起上诉，申请执行。 当事人可以查阅本案有关材料，并可以复制本案有关材料和法律文书。查阅、复制本案有关材料的范围和办法由最高人民法院规定。 当事人必须依法行使诉讼权利，遵守诉讼秩序，履行发生法律效力的判决书、裁定书和调解书。
第五十一条　双方当事人可以自行和解。	**第五十条**　双方当事人可以自行和解。
第五十二条　原告可以放弃或者变更诉讼请求。被告可以承认或者反驳诉讼请求，有权提起反诉。	**第五十一条**　原告可以放弃或者变更诉讼请求。被告可以承认或者反驳诉讼请求，有权提起反诉。
第五十三条　当事人一方或者双方为二人以上，其诉讼标的是共同的，或者诉讼标的是同一种类、人民法院认为可以合并审理并经当事人同意的，为共同诉讼。 共同诉讼的一方当事人对诉讼标的有共同权利义务的，其中一人的诉讼行为经其他共同诉讼人承认，对其他共同诉讼人发生效力；对诉讼标的没有共同权利义务的，其中一人的诉讼行为对其他共同诉讼人不发生效力。	**第五十二条**　当事人一方或者双方为二人以上，其诉讼标的是共同的，或者诉讼标的是同一种类、人民法院认为可以合并审理并经当事人同意的，为共同诉讼。 共同诉讼的一方当事人对诉讼标的有共同权利义务的，其中一人的诉讼行为经其他共同诉讼人承认，对其他共同诉讼人发生效力；对诉讼标的没有共同权利义务的，其中一人的诉讼行为对其他共同诉讼人不发生效力。
第五十四条　当事人一方人数众多的共同诉讼，可以由当事人推选代表人进行诉讼。代表人的诉讼行为对其所代表的当	**第五十三条**　当事人一方人数众多的共同诉讼，可以由当事人推选代表人进行诉讼。代表人的诉讼行为对其所代表的当

事人发生效力，但代表人变更、放弃诉讼请求或者承认对方当事人的诉讼请求，进行和解，必须经被代表的当事人同意。	事人发生效力，但代表人变更、放弃诉讼请求或者承认对方当事人的诉讼请求，进行和解，必须经被代表的当事人同意。
第五十五条　诉讼标的是同一种类、当事人一方人数众多在起诉时人数尚未确定的，人民法院可以发出公告，说明案件情况和诉讼请求，通知权利人在一定期间向人民法院登记。 向人民法院登记的权利人可以推选代表人进行诉讼；推选不出代表人的，人民法院可以与参加登记的权利人商定代表人。 代表人的诉讼行为对其所代表的当事人发生效力，但代表人变更、放弃诉讼请求或者承认对方当事人的诉讼请求，进行和解，必须经被代表的当事人同意。 人民法院作出的判决、裁定，对参加登记的全体权利人发生效力。未参加登记的权利人在诉讼时效期间提起诉讼的，适用该判决、裁定。	**第五十四条**　诉讼标的是同一种类、当事人一方人数众多在起诉时人数尚未确定的，人民法院可以发出公告，说明案件情况和诉讼请求，通知权利人在一定期间向人民法院登记。 向人民法院登记的权利人可以推选代表人进行诉讼；推选不出代表人的，人民法院可以与参加登记的权利人商定代表人。 代表人的诉讼行为对其所代表的当事人发生效力，但代表人变更、放弃诉讼请求或者承认对方当事人的诉讼请求，进行和解，必须经被代表的当事人同意。 人民法院作出的判决、裁定，对参加登记的全体权利人发生效力。未参加登记的权利人在诉讼时效期间提起诉讼的，适用该判决、裁定。
	第五十五条　对污染环境、侵害众多消费者合法权益等损害社会公共利益的行为，法律规定的机关和有关组织可以向人民法院提起诉讼。
第五十六条　对当事人双方的诉讼标的，第三人认为有独立请求权的，有权提起诉讼。 对当事人双方的诉讼标的，第三人虽然没有独立请求权，但案件处理结果同他有法律上的利害关系的，可以申请参加诉讼，或者由人民法院通知他参加诉讼。人民法院判决承担民事责任的第三人，有当事人的诉讼权利义务。	**第五十六条**　对当事人双方的诉讼标的，第三人认为有独立请求权的，有权提起诉讼。 对当事人双方的诉讼标的，第三人虽然没有独立请求权，但案件处理结果同他有法律上的利害关系的，可以申请参加诉讼，或者由人民法院通知他参加诉讼。人民法院判决承担民事责任的第三人，有当事人的诉讼权利义务。 **前两款规定的第三人，因不能归责于本人的事由未参加诉讼，但有证据证明发生法律效力的判决、裁定、调解书的部分或者全部内容错误，损害其民事权益的，可以自知道或者应当知道其民事权益受到损害之日起六个月内，向作出该判决、裁**

	定、调解书的人民法院提起诉讼。人民法院经审理，诉讼请求成立的，应当改变或者撤销原判决、裁定、调解书；诉讼请求不成立的，驳回诉讼请求。
第二节 诉讼代理人	第二节 诉讼代理人
第五十七条 无诉讼行为能力人由他的监护人作为法定代理人代为诉讼。法定代理人之间互相推诿代理责任的，由人民法院指定其中一人代为诉讼。	**第五十七条** 无诉讼行为能力人由他的监护人作为法定代理人代为诉讼。法定代理人之间互相推诿代理责任的，由人民法院指定其中一人代为诉讼。
第五十八条 当事人、法定代理人可以委托一至二人作为诉讼代理人。 律师、当事人的近亲属、有关的社会团体或者所在单位推荐的人、经人民法院许可的其他公民，都可以被委托为诉讼代理人。	**第五十八条** 当事人、法定代理人可以委托一至二人作为诉讼代理人。 **下列人员**可以被委托为诉讼代理人： （一）律师、**基层法律服务工作者；** （二）当事人的近亲属**或者工作人员；** **（三）当事人**所在**社区**、单位**以及有**关社会团体推荐的**公民。**
第五十九条 委托他人代为诉讼，必须向人民法院提交由委托人签名或者盖章的授权委托书。 授权委托书必须记明委托事项和权限。诉讼代理人代为承认、放弃、变更诉讼请求，进行和解，提起反诉或者上诉，必须有委托人的特别授权。 侨居在国外的中华人民共和国公民从国外寄交或者托交的授权委托书，必须经中华人民共和国驻该国的使领馆证明；没有使领馆的，由与中华人民共和国有外交关系的第三国驻该国的使领馆证明，再转由中华人民共和国驻该第三国使领馆证明，或者由当地的爱国华侨团体证明。	**第五十九条** 委托他人代为诉讼，必须向人民法院提交由委托人签名或者盖章的授权委托书。 授权委托书必须记明委托事项和权限。诉讼代理人代为承认、放弃、变更诉讼请求，进行和解，提起反诉或者上诉，必须有委托人的特别授权。 侨居在国外的中华人民共和国公民从国外寄交或者托交的授权委托书，必须经中华人民共和国驻该国的使领馆证明；没有使领馆的，由与中华人民共和国有外交关系的第三国驻该国的使领馆证明，再转由中华人民共和国驻该第三国使领馆证明，或者由当地的爱国华侨团体证明。
第六十条 诉讼代理人的权限如果变更或者解除，当事人应当书面告知人民法院，并由人民法院通知对方当事人。	**第六十条** 诉讼代理人的权限如果变更或者解除，当事人应当书面告知人民法院，并由人民法院通知对方当事人。
第六十一条 代理诉讼的律师和其他诉讼代理人有权调查收集证据，可以查阅本案有关材料。查阅本案有关材料的范围和办法由最高人民法院规定。	**第六十一条** 代理诉讼的律师和其他诉讼代理人有权调查收集证据，可以查阅本案有关材料。查阅本案有关材料的范围和办法由最高人民法院规定。

第六十二条 离婚案件有诉讼代理人的，本人除不能表达意志的以外，仍应出庭；确因特殊情况无法出庭的，必须向人民法院提交书面意见。	**第六十二条** 离婚案件有诉讼代理人的，本人除不能表达**意思**的以外，仍应出庭；确因特殊情况无法出庭的，必须向人民法院提交书面意见。
第六章 证 据	**第六章 证 据**
第六十三条 证据有下列几种： （一）书证； （二）物证； （三）视听资料； （四）证人证言； （五）当事人的陈述； （六）鉴定结论； （七）勘验笔录。 以上证据必须查证属实，才能作为认定事实的根据。	**第六十三条** 证据**包括**： （一）当事人的陈述； （二）书证； （三）物证； （四）视听资料； **（五）电子数据；** （六）证人证言； （七）鉴定**意见**； （八）勘验笔录。 证据必须查证属实，才能作为认定事实的根据。
第六十四条 当事人对自己提出的主张，有责任提供证据。 当事人及其诉讼代理人因客观原因不能自行收集的证据，或者人民法院认为审理案件需要的证据，人民法院应当调查收集。 人民法院应当按照法定程序，全面地、客观地审查核实证据。	**第六十四条** 当事人对自己提出的主张，有责任提供证据。 当事人及其诉讼代理人因客观原因不能自行收集的证据，或者人民法院认为审理案件需要的证据，人民法院应当调查收集。 人民法院应当按照法定程序，全面地、客观地审查核实证据。
	第六十五条 当事人对自己提出的主张应当及时提供证据。 **人民法院根据当事人的主张和案件审理情况，确定当事人应当提供的证据及其期限。当事人在该期限内提供证据确有困难的，可以向人民法院申请延长期限，人民法院根据当事人的申请适当延长。当事人逾期提供证据的，人民法院应当责令其说明理由；拒不说明理由或者理由不成立的，人民法院根据不同情形可以不予采纳该证据，或者采纳该证据但予以训诫、罚款。**
	第六十六条 人民法院收到当事人提交的证据材料，应当出具收据，写明证据

	名称、页数、份数、原件或者复印件以及收到时间等，并由经办人员签名或者盖章。
第六十五条 人民法院有权向有关单位和个人调查取证，有关单位和个人不得拒绝。 人民法院对有关单位和个人提出的证明文书，应当辨别真伪，审查确定其效力。	**第六十七条** 人民法院有权向有关单位和个人调查取证，有关单位和个人不得拒绝。 人民法院对有关单位和个人提出的证明文书，应当辨别真伪，审查确定其效力。
第六十六条 证据应当在法庭上出示，并由当事人互相质证。对涉及国家秘密、商业秘密和个人隐私的证据应当保密，需要在法庭出示的，不得在公开开庭时出示。	**第六十八条** 证据应当在法庭上出示，并由当事人互相质证。对涉及国家秘密、商业秘密和个人隐私的证据应当保密，需要在法庭出示的，不得在公开开庭时出示。
第六十七条 经过法定程序公证证明的法律行为、法律事实和文书，人民法院应当作为认定事实的根据。但有相反证据足以推翻公证证明的除外。	**第六十九条** 经过法定程序公证证明的法律事实和文书，人民法院应当作为认定事实的根据，但有相反证据足以推翻公证证明的除外。
第六十八条 书证应当提交原件。物证应当提交原物。提交原件或者原物确有困难的，可以提交复制品、照片、副本、节录本。 提交外文书证，必须附有中文译本。	**第七十条** 书证应当提交原件。物证应当提交原物。提交原件或者原物确有困难的，可以提交复制品、照片、副本、节录本。 提交外文书证，必须附有中文译本。
第六十九条 人民法院对视听资料，应当辨别真伪，并结合本案的其他证据，审查确定能否作为认定事实的根据。	**第七十一条** 人民法院对视听资料，应当辨别真伪，并结合本案的其他证据，审查确定能否作为认定事实的根据。
第七十条 凡是知道案件情况的单位和个人，都有义务出庭作证。有关单位的负责人应当支持证人作证。证人确有困难不能出庭的，经人民法院许可，可以提交书面证言。 不能正确表达意志的人，不能作证。	**第七十二条** 凡是知道案件情况的单位和个人，都有义务出庭作证。有关单位的负责人应当支持证人作证。 不能正确表达意思的人，不能作证。 **第七十三条 经人民法院通知，证人应当出庭作证。有下列情形之一的，经人民法院许可，可以通过书面证言、视听传输技术或者视听资料等方式作证：** **（一）因健康原因不能出庭的；** **（二）因路途遥远，交通不便不能出庭的；** **（三）因自然灾害等不可抗力不能出庭的；**

	（四）其他有正当理由不能出庭的。 **第七十四条　证人因履行出庭作证义务而支出的交通、住宿、就餐等必要费用以及误工损失，由败诉一方当事人负担。当事人申请证人作证的，由该当事人先行垫付；当事人没有申请，人民法院通知证人作证的，由人民法院先行垫付。**
第七十一条　人民法院对当事人的陈述，应当结合本案的其他证据，审查确定能否作为认定事实的根据。 当事人拒绝陈述的，不影响人民法院根据证据认定案件事实。	**第七十五条**　人民法院对当事人的陈述，应当结合本案的其他证据，审查确定能否作为认定事实的根据。 当事人拒绝陈述的，不影响人民法院根据证据认定案件事实。
第七十二条　人民法院对专门性问题认为需要鉴定的，应当交由法定鉴定部门鉴定；没有法定鉴定部门的，由人民法院指定的鉴定部门鉴定。 鉴定部门及其指定的鉴定人有权了解进行鉴定所需要的案件材料，必要时可以询问当事人、证人。 鉴定部门和鉴定人应当提出书面鉴定结论，在鉴定书上签名或者盖章。鉴定人鉴定的，应当由鉴定人所在单位加盖印章，证明鉴定人身份。	**第七十六条　当事人可以就查明事实的专门性问题向人民法院申请鉴定。当事人申请鉴定的，由双方当事人协商确定具备资格的鉴定人；协商不成的，由人民法院指定。** **当事人未申请鉴定**，人民法院对专门性问题认为需要鉴定的，应当**委托具备资格的鉴定人进行**鉴定。 **第七十七条**　鉴定人有权了解进行鉴定所需要的案件材料，必要时可以询问当事人、证人。 鉴定人应当提出书面鉴定**意见**，在鉴定书上签名或者盖章。 **第七十八条　当事人对鉴定意见有异议或者人民法院认为鉴定人有必要出庭的，鉴定人应当出庭作证。经人民法院通知，鉴定人拒不出庭作证的，鉴定意见不得作为认定事实的根据；支付鉴定费用的当事人可以要求返还鉴定费用。**
	第七十九条　当事人可以申请人民法院通知有专门知识的人出庭，就鉴定人作出的鉴定意见或者专业问题提出意见。
第七十三条　勘验物证或者现场，勘验人必须出示人民法院的证件，并邀请当地基层组织或者当事人所在单位派人参加。当事人或者当事人的成年家属应当到场，	**第八十条**　勘验物证或者现场，勘验人必须出示人民法院的证件，并邀请当地基层组织或者当事人所在单位派人参加。当事人或者当事人的成年家属应当到场，

拒不到场的，不影响勘验的进行。 有关单位和个人根据人民法院的通知，有义务保护现场，协助勘验工作。 勘验人应当将勘验情况和结果制作笔录，由勘验人、当事人和被邀参加人签名或者盖章。	拒不到场的，不影响勘验的进行。 有关单位和个人根据人民法院的通知，有义务保护现场，协助勘验工作。 勘验人应当将勘验情况和结果制作笔录，由勘验人、当事人和被邀参加人签名或者盖章。
第七十四条　在证据可能灭失或者以后难以取得的情况下，诉讼参加人可以向人民法院申请保全证据，人民法院也可以主动采取保全措施。	**第八十一条**　在证据可能灭失或者以后难以取得的情况下，**当事人**可以**在诉讼过程中**向人民法院申请保全证据，人民法院也可以主动采取保全措施。 **因情况紧急，在证据可能灭失或者以后难以取得的情况下，利害关系人可以在提起诉讼或者申请仲裁前向证据所在地、被申请人住所地或者对案件有管辖权的人民法院申请保全证据。** **证据保全的其他程序，参照适用本法第九章保全的有关规定。**
第七章　期间、送达	**第七章　期间、送达**
第一节　期　间	第一节　期　间
第七十五条　期间包括法定期间和人民法院指定的期间。 期间以时、日、月、年计算。期间开始的时和日，不计算在期间内。 期间届满的最后一日是节假日的，以节假日后的第一日为期间届满的日期。 期间不包括在途时间，诉讼文书在期满前交邮的，不算过期。	**第八十二条**　期间包括法定期间和人民法院指定的期间。 期间以时、日、月、年计算。期间开始的时和日，不计算在期间内。 期间届满的最后一日是节假日的，以节假日后的第一日为期间届满的日期。 期间不包括在途时间，诉讼文书在期满前交邮的，不算过期。
第七十六条　当事人因不可抗拒的事由或者其他正当理由耽误期限的，在障碍消除后的十日内，可以申请顺延期限，是否准许，由人民法院决定。	**第八十三条**　当事人因不可抗拒的事由或者其他正当理由耽误期限的，在障碍消除后的十日内，可以申请顺延期限，是否准许，由人民法院决定。
第二节　送　达	第二节　送　达
第七十七条　送达诉讼文书必须有送达回证，由受送达人在送达回证上记明收到日期，签名或者盖章。 受送达人在送达回证上的签收日期为	**第八十四条**　送达诉讼文书必须有送达回证，由受送达人在送达回证上记明收到日期，签名或者盖章。 受送达人在送达回证上的签收日期为

送达日期。	送达日期。
第七十八条 送达诉讼文书，应当直接送交受送达人。受送达人是公民的，本人不在交他的同住成年家属签收；受送达人是法人或者其他组织的，应当由法人的法定代表人、其他组织的主要负责人或者该法人、组织负责收件的人签收；受送达人有诉讼代理人的，可以送交其代理人签收；受送达人已向人民法院指定代收人的，送交代收人签收。 受送达人的同住成年家属，法人或者其他组织的负责收件的人，诉讼代理人或者代收人在送达回证上签收的日期为送达日期。	**第八十五条** 送达诉讼文书，应当直接送交受送达人。受送达人是公民的，本人不在交他的同住成年家属签收；受送达人是法人或者其他组织的，应当由法人的法定代表人、其他组织的主要负责人或者该法人、组织负责收件的人签收；受送达人有诉讼代理人的，可以送交其代理人签收；受送达人已向人民法院指定代收人的，送交代收人签收。 受送达人的同住成年家属，法人或者其他组织的负责收件的人，诉讼代理人或者代收人在送达回证上签收的日期为送达日期。
第七十九条 受送达人或者他的同住成年家属拒绝接收诉讼文书的，送达人应当邀请有关基层组织或者所在单位的代表到场，说明情况，在送达回证上记明拒收事由和日期，由送达人、见证人签名或者盖章，把诉讼文书留在受送达人的住所，即视为送达。	**第八十六条** 受送达人或者他的同住成年家属拒绝接收诉讼文书的，送达人**可以**邀请有关基层组织或者所在单位的代表到场，说明情况，在送达回证上记明拒收事由和日期，由送达人、见证人签名或者盖章，把诉讼文书留在受送达人的住所；**也可以把诉讼文书留在受送达人的住所，并采用拍照、录像等方式记录送达过程，**即视为送达。
	第八十七条 经受送达人同意，人民法院可以采用传真、电子邮件等能够确认其收悉的方式送达诉讼文书，但判决书、裁定书、调解书除外。 **采用前款方式送达的，以传真、电子邮件等到达受送达人特定系统的日期为送达日期。**
第八十条 直接送达诉讼文书有困难的，可以委托其他人民法院代为送达，或者邮寄送达。邮寄送达的，以回执上注明的收件日期为送达日期。	**第八十八条** 直接送达诉讼文书有困难的，可以委托其他人民法院代为送达，或者邮寄送达。邮寄送达的，以回执上注明的收件日期为送达日期。
第八十一条 受送达人是军人的，通过其所在部队团以上单位的政治机关转交。	**第八十九条** 受送达人是军人的，通过其所在部队团以上单位的政治机关转交。

第八十二条 受送达人是被监禁的，通过其所在监所或者劳动改造单位转交。 受送达人是被劳动教养的，通过其所在劳动教养单位转交。	**第九十条** 受送达人被监禁的，通过其所在监所转交。 受送达人**被采取强制性教育措施**的，通过其所在**强制性教育机构**转交。
第八十三条 代为转交的机关、单位收到诉讼文书后，必须立即交受送达人签收，以在送达回证上的签收日期，为送达日期。	**第九十一条** 代为转交的机关、单位收到诉讼文书后，必须立即交受送达人签收，以在送达回证上的签收日期，为送达日期。
第八十四条 受送达人下落不明，或者用本节规定的其他方式无法送达的，公告送达。自发出公告之日起，经过六十日，即视为送达。 公告送达，应当在案卷中记明原因和经过。	**第九十二条** 受送达人下落不明，或者用本节规定的其他方式无法送达的，公告送达。自发出公告之日起，经过六十日，即视为送达。 公告送达，应当在案卷中记明原因和经过。
第八章 调 解	**第八章 调 解**
第八十五条 人民法院审理民事案件，根据当事人自愿的原则，在事实清楚的基础上，分清是非，进行调解。	**第九十三条** 人民法院审理民事案件，根据当事人自愿的原则，在事实清楚的基础上，分清是非，进行调解。
第八十六条 人民法院进行调解，可以由审判员一人主持，也可以由合议庭主持，并尽可能就地进行。 人民法院进行调解，可以用简便方式通知当事人、证人到庭。	**第九十四条** 人民法院进行调解，可以由审判员一人主持，也可以由合议庭主持，并尽可能就地进行。 人民法院进行调解，可以用简便方式通知当事人、证人到庭。
第八十七条 人民法院进行调解，可以邀请有关单位和个人协助。被邀请的单位和个人，应当协助人民法院进行调解。	**第九十五条** 人民法院进行调解，可以邀请有关单位和个人协助。被邀请的单位和个人，应当协助人民法院进行调解。
第八十八条 调解达成协议，必须双方自愿，不得强迫。调解协议的内容不得违反法律规定。	**第九十六条** 调解达成协议，必须双方自愿，不得强迫。调解协议的内容不得违反法律规定。
第八十九条 调解达成协议，人民法院应当制作调解书。调解书应当写明诉讼请求、案件的事实和调解结果。 调解书由审判人员、书记员署名，加盖人民法院印章，送达双方当事人。 调解书经双方当事人签收后，即具有	**第九十七条** 调解达成协议，人民法院应当制作调解书。调解书应当写明诉讼请求、案件的事实和调解结果。 调解书由审判人员、书记员署名，加盖人民法院印章，送达双方当事人。 调解书经双方当事人签收后，即具有

法律效力。	法律效力。
第九十条 下列案件调解达成协议，人民法院可以不制作调解书： （一）调解和好的离婚案件； （二）调解维持收养关系的案件； （三）能够即时履行的案件； （四）其他不需要制作调解书的案件。 对不需要制作调解书的协议，应当记入笔录，由双方当事人、审判人员、书记员签名或者盖章后，即具有法律效力。	**第九十八条** 下列案件调解达成协议，人民法院可以不制作调解书： （一）调解和好的离婚案件； （二）调解维持收养关系的案件； （三）能够即时履行的案件； （四）其他不需要制作调解书的案件。 对不需要制作调解书的协议，应当记入笔录，由双方当事人、审判人员、书记员签名或者盖章后，即具有法律效力。
第九十一条 调解未达成协议或者调解书送达前一方反悔的，人民法院应当及时判决。	**第九十九条** 调解未达成协议或者调解书送达前一方反悔的，人民法院应当及时判决。
第九章 财产保全和先予执行	**第九章 保全和先予执行**
第九十二条 人民法院对于可能因当事人一方的行为或者其他原因，使判决不能执行或者难以执行的案件，可以根据对方当事人的申请，作出财产保全的裁定；当事人没有提出申请的，人民法院在必要时也可以裁定采取财产保全措施。 人民法院采取财产保全措施，可以责令申请人提供担保；申请人不提供担保的，驳回申请。 人民法院接受申请后，对情况紧急的，必须在四十八小时内作出裁定；裁定采取财产保全措施的，应当立即开始执行。	**第一百条** 人民法院对于可能因当事人一方的行为或者其他原因，使判决难以执行**或者造成当事人其他损害**的案件，根据对方当事人的申请，**可以裁定对其财产进行保全、责令其作出一定行为或者禁止其作出一定行为**；当事人没有提出申请的，人民法院在必要时也可以裁定采取保全措施。 人民法院采取保全措施，可以责令申请人提供担保，申请人不提供担保的，**裁定**驳回申请。 人民法院接受申请后，对情况紧急的，必须在四十八小时内作出裁定；裁定采取保全措施的，应当立即开始执行。
第九十三条 利害关系人因情况紧急，不立即申请保全将会使其合法权益受到难以弥补的损害的，可以在起诉前向人民法院申请采取财产保全措施。申请人应当提供担保，不提供担保的，驳回申请。 人民法院接受申请后，必须在四十八小时内作出裁定；裁定采取财产保全措施的，应当立即开始执行。 申请人在人民法院采取保全措施后十	**第一百零一条** 利害关系人因情况紧急，不立即申请保全将会使其合法权益受到难以弥补的损害的，可以在**提起诉讼或者申请仲裁前向被保全财产所在地、被申请人住所地或者对案件有管辖权的**人民法院申请采取保全措施。申请人应当提供担保，不提供担保的，**裁定**驳回申请。 人民法院接受申请后，必须在四十八小时内作出裁定；裁定采取保全措施的，

五日内不起诉的，人民法院应当解除财产保全。	应当立即开始执行。 申请人在人民法院采取保全措施后三十日内不**依法提起诉讼或者申请仲裁**的，人民法院应当解除保全。
第九十四条 财产保全限于请求的范围，或者与本案有关的财物。 财产保全采取查封、扣押、冻结或者法律规定的其他方法。 人民法院冻结财产后，应当立即通知被冻结财产的人。 财产已被查封、冻结的，不得重复查封、冻结。	**第一百零二条** 保全限于请求的范围，或者与本案有关的财物。 **第一百零三条** 财产保全采取查封、扣押、冻结或者法律规定的其他方法。人民法院**保全**财产后，应当立即通知被**保全**财产的人。 财产已被查封、冻结的，不得重复查封、冻结。
第九十五条 被申请人提供担保的，人民法院应当解除财产保全。	**第一百零四条** **财产纠纷案件**，被申请人提供担保的，人民法院应当**裁定**解除保全。
第九十六条 申请有错误的，申请人应当赔偿被申请人因财产保全所遭受的损失。	**第一百零五条** 申请有错误的，申请人应当赔偿被申请人因保全所遭受的损失。
第九十七条 人民法院对下列案件，根据当事人的申请，可以裁定先予执行： （一）追索赡养费、扶养费、抚育费、抚恤金、医疗费用的； （二）追索劳动报酬的； （三）因情况紧急需要先予执行的。	**第一百零六条** 人民法院对下列案件，根据当事人的申请，可以裁定先予执行： （一）追索赡养费、扶养费、抚育费、抚恤金、医疗费用的； （二）追索劳动报酬的； （三）因情况紧急需要先予执行的。
第九十八条 人民法院裁定先予执行的，应当符合下列条件： （一）当事人之间权利义务关系明确，不先予执行将严重影响申请人的生活或者生产经营的； （二）被申请人有履行能力。 人民法院可以责令申请人提供担保，申请人不提供担保的，驳回申请。申请人败诉的，应当赔偿被申请人因先予执行遭受的财产损失。	**第一百零七条** 人民法院裁定先予执行的，应当符合下列条件： （一）当事人之间权利义务关系明确，不先予执行将严重影响申请人的生活或者生产经营的； （二）被申请人有履行能力。 人民法院可以责令申请人提供担保，申请人不提供担保的，驳回申请。申请人败诉的，应当赔偿被申请人因先予执行遭受的财产损失。
第九十九条 当事人对财产保全或者先予执行的裁定不服的，可以申请复议一	**第一百零八条** 当事人对保全或者先予执行的裁定不服的，可以申请复议一次。

次。复议期间不停止裁定的执行。	复议期间不停止裁定的执行。
第十章　对妨害民事诉讼的强制措施	**第十章　对妨害民事诉讼的强制措施**
第一百条　人民法院对必须到庭的被告，经两次传票传唤，无正当理由拒不到庭的，可以拘传。	**第一百零九条**　人民法院对必须到庭的被告，经两次传票传唤，无正当理由拒不到庭的，可以拘传。
第一百零一条　诉讼参与人和其他人应当遵守法庭规则。 人民法院对违反法庭规则的人，可以予以训诫，责令退出法庭或者予以罚款、拘留。 人民法院对哄闹、冲击法庭，侮辱、诽谤、威胁、殴打审判人员，严重扰乱法庭秩序的人，依法追究刑事责任；情节较轻的，予以罚款、拘留。	**第一百一十条**　诉讼参与人和其他人应当遵守法庭规则。 人民法院对违反法庭规则的人，可以予以训诫，责令退出法庭或者予以罚款、拘留。 人民法院对哄闹、冲击法庭，侮辱、诽谤、威胁、殴打审判人员，严重扰乱法庭秩序的人，依法追究刑事责任；情节较轻的，予以罚款、拘留。
第一百零二条　诉讼参与人或者其他人有下列行为之一的，人民法院可以根据情节轻重予以罚款、拘留；构成犯罪的，依法追究刑事责任： （一）伪造、毁灭重要证据，妨碍人民法院审理案件的； （二）以暴力、威胁、贿买方法阻止证人作证或者指使、贿买、胁迫他人作伪证的； （三）隐藏、转移、变卖、毁损已被查封、扣押的财产，或者已被清点并责令其保管的财产，转移已被冻结的财产的； （四）对司法工作人员、诉讼参加人、证人、翻译人员、鉴定人、勘验人、协助执行的人，进行侮辱、诽谤、诬陷、殴打或者打击报复的； （五）以暴力、威胁或者其他方法阻碍司法工作人员执行职务的； （六）拒不履行人民法院已经发生法律效力的判决、裁定的。 人民法院对有前款规定的行为之一的单位，可以对其主要负责人或者直接责任人员予以罚款、拘留；构成犯罪的，依法	**第一百一十一条**　诉讼参与人或者其他人有下列行为之一的，人民法院可以根据情节轻重予以罚款、拘留；构成犯罪的，依法追究刑事责任： （一）伪造、毁灭重要证据，妨碍人民法院审理案件的； （二）以暴力、威胁、贿买方法阻止证人作证或者指使、贿买、胁迫他人作伪证的； （三）隐藏、转移、变卖、毁损已被查封、扣押的财产，或者已被清点并责令其保管的财产，转移已被冻结的财产的； （四）对司法工作人员、诉讼参加人、证人、翻译人员、鉴定人、勘验人、协助执行的人，进行侮辱、诽谤、诬陷、殴打或者打击报复的； （五）以暴力、威胁或者其他方法阻碍司法工作人员执行职务的； （六）拒不履行人民法院已经发生法律效力的判决、裁定的。 人民法院对有前款规定的行为之一的单位，可以对其主要负责人或者直接责任人员予以罚款、拘留；构成犯罪的，依法

追究刑事责任。	追究刑事责任。
	第一百一十二条　当事人之间恶意串通，企图通过诉讼、调解等方式侵害他人合法权益的，人民法院应当驳回其请求，并根据情节轻重予以罚款、拘留；构成犯罪的，依法追究刑事责任。
	第一百一十三条　被执行人与他人恶意串通，通过诉讼、仲裁、调解等方式逃避履行法律文书确定的义务的，人民法院应当根据情节轻重予以罚款、拘留；构成犯罪的，依法追究刑事责任。
第一百零三条　有义务协助调查、执行的单位有下列行为之一的，人民法院除责令其履行协助义务外，并可以予以罚款： （一）有关单位拒绝或者妨碍人民法院调查取证的； （二）银行、信用合作社和其他有储蓄业务的单位接到人民法院协助执行通知书后，拒不协助查询、冻结或者划拨存款的； （三）有关单位接到人民法院协助执行通知书后，拒不协助扣留被执行人的收入、办理有关财产权证照转移手续、转交有关票证、证照或者其他财产的； （四）其他拒绝协助执行的。 人民法院对有前款规定的行为之一的单位，可以对其主要负责人或者直接责任人员予以罚款；对仍不履行协助义务的，可以予以拘留；并可以向监察机关或者有关机关提出予以纪律处分的司法建议。	**第一百一十四条**　有义务协助调查、执行的单位有下列行为之一的，人民法院除责令其履行协助义务外，并可以予以罚款： （一）有关单位拒绝或者妨碍人民法院调查取证的； （二）**有关单位**接到人民法院协助执行通知书后，拒不协助查询、**扣押**、冻结、划拨、**变价财产**的； （三）有关单位接到人民法院协助执行通知书后，拒不协助扣留被执行人的收入、办理有关财产权证照转移手续、转交有关票证、证照或者其他财产的； （四）其他拒绝协助执行的。 人民法院对有前款规定的行为之一的单位，可以对其主要负责人或者直接责任人员予以罚款；对仍不履行协助义务的，可以予以拘留；并可以向监察机关或者有关机关提出予以纪律处分的司法建议。
第一百零四条　对个人的罚款金额，为人民币一万元以下。对单位的罚款金额，为人民币一万元以上三十万元以下。 拘留的期限，为十五日以下。 被拘留的人，由人民法院交公安机关看管。在拘留期间，被拘留人承认并改正错误的，人民法院可以决定提前解除拘留。	**第一百一十五条**　对个人的罚款金额，为人民币**十**万元以下。对单位的罚款金额，为人民币**五**万元以上**一百**万元以下。 拘留的期限，为十五日以下。 被拘留的人，由人民法院交公安机关看管。在拘留期间，被拘留人承认并改正错误的，人民法院可以决定提前解除拘留。

第一百零五条 拘传、罚款、拘留必须经院长批准。 拘传应当发拘传票。 罚款、拘留应当用决定书。对决定不服的，可以向上一级人民法院申请复议一次。复议期间不停止执行。	**第一百一十六条** 拘传、罚款、拘留必须经院长批准。 拘传应当发拘传票。 罚款、拘留应当用决定书。对决定不服的，可以向上一级人民法院申请复议一次。复议期间不停止执行。
第一百零六条 采取对妨害民事诉讼的强制措施必须由人民法院决定。任何单位和个人采取非法拘禁他人或者非法私自扣押他人财产追索债务的，应当依法追究刑事责任，或者予以拘留、罚款。	**第一百一十七条** 采取对妨害民事诉讼的强制措施必须由人民法院决定。任何单位和个人采取非法拘禁他人或者非法私自扣押他人财产追索债务的，应当依法追究刑事责任，或者予以拘留、罚款。
第十一章 诉讼费用	**第十一章 诉讼费用**
第一百零七条 当事人进行民事诉讼，应当按照规定交纳案件受理费。财产案件除交纳案件受理费外，并按照规定交纳其他诉讼费用。 当事人交纳诉讼费用确有困难的，可以按照规定向人民法院申请缓交、减交或者免交。 收取诉讼费用的办法另行制定。	**第一百一十八条** 当事人进行民事诉讼，应当按照规定交纳案件受理费。财产案件除交纳案件受理费外，并按照规定交纳其他诉讼费用。 当事人交纳诉讼费用确有困难的，可以按照规定向人民法院申请缓交、减交或者免交。 收取诉讼费用的办法另行制定。
第二编 审判程序	**第二编 审判程序**
第十二章 第一审普通程序	**第十二章 第一审普通程序**
第一节 起诉和受理	第一节 起诉和受理
第一百零八条 起诉必须符合下列条件： （一）原告是与本案有直接利害关系的公民、法人和其他组织； （二）有明确的被告； （三）有具体的诉讼请求和事实、理由； （四）属于人民法院受理民事诉讼的范围和受诉人民法院管辖。	**第一百一十九条** 起诉必须符合下列条件： （一）原告是与本案有直接利害关系的公民、法人和其他组织； （二）有明确的被告； （三）有具体的诉讼请求和事实、理由； （四）属于人民法院受理民事诉讼的范围和受诉人民法院管辖。
第一百零九条 起诉应当向人民法院递交起诉状，并按照被告人数提出副本。 书写起诉状确有困难的，可以口头起	**第一百二十条** 起诉应当向人民法院递交起诉状，并按照被告人数提出副本。 书写起诉状确有困难的，可以口头起

诉，由人民法院记入笔录，并告知对方当事人。	诉，由人民法院记入笔录，并告知对方当事人。
第一百一十条 起诉状应当记明下列事项： （一）当事人的姓名、性别、年龄、民族、职业、工作单位和住所，法人或者其他组织的名称、住所和法定代表人或者主要负责人的姓名、职务； （二）诉讼请求和所根据的事实与理由； （三）证据和证据来源，证人姓名和住所。	**第一百二十一条** 起诉状应当记明下列事项： （一）**原告**的姓名、性别、年龄、民族、职业、工作单位、住所、**联系方式**，法人或者其他组织的名称、住所和法定代表人或者主要负责人的姓名、职务、**联系方式**； **（二）被告的姓名、性别、工作单位、住所等信息，法人或者其他组织的名称、住所等信息；** （三）诉讼请求和所根据的事实与理由； （四）证据和证据来源，证人姓名和住所。
	第一百二十二条 当事人起诉到人民法院的民事纠纷，适宜调解的，先行调解，但当事人拒绝调解的除外。
第一百一十一条 人民法院对符合本法第一百零八条的起诉，必须受理；对下列起诉，分别情形，予以处理： （一）依照行政诉讼法的规定，属于行政诉讼受案范围的，告知原告提起行政诉讼； （二）依照法律规定，双方当事人对合同纠纷自愿达成书面仲裁协议向仲裁机构申请仲裁、不得向人民法院起诉的，告知原告向仲裁机构申请仲裁； （三）依照法律规定，应当由其他机关处理的争议，告知原告向有关机关申请解决； （四）对不属于本院管辖的案件，告知原告向有管辖权的人民法院起诉； （五）对判决、裁定已经发生法律效力的案件，当事人又起诉的，告知原告按照申诉处理，但人民法院准许撤诉的裁定除外；	**第一百二十三条** 人民法院**应当保障当事人依照法律规定享有的起诉权利**。对符合本法第一百**一十九**条的起诉，必须受理。符合起诉条件的，应当在七日内立案，并通知当事人；不符合起诉条件的，应当在七日内**作出**裁定**书**，不予受理；原告对裁定不服的，可以提起上诉。 **第一百二十四条** 人民法院对下列起诉，分别情形，予以处理： （一）依照行政诉讼法的规定，属于行政诉讼受案范围的，告知原告提起行政诉讼； （二）依照法律规定，双方当事人达成书面仲裁协议申请仲裁、不得向人民法院起诉的，告知原告向仲裁机构申请仲裁； （三）依照法律规定，应当由其他机关处理的争议，告知原告向有关机关申请解决； （四）对不属于本院管辖的案件，告

（六）依照法律规定，在一定期限内不得起诉的案件，在不得起诉的期限内起诉的，不予受理； （七）判决不准离婚和调解和好的离婚案件，判决、调解维持收养关系的案件，没有新情况、新理由，原告在六个月内又起诉的，不予受理。 **第一百一十二条** 人民法院收到起诉状或者口头起诉，经审查，认为符合起诉条件的，应当在七日内立案，并通知当事人；认为不符合起诉条件的，应当在七日内裁定不予受理；原告对裁定不服的，可以提起上诉。	知原告向有管辖权的人民法院起诉； （五）对判决、裁定、**调解书**已经发生法律效力的案件，当事人又起诉的，告知原告**申请再审**，但人民法院准许撤诉的裁定除外； （六）依照法律规定，在一定期限内不得起诉的案件，在不得起诉的期限内起诉的，不予受理； （七）判决不准离婚和调解和好的离婚案件，判决、调解维持收养关系的案件，没有新情况、新理由，原告在六个月内又起诉的，不予受理。
第二节 审理前的准备	第二节 审理前的准备
第一百一十三条 人民法院应当在立案之日起五日内将起诉状副本发送被告，被告在收到之日起十五日内提出答辩状。 被告提出答辩状的，人民法院应当在收到之日起五日内将答辩状副本发送原告。被告不提出答辩状的，不影响人民法院审理。	**第一百二十五条** 人民法院应当在立案之日起五日内将起诉状副本发送被告，被告**应当**在收到之日起十五日内提出答辩状。**答辩状应当记明被告的姓名、性别、年龄、民族、职业、工作单位、住所、联系方式；法人或者其他组织的名称、住所和法定代表人或者主要负责人的姓名、职务、联系方式。**人民法院应当在收到**答辩状**之日起五日内将答辩状副本发送原告。 被告不提出答辩状的，不影响人民法院审理。
第一百一十四条 人民法院对决定受理的案件，应当在受理案件通知书和应诉通知书中向当事人告知有关的诉讼权利义务，或者口头告知。	**第一百二十六条** 人民法院对决定受理的案件，应当在受理案件通知书和应诉通知书中向当事人告知有关的诉讼权利义务，或者口头告知。
	第一百二十七条 人民法院受理案件后，当事人对管辖权有异议的，应当在提交答辩状期间提出。人民法院对当事人提出的异议，应当审查。异议成立的，裁定将案件移送有管辖权的人民法院；异议不成立的，裁定驳回。 **当事人未提出管辖异议，并应诉答辩的，视为受诉人民法院有管辖权，但违反**

	级别管辖和专属管辖规定的除外。
第一百一十五条 合议庭组成人员确定后，应当在三日内告知当事人。	**第一百二十八条** 合议庭组成人员确定后，应当在三日内告知当事人。
第一百一十六条 审判人员必须认真审核诉讼材料，调查收集必要的证据。	**第一百二十九条** 审判人员必须认真审核诉讼材料，调查收集必要的证据。
第一百一十七条 人民法院派出人员进行调查时，应当向被调查人出示证件。 调查笔录经被调查人校阅后，由被调查人、调查人签名或者盖章。	**第一百三十条** 人民法院派出人员进行调查时，应当向被调查人出示证件。 调查笔录经被调查人校阅后，由被调查人、调查人签名或者盖章。
第一百一十八条 人民法院在必要时可以委托外地人民法院调查。 委托调查，必须提出明确的项目和要求。受委托人民法院可以主动补充调查。 受委托人民法院收到委托书后，应当在三十日内完成调查。因故不能完成的，应当在上述期限内函告委托人民法院。	**第一百三十一条** 人民法院在必要时可以委托外地人民法院调查。 委托调查，必须提出明确的项目和要求。受委托人民法院可以主动补充调查。 受委托人民法院收到委托书后，应当在三十日内完成调查。因故不能完成的，应当在上述期限内函告委托人民法院。
第一百一十九条 必须共同进行诉讼的当事人没有参加诉讼的，人民法院应当通知其参加诉讼。	**第一百三十二条** 必须共同进行诉讼的当事人没有参加诉讼的，人民法院应当通知其参加诉讼。
	第一百三十三条 人民法院对受理的案件，分别情形，予以处理： **（一）当事人没有争议，符合督促程序规定条件的，可以转入督促程序；** **（二）开庭前可以调解的，采取调解方式及时解决纠纷；** **（三）根据案件情况，确定适用简易程序或者普通程序；** **（四）需要开庭审理的，通过要求当事人交换证据等方式，明确争议焦点。**
第三节 开庭审理	第三节 开庭审理
第一百二十条 人民法院审理民事案件，除涉及国家秘密、个人隐私或者法律另有规定的以外，应当公开进行。 离婚案件，涉及商业秘密的案件，当事人申请不公开审理的，可以不公开审理。	**第一百三十四条** 人民法院审理民事案件，除涉及国家秘密、个人隐私或者法律另有规定的以外，应当公开进行。 离婚案件，涉及商业秘密的案件，当事人申请不公开审理的，可以不公开审理。

第一百二十一条 人民法院审理民事案件，根据需要进行巡回审理，就地办案。	**第一百三十五条** 人民法院审理民事案件，根据需要进行巡回审理，就地办案。
第一百二十二条 人民法院审理民事案件，应当在开庭三日前通知当事人和其他诉讼参与人。公开审理的，应当公告当事人姓名、案由和开庭的时间、地点。	**第一百三十六条** 人民法院审理民事案件，应当在开庭三日前通知当事人和其他诉讼参与人。公开审理的，应当公告当事人姓名、案由和开庭的时间、地点。
第一百二十三条 开庭审理前，书记员应当查明当事人和其他诉讼参与人是否到庭，宣布法庭纪律。 开庭审理时，由审判长核对当事人，宣布案由，宣布审判人员、书记员名单，告知当事人有关的诉讼权利义务，询问当事人是否提出回避申请。	**第一百三十七条** 开庭审理前，书记员应当查明当事人和其他诉讼参与人是否到庭，宣布法庭纪律。 开庭审理时，由审判长核对当事人，宣布案由，宣布审判人员、书记员名单，告知当事人有关的诉讼权利义务，询问当事人是否提出回避申请。
第一百二十四条 法庭调查按照下列顺序进行： （一）当事人陈述； （二）告知证人的权利义务，证人作证，宣读未到庭的证人证言； （三）出示书证、物证和视听资料； （四）宣读鉴定结论； （五）宣读勘验笔录。	**第一百三十八条** 法庭调查按照下列顺序进行： （一）当事人陈述； （二）告知证人的权利义务，证人作证，宣读未到庭的证人证言； （三）出示书证、物证、视听资料和**电子数据**； （四）宣读鉴定**意见**； （五）宣读勘验笔录。
第一百二十五条 当事人在法庭上可以提出新的证据。 当事人经法庭许可，可以向证人、鉴定人、勘验人发问。 当事人要求重新进行调查、鉴定或者勘验的，是否准许，由人民法院决定。	**第一百三十九条** 当事人在法庭上可以提出新的证据。 当事人经法庭许可，可以向证人、鉴定人、勘验人发问。 当事人要求重新进行调查、鉴定或者勘验的，是否准许，由人民法院决定。
第一百二十六条 原告增加诉讼请求，被告提出反诉，第三人提出与本案有关的诉讼请求，可以合并审理。	**第一百四十条** 原告增加诉讼请求，被告提出反诉，第三人提出与本案有关的诉讼请求，可以合并审理。
第一百二十七条 法庭辩论按照下列顺序进行： （一）原告及其诉讼代理人发言； （二）被告及其诉讼代理人答辩； （三）第三人及其诉讼代理人发言或者答辩；	**第一百四十一条** 法庭辩论按照下列顺序进行： （一）原告及其诉讼代理人发言； （二）被告及其诉讼代理人答辩； （三）第三人及其诉讼代理人发言或者答辩；

（四）互相辩论。 法庭辩论终结，由审判长按照原告、被告、第三人的先后顺序征询各方最后意见。	（四）互相辩论。 法庭辩论终结，由审判长按照原告、被告、第三人的先后顺序征询各方最后意见。
第一百二十八条 法庭辩论终结，应当依法作出判决。判决前能够调解的，还可以进行调解，调解不成的，应当及时判决。	**第一百四十二条** 法庭辩论终结，应当依法作出判决。判决前能够调解的，还可以进行调解，调解不成的，应当及时判决。
第一百二十九条 原告经传票传唤，无正当理由拒不到庭的，或者未经法庭许可中途退庭的，可以按撤诉处理；被告反诉的，可以缺席判决。	**第一百四十三条** 原告经传票传唤，无正当理由拒不到庭的，或者未经法庭许可中途退庭的，可以按撤诉处理；被告反诉的，可以缺席判决。
第一百三十条 被告经传票传唤，无正当理由拒不到庭的，或者未经法庭许可中途退庭的，可以缺席判决。	**第一百四十四条** 被告经传票传唤，无正当理由拒不到庭的，或者未经法庭许可中途退庭的，可以缺席判决。
第一百三十一条 宣判前，原告申请撤诉的，是否准许，由人民法院裁定。 人民法院裁定不准许撤诉的，原告经传票传唤，无正当理由拒不到庭的，可以缺席判决。	**第一百四十五条** 宣判前，原告申请撤诉的，是否准许，由人民法院裁定。 人民法院裁定不准许撤诉的，原告经传票传唤，无正当理由拒不到庭的，可以缺席判决。
第一百三十二条 有下列情形之一的，可以延期开庭审理： （一）必须到庭的当事人和其他诉讼参与人有正当理由没有到庭的； （二）当事人临时提出回避申请的； （三）需要通知新的证人到庭，调取新的证据，重新鉴定、勘验，或者需要补充调查的； （四）其他应当延期的情形。	**第一百四十六条** 有下列情形之一的，可以延期开庭审理： （一）必须到庭的当事人和其他诉讼参与人有正当理由没有到庭的； （二）当事人临时提出回避申请的； （三）需要通知新的证人到庭，调取新的证据，重新鉴定、勘验，或者需要补充调查的； （四）其他应当延期的情形。
第一百三十三条 书记员应当将法庭审理的全部活动记入笔录，由审判人员和书记员签名。 法庭笔录应当当庭宣读，也可以告知当事人和其他诉讼参与人当庭或者在五日内阅读。当事人和其他诉讼参与人认为对自己的陈述记录有遗漏或者差错的，有权申请补正。如果不予补正，应当将申请记	**第一百四十七条** 书记员应当将法庭审理的全部活动记入笔录，由审判人员和书记员签名。 法庭笔录应当当庭宣读，也可以告知当事人和其他诉讼参与人当庭或者在五日内阅读。当事人和其他诉讼参与人认为对自己的陈述记录有遗漏或者差错的，有权申请补正。如果不予补正，应当将申请记

录在案。 法庭笔录由当事人和其他诉讼参与人签名或者盖章。拒绝签名盖章的，记明情况附卷。	录在案。 法庭笔录由当事人和其他诉讼参与人签名或者盖章。拒绝签名盖章的，记明情况附卷。
第一百三十四条 人民法院对公开审理或者不公开审理的案件，一律公开宣告判决。 当庭宣判的，应当在十日内发送判决书；定期宣判的，宣判后立即发给判决书。 宣告判决时，必须告知当事人上诉权利、上诉期限和上诉的法院。 宣告离婚判决，必须告知当事人在判决发生法律效力前不得另行结婚。	**第一百四十八条** 人民法院对公开审理或者不公开审理的案件，一律公开宣告判决。 当庭宣判的，应当在十日内发送判决书；定期宣判的，宣判后立即发给判决书。 宣告判决时，必须告知当事人上诉权利、上诉期限和上诉的法院。 宣告离婚判决，必须告知当事人在判决发生法律效力前不得另行结婚。
第一百三十五条 人民法院适用普通程序审理的案件，应当在立案之日起六个月内审结。有特殊情况需要延长的，由本院院长批准，可以延长六个月；还需要延长的，报请上级人民法院批准。	**第一百四十九条** 人民法院适用普通程序审理的案件，应当在立案之日起六个月内审结。有特殊情况需要延长的，由本院院长批准，可以延长六个月；还需要延长的，报请上级人民法院批准。
第四节　诉讼中止和终结	第四节　诉讼中止和终结
第一百三十六条 有下列情形之一的，中止诉讼： （一）一方当事人死亡，需要等待继承人表明是否参加诉讼的； （二）一方当事人丧失诉讼行为能力，尚未确定法定代理人的； （三）作为一方当事人的法人或者其他组织终止，尚未确定权利义务承受人的； （四）一方当事人因不可抗拒的事由，不能参加诉讼的； （五）本案必须以另一案的审理结果为依据，而另一案尚未审结的； （六）其他应当中止诉讼的情形。 中止诉讼的原因消除后，恢复诉讼。	**第一百五十条** 有下列情形之一的，中止诉讼： （一）一方当事人死亡，需要等待继承人表明是否参加诉讼的； （二）一方当事人丧失诉讼行为能力，尚未确定法定代理人的； （三）作为一方当事人的法人或者其他组织终止，尚未确定权利义务承受人的； （四）一方当事人因不可抗拒的事由，不能参加诉讼的； （五）本案必须以另一案的审理结果为依据，而另一案尚未审结的； （六）其他应当中止诉讼的情形。 中止诉讼的原因消除后，恢复诉讼。
第一百三十七条 有下列情形之一的，终结诉讼： （一）原告死亡，没有继承人，或者继承人放弃诉讼权利的；	**第一百五十一条** 有下列情形之一的，终结诉讼： （一）原告死亡，没有继承人，或者继承人放弃诉讼权利的；

（二）被告死亡，没有遗产，也没有应当承担义务的人的； （三）离婚案件一方当事人死亡的； （四）追索赡养费、扶养费、抚育费以及解除收养关系案件的一方当事人死亡的。	（二）被告死亡，没有遗产，也没有应当承担义务的人的； （三）离婚案件一方当事人死亡的； （四）追索赡养费、扶养费、抚育费以及解除收养关系案件的一方当事人死亡的。
第五节　判决和裁定	第五节　判决和裁定
第一百三十八条　判决书应当写明： （一）案由、诉讼请求、争议的事实和理由； （二）判决认定的事实、理由和适用的法律依据； （三）判决结果和诉讼费用的负担； （四）上诉期间和上诉的法院。 判决书由审判人员、书记员署名，加盖人民法院印章。	**第一百五十二条**　判决书应当写明判**决结果和作出该判决的理由。判决书内容包括**： （一）案由、诉讼请求、争议的事实和理由； （二）判决认定的事实**和**理由、适用的法律**和理由**； （三）判决结果和诉讼费用的负担； （四）上诉期间和上诉的法院。 判决书由审判人员、书记员署名，加盖人民法院印章。
第一百三十九条　人民法院审理案件，其中一部分事实已经清楚，可以就该部分先行判决。	**第一百五十三条**　人民法院审理案件，其中一部分事实已经清楚，可以就该部分先行判决。
第一百四十条　裁定适用于下列范围： （一）不予受理； （二）对管辖权有异议的； （三）驳回起诉； （四）财产保全和先予执行； （五）准许或者不准许撤诉； （六）中止或者终结诉讼； （七）补正判决书中的笔误； （八）中止或者终结执行； （九）不予执行仲裁裁决； （十）不予执行公证机关赋予强制执行效力的债权文书； （十一）其他需要裁定解决的事项。 对前款第（一）、（二）、（三）项裁定，可以上诉。 裁定书由审判人员、书记员署名，加盖人民法院印章。口头裁定的，记入笔录。	**第一百五十四条**　裁定适用于下列范围： （一）不予受理； （二）对管辖权有异议的； （三）驳回起诉； （四）保全和先予执行； （五）准许或者不准许撤诉； （六）中止或者终结诉讼； （七）补正判决书中的笔误； （八）中止或者终结执行； （九）**撤销或者**不予执行仲裁裁决； （十）不予执行公证机关赋予强制执行效力的债权文书； （十一）其他需要裁定解决的事项。 对前款第**一项至第三**项裁定，可以上诉。 **裁定书应当写明裁定结果和作出该裁**

	定的理由。裁定书由审判人员、书记员署名，加盖人民法院印章。口头裁定的，记入笔录。
第一百四十一条 最高人民法院的判决、裁定，以及依法不准上诉或者超过上诉期没有上诉的判决、裁定，是发生法律效力的判决、裁定。	**第一百五十五条** 最高人民法院的判决、裁定，以及依法不准上诉或者超过上诉期没有上诉的判决、裁定，是发生法律效力的判决、裁定。
	第一百五十六条 公众可以查阅发生法律效力的判决书、裁定书，但涉及国家秘密、商业秘密和个人隐私的内容除外。
第十三章 简易程序	**第十三章 简易程序**
第一百四十二条 基层人民法院和它派出的法庭审理事实清楚、权利义务关系明确、争议不大的简单的民事案件，适用本章规定。	**第一百五十七条** 基层人民法院和它派出的法庭审理事实清楚、权利义务关系明确、争议不大的简单的民事案件，适用本章规定。 **基层人民法院和它派出的法庭审理前款规定以外的民事案件，当事人双方也可以约定适用简易程序。**
第一百四十三条 对简单的民事案件，原告可以口头起诉。 当事人双方可以同时到基层人民法院或者它派出的法庭，请求解决纠纷。基层人民法院或者它派出的法庭可以当即审理，也可以另定日期审理。	**第一百五十八条** 对简单的民事案件，原告可以口头起诉。 当事人双方可以同时到基层人民法院或者它派出的法庭，请求解决纠纷。基层人民法院或者它派出的法庭可以当即审理，也可以另定日期审理。
第一百四十四条 基层人民法院和它派出的法庭审理简单的民事案件，可以用简便方式随时传唤当事人、证人。	**第一百五十九条** 基层人民法院和它派出的法庭审理简单的民事案件，可以用简便方式传唤当事人和证人、**送达诉讼文书、审理案件，但应当保障当事人陈述意见的权利。**
第一百四十五条 简单的民事案件由审判员一人独任审理，并不受本法第一百二十二条、第一百二十四条、第一百二十七条规定的限制。	**第一百六十条** 简单的民事案件由审判员一人独任审理，并不受本法第一百**三十六**条、第一百**三十八**条、第一百**四十一**条规定的限制。
第一百四十六条 人民法院适用简易程序审理案件，应当在立案之日起三个月内审结。	**第一百六十一条** 人民法院适用简易程序审理案件，应当在立案之日起三个月内审结。

	第一百六十二条　基层人民法院和它派出的法庭审理符合本法第一百五十七条第一款规定的简单的民事案件，标的额为各省、自治区、直辖市上年度就业人员年平均工资百分之三十以下的，实行一审终审。
	第一百六十三条　人民法院在审理过程中，发现案件不宜适用简易程序的，裁定转为普通程序。
第十四章　第二审程序	**第十四章　第二审程序**
第一百四十七条　当事人不服地方人民法院第一审判决的，有权在判决书送达之日起十五日内向上一级人民法院提起上诉。 当事人不服地方人民法院第一审裁定的，有权在裁定书送达之日起十日内向上一级人民法院提起上诉。	**第一百六十四条**　当事人不服地方人民法院第一审判决的，有权在判决书送达之日起十五日内向上一级人民法院提起上诉。 当事人不服地方人民法院第一审裁定的，有权在裁定书送达之日起十日内向上一级人民法院提起上诉。
第一百四十八条　上诉应当递交上诉状。上诉状的内容，应当包括当事人的姓名，法人的名称及其法定代表人的姓名或者其他组织的名称及其主要负责人的姓名；原审人民法院名称、案件的编号和案由；上诉的请求和理由。	**第一百六十五条**　上诉应当递交上诉状。上诉状的内容，应当包括当事人的姓名，法人的名称及其法定代表人的姓名或者其他组织的名称及其主要负责人的姓名；原审人民法院名称、案件的编号和案由；上诉的请求和理由。
第一百四十九条　上诉状应当通过原审人民法院提出，并按照对方当事人或者代表人的人数提出副本。 当事人直接向第二审人民法院上诉的，第二审人民法院应当在五日内将上诉状移交原审人民法院。	**第一百六十六条**　上诉状应当通过原审人民法院提出，并按照对方当事人或者代表人的人数提出副本。 当事人直接向第二审人民法院上诉的，第二审人民法院应当在五日内将上诉状移交原审人民法院。
第一百五十条　原审人民法院收到上诉状，应当在五日内将上诉状副本送达对方当事人，对方当事人在收到之日起十五日内提出答辩状。人民法院应当在收到答辩状之日起五日内将副本送达上诉人。对方当事人不提出答辩状的，不影响人民法院审理。 原审人民法院收到上诉状、答辩状，	**第一百六十七条**　原审人民法院收到上诉状，应当在五日内将上诉状副本送达对方当事人，对方当事人在收到之日起十五日内提出答辩状。人民法院应当在收到答辩状之日起五日内将副本送达上诉人。对方当事人不提出答辩状的，不影响人民法院审理。 原审人民法院收到上诉状、答辩状，

应当在五日内连同全部案卷和证据，报送第二审人民法院。	应当在五日内连同全部案卷和证据，报送第二审人民法院。
第一百五十一条 第二审人民法院应当对上诉请求的有关事实和适用法律进行审查。	**第一百六十八条** 第二审人民法院应当对上诉请求的有关事实和适用法律进行审查。
第一百五十二条 第二审人民法院对上诉案件，应当组成合议庭，开庭审理。经过阅卷和调查，询问当事人，在事实核对清楚后，合议庭认为不需要开庭审理的，也可以径行判决、裁定。 第二审人民法院审理上诉案件，可以在本院进行，也可以到案件发生地或者原审人民法院所在地进行。	**第一百六十九条** 第二审人民法院对上诉案件，应当组成合议庭，开庭审理。经过阅卷、调查和询问当事人，**对没有提出新的事实、证据或者理由，**合议庭认为不需要开庭审理的，可以**不开庭审理**。 第二审人民法院审理上诉案件，可以在本院进行，也可以到案件发生地或者原审人民法院所在地进行。
第一百五十三条 第二审人民法院对上诉案件，经过审理，按照下列情形，分别处理： （一）原判决认定事实清楚，适用法律正确的，判决驳回上诉，维持原判决； （二）原判决适用法律错误的，依法改判； （三）原判决认定事实错误，或者原判决认定事实不清，证据不足，裁定撤销原判决，发回原审人民法院重审，或者查清事实后改判； （四）原判决违反法定程序，可能影响案件正确判决的，裁定撤销原判决，发回原审人民法院重审。 当事人对重审案件的判决、裁定，可以上诉。	**第一百七十条** 第二审人民法院对上诉案件，经过审理，按照下列情形，分别处理： （一）原判决、**裁定**认定事实清楚，适用法律正确的，**以**判决、**裁定方式**驳回上诉，维持原判决、**裁定**； （二）原判决、**裁定认定事实错误或者**适用法律错误的，**以判决、裁定方式**依法改判、**撤销或者变更**； （三）原判决认定**基本**事实不清的，裁定撤销原判决，发回原审人民法院重审，或者查清事实后改判； （四）原判决**遗漏当事人或者违法缺席判决等严重**违反法定程序的，裁定撤销原判决，发回原审人民法院重审。 **原审人民法院对发回重审的案件作出判决后，当事人提起上诉的，第二审人民法院不得再次发回重审。**
第一百五十四条 第二审人民法院对不服第一审人民法院裁定的上诉案件的处理，一律使用裁定。	**第一百七十一条** 第二审人民法院对不服第一审人民法院裁定的上诉案件的处理，一律使用裁定。
第一百五十五条 第二审人民法院审理上诉案件，可以进行调解。调解达成协议，应当制作调解书，由审判人员、书记	**第一百七十二条** 第二审人民法院审理上诉案件，可以进行调解。调解达成协议，应当制作调解书，由审判人员、书记

员署名，加盖人民法院印章。调解书送达后，原审人民法院的判决即视为撤销。	员署名，加盖人民法院印章。调解书送达后，原审人民法院的判决即视为撤销。
第一百五十六条 第二审人民法院判决宣告前，上诉人申请撤回上诉的，是否准许，由第二审人民法院裁定。	**第一百七十三条** 第二审人民法院判决宣告前，上诉人申请撤回上诉的，是否准许，由第二审人民法院裁定。
第一百五十七条 第二审人民法院审理上诉案件，除依照本章规定外，适用第一审普通程序。	**第一百七十四条** 第二审人民法院审理上诉案件，除依照本章规定外，适用第一审普通程序。
第一百五十八条 第二审人民法院的判决、裁定，是终审的判决、裁定。	**第一百七十五条** 第二审人民法院的判决、裁定，是终审的判决、裁定。
第一百五十九条 人民法院审理对判决的上诉案件，应当在第二审立案之日起三个月内审结。有特殊情况需要延长的，由本院院长批准。 人民法院审理对裁定的上诉案件，应当在第二审立案之日起三十日内作出终审裁定。	**第一百七十六条** 人民法院审理对判决的上诉案件，应当在第二审立案之日起三个月内审结。有特殊情况需要延长的，由本院院长批准。 人民法院审理对裁定的上诉案件，应当在第二审立案之日起三十日内作出终审裁定。
第十五章 特别程序	**第十五章 特别程序**
第一节 一般规定	第一节 一般规定
第一百六十条 人民法院审理选民资格案件、宣告失踪或者宣告死亡案件、认定公民无民事行为能力或者限制民事行为能力案件和认定财产无主案件，适用本章规定。本章没有规定的，适用本法和其他法律的有关规定。	**第一百七十七条** 人民法院审理选民资格案件、宣告失踪或者宣告死亡案件、认定公民无民事行为能力或者限制民事行为能力案件、认定财产无主案件、**确认调解协议案件和实现担保物权案件**，适用本章规定。本章没有规定的，适用本法和其他法律的有关规定。
第一百六十一条 依照本章程序审理的案件，实行一审终审。选民资格案件或者重大、疑难的案件，由审判员组成合议庭审理；其他案件由审判员一人独任审理。	**第一百七十八条** 依照本章程序审理的案件，实行一审终审。选民资格案件或者重大、疑难的案件，由审判员组成合议庭审理；其他案件由审判员一人独任审理。
第一百六十二条 人民法院在依照本章程序审理案件的过程中，发现本案属于民事权益争议的，应当裁定终结特别程序，并告知利害关系人可以另行起诉。	**第一百七十九条** 人民法院在依照本章程序审理案件的过程中，发现本案属于民事权益争议的，应当裁定终结特别程序，并告知利害关系人可以另行起诉。
第一百六十三条 人民法院适用特别	**第一百八十条** 人民法院适用特别程

程序审理的案件，应当在立案之日起三十日内或者公告期满后三十日内审结。有特殊情况需要延长的，由本院院长批准。但审理选民资格的案件除外。	序审理的案件，应当在立案之日起三十日内或者公告期满后三十日内审结。有特殊情况需要延长的，由本院院长批准。但审理选民资格的案件除外。
第二节　选民资格案件	第二节　选民资格案件
第一百六十四条　公民不服选举委员会对选民资格的申诉所作的处理决定，可以在选举日的五日以前向选区所在地基层人民法院起诉。	**第一百八十一条**　公民不服选举委员会对选民资格的申诉所作的处理决定，可以在选举日的五日以前向选区所在地基层人民法院起诉。
第一百六十五条　人民法院受理选民资格案件后，必须在选举日前审结。 审理时，起诉人、选举委员会的代表和有关公民必须参加。 人民法院的判决书，应当在选举日前送达选举委员会和起诉人，并通知有关公民。	**第一百八十二条**　人民法院受理选民资格案件后，必须在选举日前审结。 审理时，起诉人、选举委员会的代表和有关公民必须参加。 人民法院的判决书，应当在选举日前送达选举委员会和起诉人，并通知有关公民。
第三节　宣告失踪、宣告死亡案件	第三节　宣告失踪、宣告死亡案件
第一百六十六条　公民下落不明满二年，利害关系人申请宣告其失踪的，向下落不明人住所地基层人民法院提出。 申请书应当写明失踪的事实、时间和请求，并附有公安机关或者其他有关机关关于该公民下落不明的书面证明。	**第一百八十三条**　公民下落不明满二年，利害关系人申请宣告其失踪的，向下落不明人住所地基层人民法院提出。 申请书应当写明失踪的事实、时间和请求，并附有公安机关或者其他有关机关关于该公民下落不明的书面证明。
第一百六十七条　公民下落不明满四年，或者因意外事故下落不明满二年，或者因意外事故下落不明，经有关机关证明该公民不可能生存，利害关系人申请宣告其死亡的，向下落不明人住所地基层人民法院提出。 申请书应当写明下落不明的事实、时间和请求，并附有公安机关或者其他有关机关关于该公民下落不明的书面证明。	**第一百八十四条**　公民下落不明满四年，或者因意外事故下落不明满二年，或者因意外事故下落不明，经有关机关证明该公民不可能生存，利害关系人申请宣告其死亡的，向下落不明人住所地基层人民法院提出。 申请书应当写明下落不明的事实、时间和请求，并附有公安机关或者其他有关机关关于该公民下落不明的书面证明。
第一百六十八条　人民法院受理宣告失踪、宣告死亡案件后，应当发出寻找下落不明人的公告。宣告失踪的公告期间为三个月，宣告死亡的公告期间为一年。因	**第一百八十五条**　人民法院受理宣告失踪、宣告死亡案件后，应当发出寻找下落不明人的公告。宣告失踪的公告期间为三个月，宣告死亡的公告期间为一年。因

意外事故下落不明，经有关机关证明该公民不可能生存的，宣告死亡的公告期间为三个月。 公告期间届满，人民法院应当根据被宣告失踪、宣告死亡的事实是否得到确认，作出宣告失踪、宣告死亡的判决或者驳回申请的判决。	意外事故下落不明，经有关机关证明该公民不可能生存的，宣告死亡的公告期间为三个月。 公告期间届满，人民法院应当根据被宣告失踪、宣告死亡的事实是否得到确认，作出宣告失踪、宣告死亡的判决或者驳回申请的判决。
第一百六十九条　被宣告失踪、宣告死亡的公民重新出现，经本人或者利害关系人申请，人民法院应当作出新判决，撤销原判决。	**第一百八十六条**　被宣告失踪、宣告死亡的公民重新出现，经本人或者利害关系人申请，人民法院应当作出新判决，撤销原判决。
第四节　认定公民无民事行为能力、限制民事行为能力案件	第四节　认定公民无民事行为能力、限制民事行为能力案件
第一百七十条　申请认定公民无民事行为能力或者限制民事行为能力，由其近亲属或者其他利害关系人向该公民住所地基层人民法院提出。 申请书应当写明该公民无民事行为能力或者限制民事行为能力的事实和根据。	**第一百八十七条**　申请认定公民无民事行为能力或者限制民事行为能力，由其近亲属或者其他利害关系人向该公民住所地基层人民法院提出。 申请书应当写明该公民无民事行为能力或者限制民事行为能力的事实和根据。
第一百七十一条　人民法院受理申请后，必要时应当对被请求认定为无民事行为能力或者限制民事行为能力的公民进行鉴定。申请人已提供鉴定结论的，应当对鉴定结论进行审查。	**第一百八十八条**　人民法院受理申请后，必要时应当对被请求认定为无民事行为能力或者限制民事行为能力的公民进行鉴定。申请人已提供鉴定**意见**的，应当对鉴定**意见**进行审查。
第一百七十二条　人民法院审理认定公民无民事行为能力或者限制民事行为能力的案件，应当由该公民的近亲属为代理人，但申请人除外。近亲属互相推诿的，由人民法院指定其中一人为代理人。该公民健康情况许可的，还应当询问本人的意见。 人民法院经审理认定申请有事实根据的，判决该公民为无民事行为能力或者限制民事行为能力人；认定申请没有事实根据的，应当判决予以驳回。	**第一百八十九条**　人民法院审理认定公民无民事行为能力或者限制民事行为能力的案件，应当由该公民的近亲属为代理人，但申请人除外。近亲属互相推诿的，由人民法院指定其中一人为代理人。该公民健康情况许可的，还应当询问本人的意见。 人民法院经审理认定申请有事实根据的，判决该公民为无民事行为能力或者限制民事行为能力人；认定申请没有事实根据的，应当判决予以驳回。
第一百七十三条　人民法院根据被认	**第一百九十条**　人民法院根据被认定

定为无民事行为能力人、限制民事行为能力人或者他的监护人的申请，证实该公民无民事行为能力或者限制民事行为能力的原因已经消除的，应当作出新判决，撤销原判决。	为无民事行为能力人、限制民事行为能力人或者他的监护人的申请，证实该公民无民事行为能力或者限制民事行为能力的原因已经消除的，应当作出新判决，撤销原判决。
第五节　认定财产无主案件	第五节　认定财产无主案件
第一百七十四条　申请认定财产无主，由公民、法人或者其他组织向财产所在地基层人民法院提出。 申请书应当写明财产的种类、数量以及要求认定财产无主的根据。	**第一百九十一条**　申请认定财产无主，由公民、法人或者其他组织向财产所在地基层人民法院提出。 申请书应当写明财产的种类、数量以及要求认定财产无主的根据。
第一百七十五条　人民法院受理申请后，经审查核实，应当发出财产认领公告。公告满一年无人认领的，判决认定财产无主，收归国家或者集体所有。	**第一百九十二条**　人民法院受理申请后，经审查核实，应当发出财产认领公告。公告满一年无人认领的，判决认定财产无主，收归国家或者集体所有。
第一百七十六条　判决认定财产无主后，原财产所有人或者继承人出现，在民法通则规定的诉讼时效期间可以对财产提出请求，人民法院审查属实后，应当作出新判决，撤销原判决。	**第一百九十三条**　判决认定财产无主后，原财产所有人或者继承人出现，在民法通则规定的诉讼时效期间可以对财产提出请求，人民法院审查属实后，应当作出新判决，撤销原判决。
	第六节　确认调解协议案件
	第一百九十四条　申请司法确认调解协议，由双方当事人依照人民调解法等法律，自调解协议生效之日起三十日内，共同向调解组织所在地基层人民法院提出。
	第一百九十五条　人民法院受理申请后，经审查，符合法律规定的，裁定调解协议有效，一方当事人拒绝履行或者未全部履行的，对方当事人可以向人民法院申请执行；不符合法律规定的，裁定驳回申请，当事人可以通过调解方式变更原调解协议或者达成新的调解协议，也可以向人民法院提起诉讼。
	第七节　实现担保物权案件
	第一百九十六条　申请实现担保物权，由担保物权人以及其他有权请求实现担保

	物权的人依照物权法等法律，向担保财产所在地或者担保物权登记地基层人民法院提出。
	第一百九十七条　人民法院受理申请后，经审查，符合法律规定的，裁定拍卖、变卖担保财产，当事人依据该裁定可以向人民法院申请执行；不符合法律规定的，裁定驳回申请，当事人可以向人民法院提起诉讼。
第十六章　审判监督程序	**第十六章　审判监督程序**
第一百七十七条　各级人民法院院长对本院已经发生法律效力的判决、裁定，发现确有错误，认为需要再审的，应当提交审判委员会讨论决定。 最高人民法院对地方各级人民法院已经发生法律效力的判决、裁定，上级人民法院对下级人民法院已经发生法律效力的判决、裁定，发现确有错误的，有权提审或者指令下级人民法院再审。	**第一百九十八条**　各级人民法院院长对本院已经发生法律效力的判决、裁定、**调解书**，发现确有错误，认为需要再审的，应当提交审判委员会讨论决定。 最高人民法院对地方各级人民法院已经发生法律效力的判决、裁定、**调解书**，上级人民法院对下级人民法院已经发生法律效力的判决、裁定、**调解书**，发现确有错误的，有权提审或者指令下级人民法院再审。
第一百七十八条　当事人对已经发生法律效力的判决、裁定，认为有错误的，可以向上一级人民法院申请再审，但不停止判决、裁定的执行。	**第一百九十九条**　当事人对已经发生法律效力的判决、裁定，认为有错误的，可以向上一级人民法院申请再审；**当事人一方人数众多或者当事人双方为公民的案件，也可以向原审人民法院申请再审。当事人申请再审的**，不停止判决、裁定的执行。
第一百七十九条　当事人的申请符合下列情形之一的，人民法院应当再审： （一）有新的证据，足以推翻原判决、裁定的； （二）原判决、裁定认定的基本事实缺乏证据证明的； （三）原判决、裁定认定事实的主要证据是伪造的； （四）原判决、裁定认定事实的主要证据未经质证的；	**第二百条**　当事人的申请符合下列情形之一的，人民法院应当再审： （一）有新的证据，足以推翻原判决、裁定的； （二）原判决、裁定认定的基本事实缺乏证据证明的； （三）原判决、裁定认定事实的主要证据是伪造的； （四）原判决、裁定认定事实的主要证据未经质证的；

（五）对审理案件需要的证据，当事人因客观原因不能自行收集，书面申请人民法院调查收集，人民法院未调查收集的； （六）原判决、裁定适用法律确有错误的； （七）违反法律规定，管辖错误的； （八）审判组织的组成不合法或者依法应当回避的审判人员没有回避的； （九）无诉讼行为能力人未经法定代理人代为诉讼或者应当参加诉讼的当事人，因不能归责于本人或者其诉讼代理人的事由，未参加诉讼的； （十）违反法律规定，剥夺当事人辩论权利的； （十一）未经传票传唤，缺席判决的； （十二）原判决、裁定遗漏或者超出诉讼请求的； （十三）据以作出原判决、裁定的法律文书被撤销或者变更的。 对违反法定程序可能影响案件正确判决、裁定的情形，或者审判人员在审理该案件时有贪污受贿，徇私舞弊，枉法裁判行为的，人民法院应当再审。	（五）对审理案件需要的**主要**证据，当事人因客观原因不能自行收集，书面申请人民法院调查收集，人民法院未调查收集的； （六）原判决、裁定适用法律确有错误的； （七）审判组织的组成不合法或者依法应当回避的审判人员没有回避的； （八）无诉讼行为能力人未经法定代理人代为诉讼或者应当参加诉讼的当事人，因不能归责于本人或者其诉讼代理人的事由，未参加诉讼的； （九）违反法律规定，剥夺当事人辩论权利的； （十）未经传票传唤，缺席判决的； （十一）原判决、裁定遗漏或者超出诉讼请求的； （十二）据以作出原判决、裁定的法律文书被撤销或者变更的； **（十三）**审判人员审理该案件时有贪污受贿，徇私舞弊，枉法裁判行为的。
	第二百零一条　当事人对已经发生法律效力的调解书，提出证据证明调解违反自愿原则或者调解协议的内容违反法律的，可以申请再审。经人民法院审查属实的，应当再审。
	第二百零二条　当事人对已经发生法律效力的解除婚姻关系的判决、**调解书，**不得申请再审。
第一百八十条　当事人申请再审的，应当提交再审申请书等材料。人民法院应当自收到再审申请书之日起五日内将再审申请书副本发送对方当事人。对方当事人应当自收到再审申请书副本之日起十五日内提交书面意见；不提交书面意见的，不影响人民法院审查。人民法院可以要求申	**第二百零三条**　当事人申请再审的，应当提交再审申请书等材料。人民法院应当自收到再审申请书之日起五日内将再审申请书副本发送对方当事人。对方当事人应当自收到再审申请书副本之日起十五日内提交书面意见；不提交书面意见的，不影响人民法院审查。人民法院可以要求申

请人和对方当事人补充有关材料，询问有关事项。	请人和对方当事人补充有关材料，询问有关事项。
第一百八十一条 人民法院应当自收到再审申请书之日起三个月内审查，符合本法第一百七十九条规定情形之一的，裁定再审；不符合本法第一百七十九条规定的，裁定驳回申请。有特殊情况需要延长的，由本院院长批准。 因当事人申请裁定再审的案件由中级人民法院以上的人民法院审理。最高人民法院、高级人民法院裁定再审的案件，由本院再审或者交其他人民法院再审，也可以交原审人民法院再审。	**第二百零四条** 人民法院应当自收到再审申请书之日起三个月内审查，符合本法规定的，裁定再审；不符合本法规定的，裁定驳回申请。有特殊情况需要延长的，由本院院长批准。 因当事人申请裁定再审的案件由中级人民法院以上的人民法院审理，**但当事人依照本法第一百九十九条的规定选择向基层人民法院申请再审的除外**。最高人民法院、高级人民法院裁定再审的案件，由本院再审或者交其他人民法院再审，也可以交原审人民法院再审。
第一百八十二条 当事人对已经发生法律效力的调解书，提出证据证明调解违反自愿原则或者调解协议的内容违反法律的，可以申请再审。经人民法院审查属实的，应当再审。 （本条内容移至新条文第二百零一条）	
第一百八十三条 当事人对已经发生法律效力的解除婚姻关系的判决，不得申请再审。 （本条内容移至新条文第二百零二条）	
第一百八十四条 当事人申请再审，应当在判决、裁定发生法律效力后二年内提出；二年后据以作出原判决、裁定的法律文书被撤销或者变更，以及发现审判人员在审理该案件时有贪污受贿，徇私舞弊，枉法裁判行为的，自知道或者应当知道之日起三个月内提出。	**第二百零五条** 当事人申请再审，应当在判决、裁定发生法律效力后**六个月**内提出；**有本法第二百条第一项、第三项、第十二项、第十三项规定情形**的，自知道或者应当知道之日起六个月内提出。
第一百八十五条 按照审判监督程序决定再审的案件，裁定中止原判决的执行。裁定由院长署名，加盖人民法院印章。	**第二百零六条** 按照审判监督程序决定再审的案件，裁定中止原判决、**裁定、调解书**的执行，**但追索赡养费、扶养费、抚育费、抚恤金、医疗费用、劳动报酬等案件，可以不中止执行**。

第一百八十六条 人民法院按照审判监督程序再审的案件，发生法律效力的判决、裁定是由第一审法院作出的，按照第一审程序审理，所作的判决、裁定，当事人可以上诉；发生法律效力的判决、裁定是由第二审法院作出的，按照第二审程序审理，所作的判决、裁定，是发生法律效力的判决、裁定；上级人民法院按照审判监督程序提审的，按照第二审程序审理，所作的判决、裁定是发生法律效力的判决、裁定。 人民法院审理再审案件，应当另行组成合议庭。	**第二百零七条** 人民法院按照审判监督程序再审的案件，发生法律效力的判决、裁定是由第一审法院作出的，按照第一审程序审理，所作的判决、裁定，当事人可以上诉；发生法律效力的判决、裁定是由第二审法院作出的，按照第二审程序审理，所作的判决、裁定，是发生法律效力的判决、裁定；上级人民法院按照审判监督程序提审的，按照第二审程序审理，所作的判决、裁定是发生法律效力的判决、裁定。 人民法院审理再审案件，应当另行组成合议庭。
第一百八十七条 最高人民检察院对各级人民法院已经发生法律效力的判决、裁定，上级人民检察院对下级人民法院已经发生法律效力的判决、裁定，发现有本法第一百七十九条规定情形之一的，应当提出抗诉。 地方各级人民检察院对同级人民法院已经发生法律效力的判决、裁定，发现有本法第一百七十九条规定情形之一的，应当提请上级人民检察院向同级人民法院提出抗诉。	**第二百零八条** 最高人民检察院对各级人民法院已经发生法律效力的判决、裁定，上级人民检察院对下级人民法院已经发生法律效力的判决、裁定，发现有本法**第二百条**规定情形之一的，**或者发现调解书损害国家利益、社会公共利益的**，应当提出抗诉。 地方各级人民检察院对同级人民法院已经发生法律效力的判决、裁定，发现有本法**第二百条**规定情形之一的，**或者发现调解书损害国家利益、社会公共利益的，可以向同级人民法院提出检察建议，并报上级人民检察院备案；也可以**提请上级人民检察院向同级人民法院提出抗诉。 **各级人民检察院对审判监督程序以外的其他审判程序中审判人员的违法行为，有权向同级人民法院提出检察建议。**
	第二百零九条 有下列情形之一的，当事人可以向人民检察院申请检察建议或者抗诉： **（一）人民法院驳回再审申请的；** **（二）人民法院逾期未对再审申请作出裁定的；** **（三）再审判决、裁定有明显错误的。** **人民检察院对当事人的申请应当在三**

	个月内进行审查，作出提出或者不予提出检察建议或者抗诉的决定，当事人不得再次向人民检察院申请检察建议或者抗诉。
	第二百一十条　人民检察院因履行法律监督职责提出检察建议或者抗诉的需要，可以向当事人或者案外人调查核实有关情况。
第一百八十八条　人民检察院提出抗诉的案件，接受抗诉的人民法院应当自收到抗诉书之日起三十日内作出再审的裁定；有本法第一百七十九条第一款第（一）项至第（五）项规定情形之一的，可以交下一级人民法院再审。	**第二百一十一条**　人民检察院提出抗诉的案件，接受抗诉的人民法院应当自收到抗诉书之日起三十日内作出再审的裁定；有本法第二百条第一项至第五项规定情形之一的，可以交下一级人民法院再审，**但经该下一级人民法院再审的除外。**
第一百八十九条　人民检察院决定对人民法院的判决、裁定提出抗诉的，应当制作抗诉书。	**第二百一十二条**　人民检察院决定对人民法院的判决、裁定、**调解书**提出抗诉的，应当制作抗诉书。
第一百九十条　人民检察院提出抗诉的案件，人民法院再审时，应当通知人民检察院派员出席法庭。	**第二百一十三条**　人民检察院提出抗诉的案件，人民法院再审时，应当通知人民检察院派员出席法庭。
第十七章　督促程序	**第十七章　督促程序**
第一百九十一条　债权人请求债务人给付金钱、有价证券，符合下列条件的，可以向有管辖权的基层人民法院申请支付令： （一）债权人与债务人没有其他债务纠纷的； （二）支付令能够送达债务人的。 申请书应当写明请求给付金钱或者有价证券的数量和所根据的事实、证据。	**第二百一十四条**　债权人请求债务人给付金钱、有价证券，符合下列条件的，可以向有管辖权的基层人民法院申请支付令： （一）债权人与债务人没有其他债务纠纷的； （二）支付令能够送达债务人的。 申请书应当写明请求给付金钱或者有价证券的数量和所根据的事实、证据。
第一百九十二条　债权人提出申请后，人民法院应当在五日内通知债权人是否受理。	**第二百一十五条**　债权人提出申请后，人民法院应当在五日内通知债权人是否受理。
第一百九十三条　人民法院受理申请后，经审查债权人提供的事实、证据，对债权债务关系明确、合法的，应当在受理	**第二百一十六条**　人民法院受理申请后，经审查债权人提供的事实、证据，对债权债务关系明确、合法的，应当在受理

之日起十五日内向债务人发出支付令；申请不成立的，裁定予以驳回。 债务人应当自收到支付令之日起十五日内清偿债务，或者向人民法院提出书面异议。 债务人在前款规定的期间不提出异议又不履行支付令的，债权人可以向人民法院申请执行。	之日起十五日内向债务人发出支付令；申请不成立的，裁定予以驳回。 债务人应当自收到支付令之日起十五日内清偿债务，或者向人民法院提出书面异议。 债务人在前款规定的期间不提出异议又不履行支付令的，债权人可以向人民法院申请执行。
第一百九十四条 人民法院收到债务人提出的书面异议后，应当裁定终结督促程序，支付令自行失效，债权人可以起诉。	**第二百一十七条** 人民法院收到债务人提出的书面异议后，**经审查，异议成立的，**应当裁定终结督促程序，支付令自行失效。 **支付令失效的，转入诉讼程序，但申请支付令的一方当事人不同意提起诉讼的除外。**
第十八章　公示催告程序	**第十八章　公示催告程序**
第一百九十五条 按照规定可以背书转让的票据持有人，因票据被盗、遗失或者灭失，可以向票据支付地的基层人民法院申请公示催告。依照法律规定可以申请公示催告的其他事项，适用本章规定。 申请人应当向人民法院递交申请书，写明票面金额、发票人、持票人、背书人等票据主要内容和申请的理由、事实。	**第二百一十八条** 按照规定可以背书转让的票据持有人，因票据被盗、遗失或者灭失，可以向票据支付地的基层人民法院申请公示催告。依照法律规定可以申请公示催告的其他事项，适用本章规定。 申请人应当向人民法院递交申请书，写明票面金额、发票人、持票人、背书人等票据主要内容和申请的理由、事实。
第一百九十六条 人民法院决定受理申请，应当同时通知支付人停止支付，并在三日内发出公告，催促利害关系人申报权利。公示催告的期间，由人民法院根据情况决定，但不得少于六十日。	**第二百一十九条** 人民法院决定受理申请，应当同时通知支付人停止支付，并在三日内发出公告，催促利害关系人申报权利。公示催告的期间，由人民法院根据情况决定，但不得少于六十日。
第一百九十七条 支付人收到人民法院停止支付的通知，应当停止支付，至公示催告程序终结。 公示催告期间，转让票据权利的行为无效。	**第二百二十条** 支付人收到人民法院停止支付的通知，应当停止支付，至公示催告程序终结。 公示催告期间，转让票据权利的行为无效。
第一百九十八条 利害关系人应当在公示催告期间向人民法院申报。	**第二百二十一条** 利害关系人应当在公示催告期间向人民法院申报。

人民法院收到利害关系人的申报后，应当裁定终结公示催告程序，并通知申请人和支付人。 申请人或者申报人可以向人民法院起诉。	人民法院收到利害关系人的申报后，应当裁定终结公示催告程序，并通知申请人和支付人。 申请人或者申报人可以向人民法院起诉。
第一百九十九条 没有人申报的，人民法院应当根据申请人的申请，作出判决，宣告票据无效。判决应当公告，并通知支付人。自判决公告之日起，申请人有权向支付人请求支付。	**第二百二十二条** 没有人申报的，人民法院应当根据申请人的申请，作出判决，宣告票据无效。判决应当公告，并通知支付人。自判决公告之日起，申请人有权向支付人请求支付。
第二百条 利害关系人因正当理由不能在判决前向人民法院申报的，自知道或者应当知道判决公告之日起一年内，可以向作出判决的人民法院起诉。	**第二百二十三条** 利害关系人因正当理由不能在判决前向人民法院申报的，自知道或者应当知道判决公告之日起一年内，可以向作出判决的人民法院起诉。
第三编　执行程序	**第三编　执行程序**
第十九章　一般规定	**第十九章　一般规定**
第二百零一条 发生法律效力的民事判决、裁定，以及刑事判决、裁定中的财产部分，由第一审人民法院或者与第一审人民法院同级的被执行的财产所在地人民法院执行。 法律规定由人民法院执行的其他法律文书，由被执行人住所地或者被执行的财产所在地人民法院执行。	**第二百二十四条** 发生法律效力的民事判决、裁定，以及刑事判决、裁定中的财产部分，由第一审人民法院或者与第一审人民法院同级的被执行的财产所在地人民法院执行。 法律规定由人民法院执行的其他法律文书，由被执行人住所地或者被执行的财产所在地人民法院执行。
第二百零二条 当事人、利害关系人认为执行行为违反法律规定的，可以向负责执行的人民法院提出书面异议。当事人、利害关系人提出书面异议的，人民法院应当自收到书面异议之日起十五日内审查，理由成立的，裁定撤销或者改正；理由不成立的，裁定驳回。当事人、利害关系人对裁定不服的，可以自裁定送达之日起十日内向上一级人民法院申请复议。	**第二百二十五条** 当事人、利害关系人认为执行行为违反法律规定的，可以向负责执行的人民法院提出书面异议。当事人、利害关系人提出书面异议的，人民法院应当自收到书面异议之日起十五日内审查，理由成立的，裁定撤销或者改正；理由不成立的，裁定驳回。当事人、利害关系人对裁定不服的，可以自裁定送达之日起十日内向上一级人民法院申请复议。
第二百零三条 人民法院自收到申请执行书之日起超过六个月未执行的，申请	**第二百二十六条** 人民法院自收到申请执行书之日起超过六个月未执行的，申

执行人可以向上一级人民法院申请执行。上一级人民法院经审查，可以责令原人民法院在一定期限内执行，也可以决定由本院执行或者指令其他人民法院执行。	请执行人可以向上一级人民法院申请执行。上一级人民法院经审查，可以责令原人民法院在一定期限内执行，也可以决定由本院执行或者指令其他人民法院执行。
第二百零四条 执行过程中，案外人对执行标的提出书面异议的，人民法院应当自收到书面异议之日起十五日内审查，理由成立的，裁定中止对该标的的执行；理由不成立的，裁定驳回。案外人、当事人对裁定不服，认为原判决、裁定错误的，依照审判监督程序办理；与原判决、裁定无关的，可以自裁定送达之日起十五日内向人民法院提起诉讼。	**第二百二十七条** 执行过程中，案外人对执行标的提出书面异议的，人民法院应当自收到书面异议之日起十五日内审查，理由成立的，裁定中止对该标的的执行；理由不成立的，裁定驳回。案外人、当事人对裁定不服，认为原判决、裁定错误的，依照审判监督程序办理；与原判决、裁定无关的，可以自裁定送达之日起十五日内向人民法院提起诉讼。
第二百零五条 执行工作由执行员进行。 采取强制执行措施时，执行员应当出示证件。执行完毕后，应当将执行情况制作笔录，由在场的有关人员签名或者盖章。 人民法院根据需要可以设立执行机构。	**第二百二十八条** 执行工作由执行员进行。 采取强制执行措施时，执行员应当出示证件。执行完毕后，应当将执行情况制作笔录，由在场的有关人员签名或者盖章。 人民法院根据需要可以设立执行机构。
第二百零六条 被执行人或者被执行的财产在外地的，可以委托当地人民法院代为执行。受委托人民法院收到委托函件后，必须在十五日内开始执行，不得拒绝。执行完毕后，应当将执行结果及时函复委托人民法院；在三十日内如果还未执行完毕，也应当将执行情况函告委托人民法院。 受委托人民法院自收到委托函件之日起十五日内不执行的，委托人民法院可以请求受委托人民法院的上级人民法院指令受委托人民法院执行。	**第二百二十九条** 被执行人或者被执行的财产在外地的，可以委托当地人民法院代为执行。受委托人民法院收到委托函件后，必须在十五日内开始执行，不得拒绝。执行完毕后，应当将执行结果及时函复委托人民法院；在三十日内如果还未执行完毕，也应当将执行情况函告委托人民法院。 受委托人民法院自收到委托函件之日起十五日内不执行的，委托人民法院可以请求受委托人民法院的上级人民法院指令受委托人民法院执行。
第二百零七条 在执行中，双方当事人自行和解达成协议的，执行员应当将协议内容记入笔录，由双方当事人签名或者盖章。 一方当事人不履行和解协议的，人民法院可以根据对方当事人的申请，恢复对	**第二百三十条** 在执行中，双方当事人自行和解达成协议的，执行员应当将协议内容记入笔录，由双方当事人签名或者盖章。 **申请执行人因受欺诈、胁迫与被执行人达成和解协议，或者**当事人不履行和解

原生效法律文书的执行。	协议的，人民法院可以根据当事人的申请，恢复对原生效法律文书的执行。
第二百零八条 在执行中，被执行人向人民法院提供担保，并经申请执行人同意的，人民法院可以决定暂缓执行及暂缓执行的期限。被执行人逾期仍不履行的，人民法院有权执行被执行人的担保财产或者担保人的财产。	**第二百三十一条** 在执行中，被执行人向人民法院提供担保，并经申请执行人同意的，人民法院可以决定暂缓执行及暂缓执行的期限。被执行人逾期仍不履行的，人民法院有权执行被执行人的担保财产或者担保人的财产。
第二百零九条 作为被执行人的公民死亡的，以其遗产偿还债务。作为被执行人的法人或者其他组织终止的，由其权利义务承受人履行义务。	**第二百三十二条** 作为被执行人的公民死亡的，以其遗产偿还债务。作为被执行人的法人或者其他组织终止的，由其权利义务承受人履行义务。
第二百一十条 执行完毕后，据以执行的判决、裁定和其他法律文书确有错误，被人民法院撤销的，对已被执行的财产，人民法院应当作出裁定，责令取得财产的人返还；拒不返还的，强制执行。	**第二百三十三条** 执行完毕后，据以执行的判决、裁定和其他法律文书确有错误，被人民法院撤销的，对已被执行的财产，人民法院应当作出裁定，责令取得财产的人返还；拒不返还的，强制执行。
第二百一十一条 人民法院制作的调解书的执行，适用本编的规定。	**第二百三十四条** 人民法院制作的调解书的执行，适用本编的规定。
	第二百三十五条 人民检察院有权对民事执行活动实行法律监督。
第二十章 执行的申请和移送	**第二十章 执行的申请和移送**
第二百一十二条 发生法律效力的民事判决、裁定，当事人必须履行。一方拒绝履行的，对方当事人可以向人民法院申请执行，也可以由审判员移送执行员执行。 调解书和其他应当由人民法院执行的法律文书，当事人必须履行。一方拒绝履行的，对方当事人可以向人民法院申请执行。	**第二百三十六条** 发生法律效力的民事判决、裁定，当事人必须履行。一方拒绝履行的，对方当事人可以向人民法院申请执行，也可以由审判员移送执行员执行。 调解书和其他应当由人民法院执行的法律文书，当事人必须履行。一方拒绝履行的，对方当事人可以向人民法院申请执行。
第二百一十三条 对依法设立的仲裁机构的裁决，一方当事人不履行的，对方当事人可以向有管辖权的人民法院申请执行。受申请的人民法院应当执行。 被申请人提出证据证明仲裁裁决有下	**第二百三十七条** 对依法设立的仲裁机构的裁决，一方当事人不履行的，对方当事人可以向有管辖权的人民法院申请执行。受申请的人民法院应当执行。 被申请人提出证据证明仲裁裁决有下

列情形之一的,经人民法院组成合议庭审查核实,裁定不予执行: (一)当事人在合同中没有订有仲裁条款或者事后没有达成书面仲裁协议的; (二)裁决的事项不属于仲裁协议的范围或者仲裁机构无权仲裁的; (三)仲裁庭的组成或者仲裁的程序违反法定程序的; (四)认定事实的主要证据不足的; (五)适用法律确有错误的; (六)仲裁员在仲裁该案时有贪污受贿,徇私舞弊,枉法裁决行为的。 人民法院认定执行该裁决违背社会公共利益的,裁定不予执行。 裁定书应当送达双方当事人和仲裁机构。 仲裁裁决被人民法院裁定不予执行的,当事人可以根据双方达成的书面仲裁协议重新申请仲裁,也可以向人民法院起诉。	列情形之一的,经人民法院组成合议庭审查核实,裁定不予执行: (一)当事人在合同中没有订有仲裁条款或者事后没有达成书面仲裁协议的; (二)裁决的事项不属于仲裁协议的范围或者仲裁机构无权仲裁的; (三)仲裁庭的组成或者仲裁的程序违反法定程序的; (四)**裁决所根据的证据是伪造的;** (五)**对方当事人向仲裁机构隐瞒了足以影响公正裁决的证据的;** (六)仲裁员在仲裁该案时有贪污受贿,徇私舞弊,枉法裁决行为的。 人民法院认定执行该裁决违背社会公共利益的,裁定不予执行。 裁定书应当送达双方当事人和仲裁机构。 仲裁裁决被人民法院裁定不予执行的,当事人可以根据双方达成的书面仲裁协议重新申请仲裁,也可以向人民法院起诉。
第二百一十四条 对公证机关依法赋予强制执行效力的债权文书,一方当事人不履行的,对方当事人可以向有管辖权的人民法院申请执行,受申请的人民法院应当执行。 公证债权文书确有错误的,人民法院裁定不予执行,并将裁定书送达双方当事人和公证机关。	**第二百三十八条** 对公证机关依法赋予强制执行效力的债权文书,一方当事人不履行的,对方当事人可以向有管辖权的人民法院申请执行,受申请的人民法院应当执行。 公证债权文书确有错误的,人民法院裁定不予执行,并将裁定书送达双方当事人和公证机关。
第二百一十五条 申请执行的期间为二年。申请执行时效的中止、中断,适用法律有关诉讼时效中止、中断的规定。 前款规定的期间,从法律文书规定履行期间的最后一日起计算;法律文书规定分期履行的,从规定的每次履行期间的最后一日起计算;法律文书未规定履行期间的,从法律文书生效之日起计算。	**第二百三十九条** 申请执行的期间为二年。申请执行时效的中止、中断,适用法律有关诉讼时效中止、中断的规定。 前款规定的期间,从法律文书规定履行期间的最后一日起计算;法律文书规定分期履行的,从规定的每次履行期间的最后一日起计算;法律文书未规定履行期间的,从法律文书生效之日起计算。
第二百一十六条 执行员接到申请执行书或者移交执行书,应当向被执行人发	**第二百四十条** 执行员接到申请执行书或者移交执行书,应当向被执行人发出

出执行通知，责令其在指定的期间履行，逾期不履行的，强制执行。 被执行人不履行法律文书确定的义务，并有可能隐匿、转移财产的，执行员可以立即采取强制执行措施。	执行通知，**并可以立即采取强制执行措施**。
第二十一章　执行措施	**第二十一章　执行措施**
第二百一十七条　被执行人未按执行通知履行法律文书确定的义务，应当报告当前以及收到执行通知之日前一年的财产情况。被执行人拒绝报告或者虚假报告的，人民法院可以根据情节轻重对被执行人或者其法定代理人、有关单位的主要负责人或者直接责任人员予以罚款、拘留。	**第二百四十一条**　被执行人未按执行通知履行法律文书确定的义务，应当报告当前以及收到执行通知之日前一年的财产情况。被执行人拒绝报告或者虚假报告的，人民法院可以根据情节轻重对被执行人或者其法定代理人、有关单位的主要负责人或者直接责任人员予以罚款、拘留。
第二百一十八条　被执行人未按执行通知履行法律文书确定的义务，人民法院有权向银行、信用合作社和其他有储蓄业务的单位查询被执行人的存款情况，有权冻结、划拨被执行人的存款，但查询、冻结、划拨存款不得超出被执行人应当履行义务的范围。 人民法院决定冻结、划拨存款，应当作出裁定，并发出协助执行通知书，银行、信用合作社和其他有储蓄业务的单位必须办理。	**第二百四十二条**　被执行人未按执行通知履行法律文书确定的义务，人民法院有权向**有关**单位查询被执行人的存款、**债券、股票、基金份额等财产**情况。**人民法院**有权**根据不同情形扣押**、冻结、划拨、**变价**被执行人的**财产**。**人民法院**查询、**扣押**、冻结、划拨、**变价的财产**不得超出被执行人应当履行义务的范围。 人民法院决定**扣押**、冻结、划拨、**变价财产**，应当作出裁定，并发出协助执行通知书，**有关**单位必须办理。
第二百一十九条　被执行人未按执行通知履行法律文书确定的义务，人民法院有权扣留、提取被执行人应当履行义务部分的收入。但应当保留被执行人及其所扶养家属的生活必需费用。 人民法院扣留、提取收入时，应当作出裁定，并发出协助执行通知书，被执行人所在单位、银行、信用合作社和其他有储蓄业务的单位必须办理。	**第二百四十三条**　被执行人未按执行通知履行法律文书确定的义务，人民法院有权扣留、提取被执行人应当履行义务部分的收入。但应当保留被执行人及其所扶养家属的生活必需费用。 人民法院扣留、提取收入时，应当作出裁定，并发出协助执行通知书，被执行人所在单位、银行、信用合作社和其他有储蓄业务的单位必须办理。
第二百二十条　被执行人未按执行通知履行法律文书确定的义务，人民法院有权查封、扣押、冻结、拍卖、变卖被执行	**第二百四十四条**　被执行人未按执行通知履行法律文书确定的义务，人民法院有权查封、扣押、冻结、拍卖、变卖被执

人应当履行义务部分的财产。但应当保留被执行人及其所扶养家属的生活必需品。 采取前款措施，人民法院应当作出裁定。	行人应当履行义务部分的财产。但应当保留被执行人及其所扶养家属的生活必需品。 采取前款措施，人民法院应当作出裁定。
第二百二十一条 人民法院查封、扣押财产时，被执行人是公民的，应当通知被执行人或者他的成年家属到场；被执行人是法人或者其他组织的，应当通知其法定代表人或者主要负责人到场。拒不到场的，不影响执行。被执行人是公民的，其工作单位或者财产所在地的基层组织应当派人参加。 对被查封、扣押的财产，执行员必须造具清单，由在场人签名或者盖章后，交被执行人一份。被执行人是公民的，也可以交他的成年家属一份。	**第二百四十五条** 人民法院查封、扣押财产时，被执行人是公民的，应当通知被执行人或者他的成年家属到场；被执行人是法人或者其他组织的，应当通知其法定代表人或者主要负责人到场。拒不到场的，不影响执行。被执行人是公民的，其工作单位或者财产所在地的基层组织应当派人参加。 对被查封、扣押的财产，执行员必须造具清单，由在场人签名或者盖章后，交被执行人一份。被执行人是公民的，也可以交他的成年家属一份。
第二百二十二条 被查封的财产，执行员可以指定被执行人负责保管。因被执行人的过错造成的损失，由被执行人承担。	**第二百四十六条** 被查封的财产，执行员可以指定被执行人负责保管。因被执行人的过错造成的损失，由被执行人承担。
第二百二十三条 财产被查封、扣押后，执行员应当责令被执行人在指定期间履行法律文书确定的义务。被执行人逾期不履行的，人民法院可以按照规定交有关单位拍卖或者变卖被查封、扣押的财产。国家禁止自由买卖的物品，交有关单位按照国家规定的价格收购。	**第二百四十七条** 财产被查封、扣押后，执行员应当责令被执行人在指定期间履行法律文书确定的义务。被执行人逾期不履行的，人民法院**应当拍卖**被查封、扣押的财产；**不适于拍卖或者当事人双方同意不进行拍卖的，人民法院可以委托**有关单位变卖**或者自行变卖**。国家禁止自由买卖的物品，交有关单位按照国家规定的价格收购。
第二百二十四条 被执行人不履行法律文书确定的义务，并隐匿财产的，人民法院有权发出搜查令，对被执行人及其住所或者财产隐匿地进行搜查。 采取前款措施，由院长签发搜查令。	**第二百四十八条** 被执行人不履行法律文书确定的义务，并隐匿财产的，人民法院有权发出搜查令，对被执行人及其住所或者财产隐匿地进行搜查。 采取前款措施，由院长签发搜查令。
第二百二十五条 法律文书指定交付的财物或者票证，由执行员传唤双方当事人当面交付，或者由执行员转交，并由被交付人签收。	**第二百四十九条** 法律文书指定交付的财物或者票证，由执行员传唤双方当事人当面交付，或者由执行员转交，并由被交付人签收。

有关单位持有该项财物或者票证的，应当根据人民法院的协助执行通知书转交，并由被交付人签收。 有关公民持有该项财物或者票证的，人民法院通知其交出。拒不交出的，强制执行。	有关单位持有该项财物或者票证的，应当根据人民法院的协助执行通知书转交，并由被交付人签收。 有关公民持有该项财物或者票证的，人民法院通知其交出。拒不交出的，强制执行。
第二百二十六条 强制迁出房屋或者强制退出土地，由院长签发公告，责令被执行人在指定期间履行。被执行人逾期不履行的，由执行员强制执行。 强制执行时，被执行人是公民的，应当通知被执行人或者他的成年家属到场；被执行人是法人或者其他组织的，应当通知其法定代表人或者主要负责人到场。拒不到场的，不影响执行。被执行人是公民的，其工作单位或者房屋、土地所在地的基层组织应当派人参加。执行员应当将强制执行情况记入笔录，由在场人签名或者盖章。 强制迁出房屋被搬出的财物，由人民法院派人运至指定处所，交给被执行人。被执行人是公民的，也可以交给他的成年家属。因拒绝接收而造成的损失，由被执行人承担。	**第二百五十条** 强制迁出房屋或者强制退出土地，由院长签发公告，责令被执行人在指定期间履行。被执行人逾期不履行的，由执行员强制执行。 强制执行时，被执行人是公民的，应当通知被执行人或者他的成年家属到场；被执行人是法人或者其他组织的，应当通知其法定代表人或者主要负责人到场。拒不到场的，不影响执行。被执行人是公民的，其工作单位或者房屋、土地所在地的基层组织应当派人参加。执行员应当将强制执行情况记入笔录，由在场人签名或者盖章。 强制迁出房屋被搬出的财物，由人民法院派人运至指定处所，交给被执行人。被执行人是公民的，也可以交给他的成年家属。因拒绝接收而造成的损失，由被执行人承担。
第二百二十七条 在执行中，需要办理有关财产权证照转移手续的，人民法院可以向有关单位发出协助执行通知书，有关单位必须办理。	**第二百五十一条** 在执行中，需要办理有关财产权证照转移手续的，人民法院可以向有关单位发出协助执行通知书，有关单位必须办理。
第二百二十八条 对判决、裁定和其他法律文书指定的行为，被执行人未按执行通知履行的，人民法院可以强制执行或者委托有关单位或者其他人完成，费用由被执行人承担。	**第二百五十二条** 对判决、裁定和其他法律文书指定的行为，被执行人未按执行通知履行的，人民法院可以强制执行或者委托有关单位或者其他人完成，费用由被执行人承担。
第二百二十九条 被执行人未按判决、裁定和其他法律文书指定的期间履行给付金钱义务的，应当加倍支付迟延履行期间的债务利息。被执行人未按判决、裁定和其他法律文书指定的期间履行其他义务的，	**第二百五十三条** 被执行人未按判决、裁定和其他法律文书指定的期间履行给付金钱义务的，应当加倍支付迟延履行期间的债务利息。被执行人未按判决、裁定和其他法律文书指定的期间履行其他义务的，

应当支付迟延履行金。	应当支付迟延履行金。
第二百三十条 人民法院采取本法第二百一十八条、第二百一十九条、第二百二十条规定的执行措施后，被执行人仍不能偿还债务的，应当继续履行义务。债权人发现被执行人有其他财产的，可以随时请求人民法院执行。	**第二百五十四条** 人民法院采取本法第二百**四十二**条、第二百**四十三**条、第二百**四十四**条规定的执行措施后，被执行人仍不能偿还债务的，应当继续履行义务。债权人发现被执行人有其他财产的，可以随时请求人民法院执行。
第二百三十一条 被执行人不履行法律文书确定的义务的，人民法院可以对其采取或者通知有关单位协助采取限制出境，在征信系统记录、通过媒体公布不履行义务信息以及法律规定的其他措施。	**第二百五十五条** 被执行人不履行法律文书确定的义务的，人民法院可以对其采取或者通知有关单位协助采取限制出境，在征信系统记录、通过媒体公布不履行义务信息以及法律规定的其他措施。
第二十二章 执行中止和终结	**第二十二章 执行中止和终结**
第二百三十二条 有下列情形之一的，人民法院应当裁定中止执行： （一）申请人表示可以延期执行的； （二）案外人对执行标的提出确有理由的异议的； （三）作为一方当事人的公民死亡，需要等待继承人继承权利或者承担义务的； （四）作为一方当事人的法人或者其他组织终止，尚未确定权利义务承受人的； （五）人民法院认为应当中止执行的其他情形。 中止的情形消失后，恢复执行。	**第二百五十六条** 有下列情形之一的，人民法院应当裁定中止执行： （一）申请人表示可以延期执行的； （二）案外人对执行标的提出确有理由的异议的； （三）作为一方当事人的公民死亡，需要等待继承人继承权利或者承担义务的； （四）作为一方当事人的法人或者其他组织终止，尚未确定权利义务承受人的； （五）人民法院认为应当中止执行的其他情形。 中止的情形消失后，恢复执行。
第二百三十三条 有下列情形之一的，人民法院裁定终结执行： （一）申请人撤销申请的； （二）据以执行的法律文书被撤销的； （三）作为被执行人的公民死亡，无遗产可供执行，又无义务承担人的； （四）追索赡养费、扶养费、抚育费案件的权利人死亡的； （五）作为被执行人的公民因生活困难无力偿还借款，无收入来源，又丧失劳动能力的； （六）人民法院认为应当终结执行的	**第二百五十七条** 有下列情形之一的，人民法院裁定终结执行： （一）申请人撤销申请的； （二）据以执行的法律文书被撤销的； （三）作为被执行人的公民死亡，无遗产可供执行，又无义务承担人的； （四）追索赡养费、扶养费、抚育费案件的权利人死亡的； （五）作为被执行人的公民因生活困难无力偿还借款，无收入来源，又丧失劳动能力的； （六）人民法院认为应当终结执行的

其他情形。	其他情形。
第二百三十四条 中止和终结执行的裁定，送达当事人后立即生效。	**第二百五十八条** 中止和终结执行的裁定，送达当事人后立即生效。
第四编 涉外民事诉讼程序的特别规定	**第四编 涉外民事诉讼程序的特别规定**
第二十三章 一般原则	**第二十三章 一般原则**
第二百三十五条 在中华人民共和国领域内进行涉外民事诉讼，适用本编规定。本编没有规定的，适用本法其他有关规定。	**第二百五十九条** 在中华人民共和国领域内进行涉外民事诉讼，适用本编规定。本编没有规定的，适用本法其他有关规定。
第二百三十六条 中华人民共和国缔结或者参加的国际条约同本法有不同规定的，适用该国际条约的规定，但中华人民共和国声明保留的条款除外。	**第二百六十条** 中华人民共和国缔结或者参加的国际条约同本法有不同规定的，适用该国际条约的规定，但中华人民共和国声明保留的条款除外。
第二百三十七条 对享有外交特权与豁免的外国人、外国组织或者国际组织提起的民事诉讼，应当依照中华人民共和国有关法律和中华人民共和国缔结或者参加的国际条约的规定办理。	**第二百六十一条** 对享有外交特权与豁免的外国人、外国组织或者国际组织提起的民事诉讼，应当依照中华人民共和国有关法律和中华人民共和国缔结或者参加的国际条约的规定办理。
第二百三十八条 人民法院审理涉外民事案件，应当使用中华人民共和国通用的语言、文字。当事人要求提供翻译的，可以提供，费用由当事人承担。	**第二百六十二条** 人民法院审理涉外民事案件，应当使用中华人民共和国通用的语言、文字。当事人要求提供翻译的，可以提供，费用由当事人承担。
第二百三十九条 外国人、无国籍人、外国企业和组织在人民法院起诉、应诉，需要委托律师代理诉讼的，必须委托中华人民共和国的律师。	**第二百六十三条** 外国人、无国籍人、外国企业和组织在人民法院起诉、应诉，需要委托律师代理诉讼的，必须委托中华人民共和国的律师。
第二百四十条 在中华人民共和国领域内没有住所的外国人、无国籍人、外国企业和组织委托中华人民共和国律师或者其他人代理诉讼，从中华人民共和国领域外寄交或者托交的授权委托书，应当经所在国公证机关证明，并经中华人民共和国驻该国使领馆认证，或者履行中华人民共和国与该所在国订立的有关条约中规定的证明手续后，才具有效力。	**第二百六十四条** 在中华人民共和国领域内没有住所的外国人、无国籍人、外国企业和组织委托中华人民共和国律师或者其他人代理诉讼，从中华人民共和国领域外寄交或者托交的授权委托书，应当经所在国公证机关证明，并经中华人民共和国驻该国使领馆认证，或者履行中华人民共和国与该所在国订立的有关条约中规定的证明手续后，才具有效力。

第二十四章　管　辖	第二十四章　管　辖
第二百四十一条　因合同纠纷或者其他财产权益纠纷，对在中华人民共和国领域内没有住所的被告提起的诉讼，如果合同在中华人民共和国领域内签订或者履行，或者诉讼标的物在中华人民共和国领域内，或者被告在中华人民共和国领域内有可供扣押的财产，或者被告在中华人民共和国领域内设有代表机构，可以由合同签订地、合同履行地、诉讼标的物所在地、可供扣押财产所在地、侵权行为地或者代表机构住所地人民法院管辖。	**第二百六十五条**　因合同纠纷或者其他财产权益纠纷，对在中华人民共和国领域内没有住所的被告提起的诉讼，如果合同在中华人民共和国领域内签订或者履行，或者诉讼标的物在中华人民共和国领域内，或者被告在中华人民共和国领域内有可供扣押的财产，或者被告在中华人民共和国领域内设有代表机构，可以由合同签订地、合同履行地、诉讼标的物所在地、可供扣押财产所在地、侵权行为地或者代表机构住所地人民法院管辖。
第二百四十二条　涉外合同或者涉外财产权益纠纷的当事人，可以用书面协议选择与争议有实际联系的地点的法院管辖。选择中华人民共和国人民法院管辖的，不得违反本法关于级别管辖和专属管辖的规定。	
第二百四十三条　涉外民事诉讼的被告对人民法院管辖不提出异议，并应诉答辩的，视为承认该人民法院为有管辖权的法院。	
第二百四十四条　因在中华人民共和国履行中外合资经营企业合同、中外合作经营企业合同、中外合作勘探开发自然资源合同发生纠纷提起的诉讼，由中华人民共和国人民法院管辖。	**第二百六十六条**　因在中华人民共和国履行中外合资经营企业合同、中外合作经营企业合同、中外合作勘探开发自然资源合同发生纠纷提起的诉讼，由中华人民共和国人民法院管辖。
第二十五章　送达、期间	**第二十五章　送达、期间**
第二百四十五条　人民法院对在中华人民共和国领域内没有住所的当事人送达诉讼文书，可以采用下列方式： （一）依照受送达人所在国与中华人民共和国缔结或者共同参加的国际条约中规定的方式送达； （二）通过外交途径送达； （三）对具有中华人民共和国国籍的	**第二百六十七条**　人民法院对在中华人民共和国领域内没有住所的当事人送达诉讼文书，可以采用下列方式： （一）依照受送达人所在国与中华人民共和国缔结或者共同参加的国际条约中规定的方式送达； （二）通过外交途径送达； （三）对具有中华人民共和国国籍的

受送达人，可以委托中华人民共和国驻受送达人所在国的使领馆代为送达； （四）向受送达人委托的有权代其接受送达的诉讼代理人送达； （五）向受送达人在中华人民共和国领域内设立的代表机构或者有权接受送达的分支机构、业务代办人送达； （六）受送达人所在国的法律允许邮寄送达的，可以邮寄送达，自邮寄之日起满六个月，送达回证没有退回，但根据各种情况足以认定已经送达的，期间届满之日视为送达； （七）不能用上述方式送达的，公告送达，自公告之日起满六个月，即视为送达。	受送达人，可以委托中华人民共和国驻受送达人所在国的使领馆代为送达； （四）向受送达人委托的有权代其接受送达的诉讼代理人送达； （五）向受送达人在中华人民共和国领域内设立的代表机构或者有权接受送达的分支机构、业务代办人送达； （六）受送达人所在国的法律允许邮寄送达的，可以邮寄送达，自邮寄之日起满**三**个月，送达回证没有退回，但根据各种情况足以认定已经送达的，期间届满之日视为送达； （七）**采用传真、电子邮件等能够确认受送达人收悉的方式送达；** **（八）**不能用上述方式送达的，公告送达，自公告之日起满**三**个月，即视为送达。
第二百四十六条　被告在中华人民共和国领域内没有住所的，人民法院应当将起诉状副本送达被告，并通知被告在收到起诉状副本后三十日内提出答辩状。被告申请延期的，是否准许，由人民法院决定。	**第二百六十八条**　被告在中华人民共和国领域内没有住所的，人民法院应当将起诉状副本送达被告，并通知被告在收到起诉状副本后三十日内提出答辩状。被告申请延期的，是否准许，由人民法院决定。
第二百四十七条　在中华人民共和国领域内没有住所的当事人，不服第一审人民法院判决、裁定的，有权在判决书、裁定书送达之日起三十日内提起上诉。被上诉人在收到上诉状副本后，应当在三十日内提出答辩状。当事人不能在法定期间提起上诉或者提出答辩状，申请延期的，是否准许，由人民法院决定。	**第二百六十九条**　在中华人民共和国领域内没有住所的当事人，不服第一审人民法院判决、裁定的，有权在判决书、裁定书送达之日起三十日内提起上诉。被上诉人在收到上诉状副本后，应当在三十日内提出答辩状。当事人不能在法定期间提起上诉或者提出答辩状，申请延期的，是否准许，由人民法院决定。
第二百四十八条　人民法院审理涉外民事案件的期间，不受本法第一百三十五条、第一百五十九条规定的限制。	**第二百七十条**　人民法院审理涉外民事案件的期间，不受本法第一百**四十九**条、第一百**七十六**条规定的限制。
第二十六章　财产保全	
第二百四十九条　当事人依照本法第九十二条的规定可以向人民法院申请财产保全。	

利害关系人依照本法第九十三条的规定可以在起诉前向人民法院申请财产保全。	
第二百五十条 人民法院裁定准许诉前财产保全后，申请人应当在三十日内提起诉讼。逾期不起诉的，人民法院应当解除财产保全。	
第二百五十一条 人民法院裁定准许财产保全后，被申请人提供担保的，人民法院应当解除财产保全。	
第二百五十二条 申请有错误的，申请人应当赔偿被申请人因财产保全所遭受的损失。	
第二百五十三条 人民法院决定保全的财产需要监督的，应当通知有关单位负责监督，费用由被申请人承担。	
第二百五十四条 人民法院解除保全的命令由执行员执行。	
第二十七章　仲　裁	**第二十六章　仲　裁**
第二百五十五条 涉外经济贸易、运输和海事中发生的纠纷，当事人在合同中订有仲裁条款或者事后达成书面仲裁协议，提交中华人民共和国涉外仲裁机构或者其他仲裁机构仲裁的，当事人不得向人民法院起诉。 当事人在合同中没有订有仲裁条款或者事后没有达成书面仲裁协议的，可以向人民法院起诉。	**第二百七十一条** 涉外经济贸易、运输和海事中发生的纠纷，当事人在合同中订有仲裁条款或者事后达成书面仲裁协议，提交中华人民共和国涉外仲裁机构或者其他仲裁机构仲裁的，当事人不得向人民法院起诉。 当事人在合同中没有订有仲裁条款或者事后没有达成书面仲裁协议的，可以向人民法院起诉。
第二百五十六条 当事人申请采取财产保全的，中华人民共和国的涉外仲裁机构应当将当事人的申请，提交被申请人住所地或者财产所在地的中级人民法院裁定。	**第二百七十二条** 当事人申请采取保全的，中华人民共和国的涉外仲裁机构应当将当事人的申请，提交被申请人住所地或者财产所在地的中级人民法院裁定。
第二百五十七条 经中华人民共和国涉外仲裁机构裁决的，当事人不得向人民法院起诉。一方当事人不履行仲裁裁决的，对方当事人可以向被申请人住所地或者财	**第二百七十三条** 经中华人民共和国涉外仲裁机构裁决的，当事人不得向人民法院起诉。一方当事人不履行仲裁裁决的，对方当事人可以向被申请人住所地或者财

产所在地的中级人民法院申请执行。	产所在地的中级人民法院申请执行。
第二百五十八条 对中华人民共和国涉外仲裁机构作出的裁决，被申请人提出证据证明仲裁裁决有下列情形之一的，经人民法院组成合议庭审查核实，裁定不予执行： （一）当事人在合同中没有订有仲裁条款或者事后没有达成书面仲裁协议的； （二）被申请人没有得到指定仲裁员或者进行仲裁程序的通知，或者由于其他不属于被申请人负责的原因未能陈述意见的； （三）仲裁庭的组成或者仲裁的程序与仲裁规则不符的； （四）裁决的事项不属于仲裁协议的范围或者仲裁机构无权仲裁的。 人民法院认定执行该裁决违背社会公共利益的，裁定不予执行。	**第二百七十四条** 对中华人民共和国涉外仲裁机构作出的裁决，被申请人提出证据证明仲裁裁决有下列情形之一的，经人民法院组成合议庭审查核实，裁定不予执行： （一）当事人在合同中没有订有仲裁条款或者事后没有达成书面仲裁协议的； （二）被申请人没有得到指定仲裁员或者进行仲裁程序的通知，或者由于其他不属于被申请人负责的原因未能陈述意见的； （三）仲裁庭的组成或者仲裁的程序与仲裁规则不符的； （四）裁决的事项不属于仲裁协议的范围或者仲裁机构无权仲裁的。 人民法院认定执行该裁决违背社会公共利益的，裁定不予执行。
第二百五十九条 仲裁裁决被人民法院裁定不予执行的，当事人可以根据双方达成的书面仲裁协议重新申请仲裁，也可以向人民法院起诉。	**第二百七十五条** 仲裁裁决被人民法院裁定不予执行的，当事人可以根据双方达成的书面仲裁协议重新申请仲裁，也可以向人民法院起诉。
第二十八章 司法协助	**第二十七章 司法协助**
第二百六十条 根据中华人民共和国缔结或者参加的国际条约，或者按照互惠原则，人民法院和外国法院可以相互请求，代为送达文书、调查取证以及进行其他诉讼行为。 外国法院请求协助的事项有损于中华人民共和国的主权、安全或者社会公共利益的，人民法院不予执行。	**第二百七十六条** 根据中华人民共和国缔结或者参加的国际条约，或者按照互惠原则，人民法院和外国法院可以相互请求，代为送达文书、调查取证以及进行其他诉讼行为。 外国法院请求协助的事项有损于中华人民共和国的主权、安全或者社会公共利益的，人民法院不予执行。
第二百六十一条 请求和提供司法协助，应当依照中华人民共和国缔结或者参加的国际条约所规定的途径进行；没有条约关系的，通过外交途径进行。 外国驻中华人民共和国的使领馆可以向该国公民送达文书和调查取证，但不得	**第二百七十七条** 请求和提供司法协助，应当依照中华人民共和国缔结或者参加的国际条约所规定的途径进行；没有条约关系的，通过外交途径进行。 外国驻中华人民共和国的使领馆可以向该国公民送达文书和调查取证，但不得

违反中华人民共和国的法律，并不得采取强制措施。 除前款规定的情况外，未经中华人民共和国主管机关准许，任何外国机关或者个人不得在中华人民共和国领域内送达文书、调查取证。	违反中华人民共和国的法律，并不得采取强制措施。 除前款规定的情况外，未经中华人民共和国主管机关准许，任何外国机关或者个人不得在中华人民共和国领域内送达文书、调查取证。
第二百六十二条 外国法院请求人民法院提供司法协助的请求书及其所附文件，应当附有中文译本或者国际条约规定的其他文字文本。 人民法院请求外国法院提供司法协助的请求书及其所附文件，应当附有该国文字译本或者国际条约规定的其他文字文本。	**第二百七十八条** 外国法院请求人民法院提供司法协助的请求书及其所附文件，应当附有中文译本或者国际条约规定的其他文字文本。 人民法院请求外国法院提供司法协助的请求书及其所附文件，应当附有该国文字译本或者国际条约规定的其他文字文本。
第二百六十三条 人民法院提供司法协助，依照中华人民共和国法律规定的程序进行。外国法院请求采用特殊方式的，也可以按照其请求的特殊方式进行，但请求采用的特殊方式不得违反中华人民共和国法律。	**第二百七十九条** 人民法院提供司法协助，依照中华人民共和国法律规定的程序进行。外国法院请求采用特殊方式的，也可以按照其请求的特殊方式进行，但请求采用的特殊方式不得违反中华人民共和国法律。
第二百六十四条 人民法院作出的发生法律效力的判决、裁定，如果被执行人或者其财产不在中华人民共和国领域内，当事人请求执行的，可以由当事人直接向有管辖权的外国法院申请承认和执行，也可以由人民法院依照中华人民共和国缔结或者参加的国际条约的规定，或者按照互惠原则，请求外国法院承认和执行。 中华人民共和国涉外仲裁机构作出的发生法律效力的仲裁裁决，当事人请求执行的，如果被执行人或者其财产不在中华人民共和国领域内，应当由当事人直接向有管辖权的外国法院申请承认和执行。	**第二百八十条** 人民法院作出的发生法律效力的判决、裁定，如果被执行人或者其财产不在中华人民共和国领域内，当事人请求执行的，可以由当事人直接向有管辖权的外国法院申请承认和执行，也可以由人民法院依照中华人民共和国缔结或者参加的国际条约的规定，或者按照互惠原则，请求外国法院承认和执行。 中华人民共和国涉外仲裁机构作出的发生法律效力的仲裁裁决，当事人请求执行的，如果被执行人或者其财产不在中华人民共和国领域内，应当由当事人直接向有管辖权的外国法院申请承认和执行。
第二百六十五条 外国法院作出的发生法律效力的判决、裁定，需要中华人民共和国人民法院承认和执行的，可以由当事人直接向中华人民共和国有管辖权的中级人民法院申请承认和执行，也可以由外	**第二百八十一条** 外国法院作出的发生法律效力的判决、裁定，需要中华人民共和国人民法院承认和执行的，可以由当事人直接向中华人民共和国有管辖权的中级人民法院申请承认和执行，也可以由外

国法院依照该国与中华人民共和国缔结或者参加的国际条约的规定，或者按照互惠原则，请求人民法院承认和执行。	国法院依照该国与中华人民共和国缔结或者参加的国际条约的规定，或者按照互惠原则，请求人民法院承认和执行。
第二百六十六条 人民法院对申请或者请求承认和执行的外国法院作出的发生法律效力的判决、裁定，依照中华人民共和国缔结或者参加的国际条约，或者按照互惠原则进行审查后，认为不违反中华人民共和国法律的基本原则或者国家主权、安全、社会公共利益的，裁定承认其效力，需要执行的，发出执行令，依照本法的有关规定执行。违反中华人民共和国法律的基本原则或者国家主权、安全、社会公共利益的，不予承认和执行。	**第二百八十二条** 人民法院对申请或者请求承认和执行的外国法院作出的发生法律效力的判决、裁定，依照中华人民共和国缔结或者参加的国际条约，或者按照互惠原则进行审查后，认为不违反中华人民共和国法律的基本原则或者国家主权、安全、社会公共利益的，裁定承认其效力，需要执行的，发出执行令，依照本法的有关规定执行。违反中华人民共和国法律的基本原则或者国家主权、安全、社会公共利益的，不予承认和执行。
第二百六十七条 国外仲裁机构的裁决，需要中华人民共和国人民法院承认和执行的，应当由当事人直接向被执行人住所地或者其财产所在地的中级人民法院申请，人民法院应当依照中华人民共和国缔结或者参加的国际条约，或者按照互惠原则办理。	**第二百八十三条** 国外仲裁机构的裁决，需要中华人民共和国人民法院承认和执行的，应当由当事人直接向被执行人住所地或者其财产所在地的中级人民法院申请，人民法院应当依照中华人民共和国缔结或者参加的国际条约，或者按照互惠原则办理。
第二百六十八条 本法自公布之日起施行，《中华人民共和国民事诉讼法（试行）》同时废止。	**第二百八十四条** 本法自公布之日起施行，《中华人民共和国民事诉讼法（试行）》同时废止。

附录三

最高人民法院关于印发修改后的《民事案件案由规定》的通知

（2011 年 2 月 18 日　法〔2011〕42 号）

各省、自治区、直辖市高级人民法院，解放军军事法院，新疆维吾尔自治区高级人民法院生产建设兵团分院：

根据工作需要，对 2008 年 2 月 4 日制发的《民事案件案由规定》（以下简称 2008 年《民事案件案由规定》）进行了修改，自 2011 年 4 月 1 日起施行。现将修改后的《民事案件案由规定》印发给你们，请认真贯彻执行。

2008 年《民事案件案由规定》发布施行以来，在方便当事人进行民事诉讼，规范人民法院民事立案、审判和司法统计工作等方面，发挥了重要作用。近三年来，随着农村土地承包经营纠纷调解仲裁法、人民调解法、保险法、专利法等法律的制定或修订，审判实践中出现了许多新类型民事案件，需要对 2008 年《民事案件案由规定》进行补充和完善。特别是侵权责任法已于 2010 年 7 月 1 日起施行，迫切需要增补侵权责任纠纷案由。经深入调查研究，广泛征求意见，最高人民法院对 2008 年《民事案件案由规定》进行了修改。现就各级人民法院适用修改后的《民事案件案由规定》的有关问题通知如下：

一、要认真学习掌握修改后的《民事案件案由规定》，高度重视民事案件案由在民事审判规范化建设中的重要作用

民事案件案由是民事案件名称的重要组成部分，反映案件所涉及的民事法律关系的性质，是将诉讼争议所包含的法律关系进行的概括，是人民法院进行民事案件管理的重要手段。建立科学、完善的民事案件案由体系，有利于方便当事人进行民事诉讼，有利于对受理案件进行分类管理，有利于确定各民事审判业务庭的管辖分工，有利于提高民事案件司法统计的准确性和科学性，从而更好地为创新和加强民事审判管理、为人民法院司法决策服务。

二、关于民事案件案由编排体系的几个问题

1. 关于案由的确定标准。民事案件案由应当依据当事人主张的民事法律关系的性质来确定。鉴于具体案件中当事人的诉讼请求、争议的焦点可能有多个，争议的标的也可能是多个，为保证案由的高度概括和简洁明了，修改后的《民事案件案由规定》仍沿用 2008 年《民事案件案由规定》关于案由的确定标准，即对民事案件案由的表述方式原则上确定为“法律关系性质”加“纠纷”，一般不再包含争议焦点、标的物、侵权方式等要素。但是，考虑到当事人诉争的民事法律关系的性质具有复杂性，为了更准确地体现诉争的民事法律关系和便于司法统计，修改后的《民事案件案由规定》在坚持以法律关系性质作为案由的确定标准的同时，对少部分案由也依据请求权、形成权或者确认之诉、形成之诉的标准进行确定，对少部分案由也包含争议焦点、标的物、侵权方式等要素。

对包括民事诉讼法规定的适用特别程序案件案由在内的特殊程序民事案件案由，根据当事人的诉讼请求直接表述。

2. 关于案由的体系编排。修改后的《民事案件案由规定》以民法理论对民事法律关系的分类为基础，以法律关系的内容即民事权利类型来编排体系，结合现行立法及审判实践，在2008年《民事案件案由规定》关于案由的编排体系划分的基础上，将侵权责任纠纷案由提升为第一级案由，将案由的编排体系重新划分为人格权纠纷，婚姻家庭继承纠纷，物权纠纷，合同、无因管理、不当得利纠纷，劳动争议与人事争议，知识产权与竞争纠纷，海事海商纠纷，与公司、证券、保险、票据等有关的民事纠纷，侵权责任纠纷，适用特殊程序案件案由，共十大部分，作为第一级案由。

在第一级案由项下，细分为四十三类案由，作为第二级案由（以大写数字表示）；在第二级案由项下列出了424种案由，作为第三级案由（以阿拉伯数字表示），第三级案由是司法实践中最常见和广泛使用的案由。基于审判工作指导、调研和司法统计的需要，在部分第三级案由项下又列出了一些第四级案由（以阿拉伯数字加（）表示）。基于民事法律关系的复杂性，不可能穷尽所有第四级案由，目前所列只是一些典型的、常见的，或者为了司法统计需要而设立的案由。

3. 关于侵权责任纠纷案由的编排。此次修改将侵权责任纠纷案由提升为第一级案由。按照侵权责任法的相关规定，在其项下增补相关的侵权责任纠纷案由。首先，按照侵权责任法相关规定，列出了该法规定的各种具体侵权责任纠纷案由。其次，协调好侵权责任纠纷案由与其他第一级案由之间的关系。根据侵权责任法相关规定，侵权责任法的保护对象为民事权益，包括生命权、健康权、姓名权、名誉权、荣誉权、肖像权、隐私权、婚姻自主权、监护权、所有权、用益物权、担保物权、著作权、专利权、商标专用权、发现权、股权、继承权等人身、财产权益。这些民事权益，分别包含在人格权、婚姻家庭继承权、物权、知识产权等民商事权益之中，而这些民事权益纠纷往往既包括权属确认纠纷也包括侵权责任纠纷，这就为科学合理编排民事案件案由增加了难度。为了保持整个案由体系的完整性和稳定性，尽可能避免重复交叉，此次修改将这些民事权益侵权责任纠纷案由仍旧保留在各第一级案由之中，只是将侵权责任法新规定的有关案由列在第一级案由“侵权责任纠纷”案由项下，并将一些实践中常见的、其他第一级案由不便列出的侵权责任纠纷案由也列在第一级案由“侵权责任纠纷”项下，并从“兜底”考虑，列在其他八个民事权益纠纷类型之后，作为第九部分。

4. 关于物权纠纷案由与合同纠纷案由编排与适用的问题。修改后的《民事案件案由规定》仍然沿用2008年《民事案件案由规定》关于物权纠纷案由与合同纠纷案由的编排体系。具体适用时，按照物权变动原因与结果相区分的原则，对于因物权变动的原因关系，即债权性质的合同关系产生的纠纷，应适用债权纠纷部分的案由，如物权设立原因关系方面的担保合同纠纷，物权转让原因关系方面的买卖合同纠纷。对于因物权设立、权属、效力、使用、收益等物权关系产生的纠纷，则应适用物权纠纷部分的案由，如担保物权纠纷。人民法院应根据当事人诉争的法律关系的性质，查明该法律关系涉及的是物权变动的原因关系还是物权变动的结果关系，以正确确定案由。

5. 关于第二部分“物权纠纷”项下“物权保护纠纷”案由与“所有权纠纷”、“用益物权纠纷”、“担保物权纠纷”案由的协调问题。“所有权纠纷”、“用益物权纠纷”、“担保物权纠纷”案由既包括以上三种类型的物权确认纠纷案由，也包括以上三种类型的侵害物权纠纷案由。物权法第三章“物权的保护”所规定的物权请求权或者债权请求权保护方法，即“物权保护纠纷”，在修改后的《民事案件案由规定》规定的每个物权类型（第三级案由）项下可能部分或者全部适用，多数可以作为第四级案由规定，但为避免使整个案由体系冗长繁杂，在各第三级案由下并未一一列出。在涉及侵害物权纠纷案由确定时，如果当事人的诉讼请求只涉及“物权保护纠纷”项下的一种物权请求权或者债权请求权，则可以适用“物权保护纠纷”项下的六种第四级案由；如果当事人的诉讼请求涉及“物权保护纠纷”项下的两种或者两种以上物权请求权或者债权请求权，则应按照所保护的权利种类，分别适用所有权、用益物权、担保物权项下的第三级案由（各种物权类型纠纷）。

6. 关于第九部分“侵权责任纠纷”项下案由与“人格权纠纷”、“物权纠纷”、“知识产权与竞争纠纷”等其他部分项下案由的协调问题。在确定侵权责任纠纷具体案由时，应当先适用第九部分“侵权责任纠纷”项下根据侵权责任法相关规定列出的具体案由。没有相应案由的，再适用“人格权纠纷”、“物权纠纷”、“知识产权与竞争纠纷”等其他部分项下的案由。如机动车交通事故可能造成人身损害和财产损害，确定案由时，应当适用第九部分“侵权责任纠纷”项下“机动车交通事故责任纠纷”案由，而不应适用第一部分“人格权纠纷”项下的“生命权、健康权、身体权纠纷”案由，也不应适用第三部分“物权纠纷”项下的“财产损害赔偿纠纷”案由。

三、适用修改后的《民事案件案由规定》时应注意的几个问题

1. 第一审法院立案时应当根据当事人诉争法律关系的性质，首先应适用修改后的《民事案件案由规定》列出的第四级案由；第四级案由没有规定的，适用相应的第三级案由；第三级案由中没有规定的，适用相应的第二级案由；第二级案由没有规定的，适用相应的第一级案由。地方各级人民法院对审判实践中出现的可以作为新的第三级民事案由或者应当规定为第四级民事案由的纠纷类型，可以及时报告最高人民法院。最高人民法院将定期收集、整理、筛选，及时细化、补充相关案由。

2. 各级人民法院要正确认识民事案件案由的性质与功能，不得将修改后的《民事案件案由规定》等同于《中华人民共和国民事诉讼法》第一百零八条规定的受理条件，不得以当事人的诉请在修改后的《民事案件案由规定》中没有相应案由可以适用为由，裁定不予受理或者驳回起诉，影响当事人行使诉权。

3. 同一诉讼中涉及两个以上的法律关系的，应当依当事人诉争的法律关系的性质确定案由，均为诉争法律关系的，则按诉争的两个以上法律关系确定并列的两个案由。

4. 在请求权竞合的情形下，人民法院应当按照当事人自主选择行使的请求权，根据当事人诉争的法律关系的性质，确定相应的案由。

5. 当事人起诉的法律关系与实际诉争的法律关系不一致的，人民法院结案时应当根据法庭查明的当事人之间实际存在的法律关系的性质，相应变更案件的案由。

6. 当事人在诉讼过程中增加或者变更诉讼请求导致当事人诉争的法律关系发生变更的，人民法院应当相应变更案件案由。

7. 对于案由名称中出现顿号（即"、"）的部分案由，应当根据具体案情，确定相应的案由，不应直接将该案由全部引用。如"生命权、健康权、身体权纠纷"案由，应根据侵害的具体人格权益来确定相应的案由；如"海上、通海水域货物运输合同纠纷"案由，应当根据纠纷发生的具体水域来确定相应的案由；如"擅自使用知名商品特有名称、包装、装潢纠纷"案由，应当根据具体侵害对象来确定相应的案由。

修改后的《民事案件案由规定》适用过程中有何情况和问题，应当及时报告最高人民法院。

二〇一一年二月十八日

民事案件案由规定

［2007 年 10 月 29 日最高人民法院审判委员会第 1438 次会议通过，根据 2011 年 2 月 18 日最高人民法院《关于修改〈民事案件案由规定〉的决定》（法〔2011〕41 号）修正］

为了正确适用法律，统一确定案由，根据《中华人民共和国民法通则》、《中华人民共和国物权法》、《中华人民共和国合同法》、《中华人民共和国侵权责任法》和《中华人民共和国民事诉讼法》等法律规定，结合人民法院民事审判工作实际情况，对民事案件案由规定如下：

第一部分　人格权纠纷

一、人格权纠纷

1. 生命权、健康权、身体权纠纷

2. 姓名权纠纷

3. 肖像权纠纷

4. 名誉权纠纷

5. 荣誉权纠纷

6. 隐私权纠纷

7. 婚姻自主权纠纷

8. 人身自由权纠纷
9. 一般人格权纠纷

第二部分　婚姻家庭、继承纠纷

二、婚姻家庭纠纷

10. 婚约财产纠纷
11. 离婚纠纷
12. 离婚后财产纠纷
13. 离婚后损害责任纠纷
14. 婚姻无效纠纷
15. 撤销婚姻纠纷
16. 夫妻财产约定纠纷
17. 同居关系纠纷
（1）同居关系析产纠纷
（2）同居关系子女抚养纠纷
18. 抚养纠纷
（1）抚养费纠纷
（2）变更抚养关系纠纷
19. 扶养纠纷
（1）扶养费纠纷
（2）变更扶养关系纠纷
20. 赡养纠纷
（1）赡养费纠纷
（2）变更赡养关系纠纷
21. 收养关系纠纷
（1）确认收养关系纠纷
（2）解除收养关系纠纷
22. 监护权纠纷
23. 探望权纠纷
24. 分家析产纠纷

三、继承纠纷

25. 法定继承纠纷
（1）转继承纠纷
（2）代位继承纠纷
26. 遗嘱继承纠纷
27. 被继承人债务清偿纠纷
28. 遗赠纠纷

29. 遗赠扶养协议纠纷

第三部分　物权纠纷

四、不动产登记纠纷

30. 异议登记不当损害责任纠纷

31. 虚假登记损害责任纠纷

五、物权保护纠纷

32. 物权确认纠纷

（1）所有权确认纠纷

（2）用益物权确认纠纷

（3）担保物权确认纠纷

33. 返还原物纠纷

34. 排除妨害纠纷

35. 消除危险纠纷

36. 修理、重作、更换纠纷

37. 恢复原状纠纷

38. 财产损害赔偿纠纷

六、所有权纠纷

39. 侵害集体经济组织成员权益纠纷

40. 建筑物区分所有权纠纷

（1）业主专有权纠纷

（2）业主共有权纠纷

（3）车位纠纷

（4）车库纠纷

41. 业主撤销权纠纷

42. 业主知情权纠纷

43. 遗失物返还纠纷

44. 漂流物返还纠纷

45. 埋藏物返还纠纷

46. 隐藏物返还纠纷

47. 相邻关系纠纷

（1）相邻用水、排水纠纷

（2）相邻通行纠纷

（3）相邻土地、建筑物利用关系纠纷

（4）相邻通风纠纷

（5）相邻采光、日照纠纷

（6）相邻污染侵害纠纷

（7）相邻损害防免关系纠纷
48. 共有纠纷
（1）共有权确认纠纷
（2）共有物分割纠纷
（3）共有人优先购买权纠纷
七、用益物权纠纷
49. 海域使用权纠纷
50. 探矿权纠纷
51. 采矿权纠纷
52. 取水权纠纷
53. 养殖权纠纷
54. 捕捞权纠纷
55. 土地承包经营权纠纷
（1）土地承包经营权确认纠纷
（2）承包地征收补偿费用分配纠纷
（3）土地承包经营权继承纠纷
56. 建设用地使用权纠纷
57. 宅基地使用权纠纷
58. 地役权纠纷
八、担保物权纠纷
59. 抵押权纠纷
（1）建筑物和其他土地附着物抵押权纠纷
（2）在建建筑物抵押权纠纷
（3）建设用地使用权抵押权纠纷
（4）土地承包经营权抵押权纠纷
（5）动产抵押权纠纷
（6）在建船舶、航空器抵押权纠纷
（7）动产浮动抵押权纠纷
（8）最高额抵押权纠纷
60. 质权纠纷
（1）动产质权纠纷
（2）转质权纠纷
（3）最高额质权纠纷
（4）票据质权纠纷
（5）债券质权纠纷
（6）存单质权纠纷
（7）仓单质权纠纷

(8) 提单质权纠纷
(9) 股权质权纠纷
(10) 基金份额质权纠纷
(11) 知识产权质权纠纷
(12) 应收账款质权纠纷
61. 留置权纠纷

九、占有保护纠纷

62. 占有物返还纠纷
63. 占有排除妨害纠纷
64. 占有消除危险纠纷
65. 占有物损害赔偿纠纷

第四部分　合同、无因管理、不当得利纠纷

十、合同纠纷

66. 缔约过失责任纠纷
67. 确认合同效力纠纷
(1) 确认合同有效纠纷
(2) 确认合同无效纠纷
68. 债权人代位权纠纷
69. 债权人撤销权纠纷
70. 债权转让合同纠纷
71. 债务转移合同纠纷
72. 债权债务概括转移合同纠纷
73. 悬赏广告纠纷
74. 买卖合同纠纷
(1) 分期付款买卖合同纠纷
(2) 凭样品买卖合同纠纷
(3) 试用买卖合同纠纷
(4) 互易纠纷
(5) 国际货物买卖合同纠纷
(6) 网络购物合同纠纷
(7) 电视购物合同纠纷
75. 招标投标买卖合同纠纷
76. 拍卖合同纠纷
77. 建设用地使用权合同纠纷
(1) 建设用地使用权出让合同纠纷
(2) 建设用地使用权转让合同纠纷

78. 临时用地合同纠纷
79. 探矿权转让合同纠纷
80. 采矿权转让合同纠纷
81. 房地产开发经营合同纠纷
（1）委托代建合同纠纷
（2）合资、合作开发房地产合同纠纷
（3）项目转让合同纠纷
82. 房屋买卖合同纠纷
（1）商品房预约合同纠纷
（2）商品房预售合同纠纷
（3）商品房销售合同纠纷
（4）商品房委托代理销售合同纠纷
（5）经济适用房转让合同纠纷
（6）农村房屋买卖合同纠纷
83. 房屋拆迁安置补偿合同纠纷
84. 供用电合同纠纷
85. 供用水合同纠纷
86. 供用气合同纠纷
87. 供用热力合同纠纷
88. 赠与合同纠纷
（1）公益事业捐赠合同纠纷
（2）附义务赠与合同纠纷
89. 借款合同纠纷
（1）金融借款合同纠纷
（2）同业拆借纠纷
（3）企业借贷纠纷
（4）民间借贷纠纷
（5）小额借款合同纠纷
（6）金融不良债权转让合同纠纷
（7）金融不良债权追偿纠纷
90. 保证合同纠纷
91. 抵押合同纠纷
92. 质押合同纠纷
93. 定金合同纠纷
94. 进出口押汇纠纷
95. 储蓄存款合同纠纷
96. 银行卡纠纷

（1）借记卡纠纷
（2）信用卡纠纷
97. 租赁合同纠纷
（1）土地租赁合同纠纷
（2）房屋租赁合同纠纷
（3）车辆租赁合同纠纷
（4）建筑设备租赁合同纠纷
98. 融资租赁合同纠纷
99. 承揽合同纠纷
（1）加工合同纠纷
（2）定作合同纠纷
（3）修理合同纠纷
（4）复制合同纠纷
（5）测试合同纠纷
（6）检验合同纠纷
（7）铁路机车、车辆建造合同纠纷
100. 建设工程合同纠纷
（1）建设工程勘察合同纠纷
（2）建设工程设计合同纠纷
（3）建设工程施工合同纠纷
（4）建设工程价款优先受偿权纠纷
（5）建设工程分包合同纠纷
（6）建设工程监理合同纠纷
（7）装饰装修合同纠纷
（8）铁路修建合同纠纷
（9）农村建房施工合同纠纷
101. 运输合同纠纷
（1）公路旅客运输合同纠纷
（2）公路货物运输合同纠纷
（3）水路旅客运输合同纠纷
（4）水路货物运输合同纠纷
（5）航空旅客运输合同纠纷
（6）航空货物运输合同纠纷
（7）出租汽车运输合同纠纷
（8）管道运输合同纠纷
（9）城市公交运输合同纠纷
（10）联合运输合同纠纷

（11）多式联运合同纠纷
（12）铁路货物运输合同纠纷
（13）铁路旅客运输合同纠纷
（14）铁路行李运输合同纠纷
（15）铁路包裹运输合同纠纷
（16）国际铁路联运合同纠纷
102. 保管合同纠纷
103. 仓储合同纠纷
104. 委托合同纠纷
（1）进出口代理合同纠纷
（2）货运代理合同纠纷
（3）民用航空运输销售代理合同纠纷
（4）诉讼、仲裁、人民调解代理合同纠纷
105. 委托理财合同纠纷
（1）金融委托理财合同纠纷
（2）民间委托理财合同纠纷
106. 行纪合同纠纷
107. 居间合同纠纷
108. 补偿贸易纠纷
109. 借用合同纠纷
110. 典当纠纷
111. 合伙协议纠纷
112. 种植、养殖回收合同纠纷
113. 彩票、奖券纠纷
114. 中外合作勘探开发自然资源合同纠纷
115. 农业承包合同纠纷
116. 林业承包合同纠纷
117. 渔业承包合同纠纷
118. 牧业承包合同纠纷
119. 农村土地承包合同纠纷
（1）土地承包经营权转包合同纠纷
（2）土地承包经营权转让合同纠纷
（3）土地承包经营权互换合同纠纷
（4）土地承包经营权入股合同纠纷
（5）土地承包经营权抵押合同纠纷
（6）土地承包经营权出租合同纠纷
120. 服务合同纠纷

(1) 电信服务合同纠纷
(2) 邮寄服务合同纠纷
(3) 医疗服务合同纠纷
(4) 法律服务合同纠纷
(5) 旅游合同纠纷
(6) 房地产咨询合同纠纷
(7) 房地产价格评估合同纠纷
(8) 旅店服务合同纠纷
(9) 财会服务合同纠纷
(10) 餐饮服务合同纠纷
(11) 娱乐服务合同纠纷
(12) 有线电视服务合同纠纷
(13) 网络服务合同纠纷
(14) 教育培训合同纠纷
(15) 物业服务合同纠纷
(16) 家政服务合同纠纷
(17) 庆典服务合同纠纷
(18) 殡葬服务合同纠纷
(19) 农业技术服务合同纠纷
(20) 农机作业服务合同纠纷
(21) 保安服务合同纠纷
(22) 银行结算合同纠纷
121. 演出合同纠纷
122. 劳务合同纠纷
123. 离退休人员返聘合同纠纷
124. 广告合同纠纷
125. 展览合同纠纷
126. 追偿权纠纷
127. 请求确认人民调解协议效力

十一、不当得利纠纷

128. 不当得利纠纷

十二、无因管理纠纷

129. 无因管理纠纷

第五部分　知识产权与竞争纠纷

十三、知识产权合同纠纷

130. 著作权合同纠纷

（1）委托创作合同纠纷
（2）合作创作合同纠纷
（3）著作权转让合同纠纷
（4）著作权许可使用合同纠纷
（5）出版合同纠纷
（6）表演合同纠纷
（7）音像制品制作合同纠纷
（8）广播电视播放合同纠纷
（9）邻接权转让合同纠纷
（10）邻接权许可使用合同纠纷
（11）计算机软件开发合同纠纷
（12）计算机软件著作权转让合同纠纷
（13）计算机软件著作权许可使用合同纠纷
131. 商标合同纠纷
（1）商标权转让合同纠纷
（2）商标使用许可合同纠纷
（3）商标代理合同纠纷
132. 专利合同纠纷
（1）专利申请权转让合同纠纷
（2）专利权转让合同纠纷
（3）发明专利实施许可合同纠纷
（4）实用新型专利实施许可合同纠纷
（5）外观设计专利实施许可合同纠纷
（6）专利代理合同纠纷
133. 植物新品种合同纠纷
（1）植物新品种育种合同纠纷
（2）植物新品种申请权转让合同纠纷
（3）植物新品种权转让合同纠纷
（4）植物新品种实施许可合同纠纷
134. 集成电路布图设计合同纠纷
（1）集成电路布图设计创作合同纠纷
（2）集成电路布图设计专有权转让合同纠纷
（3）集成电路布图设计许可使用合同纠纷
135. 商业秘密合同纠纷
（1）技术秘密让与合同纠纷
（2）技术秘密许可使用合同纠纷
（3）经营秘密让与合同纠纷

（4）经营秘密许可使用合同纠纷
136. 技术合同纠纷
（1）技术委托开发合同纠纷
（2）技术合作开发合同纠纷
（3）技术转化合同纠纷
（4）技术转让合同纠纷
（5）技术咨询合同纠纷
（6）技术服务合同纠纷
（7）技术培训合同纠纷
（8）技术中介合同纠纷
（9）技术进口合同纠纷
（10）技术出口合同纠纷
（11）职务技术成果完成人奖励、报酬纠纷
（12）技术成果完成人署名权、荣誉权、奖励权纠纷
137. 特许经营合同纠纷
138. 企业名称（商号）合同纠纷
（1）企业名称（商号）转让合同纠纷
（2）企业名称（商号）使用合同纠纷
139. 特殊标志合同纠纷
140. 网络域名合同纠纷
（1）网络域名注册合同纠纷
（2）网络域名转让合同纠纷
（3）网络域名许可使用合同纠纷
141. 知识产权质押合同纠纷

十四、知识产权权属、侵权纠纷

142. 著作权权属、侵权纠纷
（1）著作权权属纠纷
（2）侵害作品发表权纠纷
（3）侵害作品署名权纠纷
（4）侵害作品修改权纠纷
（5）侵害保护作品完整权纠纷
（6）侵害作品复制权纠纷
（7）侵害作品发行权纠纷
（8）侵害作品出租权纠纷
（9）侵害作品展览权纠纷
（10）侵害作品表演权纠纷
（11）侵害作品放映权纠纷

（12）侵害作品广播权纠纷
（13）侵害作品信息网络传播权纠纷
（14）侵害作品摄制权纠纷
（15）侵害作品改编权纠纷
（16）侵害作品翻译权纠纷
（17）侵害作品汇编权纠纷
（18）侵害其他著作财产权纠纷
（19）出版者权权属纠纷
（20）表演者权权属纠纷
（21）录音录像制作者权权属纠纷
（22）广播组织权权属纠纷
（23）侵害出版者权纠纷
（24）侵害表演者权纠纷
（25）侵害录音录像制作者权纠纷
（26）侵害广播组织权纠纷
（27）计算机软件著作权权属纠纷
（28）侵害计算机软件著作权纠纷
143. 商标权权属、侵权纠纷
（1）商标权权属纠纷
（2）侵害商标权纠纷
144. 专利权权属、侵权纠纷
（1）专利申请权权属纠纷
（2）专利权权属纠纷
（3）侵害发明专利权纠纷
（4）侵害实用新型专利权纠纷
（5）侵害外观设计专利权纠纷
（6）假冒他人专利纠纷
（7）发明专利临时保护期使用费纠纷
（8）职务发明创造发明人、设计人奖励、报酬纠纷
（9）发明创造发明人、设计人署名权纠纷
145. 植物新品种权权属、侵权纠纷
（1）植物新品种申请权权属纠纷
（2）植物新品种权权属纠纷
（3）侵害植物新品种权纠纷
146. 集成电路布图设计专有权权属、侵权纠纷
（1）集成电路布图设计专有权权属纠纷
（2）侵害集成电路布图设计专有权纠纷

147. 侵害企业名称（商号）权纠纷
148. 侵害特殊标志专有权纠纷
149. 网络域名权属、侵权纠纷
（1）网络域名权属纠纷
（2）侵害网络域名纠纷
150. 发现权纠纷
151. 发明权纠纷
152. 其他科技成果权纠纷
153. 确认不侵害知识产权纠纷
（1）确认不侵害专利权纠纷
（2）确认不侵害商标权纠纷
（3）确认不侵害著作权纠纷
154. 因申请知识产权临时措施损害责任纠纷
（1）因申请诉前停止侵害专利权损害责任纠纷
（2）因申请诉前停止侵害注册商标专用权损害责任纠纷
（3）因申请诉前停止侵害著作权损害责任纠纷
（4）因申请诉前停止侵害植物新品种权损害责任纠纷
（5）因申请海关知识产权保护措施损害责任纠纷
155. 因恶意提起知识产权诉讼损害责任纠纷
156. 专利权宣告无效后返还费用纠纷

十五、不正当竞争纠纷

157. 仿冒纠纷
（1）擅自使用知名商品特有名称、包装、装潢纠纷
（2）擅自使用他人企业名称、姓名纠纷
（3）伪造、冒用产品质量标志纠纷
（4）伪造产地纠纷
158. 商业贿赂不正当竞争纠纷
159. 虚假宣传纠纷
160. 侵害商业秘密纠纷
（1）侵害技术秘密纠纷
（2）侵害经营秘密纠纷
161. 低价倾销不正当竞争纠纷
162. 捆绑销售不正当竞争纠纷
163. 有奖销售纠纷
164. 商业诋毁纠纷
165. 串通投标不正当竞争纠纷

十六、垄断纠纷

166. 垄断协议纠纷

（1）横向垄断协议纠纷
（2）纵向垄断协议纠纷
167. 滥用市场支配地位纠纷
（1）垄断定价纠纷
（2）掠夺定价纠纷
（3）拒绝交易纠纷
（4）限定交易纠纷
（5）捆绑交易纠纷
（6）差别待遇纠纷
168. 经营者集中纠纷

第六部分　劳动争议、人事争议

十七、劳动争议

169. 劳动合同纠纷
（1）确认劳动关系纠纷
（2）集体合同纠纷
（3）劳务派遣合同纠纷
（4）非全日制用工纠纷
（5）追索劳动报酬纠纷
（6）经济补偿金纠纷
（7）竞业限制纠纷
170. 社会保险纠纷
（1）养老保险待遇纠纷
（2）工伤保险待遇纠纷
（3）医疗保险待遇纠纷
（4）生育保险待遇纠纷
（5）失业保险待遇纠纷
171. 福利待遇纠纷

十八、人事争议

172. 人事争议
（1）辞职争议
（2）辞退争议
（3）聘用合同争议

第七部分　海事海商纠纷

十九、海事海商纠纷

173. 船舶碰撞损害责任纠纷

174. 船舶触碰损害责任纠纷
175. 船舶损坏空中设施、水下设施损害责任纠纷
176. 船舶污染损害责任纠纷
177. 海上、通海水域污染损害责任纠纷
178. 海上、通海水域养殖损害责任纠纷
179. 海上、通海水域财产损害责任纠纷
180. 海上、通海水域人身损害责任纠纷
181. 非法留置船舶、船载货物、船用燃油、船用物料损害责任纠纷
182. 海上、通海水域货物运输合同纠纷
183. 海上、通海水域旅客运输合同纠纷
184. 海上、通海水域行李运输合同纠纷
185. 船舶经营管理合同纠纷
186. 船舶买卖合同纠纷
187. 船舶建造合同纠纷
188. 船舶修理合同纠纷
189. 船舶改建合同纠纷
190. 船舶拆解合同纠纷
191. 船舶抵押合同纠纷
192. 航次租船合同纠纷
193. 船舶租用合同纠纷
（1）定期租船合同纠纷
（2）光船租赁合同纠纷
194. 船舶融资租赁合同纠纷
195. 海上、通海水域运输船舶承包合同纠纷
196. 渔船承包合同纠纷
197. 船舶属具租赁合同纠纷
198. 船舶属具保管合同纠纷
199. 海运集装箱租赁合同纠纷
200. 海运集装箱保管合同纠纷
201. 港口货物保管合同纠纷
202. 船舶代理合同纠纷
203. 海上、通海水域货运代理合同纠纷
204. 理货合同纠纷
205. 船舶物料和备品供应合同纠纷
206. 船员劳务合同纠纷
207. 海难救助合同纠纷
208. 海上、通海水域打捞合同纠纷

209. 海上、通海水域拖航合同纠纷
210. 海上、通海水域保险合同纠纷
211. 海上、通海水域保赔合同纠纷
212. 海上、通海水域运输联营合同纠纷
213. 船舶营运借款合同纠纷
214. 海事担保合同纠纷
215. 航道、港口疏浚合同纠纷
216. 船坞、码头建造合同纠纷
217. 船舶检验合同纠纷
218. 海事请求担保纠纷
219. 海上、通海水域运输重大责任事故责任纠纷
220. 港口作业重大责任事故责任纠纷
221. 港口作业纠纷
222. 共同海损纠纷
223. 海洋开发利用纠纷
224. 船舶共有纠纷
225. 船舶权属纠纷
226. 海运欺诈纠纷
227. 海事债权确权纠纷

第八部分　与公司、证券、保险、票据等有关的民事纠纷

二十、与企业有关的纠纷

228. 企业出资人权益确认纠纷
229. 侵害企业出资人权益纠纷
230. 企业公司制改造合同纠纷
231. 企业股份合作制改造合同纠纷
232. 企业债权转股权合同纠纷
233. 企业分立合同纠纷
234. 企业租赁经营合同纠纷
235. 企业出售合同纠纷
236. 挂靠经营合同纠纷
237. 企业兼并合同纠纷
238. 联营合同纠纷
239. 企业承包经营合同纠纷

(1) 中外合资经营企业承包经营合同纠纷
(2) 中外合作经营企业承包经营合同纠纷
(3) 外商独资企业承包经营合同纠纷
(4) 乡镇企业承包经营合同纠纷
240. 中外合资经营企业合同纠纷
241. 中外合作经营企业合同纠纷

二十一、与公司有关的纠纷

242. 股东资格确认纠纷
243. 股东名册记载纠纷
244. 请求变更公司登记纠纷
245. 股东出资纠纷
246. 新增资本认购纠纷
247. 股东知情权纠纷
248. 请求公司收购股份纠纷
249. 股权转让纠纷
250. 公司决议纠纷
(1) 公司决议效力确认纠纷
(2) 公司决议撤销纠纷
251. 公司设立纠纷
252. 公司证照返还纠纷
253. 发起人责任纠纷
254. 公司盈余分配纠纷
255. 损害股东利益责任纠纷
256. 损害公司利益责任纠纷
257. 股东损害公司债权人利益责任纠纷
258. 公司关联交易损害责任纠纷
259. 公司合并纠纷
260. 公司分立纠纷
261. 公司减资纠纷
262. 公司增资纠纷
263. 公司解散纠纷
264. 申请公司清算
265. 清算责任纠纷
266. 上市公司收购纠纷

二十二、合伙企业纠纷

267. 入伙纠纷
268. 退伙纠纷

269. 合伙企业财产份额转让纠纷

二十三、与破产有关的纠纷

270. 申请破产清算
271. 申请破产重整
272. 申请破产和解
273. 请求撤销个别清偿行为纠纷
274. 请求确认债务人行为无效纠纷
275. 对外追收债权纠纷
276. 追收未缴出资纠纷
277. 追收抽逃出资纠纷
278. 追收非正常收入纠纷
279. 破产债权确认纠纷
（1）职工破产债权确认纠纷
（2）普通破产债权确认纠纷
280. 取回权纠纷
（1）一般取回权纠纷
（2）出卖人取回权纠纷
281. 破产抵销权纠纷
282. 别除权纠纷
283. 破产撤销权纠纷
284. 损害债务人利益赔偿纠纷
285. 管理人责任纠纷

二十四、证券纠纷

286. 证券权利确认纠纷
（1）股票权利确认纠纷
（2）公司债券权利确认纠纷
（3）国债权利确认纠纷
（4）证券投资基金权利确认纠纷
287. 证券交易合同纠纷
（1）股票交易纠纷
（2）公司债券交易纠纷
（3）国债交易纠纷
（4）证券投资基金交易纠纷
288. 金融衍生品种交易纠纷
289. 证券承销合同纠纷
（1）证券代销合同纠纷
（2）证券包销合同纠纷

290. 证券投资咨询纠纷
291. 证券资信评级服务合同纠纷
292. 证券回购合同纠纷
（1）股票回购合同纠纷
（2）国债回购合同纠纷
（3）公司债券回购合同纠纷
（4）证券投资基金回购合同纠纷
（5）质押式证券回购纠纷
293. 证券上市合同纠纷
294. 证券交易代理合同纠纷
295. 证券上市保荐合同纠纷
296. 证券发行纠纷
（1）证券认购纠纷
（2）证券发行失败纠纷
297. 证券返还纠纷
298. 证券欺诈责任纠纷
（1）证券内幕交易责任纠纷
（2）操纵证券交易市场责任纠纷
（3）证券虚假陈述责任纠纷
（4）欺诈客户责任纠纷
299. 证券托管纠纷
300. 证券登记、存管、结算纠纷
301. 融资融券交易纠纷
302. 客户交易结算资金纠纷

二十五、期货交易纠纷

303. 期货经纪合同纠纷
304. 期货透支交易纠纷
305. 期货强行平仓纠纷
306. 期货实物交割纠纷
307. 期货保证合约纠纷
308. 期货交易代理合同纠纷
309. 侵占期货交易保证金纠纷
310. 期货欺诈责任纠纷
311. 操纵期货交易市场责任纠纷
312. 期货内幕交易责任纠纷
313. 期货虚假信息责任纠纷

二十六、信托纠纷

314. 民事信托纠纷

315. 营业信托纠纷
316. 公益信托纠纷

二十七、保险纠纷

317. 财产保险合同纠纷
（1）财产损失保险合同纠纷
（2）责任保险合同纠纷
（3）信用保险合同纠纷
（4）保证保险合同纠纷
（5）保险人代位求偿权纠纷
318. 人身保险合同纠纷
（1）人寿保险合同纠纷
（2）意外伤害保险合同纠纷
（3）健康保险合同纠纷
319. 再保险合同纠纷
320. 保险经纪合同纠纷
321. 保险代理合同纠纷
322. 进出口信用保险合同纠纷
323. 保险费纠纷

二十八、票据纠纷

324. 票据付款请求权纠纷
325. 票据追索权纠纷
326. 票据交付请求权纠纷
327. 票据返还请求权纠纷
328. 票据损害责任纠纷
329. 票据利益返还请求权纠纷
330. 汇票回单签发请求权纠纷
331. 票据保证纠纷
332. 确认票据无效纠纷
333. 票据代理纠纷
334. 票据回购纠纷

二十九、信用证纠纷

335. 委托开立信用证纠纷
336. 信用证开证纠纷
337. 信用证议付纠纷
338. 信用证欺诈纠纷
339. 信用证融资纠纷
340. 信用证转让纠纷

第九部分　侵权责任纠纷

三十、侵权责任纠纷

341. 监护人责任纠纷
342. 用人单位责任纠纷
343. 劳务派遣工作人员侵权责任纠纷
344. 提供劳务者致害责任纠纷
345. 提供劳务者受害责任纠纷
346. 网络侵权责任纠纷
347. 违反安全保障义务责任纠纷
（1）公共场所管理人责任纠纷
（2）群众性活动组织者责任纠纷
348. 教育机构责任纠纷
349. 产品责任纠纷
（1）产品生产者责任纠纷
（2）产品销售者责任纠纷
（3）产品运输者责任纠纷
（4）产品仓储者责任纠纷
350. 机动车交通事故责任纠纷
351. 医疗损害责任纠纷
（1）侵害患者知情同意权责任纠纷
（2）医疗产品责任纠纷
352. 环境污染责任纠纷
（1）大气污染责任纠纷
（2）水污染责任纠纷
（3）噪声污染责任纠纷
（4）放射性污染责任纠纷
（5）土壤污染责任纠纷
（6）电子废物污染责任纠纷
（7）固体废物污染责任纠纷
353. 高度危险责任纠纷
（1）民用核设施损害责任纠纷
（2）民用航空器损害责任纠纷
（3）占有、使用高度危险物损害责任纠纷
（4）高度危险活动损害责任纠纷
（5）遗失、抛弃高度危险物损害责任纠纷
（6）非法占有高度危险物损害责任纠纷

354. 饲养动物损害责任纠纷
355. 物件损害责任纠纷
(1) 物件脱落、坠落损害责任纠纷
(2) 建筑物、构筑物倒塌损害责任纠纷
(3) 不明抛掷物、坠落物损害责任纠纷
(4) 堆放物倒塌致害责任纠纷
(5) 公共道路妨碍通行损害责任纠纷
(6) 林木折断损害责任纠纷
(7) 地面施工、地下设施损害责任纠纷
356. 触电人身损害责任纠纷
357. 义务帮工人受害责任纠纷
358. 见义勇为人受害责任纠纷
359. 公证损害责任纠纷
360. 防卫过当损害责任纠纷
361. 紧急避险损害责任纠纷
362. 驻香港、澳门特别行政区军人执行职务侵权责任纠纷
363. 铁路运输损害责任纠纷
(1) 铁路运输人身损害责任纠纷
(2) 铁路运输财产损害责任纠纷
364. 水上运输损害责任纠纷
(1) 水上运输人身损害责任纠纷
(2) 水上运输财产损害责任纠纷
365. 航空运输损害责任纠纷
(1) 航空运输人身损害责任纠纷
(2) 航空运输财产损害责任纠纷
366. 因申请诉前财产保全损害责任纠纷
367. 因申请诉前证据保全损害责任纠纷
368. 因申请诉中财产保全损害责任纠纷
369. 因申请诉中证据保全损害责任纠纷
370. 因申请先予执行损害责任纠纷

第十部分　适用特殊程序案件案由

三十一、选民资格案件

371. 申请确定选民资格

三十二、宣告失踪、宣告死亡案件

372. 申请宣告公民失踪
373. 申请撤销宣告失踪

374. 申请为失踪人财产指定、变更代管人
375. 失踪人债务支付纠纷
376. 申请宣告公民死亡
377. 申请撤销宣告公民死亡
378. 被撤销死亡宣告人请求返还财产纠纷

三十三、认定公民无民事行为能力、限制民事行为能力案件

379. 申请宣告公民无民事行为能力
380. 申请宣告公民限制民事行为能力
381. 申请宣告公民恢复限制民事行为能力
382. 申请宣告公民恢复完全民事行为能力

三十四、认定财产无主案件

383. 申请认定财产无主
384. 申请撤销认定财产无主

三十五、监护权特别程序案件

385. 申请确定监护人
386. 申请变更监护人
387. 申请撤销监护人资格

三十六、督促程序案件

388. 申请支付令

三十七、公示催告程序案件

389. 申请公示催告

三十八、申请诉前停止侵害知识产权案件

390. 申请诉前停止侵害专利权
391. 申请诉前停止侵害注册商标专用权
392. 申请诉前停止侵害著作权
393. 申请诉前停止侵害植物新品种权

三十九、申请保全案件

394. 申请诉前财产保全
395. 申请诉中财产保全
396. 申请诉前证据保全
397. 申请诉中证据保全
398. 仲裁程序中的财产保全
399. 仲裁程序中的证据保全
400. 申请中止支付信用证项下款项
401. 申请中止支付保函项下款项

四十、仲裁程序案件

402. 申请确认仲裁协议效力

403. 申请撤销仲裁裁决

四十一、海事诉讼特别程序案件

404. 申请海事请求保全

（1）申请扣押船舶

（2）申请拍卖扣押船舶

（3）申请扣押船载货物

（4）申请拍卖扣押船载货物

（5）申请扣押船用燃油及船用物料

（6）申请拍卖扣押船用燃油及船用物料

405. 申请海事支付令

406. 申请海事强制令

407. 申请海事证据保全

408. 申请设立海事赔偿责任限制基金

409. 申请船舶优先权催告

410. 申请海事债权登记与受偿

四十二、申请承认与执行法院判决、仲裁裁决案件

411. 申请执行海事仲裁裁决

412. 申请执行知识产权仲裁裁决

413. 申请执行涉外仲裁裁决

414. 申请认可和执行香港特别行政区法院民事判决

415. 申请认可和执行香港特别行政区仲裁裁决

416. 申请认可和执行澳门特别行政区法院民事判决

417. 申请认可和执行澳门特别行政区仲裁裁决

418. 申请认可和执行台湾地区法院民事判决

419. 申请认可和执行台湾地区仲裁裁决

420. 申请承认和执行外国法院民事判决、裁定

421. 申请承认和执行外国仲裁裁决

四十三、执行异议之诉

422. 案外人执行异议之诉

423. 申请执行人执行异议之诉

424. 执行分配方案异议之诉

后　记

《关于修改〈中华人民共和国民事诉讼法〉的决定》已于2012年8月31日由第十一届全国人民代表大会常务委员会第二十八次会议通过。新的《民事诉讼法》将于2013年1月1日起实施。

此次《民事诉讼法》修改涉及70多个条文的调整，约占整部法律的四分之一。针对目前民事案件数量日益增多，新的案件类型不断出现，而导致司法实践中暴露出的新问题、新矛盾，《民事诉讼法》均作了修改。其增加了公益诉讼和小额诉讼的程序设计，完善了民事证据制度、第二审程序和再审程序，并强化了检察监督的职能，使得宪法所规定的检察监督职能得以具体落实。

为方便读者更加深入、系统地理解和适用新《民事诉讼法》，本书以新《民事诉讼法》为基础，从民事诉讼基本原则、基本制度以及民事诉讼相关程序的改革和完善等方面，就各相关内容在司法实践中如何适用尤其是适用中的疑难问题进行了详细充分的解答。

中国人民大学法学院教授、博士研究生导师汤维建担任本书的主编，负责全书的统稿工作，并予以最后审定。其他专家和学者也付出了诸多努力，其具体分工如下：杨奕（中国人民大学法学院博士研究生）撰写了第一章；韩香（中国证券业协会、法学博士）撰写了第二章；徐全兵（最高人民检察院办公厅、中国人民大学法学院博士研究生）撰写了第三章；陈浩（山东政法学院讲师、中国人民大学法学院博士研究生），李秀霞（山东威海市中级人民法院法官、中国人民大学法学院博士研究生）撰写了第四章；黄忠顺（中国人民大学法学院博士研究生）撰写了第五章和第十章；胡晓霞（西南政法大学法学院讲师、法学博士）撰写了第六章和第七章；宁静波（山东师范大学经济与管理学院讲师、法学博士）撰写了第八章；齐天宇（中国人民大学法学院博士研究生）撰写了第九章；杨子强

（中国人民大学法学院硕士研究生）撰写了第十一章；颜君（北京海淀区人民法院法官、中国人民大学法学院博士研究生）撰写了第十二章；杨炎辉（北京海淀区人民法院法官、中国人民大学法学院博士研究生）撰写了第十三章；吴如巧（重庆大学法学院讲师、法学博士）撰写了第十四章；李先伟（河南省人民检察院、法学博士）撰写了第十五章。

由于时间所限，在编写工作中难免有所疏漏，敬请读者批评指正。

丛书编委会

2012 年 12 月

图书在版编目（CIP）数据

新民事诉讼法适用疑难问题新释新解/汤维建主编．—北京：中国检察出版社，2013.1

ISBN 978-7-5102-0746-4

Ⅰ.①新… Ⅱ.①汤… Ⅲ.①民事诉讼法-法律适用-中国②民事诉讼法-法律解释-中国 Ⅳ.①D925.105

中国版本图书馆CIP数据核字（2012）第249749号

新民事诉讼法适用疑难问题新释新解

汤维建/主编

出版发行：中国检察出版社
社　　址：北京市石景山区鲁谷东街5号（100040）
网　　址：中国检察出版社（www.zgjccbs.com）
电　　话：(010)68630385(编辑)　68650015(发行)　68636518(门市)
经　　销：新华书店
印　　刷：三河市燕山印刷有限公司
开　　本：720 mm×960 mm　16开
印　　张：22.5印张　插页4
字　　数：417千字
版　　次：2013年1月第一版　　2014年2月第四次印刷
书　　号：ISBN 978-7-5102-0746-4
定　　价：60.00元

图书在版编目（CIP）数据